西南大学"双一流"建设（教育学）学术文库
A Library of Academic Works of Southwest University "Double First-Class" Project (Education)

教材建设国家事权的基本理论及权责机制

罗生全·著

西南大学出版社
国家一级出版社 全国百佳图书出版单位

图书在版编目(CIP)数据

教材建设国家事权的基本理论及权责机制 / 罗生全著. -- 重庆 : 西南大学出版社, 2024.11. -- (西南大学"双一流"建设(教育学)学术文库). -- ISBN 978-7-5697-2351-9

Ⅰ.G423.3

中国国家版本馆CIP数据核字第2024FN3469号

教材建设国家事权的基本理论及权责机制
JIAOCAI JIANSHE GUOJIA SHIQUAN DE JIBEN LILUN JI QUANZE JIZHI

罗生全·著

责任编辑｜钟宇欣
责任校对｜尹清强
装帧设计｜闰江文化
排　　版｜王　兴
出版发行｜西南大学出版社(原西南师范大学出版社)
　　　地　　址｜重庆市北碚区天生路2号
　　　邮　　编｜400715
　　　电　　话｜023-68868624
印　　刷｜重庆紫石东南印务有限公司
成品尺寸｜170 mm×240 mm
印　　张｜31.75
字　　数｜526千字
版　　次｜2024年11月 第1版
印　　次｜2024年11月 第1次印刷
书　　号｜ISBN 978-7-5697-2351-9
定　　价｜128.00元

总序

西南大学教育学科源于1906年的川东师范学堂教育科。1950年10月,四川省立教育学院教育系、国立女子师范学院教育系合组为西南师范学院教育系。后四川大学教育系和教育专修科、重庆大学教育系、相辉学院教育系、川东教育学院教育系和公民训育系、昆明师范学院教育系、贵阳师范学院教育系、四川医学院营养保育系等高校的教育类专业又先后并入。1995年成立教育科学学院,2005年改名教育学院。2011年,学校将西南大学教育学院、教育科学研究所、基础教育研究中心、教育部西南基础教育课程研究中心、教师教育管理办公室、高等教育研究所和培训学院的教学科研人员合并组建为西南大学教育学部,成为西南大学重点建设的研究型学部。在教育学科的发展过程中,先后涌现出陈东原、张敷荣、高振业、任宝祥、秦仲实、刘克兰等一大批老一辈教育家,以及新一代教育学者。

西南大学教育学科于1981年获得硕士学位授予权,1984年获得博士学位授予权,现拥有"课程与教学论"国家重点学科、教育学一级学科博士学位授权点、博士后科研流动站,有教育部人文社科重点研究基地"西南民族教育与心理研究中心"、教育学领域"职业教育融通与课程教学统整"全国高校黄大年式教师团队、高等学校学科创新引智计划(111计划)"西部儿童与青少年发展阻断贫困代际传递大数据决策系统"、教育部"成渝地区双城经济圈高校智能化教学改革"虚拟教研室、国家2011协同创新平台"中国基础教育质量监测协同创新中心西南大学分中心"、教育部"民族教育发展与高层次人才培养"重点研究基地等国家级、省部级平台与团队近20个。教育学、学前教育、教育技术学、特殊教育4个专业全部获批国家一流本科专业建设点,教育学专业为教育部和财政部联合确定的首批国家级特色专业,学前教育专业入选教育部首批"卓越幼儿园教师培养计划"。

自2022年入选国家"双一流"建设学科、重庆市一流学科(尖峰学科)以来,教育学科以服务国家教育强国战略和成渝地区双城经济圈教育协同发展战略为宗旨,找准国家重大战略需求、科学技术发展前沿、学科优势特色三者的结合点,确立了围绕"三个重大"(重大项目、重要奖项、重点平台)抓"关键性少数"、"三全治理"(全员、全方位、全过程)抓"系统性思维"、"三个一流"(团队、领域、平台)抓"可显性指标"的战略框架,坚持"做有组织的科研、出有领域的成果、建有追求的团队、留有记忆的符号、创有激情的文化、干有温度的事业、过有成就的日子"的七大原则,锚定"四大方向八个领域",组建了教育基本理论与意识(马克思主义教育理论中国化、民族文化与教育特色理论建构)、区域发展与教育(职业教育与区域经济社会发展、乡村振兴与教育阻隔代际贫困传递)、基础教育课程教学与教师教育(中国特色课程教学新发展、教师教育理论体系建构与政策发展)、未来教育与儿童发展(智慧教育和"未来学校"建设、儿童健康教育与脑发育机制)"跨学院"的核心研究团队,建设了"智慧教育与全人发展"首批重庆市哲学社会科学重点实验室(试点)、西部科学城(重庆)西南心理健康大数据中心,创办英文国际期刊 *Future in Educational Research* 和辑刊《未来教育研究》。

本学术文库是西南大学教育学"双一流"学科建设的重要成果,它着眼于教育科技人才一体化推进的国家重大战略,立足世界教育发展与学术研究的基本趋势,聚焦中国教育发展的现实问题,塑造区域教育发展新优势与新领域,通过"跨学科""跨理实""跨区域"的研究视角,质性研究与量化研究相结合的技术路线,扎根中国大地做原创性、系统性、引领性的教育研究,真正把教育研究从西方教育范式和话语体系中解放出来,构建具有中国特色的教育学学科体系、学术体系和话语体系,为加快推进教育现代化战略和建设教育强国战略贡献西南大学教育学科的学术力量。

(西南大学教育学一流学科建设"首席责任专家"、教育学部部长、教育部国家级高层次人才)

2024年6月18日

前言

教材是教育教学的基本依据,是凝聚人类智慧、承载民族记忆、体现国家意志的重要载体,能够回答党和国家为谁培养人、培养什么人以及怎样培养人的基本问题与诉求。教材建设是针对教材而展开的系列实践活动,涉及不同学段、不同学科类别的教材在运行过程中遭遇的过程性问题(教材编订、教材审核、教材评价、教材管理等)与技术性问题(数字教材、立体教材等),其本质是不断确立并超越教材建设的科学性与现代性[①]。与教材被动植入主流意识形态和社会价值观进而衍生的政治姿态不同,教材建设作为国家教育事业的重要组成部分,其理论范畴与实践范畴不可避免地具有立场规范与价值遵循。教材建设事关国家利益,必须由国家统筹。2016年12月,习近平总书记在全国高校思想政治工作会议上明确指出,教材建设是育人育才的重要依托。建设什么样的教材体系,核心教材传授什么内容、倡导什么价值,体现国家意志,是国家事权。将教材建设作为国家事权加以考察,是教材之于国家发展与社会稳定重要性的精准研判,也是党和国家立足于中国国情和发展实际对建设什么样的教材体系、如何科学组织教材内容、怎样更好宣传主流价值观、如何推进中国教材治理现代化等一系列教材建设重大命题的理性思考与历史选择,凸显了新时代党和国家对构建中国特色高质量教材体系的政治关怀与治理智

---

① 杨柳,罗生全.论教材建设的文化逻辑[J].教育学报,2021,17(5):87-98.

慧。作为一种颇具政治意义、教育意义与法治意义的中国教材治理创见,当前教材建设国家事权的认识框架与现实样态还不甚完善。有鉴于此,本书拟从内涵概述、政策依据、理论溯源、权责运行、现实样态等层面去依次澄明以及论证新时代教材建设国家事权何以可能与何以可为。

  站在全新的历史起点来推进中国教材建设的现代化进程,需回归教材建设国家事权的本体探究,负责任地为教材建设国家事权命题提供知识系统和价值辩护。在对"国家事权"这一颇具中国话语风格与独特含义的本土创生概念的多番考察与省思之后,本书将教材建设国家事权界定为:在党中央集中统一领导之下,通过合理授权、系统科学的权力分配及有效的责任体系的建立,进而构建的以满足人民对优质教材需求为前提,以统筹为主、统分结合、分类指导为纲领的新型教材建设权责划分模式及其关系。其实质是在权力关系的建立、维持和改变的过程中逐步形成具象化的话语秩序与"可说明的"联结意义,即国家、地方(教育行政部门)、学校、市场和个人等教材建设主体在处理教材相关事务进程中生成的一种与国家政治和意识形态实践模式相契合的新型权力结构关系、权力运行话语体系和权责实践范式。主要回答在坚定国家意志、坚守社会主义政治制度、坚持"人民中心论"立场的前提下,如何通过建立权责清晰的教材建设运行机制、保障机制及二者之间的互动机制来构建人民满意与符合时代需求的高质量教材体系,从而确保我国教材建设在思想与行动上的逻辑统一。教材建设国家事权是阐释我国教材建设规律及其作用的一个经典论断,是党和国家领导教材事业的一种政治宣言,是中国教育现代化思想体系中的一个价值真理,是党和国家培养堪当民族复兴大任时代新人的一个目的承诺。并且,教材建设国家事权在融合政治学、行政学、经济学、法理学等学科知识属性的基础上,依据自身发展特点生成了其他知识系统难以替代的属性,即教材建设国家事权的政治性、法理性、文化性、人民性与实践性,以期巩固社会政治制度及党的执政地位、创造性传承中华优秀传统文化、构建中国特色高质量教材体系与帮助学生实现美好幸福生活的目标。

  将教材建设作为国家事权,不仅是新时代党和国家领导教材事业发展的政治宣言,更有符合其目的性、规律性、道德性的政策依据与理论支撑。一则政策依据。2016年,《关于加强和改进新形势下大中小学教材建设的意见》从制度层面再次强调"教材建设作为国家事权"的重要性。对此,本书通过对教材建设国家事权政策文本进行一定的定量分析、内容分析与价值分析,力求揭示其出现在相关政策文本中的规律特征,梳理其被提出与完善的发展脉络,澄明其作为政策文本重要内容的价值和地位,从而为构筑教材建设国家事权的认识论框架与实践论路径提供必要的政策依据。二则理论支撑。马克思指出:"理论在一个国家实现的程度,总是取决于理论满足这个国家的需要的程度。"[1]教材建设国家事权是一种中国本土创生的中国教材实践哲学话语,对其内容范畴的构筑少不了对其理论基础及体系的溯源与论证。通过对教材建设国家事权提出的时代背景以及内涵价值的全面考察,本书确立及阐明了马克思社会形态理论、中国特色社会主义法治理论与文化自觉理论对教材建设国家事权理论架构的重要贡献:马克思社会形态理论是教材建设国家事权的根本筑基;中国特色社会主义法治理论是教材建设国家事权的法理支撑;文化自觉理论是教材建设国家事权的文化之魂。在此基础上,本书进一步探讨了教材建设国家事权的理论表现、理论维度、模型建构以及理论品格与价值,以期全方位多角度地挖掘教材建设国家事权丰富的理论意蕴。

教材建设国家事权这一政治实践话语存在的重要现实前提就在于厘清、规制与引导我国教材建设生态秩序,推进我国教材治理现代化。这一理想旨趣的实现离不开对教材建设国家事权权责关系的有力澄清以及对其权责运行机制的系统构筑。一方面,教材建设国家事权的权责关系是教材建设国家事权内部结构机理的关键要素,为此本书力求详细论证其权力来源及属性、权力主体及关系、责任体系及权责关系。值得指出的是,从权力的本质出发,人民权利实现、国家权力委托、事务处理需要是教材建设国家事权的重要权力来源,且"行政权力属性是主导属性、教育权力属性是价值属性、专业权力属性是基础属性"的价值判断是统摄教材建设国家事权权责内容的根本纲领。在此基础上,行政主体、教育主体与社会主体作为教材建设国家事权的三大权责主体的论断也得以显豁,成为限定教材建设国家事权各权责主体权责边界的基本思维路径。另一方面,教材建设国家事权的权责运行机制作为引导和制约

---

[1] 中共中央马克思恩格斯列宁斯大林著作编译局.马克思恩格斯文集 第一卷[M].北京:人民出版社,2009:12.

参与教材建设国家事权实践活动主体行为的内外因素产生的相互关系的总称,是决定教材建设国家事权"何以可为"的基本因素以及推进中国特色高质量教材体系建设新征程的根本力量。从内容构成来看,价值系统、结构系统、行动系统和约束系统是教材建设国家事权权责运行机制的核心内容。其中,价值系统涉及意识形态价值引领,结构系统涉及权力运行的角色功能定位,行动系统涉及权责关系的有机互动,约束系统涉及实践主体的行为监控。

教材建设国家事权的实践性特质要求教材建设国家事权的理论成果务必观照教材建设实践,坚持从实践中来、到实践中去的基本原则。为此,本书分别从教材类别与不同学段的维度依次阐述统编教材、统管教材、自编教材、自选教材以及职业教育教材、高等教育教材落实教材建设国家事权的现实样态,以期全方位多角度地澄明我国不同教材落实国家事权的权责特征、风险挑战与系统优化策略。另外,对教材建设国家事权的研究少不了对国外先进教材建设经验的吸纳与运用,故本书在最后一章简要介绍了美国、日本、德国、俄罗斯等国家行使权力建设教材的基本经验,以期博采众长、集思广益,构建具有中国智慧的"世界性"教材建设方案。

本书是集体智慧的结晶。罗生全教授设计了总体框架,然后由不同研究者分工完成。具体分工如下:前言,罗生全;第一章,罗生全、杨柳;第二章,孟宪云;第三章,张雪、罗生全;第四章,罗生全、张玉;第五章,罗生全、吴志敏、随国栋;第六章,罗生全、随国栋、孟宪云;第七章,赵佳丽、罗生全;第八章,王素月、罗生全;第九章,罗生全、张玉;第十章,黄朋;第十一章,卞含嫣;第十二章,郭窈君;第十三章,杨馨洁。最后,由罗生全教授负责统稿和定稿。

在本书付梓之际,要特别感谢所有参与本项研究工作的博士生、硕士生以及其他作出了贡献的学者,同时也要感谢本书责任编辑所付出的辛劳与智慧。

罗生全
2023年8月31日

目录

第一章
教材建设国家事权：内涵、性质与价值
第一节　教材建设国家事权的内涵 /003
第二节　教材建设国家事权的性质 /011
第三节　教材建设国家事权的价值 /016

第二章
教材建设国家事权的政策概论
第一节　教材建设国家事权政策文本的定量分析 /024
第二节　教材建设国家事权政策文本的内容分析 /033
第三节　教材建设国家事权政策文本的价值分析 /044

第三章
教材建设国家事权的理论基础
第　一　节　马克思社会形态理论：教材建设国家事权的根本筑基 /054
第二节　中国特色社会主义法治理论：教材建设国家事权的法理支撑 /067
第三节　文化自觉理论：教材建设国家事权的文化之魂 /079

第四章

教材建设国家事权的理论体系

第一节　教材建设国家事权的思想体系 /097

第二节　教材建设国家事权的理论维度及其模型建构 /107

第三节　教材建设国家事权的理论品格 /118

第五章

教材建设国家事权的权责关系

第一节　教材建设国家事权的权力来源、属性及分配结构 /128

第二节　教材建设国家事权的权力主体、内容及关系 /152

第三节　教材建设国家事权的责任体系及权责关系 /169

第六章

教材建设国家事权的权责运行机制

第一节　教材建设国家事权权责运行的价值导向机制 /189

第二节　教材建设国家事权权责运行的结构设计机制 /195

第三节　教材建设国家事权权责运行的技术治理机制 /201

第四节　教材建设国家事权权责运行的行为约束机制 /212

第七章

统编教材建设落实国家事权的现实样态与系统优化

第一节　统编教材建设落实国家事权的权责特征 /224

第二节　统编教材建设落实国家事权的风险挑战 /235

第三节　统编教材建设落实国家事权的系统优化 /243

第八章
统管教材建设落实国家事权的现实样态与系统优化
第一节 统管教材建设落实国家事权的权责特征 /254
第二节 统管教材建设落实国家事权的风险挑战 /266
第三节 统管教材建设落实国家事权的系统优化 /278

第九章
自编教材建设落实国家事权的现实样态与系统优化
第一节 自编教材建设落实国家事权的权责特征 /293
第二节 自编教材建设落实国家事权的风险挑战 /307
第三节 自编教材建设落实国家事权的系统优化 /313

第十章
自选教材建设落实国家事权的现实样态与系统优化
第一节 自选教材建设落实国家事权的权责特征 /326
第二节 自选教材建设落实国家事权的风险挑战 /333
第三节 自选教材建设落实国家事权的系统优化 /340

第十一章
职业教育教材建设落实国家事权的现实样态与系统优化
第一节 职业教育教材建设落实国家事权的权责特征 /351
第二节 职业教育教材建设落实国家事权的风险挑战 /362
第三节 职业教育教材建设落实国家事权的系统优化 /370

第十二章
高等教育教材建设落实国家事权的现实样态及系统优化

第一节 高等教育教材建设落实国家事权的权责特征 /381

第二节 高等教育教材建设落实国家事权的风险挑战 /399

第三节 高等教育教材建设落实国家事权的系统优化 /410

第十三章
主要发达国家行使权力建设教材的基本经验

第一节 美国行使权力建设教材的基本经验 /424

第二节 日本行使权力建设教材的基本经验 /442

第三节 德国行使权力建设教材的基本经验 /454

第四节 俄罗斯行使权力建设教材的基本经验 /467

主要参考文献 /481

第一章 教材建设国家事权：内涵、性质与价值

教材是人类文化记忆的重要媒介,它解释着人类文明演进时所转化的一些与人类文明历史有关的问题,不断推动着我们对中华优秀传统文化进行挖掘与阐发,并且在足够容纳任何一个传统文化的思维空间中持续为中华文明的良序发展提供历史的参照系,从而在一个又一个新的时空境域中赓续中华民族文明及其新的转化。无论是历时发展还是共时运作,因教材研究受制于史料挖掘与整理的时空隔离、研究价值的分说不定、科学性的群体怀疑、组织系统的繁杂难辨等因素,现代意义的教材建设活动不但推进缓慢而且成效甚微。但无法否认,教材研究的百余年历史(1877年成立"学校教科书委员会"),承载了时代的缩影和铸魂的旨趣,积淀了丰富的理论成果和资源保障,开垦了可期的学科土壤和制度环境,[①]且这一厚重的现代教材发展史不仅为回答"培养什么人、怎样培养人、为谁培养人"构筑了坚实的理论基础,而且对其背后隐含的关于"权力—文化—社会"的复杂关系如何运作、教材之于国家发展和人才培养的功能作用何以认同的事实明辨提供了方法论依据。

步入新时代,党和国家对教材建设工作给予了高度重视,认为"要抓好教材体系建设。从根本上讲,建设什么样的教材体系,核心教材传授什么内容、倡导什么价值,体现国家意志,是国家事权"[②]。将教材建设作为国家事权加以考察,是新时代党和国家对教材重要性的全新把握。尽管学界围绕教材建设展开了相应研究,但对教材建设国家事权还缺乏深入的学理探讨。为此,亟须回归教材建设国家事权的本体探究,厘清其内涵、性质与价值,从而为中国式教材建设现代化进程的加快推进提供负责任的知识系统与价值辩护。

---

① 余宏亮.通向根脉与面向未来:建构教材学的基础、逻辑与方略[J].华东师范大学学报(教育科学版),2021,39(2):30-39.
② 郑富芝.尺寸教材 悠悠国事——全面落实教材建设国家事权[N].光明日报,2020-01-21(13).

第一节
教材建设国家事权的内涵

当教材建设国家事权频繁出现在教材研究话语体系之中,进而成为必不可缺的科学性例证之时,我们似乎总是过多地去关注其作为教材研究某一论证所能够发挥的元论证作用而忘却了对其本体进行应然的阐释,这与忽略对教材建设国家事权内涵进行深层次探析密切相关。教材建设国家事权由"教材建设"和"国家事权"两个独具中国风格的词组构造而成,但其内涵绝不是二者语义的简单组合或相加,反而是在各自丰富内涵充分明证所构造的共生语用空间之中渐进生成的。从这个角度而言,确证教材建设国家事权的内涵,需先梳理教材建设与国家事权所属的知识体系,进而阐明二者自为勾连所建立的新的概念范畴及其作为本土特色思想体系的理论自洽和逻辑延伸。

一、教材建设的内涵解读

教材建设是针对教材展开的系列实践活动,教材建设的系统推进离不开对教材这一关键质素何谓与何为的整体发问。对教材的理解及阐释,学界早已勾勒出一幅多元释义的概念图,如将教材视作师生教学而编的材料或知识技能体系[1]、媒介或媒体[2]、事实和观念[3]、教学手段[4]、选择和组织课程的内容[5]、狭义课程[6]、教科书等等。若仔细剖析教材概念界定的立场,可发现从学校教育或社会教育角度、教授与学习角度、课程论与教学论角度、文字性与非文字性角度似乎是立论的基本依据,这在一定程度上也说明了教

---

[1] 张念宏.教育学辞典[M].北京:北京出版社,1987:383.
[2] 廖哲勋.课程学[M].武汉:华中师范大学出版社,1991:197.
[3] 杜威.民主主义与教育[M].王承绪,译.北京:人民教育出版社,1990:192.
[4] 中野和光.教材编制与教学过程[J].钟言,译.外国教育资料,1991(1):28-34.
[5] 李秉德.教学论[M].北京:人民教育出版社,1991:185.
[6] 廖哲勋,田慧生.课程新论[M].北京:教育科学出版社,2003:31.

材概念的多义性与不确定性。正是因为这种多元价值论,致使教材与学科、课程与教学内容及教具的界限混淆,从而导致教材的语义泛化及其运用场景与逻辑立场的自由主义产生。一般而言,教材构成有着基本的要素和必要条件。前者一则强调要有"用以表达规范化和符号化的语言和思想",即信息,一则是信息要有赖以存在和显现的物质载体,如甲骨、纸、磁带、录像等;后者认为教材得以实现其社会价值、发挥功能必须依托正规教育与非正规教育机构共存的教育教学活动。从这点而言,教材突破了单一功能论——教学的内容或教学的教材——的属性限制,在凸显教学双方(师生)相互作用的同时拓展了教材的语义空间,进而将教材定义为传递国家意识形态和法定知识的载体,是在教学活动中教师用来协助学生完成教学目标的各种信息材料。[①]

对教材概念的知识进行梳理不仅可以清晰绘制教材建设的基本图示,而且能够从本体出发阐明教材建设的概念本质。与教材被动植入主流意识形态和社会价值观进而衍生的政治姿态不同,教材建设无论是在理论范畴还是实践范畴都有先在的立场规范和主动的价值遵循。2018年9月,习近平总书记在全国教育大会上指出,教材要坚持马克思主义指导地位,体现马克思主义中国化要求,体现中国和中华民族风格,体现党和国家对教育的基本要求,体现国家和民族基本价值观,体现人类文化知识积累和创新成果。[②]"一坚持五体现"是新时代教材建设的根本遵循、价值准则和精神指引,同时也为教材建设的概念界定提供了思维法则。亦即,教材建设是以教材范畴中的多元要素为构建对象,针对不同学段、不同学科类别在运行过程中遭遇的过程性问题(教材编订、教材审核、教材评价、教材管理等)和技术性问题(数字教材、立体教材等)所进行的一种理念重塑和实践重构过程,其本质是不断确立并超越教材建设科学性和现代性的确证自我的过程。[③]

---

① 曾天山.教材论[M].南昌:江西教育出版社,1997:7-8.
② 中共中央党史和文献研究院.十九大以来重要文献选编.上[M].北京:中央文献出版社,2019:654.
③ 杨柳,罗生全.论教材建设的文化逻辑[J].教育学报,2021,17(5):87-98.

二、事权、国家事权与教材建设国家事权的概念辨析

如果说厘清教材及教材建设概念是为了更好地把握教材建设国家事权的内涵，那么对事权及国家事权作进一步的解释则是凸显教材建设重要性的关键一环。不同于西方处理中央与地方关系（以下简称"央地关系"）时强调财政公共支出的话语表达机制，我国对于央地关系的讨论多与事权紧密关联，如党的十八届三中全会明确提出要"建立事权与支出责任相适应的制度"。正因如此，学界目前对事权的讨论多从各级政府间事权划分如何匹配支出责任（财力）的体制建设展开。事实上，这种讨论蕴含了两种主流观点。一则是将事权理解为支出责任。该取向认为，事权一般指的是一级政府在公共事务或服务中应承担的任务和职责，或者简单地说，就是政府的财政支出责任（expenditure responsibility）。[1]这种定义的产生多与学者站在财政学和税制研究的立场有关，因其敏锐洞察到世界上诸多国家正在试图从关注收入分配转向关注政府支出事权的分配[2]。一则是将事权解释为政府权力。此观点认为，"政府的事权主要指一级政府所拥有的从事一定社会、经济事务的责任与权力。它是权利与义务的统一体"[3]。相较于大模态下的事权边界，这种事权仅等同于政府事权。

无论是从支出责任还是从政府权力来解读事权，都具有立论的合理性，且这种相对"自由"的理解范式并没有阻碍对事权本身的诠释，反而为我们清晰掌握事权分类提供了整体性视角。梳理发现，已有研究或从层次切入将事权划分为中央事权、地方事权和共担事权，或从性质着手将事权划分为专有事权、共有事权、委托事权和新增事权[4]。但吊诡的是，事权类别虽多元并存，且相应事权所对应的责任主体的权力范畴也不尽相同，但在整个事权范畴中却鲜见"国家事权"及其概念界定，这与政学两界长期关注央地事权关系所形成的语用习惯和实际权责的对应性划分不无关系。即便如此，仍有学者从"整体

---

[1] 黄韬.中央与地方事权分配机制：历史、现状及法治化路径[M].上海：格致出版社，2015：6.
[2] 文政.中央与地方事权划分[M].北京：中国经济出版社，2008：5.
[3] 刘培峰.事权、财权和地方政府市政建设债券的发行——城市化进程中一种可行的融资渠道[J].学海，2002(6)：86-88.
[4] 章润兰.我国政府间事权划分问题研究[D].大连：东北财经大学，2015：13-14.

国家观"的立场出发,认为其是"依据自身职责,保护国家安全,规范国家政治、行政、经济、军事、法律、社会、文化等方面的行为,制定与处理其相关事务的权力,并且是国家内最高裁决权与权威"[①]。不过对于教材建设的复杂性而言,这种"宏大叙事"式的概念设计实际上并不能真正阐明其要义。

  作为一种政治实践话语,教材建设国家事权究竟该如何理解,学界对此并未系统地回答,至少缺乏正向直接切入概念的完整回应。既然如此,从反向着手追问教材建设国家事权不是什么,或许能为我们廓清这一时代产物的概念范畴打开思路。从事权的角度来看,教材建设国家事权一定不是事权所强调的政府财政分权治理的简单替代,也不等同于中央事权和地方事权独自承担或共担公共事项建设的权力运用;从权力运行的角度审视,教材建设国家事权一定不是教材主管单位随意授权和受权建设教材的非正当性权力反映;从教材建设自身而言,国家事权一定不是单一类别、某一学段、任一环节的非公共性权力表达。由此可以认为,教材建设国家事权是指在党中央集中统一领导之下,通过合理授权、系统科学的权力分配及有效的责任体系的建立,进而构建的以满足人民对优质教材需求为前提,以统筹为主、统分结合、分类指导为纲领的新型教材建设权责划分模式及其关系。其实质是在权力关系的建立、维持和改变的过程中逐步形成具象化的话语秩序与"可说明的"联结意义,即国家、地方(教育行政部门)、学校、市场和个人等教材建设主体在处理教材相关事务进程中生成的一种与国家政治和意识形态实践模式相契合的新型权力结构关系、权力运行话语体系和权责实践范式。主要回答在坚定国家意志、坚守社会主义政治制度、坚持"人民中心论"立场的前提下,如何通过建立权责清晰的教材建设运行机制、保障机制及二者之间的互动机制来构建符合时代和人民需求的高质量教材体系,从而确保我国教材建设在思想与行动上的逻辑统一。

三、教材建设作为国家事权的基本依据

  教材建设国家事权的出场,绝不是教育领域常见的那种"拿来主义"或域外经验的重新改造,反而是中国实践创生的本土概念。要全然理解这一特色

---

① 谭建立.中央与地方财权事权关系研究[M].北京:中国财政经济出版社,2010:6.

哲学话语体系,除了要进入其所处的时代明晰其概念系统和知识范畴之外,还需对"教材建设何以成为国家事权"这一关键性问题进行理性回答。

首先,中国共产党的领导地位决定了教材建设的归属。党的领导是"在以自己提出、实际上体现着中国人民的共同利益的价值观念、路线、政策吸引党外人民群众、甚至其他党派及其成员的支持和追随的前提下,中国共产党在社会的政治、经济、文化等领域的事务中从事引导、组织、带领人民群众和其他追随者为实现党所提出的价值观念、路线、政策而共同奋斗的活动"[①]。教材建设是党领导下的核心事业,是与人民的根本利益密切相关的重要事项,将其作为国家事权是党结合国际国内发展大格局所作的重要政治决断,也是党为了积极应对其他势力变相利用教材植入分裂思想进而威胁国家安全稳定和人民幸福所作的高位战略布局。可以说,缺失对教材的政治关怀和政治建设,党的领导和执政能力的公信力也将受到一定程度的稀释。

其次,国家权力的强制性属性支配了教材建设。国家权力是指国家作为一个整体名义所享有并行使的权力,是体现国家对社会进行控制和管理的公共职权。[②]新中国成立以来,党和国家领导人关于教材建设的重要论述,集中表明了党和国家遵循大政方针建设教材的战略思维,以及借用授权与受权相结合的国家权力运作模式支配建设教材事业的强制性属性。事实上,这种以"全国人民代表大会决议教材建设相关事宜,国务院作为执行人大决议的受权单位,同时发挥着全国教材建设行政事项授权单位向下分权的特定职能"[③]的自上而下的权力作用方式,本质上反映的仍是"教材建设国家办"的法理规制。

最后,教材蕴含的价值功能具有鲜明的指向性和正当性。教材之所以能够牵动上至国家,下至千千万万个家庭的心,是因为教材反映国家社会政治制度性质、承载民族历史文化传统、传递主流和权威知识与价值、兼顾不同地域

---

① 张恒山.中国共产党的领导与执政辨析[J].中国社会科学,2004(1):4-17.
② 陈泽辉.国家权力与宪法诉讼的关系——论我国宪法诉讼的可能性[J].吉首大学学报(社会科学版),2008,29(4):85-89.
③ 罗生全,杨柳.论教材建设国家事权的法理逻辑[J].湖南师范大学教育科学学报,2021,20(5):35-43.

和学段学科的差异[①]。无论是古代读本还是现代意义上的教材,不仅有着以文化人的育人功能,同时也被赋予了宣扬主流价值观的功能,其本质是通过道德的教化和教诲来传达某些道德伦理观,旨在使学生明白某些做人的道理。而从历史上看,"任何社会的统治阶级都会将其认可的价值理念和文化当作是正确的、合理的、合法的知识写进教科书里,让学生接受并内化"[②]。正是教材对学生发展、教学实际需求、主流文化传承、国家政治建设及人才培养等有着重要的功能效用,将其上升为国家事权是国家高位发展的应有之义。

四、教材建设国家事权的要义阐释

依循整体立场对教材建设作为国家事权何以可能的解析,凸显了教材建设作为国家事权的基本内核。具体而言:

第一,教材建设国家事权是阐释教材建设规律及其作用的一个经典论断。中国的教材建设是从实践中来又反作用于实践的一个循环过程,对中国教材建设规律及其作用的追问本质上不是编年性的,而是对中国教材建设历史进程进行存在论理解。百年来,中国共产党在武装革命、思想教育、人的发展等方面取得的成就,均离不开教材作为关键质素的战略支撑作用。百余年间,教材在各个历史时期所扮演的角色也让中国的教材建设有了别样的发展轨迹——教材作为"宣传革命斗争的启蒙火种、动员全面抗战的思想武器、贯彻内战政治的知识载体、实现除旧布新的战略抓手、助力改革开放的育人依托、实现民族复兴的精神火炬"[③]。历史发展的规律性从来都不是割裂历史的偶然创生,任何一个时代的观念都是由那个时代社会的经济结构决定的,不能抛开观念生产的具体历史情境去抽象地谈论"观念推动力"。[④]从历史的角度去审查百年教材建设的规律及其作用,并对其中产生的思想的、观念的力量进行提取,有助于生成属于不同时代教材建设独有的思想和观念体系。教材建设国家事权是在精准把握教材发展规律的基础上生成的新的概念体系,但这绝不

---

① 郝志军.教材建设作为国家事权的政策意蕴[J].教育研究,2020(3):22-25.
② 石鸥.教科书概论[M].广州:广东教育出版社,2019:50.
③ 余宏亮.中国共产党教材思想的百年演进与基本经验[J].课程·教材·教法,2021,41(9):44-54.
④ 高伟.自我的寻求:中国教育哲学的自我认同[J].教育研究,2020(5):27-38.

意味着它是新时代教材建设的专属。这是因为,作为科学性论断的教材建设国家事权孕育于未曾间断的百年教材发展史之中,有着各个时期教材建设经验和规律的阶段性身影。所以,将教材建设作为国家事权,遵循了历史与逻辑的辩证统一,是马克思主义经典作家所作的关于中国教材建设可能性的一种经典论断。

第二,教材建设国家事权是党和国家领导教材事业的一种政治宣言。教材建设是事关国家稳定、经济繁荣、文化复兴、社会团结、人民幸福的一项战略工程,科学推进教材建设需要党和国家的统一领导。早在革命战争时期,中国共产党就把教材建设摆在争取国家独立、民族解放、人的发展的战略高度,通过课程或教材的"废旧立新"来培养革命所需的有生力量。新中国成立之后,针对"由国家办教材但又缺乏教材编写人才"的窘境,毛泽东认为,教育部宁可把别的摊子缩小点,必须抽调大批干部编出社会主义教材[①]。由此,一场因教材而起的社会主义教材建设活动成为当时国家办教材的主旋律。改革开放之初,邓小平在分析教育领域十年断层所造成的灾难性影响之后明确指出,要组织一个很强的班子编大中小学教材。于是,由国家统一编写全国通用教材的建设活动再次开启。进入新时代,教材建设体现国家意志、作为国家事权成为党中央管理教材的新主张。习近平总书记就教材建设的重要性作了系列重要讲话和指示批示,明确提出教材建设是国家事权和铸魂工程,要求抓好国家教材机构、国家教材制度和国家统编教材建设。历史经验集中表明,教材是政治发声的关键载体,也是政治宣教和寻求政治主张认同的主要阵地,背后蕴含了党和国家的深深关切。将教材建设作为国家事权,是新时代党和国家领导教材事业发展的政治宣言,凸显了党管教材、国办教材、领袖推动教材发展的鲜明时代特征。

第三,教材建设国家事权是中国教育现代化思想体系中的一个价值真理。中国教育现代化是中国现代化的重要组成部分,是基于中国的视角看待我们的教育在适应现代化社会发展要求的过程中,如何通过不断调整传统上延续下来的教育思想观念、教育制度规范、教育内容和方法以及教育行为等,逐渐

---

① 课程教材研究所.教材制度沿革篇[M].北京:人民教育出版社,2004:2.

形成新的教育形态及其现代性特征的过程,其本质是一个渐变的乃至潜移默化的"化"的过程。[1]如若将19世纪60年代作为中国教育现代化的起点,那么其进程距今已有一百六十余年的历史,其早已烙上了无数学人为之奋斗的思想印记。在这个从未间断的思想体系中,教材建设已然成为确证中国教育现代化价值的一个真理存在。真理不是仅仅属于经验事实和逻辑必然性的东西,它并不是人类思想中某一种判定,而是任何一种判定的共同普遍形式。[2]中国共产党人在各个时期建设教材的思想、主张和行动,无不是以认同中国教育现代化作为一种客观规律、一种判定中国教育改革与发展成效的共同普遍形式为价值前提的。这种以"是……"判定形式为真理的真理性表达充分反映了百年教材建设之于国家、社会和人民的重大意义,特别是将教材建设的百年经验理解为整个中华民族团结稳定发展"所需求的经验",再次凸显了教材建设的真理品格。事实上,这种超越知识论意义的价值确证绝不是执拗于教材建设作为一种"真理"的事实存在或价值存在,反而是在摒弃主观根据的基础上实现的对教材建设的客观解说。将教材建设作为国家事权理解,是中国共产党依据中国教材建设的实践经验和发展规律而作的价值判断,是新时代中国教育现代化进程中的思想创新,它拒绝了个体主观意愿或某一集团的价值垄断,转而从中国教材发展的实际出发,从广大人民对优质教材需求的根本利益角度思虑,符合一个价值真理的基本特征。

第四,教材建设国家事权是为党和国家培养堪当民族复兴大任时代新人的一个目的承诺。办好中国特色社会主义教育,关键在党。我国是中国共产党领导的社会主义国家,这就决定了我们的教育必须把培养社会主义建设者和接班人作为根本任务,培养一代又一代拥护中国共产党领导和我国社会主义制度、立志为中国特色社会主义奋斗终身的有用人才。[3]教材是育人的重要依托,是中国共产党培养时代新人的关键抓手。一百年来,中国共产党始终依托教育方针的指导地位对教材建设中的人才培养进行重点关注。无论是在革命战争时期,还是在新中国成立早期,抑或是在改革开放之初及新时代,中国

---

[1] 杨小微,游韵.教育现代化的中国视角[J].教育研究,2021(3):135-148.
[2] 赵汀阳.论可能生活:一种关于幸福和公正的理论[M].北京:中国人民大学出版社,2004:79.
[3] 中共中央党史和文献研究院.十九大以来重要文献选编.上[M].北京:中央文献出版社,2019:647.

的教材建设始终在为党和国家培养各领域急需的人才而不懈努力。新时代语境下的教材建设被置于治国理政的新高度,是为了从根本上把握教材建设的政治性和意识形态属性,坚决抵制任何集团通过肆意篡改教材内容而获取非法利益。但更为关键的是要借助教材建设国家事权的思想确立,培养更多能够堪当民族复兴大任的时代新人。

第二节 教材建设国家事权的性质

教材是一个有着思想性、科学性、民族性、时代性和系统性的社会化产物,对教材的科学建设必须要从政治建设、质量建设、制度建设、队伍建设和环境建设等环节进行周密思量。对教材属性的交代与建设教材基本观念的商定事实上已为我们廓清教材建设国家事权的性质提供了逻辑前提。作为一个会聚政治学、行政学、经济学、法理学等多个学科知识的"新"概念,教材建设国家事权虽有前述学科的基础属性,但并没有深陷某一学科的窠臼,反而是在有限融合其他学科属性和主动丰富自我发展特点的动态变奏中生成了其他知识系统难以替代的属性。

一、教材建设国家事权的政治性

教材是知识的载体,知识进入教材是权力相互博弈的结果,这种"有选择的传统"不仅反映了一个主政团体的政治意图和意识形态建设需要,而且也让教材建设有了知识合法化的政治身影。教材是一个政治产物,全世界几乎所有国家都坚信教材拥有政治职能并通过教材建设的系统促进彰显其政治性,但该属性的澄明又取决于它所参与的社会和意识形态关系网中的位序安排及其实际效用。将教材建设作为国家事权,是新时代党和国家高度重视政治建设的鲜明体现,也是意识形态教育与立德树人目的综合作用的理论成果,在建设理念、建设方略等方面蕴含的政治性特质与其他国家有着本质不同。百余年来,无论是在争取国家独立的战争年代,还是在寻求国家富强的现代化建设进程中,中国共产党始终将教材建设置于国家整体建设的突出位置,在教材工作方针制定、教材基本制度设计、教材编写队伍建设、教材组织机构创建、教材发行渠道确立等方面牢牢把握意识形态领导权,逐步形成了以政治审查、政治职能、政治话语为一体的教材政治建设理念和理论体系。如果说党是站在统领全局、整体指导、分级落实的战略高度来推进教材的百年建设,最终将其作为一种国家事权来彰显政治性价值的,那么,在整个跌宕起伏的百年教材建设历程中,以毛泽东、邓小平、习近平等为代表的党中央领导核心对教材建设的关心和部署,同样也是推动教材走向高质量建设这一政治传统的有力体现。总的来看,在党和国家以及政治领袖的集体推动之下,教材建设国家事权作为一种政治实践话语有着鲜明的政治属性。

二、教材建设国家事权的法理性

作为一种虚存的实在,法理"既为事物之当然道理,基于吾人之理性所共具之通念,则其除为裁判之基准,具有补充法律的功能外,亦具有衡量法律内容审查是否为'善法'之作用"[①]。也就是说,"法理"既存在于法律(实在法)之中,也存在于法律(实在法)之外,是作为一种精神要素解释和分析法律之内的法本身,论证与批判法律之外的政策及行为的合法性与正当性,以及对法之为法的系统过程所进行的推理和思考。作为党在两个一百年历史交汇期所作的重要论断,教材建设国家事权既是建设中国特色社会主义法治体系的一个"公理"体现,也是"法治中国"及"法理中国"在价值共识、理性自觉和规律正当上的一个"事理"明辨;作为一个法理学命题,它依循中国特色社会主义法治理论主张,强调在教材建设过程中合法审定各个主体、各个要素、各个环节之间的关系,以法治思维全面推进教材治理现代化。从实际审视,教材建设国家事权也有着作为一个事实真理所具有的法理特质,这凸显在:一是成立国家教材委

---

① 杨仁寿.法学方法论[M].2版.北京:中国政法大学出版社,2013:274.

员会统领全国教材建设;二是颁布新中国成立以来第一个涉及大中小学各学段、各学科领域教材建设的《全国大中小学教材建设规划(2019—2022年)》,同时制定《新时代马工程重点教材建设规划》;三是始终按照国家的方针路线、教育教学的现实需求、教材自身发展规律创新与设计教材制度,出台了《中小学教材管理办法》《普通高等学校教材管理办法》《职业院校教材管理办法》《学校选用境外教材管理办法》,同时研制数字教材、中小学少数民族文字教材等系列管理办法,构筑教材管理的制度网络。总体而言,从"无序"到"有序"、从"管理"到"治理"、从"能治"到"善治"、从"无法"(无专业法,如教材法)到"有法"(如教材管理办法,但不具有实在法律效力)的转换历程,彰显了教材建设国家事权的法理性属性。

三、教材建设国家事权的文化性

文化是一个组织所有成员所共有的核心价值观、信念、共识及规范的组合[1],这种认同感产生及发展的法则不像自然法则或生命有机体法则那样机械刻板,相反这种定数和法则是变革的一根杠杆,有着调节、影响、控制等工具性职能及其价值,对人的行为、组织变革和社会进步能够产生持续动力[2]。教材是文化传承与创新的载体,新时代加强教材建设绝不仅仅是为了凸显文化本身的价值与功能,最为重要的是要借助教材建设"引导中华文化身份意识觉醒和确立国家文化自信"[3],进而实现中华民族的集体认同及其文化的共同记忆。2017年1月,中共中央办公厅、国务院办公厅印发《关于实施中华优秀传统文化传承发展工程的意见》,强调围绕立德树人根本任务,把中华优秀传统文化"贯穿国民教育始终","以幼儿、小学、中学教材为重点,构建中华文化课程和教材体系"[4]。2021年2月,教育部印发的《中华优秀传统文化进中小学课程教材指南》和《革命传统进中小学课程教材指南》,为国家课程教材、地方课程教材和

---

[1] 丁钢.文化的内核与张力[M].镇江:江苏大学出版社,2015:9.
[2] 丁钢.文化的内核与张力[M].镇江:江苏大学出版社,2015:41.
[3] 吴小鸥,李想.中小学教材建设对中华优秀传统文化的创造性转化[J].教育研究,2019(8):51-58.
[4] 中共中央办公厅 国务院办公厅印发《关于实施中华优秀传统文化传承发展工程的意见》[J].中华人民共和国国务院公报,2017(6):18-23.

校本课程建设提供了政策依据,也为赓续中华文化基因、厚植中华文化自信打下坚实基础。新时代的教材建设被置于国家事权的政治高度,除基于政治性确认及意识形态把控这一立场对教材建设全局进行检视之外,基于文化的隐性力量来贯穿教材建设始终从而形成一种"铸牢中华民族共同体意识"的文化共识,同样也是教材建设国家事权话语体系构建的核心要义,且这种在不断挖掘与阐发中华优秀历史文化基础上凝结的文化向心力会持续推动教材建设国家事权的有效落实,延续中华民族的精神命脉。

四、教材建设国家事权的人民性

中国是人民民主专政的社会主义国家,坚持人民至上的政治立场和价值取向,这是国家长治久安、社会主义事业繁荣稳定的制胜法宝。人民性思想是中国共产党在百余年发展历程中始终坚守的精神准则,作为马克思主义及其中国化的根本属性,人民性对其他方面的属性具有主导作用,且在整个意识形态中居于核心位置,发挥着价值取向的作用。[1]党的十八大以来,以习近平同志为核心的党中央提出的"以人民为中心的发展思想",深刻表达了中国共产党人坚定的人民立场,高度契合促进人的全面发展、社会全面进步以及实现民族复兴的根本要求。[2]教材是中国共产党坚持人民中心立场并表达人民性思想的最直接"武器",它不仅在传播科学知识、承载中华优秀文化方面有着难以替代的价值与作用,而且在培育时代新人、为中华民族注入持久而深层的力量层面具有最重要、最直接、最深远的影响力。从"党领导一切"的整体观阐明教材建设作为国家事权,虽旗帜鲜明地表达了教材建设国家事权的政治性属性,但其背后暗含的"以人民为中心"的人民性思想从未缺位,甚至在一定程度上还规约了教材建设国家事权的基本走向。这是因为教材建设最直接的受益者是人民,人民是检验教材质量的核心向度;构建人民满意的高质量教材体系,就是要将最广大人民的根本利益作为根本出发点。对标实际,无论是在教材百年发展历程中所形成的基本规律、主要经验和时代特征,还是针对统编教

---

[1] 杨彬彬.人民性思想表达的话语演进与现实意义[J].思想教育研究,2019(4):31-36.
[2] 李怡,肖昭彬."以人民为中心的发展思想"的理论创新与现实意蕴[J].马克思主义研究,2017(7):26-33.

材、统管教材、自编教材、境外教材制定的管理办法和具体意见,"人民至上"的思想内核始终深嵌其中,而这也再次证明了教材建设作为国家事权所负载的人民性特质。

五、教材建设国家事权的实践性

在相当长的一段历史时期内,"观念主义"与"经验主义"的价值论争主导了中国教育改革的风向标。但无论作何选择,"洞见或透识隐藏于深处的棘手问题是艰难的,因为如果只是把握这一棘手问题的表层,它就会维持原状,仍然得不到解决。因此,必须把它'连根拔起',使它彻底地暴露出来;这就要求我们开始以一种新的方式来思考"①。作为一种具象化观念,"实践感"理应成为中国教育改革循依的主要思维方式。但对实践和经验的关切,并不意味着抛弃观念或思想的"高贵性",因为这些思想和观念"本身就是在实际探究进程中通过实验发展出来的","是从人类的自然动作中创造出来的,也是在做的进程中验证和改进的"②。中国的教材建设之所以有着实践性特质,是因为它进入了它所处的时代,无论是在革命战争年代还是在国家独立之后的复兴时期,教材建设不断通过提供新的知识和价值批判的思想方案来致力解决自身所处时代的社会问题与教育问题。这既体现在中国的教材建设是党在百年历史进程中对自身发展何以可能、实践效果何以可能进行追问的基础上而来的,它有着百年大党"以经验推动观念发展"的实践特征,也体现在教材建设理念确认、教材管理办法研制、教材建设保障机制设计等具体方面始终与中国的教育实践乃至生活实践相结合。新时代的教材建设被置于国家事权的战略高度,是马克思主义中国化关于"实践唯物主义"理论的创新,这种走向实践的教材建设国家事权在真正意义上积极承担了反思、批判教材建设现实和人类生活的责任,实现了教材建设最本真的任务,即为党育人、为国育才的价值选择,使中国教材改革实践与人类生活实践趋于完善并走向共融。

---

① 布迪厄,华康德.实践与反思:反思社会学导引[M].李猛,李康,译.北京:中央编译出版社,1998:1.
② 杜威.确定性的寻求:关于知行关系的研究[M].傅统先,译.上海:上海人民出版社,2005:94.

第三节
教材建设国家事权的价值

哲学视域下的"价值"主要是表达人类生活中一种普遍的关系——客体的存在、属性和变化对于主体人的意义[1],作为人类生存发展实践中一个普遍的、基本的内容,它具有重要的世界观及方法论意义[2]。教材建设国家事权是中国本土创生的特色哲学话语体系,对其价值明证应与价值观冲突、价值反思、价值批判交织运作而构成的范式转型联结在一起,与中国教材建设的价值逻辑问题和中国教材建设价值系统的次序问题联结在一起,与中国教育现代化发展方略和人的现代性提升议题联结在一起,最终在"经验"与"观念"会通的方案中绘制属于自己的价值图示。

一、巩固中国共产党的政治制度及执政地位

在现代国家中,政治制度一般包含政治权力结构和政治法律结构,这种结构设计是管理价值和伦理价值有机统一的过程。前者主要是将政治制度视为一种规范,在权衡权力与利益资源的基础上规约社会行为,设置权力边界,规定责任与义务;后者主要是从道德价值判断和实践道德规范的双重向度来评判政治制度的优越性,实质在于评判其是否满足了所有人的普遍需要。[3]政治制度的结构设计和价值选择凸显了一种法的精神,即政治制度在选择、确立及变化或创新时,如何看待与定位"权"的价值与作用。实践证明,在长期的社会主义革命、建设和改革中逐步确立、发展和完善的中国特色社会主义政治制度,是以维护最广大人民的根本利益作为自身正当性与合法化确认及其如何考察与定位"权"的逻辑起点的。同样是从实践和经验中生成的教材建设国家事权,其本身也蕴含着对如何协调国家"赋权"与自身"行权"的关系张力从而

---

[1] 李德顺.价值论[M].2版.北京:中国人民大学出版社,2007:8.
[2] 李德顺.价值论[M].2版.北京:中国人民大学出版社,2007:1.
[3] 孟昭武,李文静.论政治制度设计的价值取向[J].山东社会科学,2012(2):32-36.

构建人民满意的高质量教材体系的适切回答,其本质仍然是遵循人民立场的实践论。这一方面体现在构建自上而下涵括国家教材委员会(专家委员会)以及教材局、课程教材研究所、地方教材审定与研究机构、学校等基层单位和自下而上教材使用反馈评价的双向立体式新型权力结构[1];另一方面表现在通过构筑网格化的教材管理制度体系和创新教材管理机制,划定教材建设主体的权力范畴,明确各自的权力种类及其责任事项,实现教材建设在特定空间界域中的功能最大化。总的来看,教材建设国家事权在理性回答"权"何以运作与评价的背后隐含着对人的权利和权力的确认与维护,这种"权属人民、权为人民"的价值选择不仅与中国特色社会主义政治制度的生成逻辑与实践逻辑密切关联,而且作为考验党的执政能力的关键维度,事关党的执政地位稳固。

二、创造性转化与创新性传承中华优秀传统文化

文化是人类生存的印记,也是一个民族确认其独立身份的最重要因素,文化的每一次演变所形成的思想和观念体系都会深刻影响人类对生存和发展的理性思考。正如雅斯贝斯(Karl Jaspers)所言:"人类一直靠轴心期所产生、思考和创造的一切而生存。每一次新的飞跃都回顾这一时期,并被它重燃火焰。"[2]在这个"一切"的范畴里,文化是变换与回忆的原生动力。我们已然处在"文化上的新的轴心时代"[3],或许是习惯性地遵从文化"拿来主义",以致我们忘却了中国文化绵延的内生力量以及为全球向善发展、人类问题解决和促进世界文明进步提供可行方案的可能,因而不会自觉地、主动地把我国的优秀文化推及他域。教材是传承文化的载体,文化是教材知识内容的来源和依据。教材内容是从人类文化成果中选择而来的,本民族的优秀传统文化是教材内容的核心支撑,体现着自身特有的文化血脉和民族精神。从这个意义而言,中国的教材建设体现了中华优秀传统文化中"重人""重德""重和",以及刻苦坚忍、百折不挠、自强不息、宽广仁厚、兼容并包、天人合一的精神气质,诠释了最深层的

---

[1] 罗生全.论教材建设作为国家事权[J].课程·教材·教法,2019,39(8):4-11.
[2] 雅斯贝斯.历史的起源与目标[M].魏楚雄,俞新天,译.北京:华夏出版社,1989:14.
[3] 汤一介.新轴心时代与中国文化的建构[M].南昌:江西人民出版社,2007:122.

精神追求和最独特的精神标识。①回归中华优秀传统文化是新时代教材建设的文化自觉,但这种理性行为不能也不应该仅将挖掘中华优秀传统文化作为教材建设价值确证的唯一追求,还应该在丰富中华优秀传统文化的基础上对其不断地进行创造性转化和创新性发展。事实上,站在国家事权高度的教材建设不仅在教材知识内容设计环节有意增加中华优秀传统文化的经典内容,如统编中小学语文教材古诗词新增内容比重均在50%以上,而且在政策落实、组织建设、制度完善、理论探索、平台搭建等方面也在不断阐发中华优秀传统文化,依托转化与发展的支持系统实现对中华民族文化的集体认同和为人类命运共同体构建提供中国智慧。

三、建设具有中国特色的教材建设现代化格局

中国共产党第十九届五中全会审议通过的《中共中央关于制定国民经济和社会发展第十四个五年规划和二〇三五年远景目标的建议》中提到,我国已转向高质量发展阶段,要在畅通国内大循环、促进国内国际双循环的新发展格局上,建设高质量教育体系。②"十四五"规划绘制了构建社会主义现代化教育强国的可视蓝图,也为高质量教育发展的何以可能、何以作为提供了现实依据。在这个宏大的现代化发展方案中,最为根本的问题仍然是人的问题,即如何扎实推进立德树人工程,培养担当民族复兴大任的时代新人。这意味着,高质量教育需以"育人"的教育逻辑为理论遵循,将人才培养成效视为质量的关键维度。如果说高质量教育的核心是人才培养,人才培养的关键在于课程教材体系的科学化、系统化和专业化,那么,从国家事权的战略高度所进行的教材建设必然是解决"优质教材与育人效果之间信息不对称"这一问题的关键举措。这既反映在教材建设国家事权是党中央根据"百年未有之大变局"的发展境遇所作的关于社会主义教材发展方向和人才培养规格的精准判定,也深刻体现在教材建设国家事权从文化自信和文化自觉的双重要求出发对教材一体化建设给予的深沉关注:一则是依托政策科学实施大中小学教材一体化建设;

---

① 杜芳.中华优秀传统文化与文化自信[J].探索,2017(2):163-168.
② 中共中央关于制定国民经济和社会发展第十四个五年规划和二〇三五年远景目标的建议[N].人民日报,2020-11-04(1).

一则是对教材建设系统内部关涉教材内容、教材种类、教材制度、教材队伍、教材出版与发行、教材资源与平台等要素的一体化协同推进。实践证明，扎根中国大地的教材建设国家事权，对丰富中国特色社会主义理论体系及构建具有中国特色的教材建设现代化格局具有重要的现实意义。

四、实现立德树人助推育人一体化的目的

新时代中国发展的一个显著特征是富起来的中国人民的生活状态已然步入追求幸福美好生活的新阶段。对幸福美好生活的追求和向往，既是每个人一生的追求目标，也是整个群体和社会长期不懈的奋斗目标，它将贯穿人类社会发展的始终。[1]作为执政为民的领导集体，百年来，中国共产党始终将"为人民谋幸福、为民族谋复兴、为世界谋大同"置于治国理政的绝对高度，通过各项事业的系统建设保障人民过上美好幸福的生活。"我们的人民热爱生活，期盼有更好的教育、更稳定的工作、更满意的收入、更可靠的社会保障、更高水平的医疗卫生服务、更舒适的居住条件、更优美的环境，期盼孩子们能成长得更好、工作得更好、生活得更好。人民对美好生活的向往，就是我们的奋斗目标。"[2]可以说，"人民至上论""人民中心论""美好生活论"是中国特色社会主义事业总体布局的精神内核。新时代确立的教材建设国家事权，延续了以人民为中心的教材建设和管理理念，在构建高质量教材体系与培养时代新人方面，始终是将"人是存在论和目的论共存的实在主体""人与美好生活的意义关联"作为概念发展和内涵完善的终极价值追求，深度诠释了中国共产党人对人民通过共享教材建设成果实现美好生活的理性关怀。在具体实施方案中，新时代的教材建设由以往集中关注教材的规模和体系完善转向更加注重教材建设的整体质量和程序的正当性与合法性，突出表现在合理确证权力与责任关系、合法明确教材建设主体的权力边界和责任事项。可见，从一种普遍的公共事项转为体现国家意志的共同行为，是对教材建设力图使学生过上一种幸福、有意义的高品质生活的理性规范。而从权利与权力、公平与正义、合法与正当等多重

---

[1] 邱耕田,王丹.美好生活的哲学审视[J].北京大学学报(哲学社会科学版),2019,56(1):20-27.
[2] 习近平.习近平谈治国理政[M].北京:外文出版社,2014:4.

关系进行的新价值叙事,既拓展了教材建设国家事权本体论、认识论、价值论和实践论的知识体系及思想系统的原属范畴,也丰富了教材建设国家事权何以实现立德树人,助推育人一体化的新的价值叙事方式和理性实践方式。

五、为人类命运共同体中的其他教材建设提供中国经验

当今世界正在经历百年未有之大变局,需要我们共同破解"世界怎么了、我们怎么办"这一时代课题。中国的方案是:构建人类命运共同体,实现共赢共享。[①]在世界形势复杂和世界格局微妙的背景下,中国创造性地提出构建"人类命运共同体"这一伟大理念,这是新时期为世界和平与共同发展贡献的中国智慧,提出的中国方案,具有开创性的时代意义和引领性的思想内涵,赢得了国际社会的极高赞誉和世界各国的普遍认同。[②]在构建人类命运共同体的众多实践经验中,教材建设现代化为世界上其他国家教材建设提供了具有中国智慧的典型方案。教材建设现代化道路作为中国式现代化道路的一个缩影,是独具特色、有别于西方教材建设现代化道路的,不仅对着力建设高质量教材进行了理论基础溯源,而且通过构建具有中国特色的权责机制强化了各级各类教材的建设与管理,最终确立了"教材建设是国家事权"的新思想观和认识观。

一方面,教材建设国家事权不是凭空产生的概念,马克思主义社会形态理论、中国特色社会主义法治理论和文化自觉理论为其出场提供了坚实的理论支撑。作为马克思主义理论体系中的支撑理论,马克思主义社会形态理论倡导的重视人的主体地位、实现人的自由全面发展、构建人与国家社会的共生关系观等有力诠释了教材建设国家事权中内蕴的理论价值;作为马克思主义中国化理论成果,中国特色社会主义法治理论通过贡献法学原理与具体的法律法规为教材建设国家事权提供解释依据和规制效力;作为中国本土理论,文化自觉理论深深根植于中华优秀传统文化,是从文化创造性转化与创新性发展的本土逻辑出发来回应教材建设国家事权的思想之基与实践之魂,这凸显了

---

① 习近平.共同构建人类命运共同体——在联合国日内瓦总部的演讲[N].人民日报,2017-01-20(2).
② 郭锐,王彩霞.推动构建人类命运共同体的中国担当[J].中国特色社会主义研究,2017(5):49-57.

中华民族自强不息的精神内涵。中国共产党成功地将马克思主义理论、马克思主义中国化理论与中国本土理论有机融合并将其作为解释教材建设国家事权的理论依据，这对于依循马克思主义且具有相同国情的发展中国家而言具有重要的参考价值。

另一方面，教材建设国家事权又是一个涉及权力与责任关系建构的经验结晶。西方政治学与行政学领域对权责关系的讨论历史久远且影响深远，中国虽也从中汲取过有益经验，但是人民民主专政的政体构建方式使得我国在权力运行方式与权力规制模式两个方面与西方有着本质差异，因而在对诸如教材建设国家事权中的权责关系理解上需要进行范式创新。如通过制度设计、机制再造、绩效衡量、责任建构对教材建设国家事权中的确权、用权、评权、督权进行规制[1]，从而构建教材建设国家事权有效落实的公共治理模式。由此形成的权力运行与规制经验体系，不仅创新了我国教育行政事项中的权责关系模式，而且这一独具中国特色的教材建设管理经验也为世界其他国家行使权力建设教材提供了借鉴。总的来说，以教材建设国家事权为独创标识的中国式教材建设现代化道路是共赢合作的道路，希望教材建设国家事权的有效落实能够助力实现中华民族伟大复兴，此外，人类命运共同体中的其他民族与国家也能够共享中国在教材建设上带来的改革红利。

---

[1] 胡税根,翁列恩.构建政府权力规制的公共治理模式[J].中国社会科学,2017(11):99-117.

第二章 教材建设国家事权的政策概论

在整个课程体系之中,教材是学校课程与教学的核心,是中小学教与学的重要资源,它的形态反映着时代发展脉络、影响着学校教育、主导着学生学习、设计着课程事实。从某种意义上来讲,教材提供了教学的主要内容,教材是学科的权威,是教学方案的心脏;应该教什么,要怎么教,几乎完全取决于教材。作为国家事权,教材在深化推进基础教育课程改革过程中发挥着重大的价值效用。有鉴于此,我国颁布了一系列关于教材的政策文本,以期通过政策规约,促进教材事业的良性发展。教育政策文本分析是一个新兴的研究领域,是理解教育政策的基本手段,也是促进我国教育政策研究发展的重要途径。教育政策研究的主要任务是理解教育政策如何演变,以在总体上改进教育政策制定与实施过程,而对政策演变过程中一些基本特点和规律性的认识,是改善政策制定与实施的重要认识论基础。[①]因此,本章采用政策文本分析中的定量分析、内容分析和价值分析方法,对改革开放以来我国颁布的教材政策文本的内容、过程、结果以及环境和价值等方面进行分析,以期加深人们对教材政策的理解与认知,推进教材政策后续的完善制定和有序执行。

第一节
教材建设国家事权政策文本的定量分析

作为党和国家教育方针路线的现实表征和具体体现,教育政策对教育事业的改革与发展起着根本性的保证作用。具体来看,教育政策具有导向、协调、控制以及监督问责等功能,其目的在于对不同主体的教育利益进行调整与分配,以期形成不同利益主体的合理张力,进而促进教育增值以及教育水平和质量的持续、整体提升,实现学生的本真发展。然而,改革开放以来,我国颁布了多少关于教材的政策文本?年度分布情况如何?有哪些部门参与制定?有

---

① 涂端午.中国高等教育政策制定的宏观图景——基于1979~1998年高等教育政策文本的定量分析[J].北京大学教育评论,2007,5(4):53-65.

哪些类型？具有什么样的特点？……学界对教材政策文本的实然性、整体性、规律性的认知鲜有研究。而缺乏对这些问题的基本了解和认知，将会制约我们对政策作出科学的解释和预测，进而影响教育政策的有效实施。基于这些判断，本节通过对改革开放四十多年以来国家层面的教材政策文本进行系统的定量分析，力图从宏观层面把握我国教材政策文本发展的一些基本特点，丰富我们对教材政策的基本认知。

一、研究方法、样本及变量

（一）研究方法

政策文本分析可分为三种类型：一是比较纯粹的文本定量分析，最一般的表现是对文本中某些关键词的词频统计，重在描述文本中的某些规律性现象或特点，属于传统的内容分析；二是对文本中词语的定性分析，多从某一视角出发对文本进行阐释，属于话语分析范畴；三是综合分析，即文本的定量分析与定性分析相结合，对文本既有定量描述也有定性阐释甚至还有预测。[1]本章主要运用定量分析方法对改革开放以来我国的中小学教材政策文本进行系统研究，属于传统的内容分析。艾萨克曾指出定量方法在政治科学中运用的优点是更精确和明晰地描述有可能产生有关政治的更为精细的通则和理论："对政治学家来说，如果致力于获取更可靠的政治知识，更重要的是要形成量化概念，以便使我们不仅能根据特征去排列事项的顺序，而且能说明每一项目具有该特征的程度。"[2]因此，通过对政策主体、政策客体、政策目标、政策措施等政策文本要素进行系统的定量分析，一方面，可以从宏观层面把握中小学教材政策的整体发展历程；另一方面，也可以从中观或微观层面深入探讨某项中小学教材政策的具体发展过程。

---

[1] 涂端午.教育政策文本分析及其应用[J].复旦教育论坛，2009,7(5):22-27.
[2] 艾萨克.政治学：范围与方法[M].郑永年，胡淳，唐亮，译.杭州：浙江人民出版社，1987:101-102.

(二)研究样本

本书所指的教材政策文本是指在国家层面由全国人大、中共中央、国务院及其相关部委颁发的、以正式书面文本为表现形式的各种中小学教材规范性法律、法规和规章的总称。目前,国内还没有一部专门关于教材的政策文本汇编,本书中的政策文本主要参考教育部前部长何东昌主编的《中华人民共和国重要教育文献》(海南出版社,1998,2003;新世界出版社,2010),以及收集、整理相关政府网站政策文本作为本书的主要数据来源,包括改革开放以来国家层面所制定的全部有效的关于教材的法律、法规及规章,共计136项。本书教材政策文本的选择主要通过两种方法,一是选择政策标题中包含"教材"或"教科书"字样的政策文本;二是选择政策内容包括教材问题及其类似问题的政策文本。同时将所得数据进行录入,采用Excel、SPSS 21等统计软件对其进行处理和分析。通过对这些政策文本进行分析,从宏观上把握改革开放以来我国教材政策制定的整体状况,进而探寻我国教材政策发展的基本特点。

(三)变量

作为复杂政策现象的"积淀",政策文本自身并不会提供差异的比较,对政策文本的考察需要有多个具体的研究变量,而对政策文本的系统分析,要求这些变量能够以一种结构的方式从整体上反映政策中最基本的要素或几个主要方面。[1]本书的研究变量主要包括:政策文本数量、发布时间、权威部门和政策类型。在此对政策类型做简要分析。不同领域的学者对政策类型有不同的分类,本书采用刘复兴教授的说法,认为教育政策类型一般有四个层次,一是指某一单项政策文本,如高校扩招政策、中小学教材政策等;二是指关于某一教育领域的政策文本的集合,如素质教育政策、职业教育政策等;三是指一个国家总体的教育政策文本的总和,包括基本教育政策和具体教育政策;四是指元教育政策文本,也就是表达关于教育政策制定和实施的方法论的有关文本形式。[2]具体指标与相关说明见表2-1。

---

[1] 涂端午.中国高等教育政策制定的宏观图景——基于1979~1998年高等教育政策文本的定量分析[J].北京大学教育评论,2007,5(4):53-65.

[2] 刘复兴.教育政策的四重视角[J].清华大学教育研究,2002(4):13-19.

表2-1　变量与指标说明

变量名	指标及相关说明
政策数量	以项为单位
发布时间	以年为单位
权威部门	权威部门可划分为两类，一是主要的教育政策制定者，包括全国人大、中共中央、国务院、教育部（国家教委）等。二是除上述主要政策制定机构外，参与联合制定政策的部门
政策类型	政策类型可划分为三类，一是总体性政策文本，它是国家总体的教育政策文本的总和，包括基本教育政策和具体教育政策；二是综合性政策文本，是指关于某一领域的政策文本的集合。三是专门性政策文本，这类文本通常是专门针对教材问题而制定的

三、研究结果与分析

（一）政策文本数量发展

图2-1显示出1979—2021年我国颁发的关于教材政策文本的年度发展趋势。从图2-1可以得出：改革开放43年间，相关权威部门共颁发136项关于教材的政策文本，平均每年颁布的关于教材的政策文本数为3.09项。除个别年份外，每年都有相关政策文本颁发，其中2001年政策颁发数多达20项。

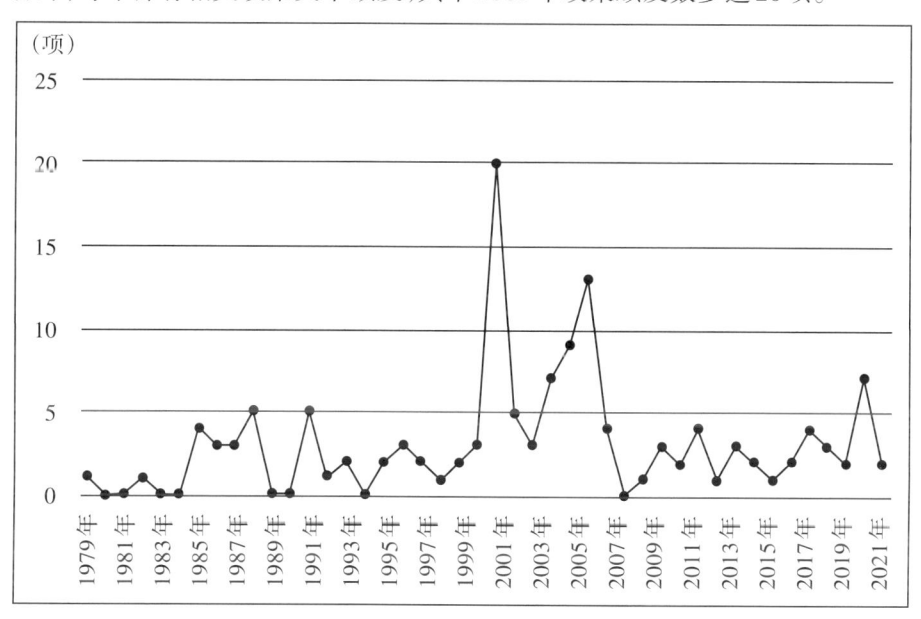

图2-1　改革开放以来教材政策文本数量年度发展趋势图

(二)政策文本权威部门构成

表2-2显示,有8个可以独立制定中小学教材政策的权威部门,即全国人大,中共中央、国务院,教育部(国家教委),国家教材委员会,文化部(2018年改为文化和旅游部),商务部,国家新闻出版署,国家发展和改革委员会。其中,由全国人大制定的政策文本共3项,占独立制定政策文本权威部门总数的3.49%;由中共中央、国务院制定的政策文本共15项,占总数的17.44%;由教育部(国家教委)制定的政策文本多达48项,占总数的55.81%;由国家教材委员会制定的政策文本共5项,占总数的5.81%;由文化部制定的政策文本共2项,占总数的2.33%;由商务部制定的政策文本共1项,占总数的1.16%;由国家新闻出版署制定的政策文本共9项,占总数的10.47%;由国家发展和改革委员会制定的政策文本共3项,占总数的3.49%。其中,全国人大颁发的政策文本具有最高法律效力,中共中央、国务院,教育部和其他相关政府部门次之。

表2-2 独立制定教材政策文本的部门及文本数

权威部门	政策文本数	占比(%)
全国人大	3	3.49
中共中央、国务院	15	17.44
教育部(国家教委)	48	55.81
国家教材委员会	5	5.81
文化部	2	2.33
商务部	1	1.16
国家新闻出版署	9	10.47
国家发展和改革委员会	3	3.49
总计	86	100.00

表2-3显示,在所有制定的教材政策文本中,有50项为各权威部门联合制定,其中以2个部门为主,共联合颁发19项政策文本,占联合颁发政策文本总数的38.00%。同一项政策联合制定的部门总数最多达到7个之多。

表2-3 联合制定政策文本的部门数

所含部门数	联合发布项	占比(%)
2个部门	19	38.00
3个部门	17	34.00
4个部门	6	12.00
5个部门	1	2.00
6个部门	3	6.00
7个部门	4	8.00
总计	50	100.0

表2-4显示，有20个政府部门和教育部（国家教委）联合颁发过教材政策文本，其中出现频率最高的两个部门分别为国家新闻出版署和国家发展和改革委员会，其余大部分政府部门出现过一次。

表2-4 和教育部（国家教委）联合颁布政策文本的部门及出现频率

排序	权威部门	频率	比例(%)	排序	权威部门	频率	比例(%)
1	国家新闻出版署	36	34.29	11	劳动部	1	0.95
2	国家发展和改革委员会	19	18.10	12	宣传部	1	0.95
3	财政部	14	13.33	13	环境保护部（2018年改为生态环境部）	1	0.95
4	全国"扫黄""打非"工作小组	5	4.76	14	国务院经济体制改革办公室	1	0.95
5	审计署	5	4.76	15	司法部	1	0.95
6	国务院纠正行业不正之风办公室	5	4.76	16	中央网信办	1	0.95
7	监察部（2018年改为国家监察委员会）	5	4.76	17	市场监管总局	1	0.95
8	国家质量监督检验检疫总局（2018年改为国家市场监督管理总局）	2	1.90	18	国家经济委员会（1988年被撤销）	1	0.95
9	国家新闻出版广电总局（2018年改为国家广播电视总局）	2	1.90	19	国家物价局	1	0.95
10	文化和旅游部	2	1.90	20	共青团中央	1	0.95

(三)政策文本类型分布

表2-5显示,在所有颁发的关于教材的政策文本中,专门性政策文本为99项,约占政策文本总数的72.79%;综合性政策文本为21项,约占总数的15.44%;总体性政策文本为16项,约占总数的11.76%。其中,从2001年开始,关于教材的专门性政策文本呈现出明显的增长态势。

表2-5 政策类型年度分布

年份	专门性	综合性	总体性	年份	专门性	综合性	总体性	年份	专门性	综合性	总体性
1979	1			1994				2009	1		
1980				1995	2			2010	2		1
1981				1996	2	1		2011	2		
1982	1			1997	1	1		2012	2		2
1983				1998			1	2013	1		
1984				1999		1	1	2014	2	1	
1985	2	1	1	2000	2	1		2015	1	1	
1986	2		1	2001	13	4	3	2016	1		
1987	3			2002	4	1		2017	2		
1988	4	1		2003	2	1		2018	4		
1989				2004	5	1	1	2019	3		
1990				2005	8	1		2020	2		
1991	3	1	1	2006	8	2	3	2021	7		
1992	1			2007	2	2		2022	2		
1993	1		1	2008				总计	99	21	16

(四)政策文本类型与权威部门交互分析

表2-6为教材政策文本类型与权威部门的交互分析。通过分析发现,关于教材的专门性政策性文本均由教育部(国家教委)颁发,而其他权威部门颁发关于教材的均为综合性政策文本和总体性政策文本。

表2-6 政策文本类型与权威部门的交互分析

权威部门	专门性政策文本	综合性政策文本	总体性政策文本
全国人大			★
中共中央、国务院		★	★
教育部(国家教委)	★	★	★
国家新闻出版署	★	★	
商务部	★		
国家发展和改革委员会		★	
国家教材委员会	★		
联合发文	★	★	

注:★代表权威部门政策文本制定所包含的类型领域。

四、研究结论

通过上述对改革开放以来教材政策文本的数量发展、政策文本中的权威部门构成、政策文本的类型分布以及政策文本类型与权威部门交互分析的统计分析,得出以下研究结论。

(一)中小学教材政策生产的时间节点

从发展过程来看,改革开放以来中小学教材政策文本的颁发呈波浪式发展态势,同时2001年是我国教材政策文本发展的关键时间节点。2001年及以后的21年间,我国共颁发98项关于中小学教材的政策文本,占改革开放以来颁发总数的72.06%。而从改革开放到2001年的23年间,颁发的教材政策文本数为38项,占改革开放以来颁发总数的27.94%。由此我们可以看出,2001年及以后颁发的中小学教材政策文本数量明显增多,综合反映出我国基础教育课程改革事业的不断深入发展。同时,2001年颁布的关于教材的政策多达20项,其中关于教材的专门性政策文本为13项,充分表明中小学教材问题深受政府部门的关注,成为焦点问题。

(二)中小学教材政策的多元共建概况

全国人大是颁发关于教材政策文本的最高行政单位。教育部、国家新闻出版署、国家发展和改革委员会是教材政策文本颁发的主要部门,位居发布文件数量(含联合发布的文件)的前三位,其中教育部处于核心地位。从上述政策文本制定单位来看,全国人大,中共中央、国务院有关部委都可以参与或者直接影响教材政策的制定和执行,使政策文本制定主体呈现出多元性特征。教材政策文本制定主体的多元性,一方面反映出教材问题的复杂性,表明教材事业的建设与发展,需要以教育部为核心组织者,全国人大,中共中央、国务院等提供法律保障与制度支持,其他相关政府部门积极、有效地协调与配合;另一方面反映出教材作为国家事权,受到了相关权威政府部门的日益重视。

教育政策文本分析作为一个新兴的研究领域,是理解教育政策的基本手段,也是促进我国教育政策研究发展的重要途径。本书通过对改革开放四十多年以来中小学政策文本的数量发展、政策文本中的权威部门构成、政策文本类型分布等进行定量分析,回溯我国中小学教材政策文本的发展历程,总结出诸如中小学教材政策文本的颁发呈波浪式发展态势、政策生产的多元共建等一些关于我国中小学教材政策的特点,使我们能从宏观上把握我国中小学教材政策的发展概况,丰富对中小学教材政策文本的理性认识。

第二节
教材建设国家事权政策文本的内容分析

教育政策的内容分析是进行教育政策分析最为基本的研究视角和最基础性的研究范畴。教育政策内容分析"是对信息特征系统、客观、量化的分析"[①]，它主要关注教育政策文本的内容是否完整、所表达的语言是否严密规范等问题。我们应从教材政策的历史发展和具体文本中，明晰其政策内容机理，认识教材政策的实施、效果及价值，进而探明教材建设国家事权政策文本的内在生成逻辑。

一、历史梳理：改革开放以来教材政策发展脉络

关于教材政策文本的内容，主要是从相关法律文本和政策文本中进行规范的。

表2-7 法律文本

发布年份	发布机构	法律文本名称
1986	全国人民代表大会	中华人民共和国义务教育法
2018	全国人民代表大会	中华人民共和国义务教育法（修订）
2020	全国人民代表大会	中华人民共和国著作权法（修订）

从表2-7中可以看出，主要有3个法律文本从法律层面上对教材进行了规范。《中华人民共和国义务教育法》第三十八条、第三十九条、第四十条、第四十一条对教材的性质、价格等作出了明确规定。"教科书根据国家教育方针和课程标准编写，内容力求精简，精选必备的基础知识、基本技能，经济实用，保证质量"，"国家实行教科书审定制度。教科书的审定办法由国务院教育行政部门规定。未经审定的教科书，不得出版、选用"以及"国家鼓励教科书循环使

[①] Kimberly A.Neuendorf.The Content Analysis Guidebook [M]. Thousand Oaks, California: Sage Publications, 2002:1.

用"等。《中华人民共和国著作权法》规定:"为实施义务教育和国家教育规划而编写出版教科书,可以不经著作权人许可,在教科书中汇编已经发表的作品片段或者短小的文字作品、音乐作品或者单幅的美术作品、摄影作品、图形作品,但应当按照规定向著作权人支付报酬,指明作者姓名或者名称、作品名称,并且不得侵犯著作权人依照本法享有的其他权利。"

从政策文本来看,主要的教材政策文本见表2-8。

表2-8 教材政策文本

发布年份	发布机构	政策文本名称
1979	教育部、国家出版局	第二次全国教材出版发行工作会议纪要
1985	教育部	全国中小学教材审定委员会工作条例(试行)
1987	国家教育委员会	中小学教材审定标准
1988	国家教育委员会	九年制义务教育教材编写规划方案
1993	国家教育委员会	关于加强普通中小学教学用书管理的紧急通知
1995	国家教育委员会	中小学教材编写、审查和选用的规定
2001	教育部	中小学教材编写审定管理暂行办法
2001	新闻出版总署	关于加强教材发行管理工作的通知
2001	新闻出版总署、教育部、国家计委	中小学教材出版招标投标试点实施办法
2001	新闻出版总署、教育部、国家计委	中小学教材发行招标投标试点实施办法
2001	新闻出版总署、教育部、国家质量监督检验检疫总局	中小学教科书用纸、印制质量标准和检验方法
2002	教育部、国家发展计划委员会(2003年改为国家发展和改革委员会)、新闻出版总署	关于进一步贯彻落实中小学教材管理体制改革意见的通知
2003	教育部、国家发展和改革委员会、新闻出版总署	关于加强中小学实验教材价格管理的通知
2005	教育部、财政部	免费教科书政府采购工作暂行办法
2006	新闻出版总署	关于中小学教材发行费用标准的通知
2006	国家发展改革委、新闻出版总署	关于进一步加强中小学教材价格管理等有关事项的通知

续表

发布年份	发布机构	政策文本名称
2007	教育部、财政部	关于全面实施农村义务教育教科书免费提供和做好部分教科书循环使用工作的意见
2009	教育部	关于加强中小学教材管理全面清理违规教材的通知
2010	教育部	关于成立国家基础教育课程教材专家咨询委员会的通知
2012	国家发展改革委、新闻出版总署、教育部	关于中小学循环使用教材价格政策问题的通知
2012	新闻出版总署、教育部、环境保护部(2018年改为生态环境部)	关于中小学教科书实施绿色印刷的通知
2014	教育部	中小学教科书选用管理暂行办法
2017	国务院	关于成立国家教材委员会的通知
2018	教育部	中小学国家课程教材审定审查工作细则
2019	国家教材委员会	全国大中小学教材建设规划(2019—2022年)
2019	教育部	中小学教材管理办法
2022	教育部、国家新闻出版署、中央网信办、文化和旅游部、市场监管总局	关于教材工作责任追究的指导意见

二、特点分析:改革开放以来教材政策内容剖析

通过考察教材政策文本的内容我们可以发现,改革开放以来我国教材政策文本在解决"谁来实施""为谁实施""为什么实施""怎么实施"等问题时有着显著的特点,具体表现在以下几个方面。

(一)由谁来实施教材政策的规范

"谁来实施"的问题涉及教材政策的主体及其职责问题。改革开放以来,对教材政策的实施组织和结构界定得比较清楚。1995年颁布的《中小学教材编写、审查和选用的规定》指出:"中小学教材的编写、审查、选用实行分级管理

和各有关部门分工负责的原则。国家教育委员会主管全国中小学教材(包括民族文字教材)的编写、编译、审查、选用工作。地方各级教育行政部门按分工主管本行政辖区内中小学教材(包括民族文字教材)的编写、编译、审查、选用工作。"2001年颁发的《中小学教材编写审定管理暂行办法》指出:"教材的编写、审定,实行国务院教育行政部门和省级教育行政部门两级管理。国务院教育行政部门负责国家课程教材的编写和审定管理;省级教育行政部门负责地方课程教材的编写和审定管理。"上述两项政策文本对实施教材政策的主体进行了详细的规范,即主要由国家级教育行政部门和地方教育行政部门来实施教材政策。

(二)对谁来实施教材政策的规范

"对谁实施"的问题涉及教材政策的客体和对象问题。2004年,教育部办公厅颁布的《关于对中小学教材进行检查的通知》指出,"各教材编写单位和出版社要对编写、出版的中小学教材和教辅材料进行一次全面的质量检查""各省(自治区、直辖市)教育行政部门要立即组织对本地区使用的教辅材料进行全面的清理、检查"。2005年,财政部、教育部联合颁发的《关于进一步加强免费提供教科书工作的若干意见》指出:"各地教育、财政部门要积极与承担免费教科书出版发行任务的出版、租型和发行单位协调,在保证教科书质量的前提下,降低出版、发行费用。"2019年,教育部印发的《中小学教材管理办法》指出:"学校要严格执行国家和地方关于教材管理的政策规定,健全内部管理制度,选好用好教材。"从政策的指向性来看,教材政策主要指向各地教育行政部门和相关行政部门。与此同时,教材编写单位、出版社、学校也是教材政策的实施对象。

(三)为什么实施教材政策的规范

"为什么实施"的问题涉及教材政策产生的原因和目的问题。从改革开放以来针对教材问题颁布的政策文本来看,教材政策产生的原因主要是适应国家长远发展对人才培养的要求,促进教材质量的提高,实现教材的多样化发展,促进教材事业的繁荣发展。1987年,国家教委颁布的《全国中小学教材审定委员会工作章程》明确指出:"有领导、有计划地实现教材的多样化,以适应不同地区的需要,建立有权威的教材审定制度,促进中小学教材质量的提高。"2010年,教育部颁布的《关于成立国家基础教育课程教材专家咨询委员会的通知》指出:"为更好地适应国家长远发展对人才培养的要求,完善基础教育课程教材决策程序,提高课程教材建设水平,我部决定成立国家基础教育课程教材专家咨询委员会。"2019年,教育部印发的《中小学教材管理办法》指出:"落实国家事权,加强中小学教材管理,打造精品教材,切实提高教材建设水平。"

(四)怎么样实施教材政策的规范

"怎么实施"的问题涉及教材编写、审定、选用、管理的方法和途径问题。

第一,教材编写的政策规范。国家鼓励地方力量编写教材,推进教材编写的多样化发展,以适应不同地区义务教育的发展。具体表现为教材编写逐步从"一纲一本"走向"一纲多本"。1988年,国家教委颁布的《九年制义务教育教材编写规划方案》指出,"鼓励各个地方,以及高等学校、科研单位,有条件的专家、学者、教师个人按照国家规定的教育方针和教学大纲的基本要求编写教材"。2001年,教育部颁布的《中小学教材编写审定管理暂行办法》指出,"编写教材须事先依本办法规定向相应的教育行政部门申请立项,经核准后方可进行"。随着新时代的到来,国家日益重视教材建设事业,并逐步开始在全国范围内使用统编的中小学道德与法治(思想政治)、语文、历史三科教材。2020年1月,国家教材委员会印发的《全国大中小学教材建设规划(2019—2022年)》明确指出,完成中小学道德与法治(思想政治)、语文、历史三科教材统编统审统用。

第二,教材审查的政策规范。改革开放以来,为适应我国经济文化发展不平衡的状况,促进义务教育因地制宜地发展,我国教材的审查制度开始逐步从统编制(国定制)转变为审定制。1985年,教育部颁布的《全国中小学教材审定委员会工作条例(试行)》指出,今后中小学教材建设,把编写和审查分开,人民教育出版社负责编,省、自治区、直辖市教育部门可以编,有关学校、教师、专家也可以编,教育部成立全国中小学教材审定委员会负责审,审定后的教材,由教育部推荐各地选用。1987年,国家教委颁布的《全国中小学教材审定委员会工作章程》指出:"为适应本地区或本学校使用而编写的教材(乡土教材、选修教材、补充教材等),由省、自治区、直辖市教育行政部门审查,报国家教育委员会备案。"明确了地方政府管理教材的机构及其职能。2001年,教育部颁布的《中小学教材编写审定管理暂行办法》指出:"委员在教材审定过程中按照《全国中小学教材审定委员会工作章程》关于教材审定的程序、方式、标准的规定,公正客观地进行审查,并遵守有关的工作纪律。"2006年,新修订的《中华人民共和国义务教育法》指出:"国家实行教科书审定制度。教科书的审定办法由国务院教育行政部门规定。未经审定的教科书,不得出版、选用。"2017年,教育部开始在义务教育阶段全面启用语文、历史和道德与法治统编三科教材,标志着我国教材的编审制度从审定制向国定与审定并存的制度发展。

第三,教材选用的政策规范。为顺应时代的发展要求,教材选用逐步多样化、科学化、民主化。1995年,国家教委印发的《中小学教材编写、审查和选用的规定》指出,"经审查通过的教材,由国务院和省级教育行政部门列入中小学教学用书目录,供学校选用。未列入目录的教学用书,各地教育行政部门和学校一律不得选用"。2005年,教育部办公厅颁布的《关于做好义务教育课程标准实验教材选用工作的通知》指出,"教材选用委员会应由骨干教师、校长、学生家长代表及教育行政、教研人员组成"。2014年,教育部基础教育二司颁布的《中小学教科书选用管理暂行办法》指出:"国务院教育行政部门负责制定全国中小学教科书选用政策,公布《全国中小学教学用书目录》。省级教育行政部门负责本行政区域内中小学教科书选用的统筹管理,领导和监督教科书选用工作。"

第四,教材管理的政策规范。一是确立了国家、地方和学校三级教材管理体制。2001年,教育部印发的《基础教育课程改革纲要(试行)》指出,要"改变课程管理过于集中的状况,实行国家、地方、学校三级课程管理"。在此背景之下,我国基本建立了国家、地方、学校三级管理的教材体制。二是建立了教材准入机制。2008年,新闻出版总署颁布的《图书出版管理规定》指出:"出版辞书、地图、中小学教科书等类别的图书,实行资格准入制度,出版单位须按照新闻出版总署批准的业务范围出版。"三是建立了奖惩机制。2001年,教育部颁布的《中小学教材编写审定管理暂行办法》指出:"国家和各省、自治区、直辖市对优秀教材编写者给予表彰奖励。违反本办法,擅自进行教材试验,或未经审定通过,擅自扩大教材试验范围者,视情节轻重和所造成的影响,由同级教育行政部门给予通报批评、责令停止试验或禁止使用等处罚,并对直接责任人给予相应的行政处分。"四是引入市场竞争机制。1988年,国家教委颁布的《九年制义务教育教材编写规划方案》指出,要"把竞争机制引入教材建设,通过竞争促进教材事业的繁荣和教材质量的提高"。

三、现实考察:改革开放以来教材政策待解决问题解析

一个完整的教育法律规范包括假定、处理和制裁三个要件[①];而一个完整的教育政策规范包括目标、对象和措施三个要素[②]。由此,本书以规范教材政策的法律文本和政策文本这两种表现形式为分析标准,按照教育法律规范的三个要件和教育政策规范的三个要素对中小学教材政策文本的内容进行分析,分析这些政策规范是否满足教育法律规范三个要件和教育政策规范三个要素的要求。改革开放以来,我国教材政策文本得到逐步规范与完善,对教材事业的建设起到了很大的推动和促进作用,但根据上述标准进行分析后发现,仍然存在一些亟待解决的问题。

(一)中小学教材政策的法理模糊

2018年修订的《中华人民共和国义务教育法》明确指出,"国家机关工作人员和教科书审查人员,不得参与或者变相参与教科书的编写工作","国家实行教科书审定制度。教科书的审定办法由国务院教育行政部门规定。未经审定的教科书,不得出版、选用"。这里只对"假定"进行了规范,也就是说法律对国家教材工作相关人员的行为进行了规范,但对如何"处理"和"制裁"没有交代,也就是说如果国家教材工作相关人员违反了中小学教材法律政策,法律对其如何处罚并没有明确的涉及。由此可以推断,《中华人民共和国义务教育法》对中小学教材的法律规范存在一定的法理模糊。《中华人民共和国著作权法》也存在类似的问题。

---

① 李晓燕.教育法学[M].武汉:武汉工业大学出版社,1992:43.
② 孙绵涛.教育政策分析:理论与实务[M].重庆:重庆大学出版社,2011:114.

教育政策的法律化对于推进教育政策有效实施具有十分重要的意义。然而,纵观改革开放以来我国颁布的中小学教材政策,尚且没有一部专门的法律文本对中小学教材的内涵、要素、实施等作出过明确的解释与说明。关于中小学教材的法律规范只能散见于各相关法律文本之中,这是中小学教材政策法理模糊的一个非常重要的原因。随着国家课程标准的修订与完善,特别是实施统编三科教材、成立国家教材委员会等行为,体现出国家对教材建设事业越来越重视。中小学教材政策的法理模糊问题,亟待关注。

(二)中小学教材政策的目标规范不够清晰

纵观改革开放以来我国颁布的中小学教材政策文本,还没有哪一个政策对中小学教材政策的目标作出明确的规范,其目标只能散见于相关政策文本之中,且大多不是针对教材建设本身,而是基于国家教育目的和教学目标,以及为适应教育改革和教育发展提出来的对教材的规范。2014年9月,教育部颁发的《中小学教科书选用管理暂行办法》指出:"为加强中小学教科书管理,规范教科书选用工作,保障教学秩序和教学质量,更好地适应各地教育教学需要。"2019年12月16日,教育部颁发的《中小学教材管理办法》指出,"全面加强党的领导,落实国家事权,加强中小学教材管理,打造精品教材,切实提高教材建设水平";2022年5月,教育部、国家新闻出版署、中央网信办、文化和旅游部、市场监管总局五部门联合印发的《关于教材工作责任追究的指导意见》指出:"全面落实教材编写、审核、出版、印制发行、选用使用等各方面主体责任,切实提高教材建设水平。"

上述政策文本对中小学教材政策目标作出了说明,指出中小学教材政策的目的主要在于落实国家事权,提升教材建设水平,保障教学秩序和教学质量。从现行的政策文本可以看出,目前的教育政策目标较为宏观,更多的是强调适应时代发展需要和国家建设要求,而对教材建设过程中的具体工作部署,以及想要通过教材建设达成什么样的效果并没有详细的设计。与此同时,教材政策目标还缺乏一定的层次性,没有明确、清晰地说明各级各类教材的具体目标。政策目标规范得不清晰、不鲜明,容易使相关政策执行人员把问题理想化、简单化,从而造成中小学教材政策的无效实施。

(三)中小学教材政策的对象规范不够明确

中小学教材政策对象规范包括"谁来实施"的规范和"对谁实施"的规范两个部分,"谁来实施"的规范是中小学教材政策的主体,"对谁实施"的规范是中小学教材政策的客体。通过系统梳理我们可知,改革开放以来关于中小学教材的政策文本中对"对谁实施"的问题规范得比较明确,主要指的是中小学生使用的教材。但是,对于"谁来实施"的问题却规范得并不全面。2019年12月,教育部颁布的《中小学教材管理办法》指出:"在国家教材委员会指导和统筹下,中小学教材实行国家、地方和学校分级管理。"2014年9月,教育部印发的《中小学教科书选用管理暂行办法》指出:"国务院教育行政部门负责制定全国中小学教科书选用政策,公布《全国中小学教学用书目录》。省级教育行政部门负责本行政区域内中小学教科书选用的统筹管理,领导和监督教科书选用工作。"

通过梳理现行政策文本我们可以知道,我国施行国家—省级—学校教材三级管理体制。也就是说,在顶层设计上,实现党中央集中统一领导,教育部负责业务领导,其他相关部门负责各自工作,各级各类委员会对教材管理起重要的指导作用。[①]这种严密的组织结构,对于各主体各司其职,推进教材政策的实施具有很大的帮助作用。然而,通过深入分析可发现学校主体地位不突出甚至被严重忽视的情况。具体来看,作为教材三级管理体制中的重要主体,学校目前使用的教材多是由地市级或者县级教育行政部门选出来的,地方教育行政部门直接代替了学校的职责,更多地扮演着参与者的角色。在此种境况下,长此以往,会消解学校在教材管理和发展过程中的地位,阻碍中小学教材政策的有效实施。

(四)中小学教材政策的措施规范不够具体

通过对中小学教材政策内容梳理发现,中小学教材政策是通过多个政策文本逐渐规范起来的,内容零散、不统一,具体政策措施路径凌乱、操作性不强,造成政策执行的线性化问题。2001年6月,教育部颁布实施的《中小学教材

---

① 张晓辉.新中国成立70年我国教材管理政策内容分析[D].沈阳:沈阳师范大学,2021:37.

编写审定管理暂行办法》指出:"全国中小学教材审定委员会和省级中小学教材审定委员会下设各学科教材审查委员会(或学科审查组),由该学科专家、中小学教学研究人员及中小学教师组成,负责本学科教材的审查,向审定委员会提出审定报告。"该政策虽然规定了中小学教材审定委员会的人员构成方式,但是对各类人员的比例并没有明确的规定,进而使得实际操作过程中部分人员,特别是教师的比例偏小。2010年5月,国务院颁布的《国家中长期教育改革和发展规划纲要(2010—2020年)》指出,要适应经济社会发展和科技进步的要求,推进课程改革,加强教材建设,建立健全教材质量监管制度。这个具有法律效力的文本明确指出,要加强教材建设,建立健全教材质量监管制度。然而,却对怎样加强教材建设、怎样健全教材质量监管制度并没有明确说明,也没有专门的配套政策或者专业化研究以及实施方案对实践进行指导。

通过系统分析中小学教材政策文本可以发现,许多政策文本还存在操作措施不够具体的问题。具体来看,一方面,许多政策文本只是从宏观上要求加强中小学教材建设,但是对由谁来采取什么措施和方法,并没有作出明确的说明。即使有的政策文本提到怎么做,也还缺乏清晰、明确的方向指导,从而使得教材政策执行主体无从下手,造成政策传递和执行过程中的执行力过度衰减,影响到教材政策的有效执行。另一方面,对教材政策的具体操作步骤、人员结构比例没有作出明确规定,造成政策文本被误读、错误执行,这样的情况屡见不鲜。

四、改革设想:改革开放以来教材政策问题的解决对策

在全面深化教育改革的新时代,教材建设日益重要。此时需要完备的政策文本作为支撑,促进教材事业的稳步发展。

(一)中小学教材政策目标的具体规范

政策文本目标的清晰合理与否直接关系到教育政策的成败,在很大程度上决定着政策发展的方向和效果。[1]研究"政策失败"的学者一般都认为,作为

---

① 于涛.我国幼儿园教师资格政策的内容分析[D].重庆:西南大学,2013:37.

指导和规范人们行为的一种规则,政策目标必须明确、清晰,决不能模棱两可、含糊不清,否则就会因执行者对政策目标和内容的误解或曲解而造成政策执行的阻滞。[①]纵观我国改革开放以来中小学教材政策文本,目前还存在着政策目标规范不够清晰的状况,这在一定程度上影响着人们对中小学教材政策的理性认知,进而影响到政策文本的执行力度和实践指导价值。有鉴于此,政策制定者在制定中小学教材政策文本时,必须明确界定教材政策的目标,使教材政策目标更加科学化、具体化、合理化。

(二)中小学教材政策对象的清晰明确

从政策内容上来看,我国教材政策实行三级管理体系,从该体系的本意上来理解,国家、地方和学校都应该在教材发展过程中发挥重要的作用。然而,现有的中小学教材政策文本主要对国家和地方教育行政部门的行为进行了规范与说明,这显然是不合理、不全面的,是不利于中小学教材政策的有效实施和全面落实的。因此,为实现中小学教材政策的全面贯彻和有效落实,不仅需要国家完善顶层设计,指导各级教育行政部门有序推进教材建设,更需要充分调动学校和教师的积极性和参与性,充分发挥他们的主体性作用。这就要求在制定教材政策时,加强对学校、教师等直接主体的规范,从而形成合力,推动我国教材建设事业的发展。

(三)中小学教材政策的"专门生产"

通过系统分析改革开放以来我国颁布的中小学教材政策文本可以发现,目前还存在操作规范不够具体、明确性不足等问题,这就容易造成政策执行的泛化和笼统倾向。此种境况之所以存在,一个很重要的原因是我国尚缺乏专门针对教材发展的政策文本。具体来看,改革开放以来的中小学教材政策文本,多是由教育部(国家教委)颁发,而由中共中央、国务院颁发的专门性教材政策文本则几乎没有。习近平总书记在中国共产党第二十次全国代表大会上明确指出,要"深化教育领域综合改革,加强教材建设和管理",足以证明教材建设事业的重要性。因此,在未来的中小学教材政策生产过程中,要把教材政

---

① 丁煌.政策执行阻滞机制及其防治对策[M].北京:人民出版社,2002:243.

策作为教育决策部门的工作重心和优先发展领域,以提高教材政策的专门性水平。

第三节
教材建设国家事权政策文本的价值分析

价值分析是教育政策文本分析中最核心、最本质的研究范畴。如果没有理解价值在教育中所扮演的中心角色,就不会认识到教育政策问题。如果不能调和不同的价值,那么就不能建构基于和谐的教育政策。[1]所谓教育政策价值分析是指对教育政策活动中价值主体的价值选择和政策实践活动所实现的价值进行确认和分析的一种政策研究方法和方法论。教育政策的价值不能离开教育价值而孤立存在。我国中小学教材政策的出台选择了什么价值?我国当前的中小学教材政策价值的实现进程存在什么机遇和挑战?我国中小学教材政策价值实现的合理路径是什么?对这些深层次问题进行回答与解读,是深刻、全面理解中小学教材政策无法规避现实问题的必然。

一、教材建设国家事权政策的价值选择

教育政策是价值选择的结果。每个政策文本都是一个价值综合体,政策文本中每一个政策问题都有一个基本的价值矛盾,而对这些问题的处理自然成为权威在复杂的政策过程中的一种价值选择。[2]对于任何一项教育政策的价值选择,我们都可以从"实质价值"和"形式价值"[3]两个不同的方面进行具体分析。因此,本研究从实质价值和形式价值,探寻中小学教材政策的价值选择。

---

[1] Christopher Winch and John Gingell. Philosophy and Educational Policy: A Critical Introduction. London; New York: Routledge Falmer, 2004:6.
[2] 涂端午.高等教育政策生产[M].北京:北京大学出版社,2012:73.
[3] 刘复兴.教育政策的价值分析[M].北京:教育科学出版社,2003:106.

(一)中小学教材政策的实质价值

促进人的自由和谐全面发展,实现人的自知自觉,是教育的根本目的所在,教育要始终以人为本。在中小学教材政策制定和实施过程中,"以人文本"的价值理念始终蕴含在其中,可以说,"以人文本"是中小学教材政策的价值目标和终极关怀。"人是一个特殊的个体,并且正是他的特殊性使他成为一个个体,成为一个现实的、单个的社会存在物。"[1]每一个人都是一个独立个体,是不同于他人的自在自觉自为的个体存在。"以人为本"强调人是万物的价值尺度、逻辑根基和终极本源。在建设社会主义法治国家、实现中华民族伟大复兴中国梦的伟大事业际遇之下,追求"以人为本"是时代发展的精神力量源泉。诚如马克斯·韦伯(Max Weber)所言:"在任何一项事业背后,必然存在着一种无形的精神力量;尤为重要的是,这种精神力量一定与该项事业的社会文化背景有密切的渊源。"[2]马克思认为:"人以一种全面的方式,也就是说,作为一个完整的人,占有自己的全面的本质。"[3]在教育场域之中,"以人为本"强调人是教育的逻辑起点、根本依据和终极目的,要求尊重人的生命本性、情感意志和价值追求,把人作为教育的本体。质言之,无论何种教育类型,都应以人的全面自由发展为本质基础,充分尊重人的主体性地位。现实的人存在是产生以人为本原则的前提与基础,但以人为本并不只是简单承认人的现实存在,而是要把握人的现实存在的主体本质。[4]教材是培育人的物质载体,此即规定教材政策的制定与发展过程必须"以人为本"。也就是说,教材政策生产必须以学生的全面发展为根本鹄的。

(二)中小学教材政策的形式价值

形式价值主要是指教育政策活动中的每一个环节都必须遵循的一系列确定程序或原则,是规范教育政策价值主体(政府、教育组织、个人)在控制教育

---

[1] 中共中央马克思恩格斯列宁斯大林著作编译局.马克思恩格斯全集 第四十二卷[M].北京:人民出版社,1979:123.
[2] 马克斯·韦伯.新教伦理与资本主义精神[M].黄晓京,彭强,译.成都:四川人民出版社,1986:3.
[3] 中共中央马克思恩格斯列宁斯大林著作编译局.马克思恩格斯全集 第四十二卷[M].北京:人民出版社,1979:123.
[4] 万光侠.论以人为本的价值哲学意蕴[J].山东师范大学学报(人文社会科学版),2004,49(5):9-13.

资源和获得自身利益的过程中的活动顺序、范围和方式等一系列不以人的意志为转移的程序性价值要求。①本书主要从合法性(政策生产与实施的民主化程度)和合理性(政策生产与实施的科学化程度)两个层面考察中小学教材政策的形式价值。

第一,中小学教材政策生产与实施的民主化程度。教育政策的价值依赖于教育政策的功能对主体需要的满足。需要是利益的基础,需要的满足和对利益的追求是驱使人进行实践活动的根本动力。任何人类活动都是一种投入与产出的活动,任何人类活动的"领域"都是一种进行稀缺资源有效利用和配置的领域,任何人类社会关系都可以看作是一种追求自身利益最大化的经济行为主体相互之间的关系。②然而,由于受到传统官僚体制的制约与束缚,单向度的政府政策选择模式充斥于政策生产过程之中。此种忽视公众利益需求和参与的政策选择模式,在一定程度上阻碍了中小学教材政策生产的民主化进程。随着我国法治化、民主化进程的不断发展,公民的法治意识、民主意识不断增强,人们参与公共决策的渠道也更加畅通,从而使社会公众的利益诉求和需要得到表达,加快推进了中小学教材政策生产与实施的民主化程度提升。

第二,中小学教材政策生产与实施的科学化程度。中小学教材政策的科学化程度一方面体现在政策生产的科学化上。从本质上来讲,教育政策生产是一个循序渐进的过程,其中需要通过"制定—实施—评估—修订"等多轮循环往复,才能够日益完善。诚如中小学教材政策,许多都是经过不断论证、实施、评估、修订才能够正式发布,并且有的政策还会在实施几年后根据实际情况再次进行修订。另一方面体现在政策执行的科学化上。政策执行的科学化是政策制定科学化的延伸,脱离执行的政策是没有生命力的。美国政策学者艾利森曾言:"在实现政策目标的过程中,方案确定的功能只占10%,而其余的90%取决于有效的执行。"③也就是说,再好的政策,如果得不到良好的运作与实施,终究是徒劳、无用的。随着教材建设事业的不断发展与进步,以及

---

① 刘复兴.教育政策的价值分析[M].北京:教育科学出版社,2003:106.
② 李宝元.人力资本与经济发展[M].北京:北京师范大学出版社,2000:3.
③ 陈振明.政策科学:公共政策分析导论[M].2版.北京:中国人民大学出版社,2004:260.

政策主体责任和意识的不断提升,我国中小学教材政策执行的科学性也在不断增强。

二、教材建设国家事权政策的价值维度

教材建设是事关未来的战略工程、基础工程,教材体现国家意志,教材改革是教育改革的重要内容。[①]而教材建设国家事权政策则是教材建设的根本遵循和现实保障,但是教材建设国家事权政策的价值实现是一个复杂的过程。本书通过对教材建设国家事权政策的价值维度进行透视,以期明确教材建设国家事权政策价值实现过程中的动因、危机与机会,这对于教材建设国家事权政策的后续制定与有效实施有着至关重要的意义。

(一)中小学教材政策实现的价值动因

价值动因是指与教材政策价值实现直接联系的、必不可少的,或者在教材政策发展过程中具有特殊价值和意义的因素。价值动因是教材政策价值分析框架的核心要素,驱动着教材政策的内在发展。教材政策实现的价值动因主要体现在党和国家意志对教育的影响力和推进教材治理体系现代化建设的保障两个向度。

其一,党和国家意志对教育的影响力。作为教育教学的基本依据,教材反映国家社会政治制度性质。正因如此,强烈地渗透着国家意识形态的教材,才具有理所当然的"正当性"或"合法性",以便对不同利益群体进行教化,使国家的意志得以贯彻落实。[②]党和国家意志属于上层思想建筑,很难直接渗透进教材,所以其会不断转变为教育目的和教育政策,通过不断细化和解读,转变为学校目标、课程目标和教学目标,最终将党和国家意志渗透进教材,以实现国家的育人目标;教育政策在这其中为"教育目的"的细化和解读提供一把"量尺",并发挥着领导、组织和督查的决定性作用,以此保证教材建设的"正当性"或"合法性"。

---

① 柯政.改革开放40年教材制度改革的成就与挑战[J].中国教育学刊,2018(6):1-8.
② 郝志军.教材建设作为国家事权的政策意蕴[J].教育研究,2020(3):22-25.

其二，推进教材治理体系现代化的保障。教育是党之大计、国之大计，教材是实现教育的具体抓手和关键载体，是推进教育现代化的核心力量。党的十八大以来，我国教材建设事业取得了巨大的成就，为实现教育现代化奠定了扎实的基础。然而，由于多重因素的制约与影响，我国教材建设尚且缺乏全面、规范的政策制度体系。因此，只有教材政策针对各级各类教材，建立从内容到形式的全面系统的政策体系，不仅针对教材的思想价值、文字表达进行规范，还要对教材的呈现形式、整体设计进行规范，[①]才能保证教材建设的科学、规范、合理，进而推动教材治理体系和教育体系的现代化进程。

（二）中小学教材政策实现的价值危机

价值危机指的是对教材政策制定与实施过程带来威胁的一种紧迫状态，在意识形态上表现为价值理念的混乱或侵扰，在行为方式上表现为管理的失范或缺位。教材政策实现的价值危机主要表现在价值理念导向不明确和相关配套制度不健全两个维度。

第一，价值理念导向不明确。相关研究发现，我国教材政策在理论上已经基本形成，但是在实践中还是出现了部分教材取悦社会和市场偏好的现象，甚至出现去意识形态化、美化西化倾向、去主流思想化、泛宗教化等问题。一些教材的内容出现与国家意识形态不相符，观点与国家倡导的、主流的价值观不一致的问题，这在一定程度上削弱了国家在教材建设领域中的意识形态领导地位。[②]虽然我们处在百年未有之大变局当中，不同思想、价值观念纵横交错，但是准确的价值理念导向是教材建设的红线，不能够触碰。在教材政策的生产与实施过程中，无论是内容还是形式都必须要旗帜鲜明地体现党和国家意志，体现马克思主义中国化的最新成果。

第二，相关配套制度不健全。教材政策是我国教育政策体系的有机组成部分，教材问题的有效解决，不能单就教材治理而论教材治理，还需要相关政策的配套辅助。在政策体系之中，存在着一个由多种政策相互交错而结成的"政策丛林"，他们之间既相互促进又相互牵制。当作为"快动"政策的学业负

---

① 薛二勇,李健.教材治理体系和能力现代化的政策分析[J].中国电化教育,2022(7):16-22.
② 张振,刘学智.教材制度建设的困境与超越:国家治理视角[J].中国教育学刊,2020(10):53-57.

担政策与其他"慢动"政策的发展出现不平衡时,这些"慢动"政策就会对学业负担问题的解决与有效推进造成障碍。①通过系统梳理我国现行的中小学教材政策可以发现,目前的中小学教材政策缺乏对于教材的编写者、出版者、发行者等相关主体的管理和责任追究制度。长此以往,势必会影响中小学教材政策的有效执行。

(三)中小学教材政策实现的价值机会

价值机会是指在特定的历史条件下以及特殊的时间节点上产生的对教材政策的价值实现具有相当重要作用或产生重要有利影响的时机。价值机会为中小学教材政策的优化与完善提供了现实可能性。

第一,新时代国家对教材建设事业的高度重视。"今日的教科书,明日的心灵。"教材是教育教学的关键要素,是立德树人的基本载体,是保证教育质量的首要关卡。随着国家课程标准的修订以及"三维目标"向"关键能力""核心素养"的转变升级,教材建设也进入一个新的历史时期,特别是国家统编语文、历史和道德与法治三科教材实施以来,相继成立国家教材委员会、课程教材研究所和首批11个国家教材重点建设研究基地,凸显了国家对教材建设事业的重视。与此同时,改革开放以来,我国颁布的中小学教材政策多达136项,平均每年超过三项之多。特别是2022年10月召开的党的二十大,史无前例地将"深化教育领域综合改革,加强教材建设和管理"写进了大会报告,充分彰显了国家对教材事业的高度重视,这为中小学教材政策的发展提供了良好的契机。

第二,基础教育课程改革的深化推进。基础教育课程作为国家意志和社会主义核心价值观的直接体现,承载着培养个性全面发展社会主义合格公民的价值使命。经过十多年的整体联动与协同推进,我国新一轮基础教育课程改革已经步入难点突破、深化推进的新阶段。在基础教育课程改革的深化推进过程中,始终坚持"以人为本",追求学生的精神解放和个体自由发展,以期通过学生素质的综合多样发展,实现学生的全面发展。作为基础教育课程改革的主要议题与核心要件,教材扮演着课程变革的有效工具和支持性资源的

---

① 孟宪云.学业负担政策的价值分析[D].重庆:西南大学,2015:31.

角色,从某种意义上来讲,教材关系到基础教育课程改革的成败,决定着基础教育课程价值的实现。在此现实境遇之中,新时代的课程改革,为推进中小学教材政策的完善和发展提供了良机。

三、教材建设国家事权政策的价值实现策略

化解教育问题、形成社会风尚,是教育政策制定与执行的根本目的所在。由此,我们需要以促进人的全面自由发展为价值依据,从多元向度出发,探寻中小学教材政策价值实现的有效策略体系。

(一)变革中小学教材政策主体理念

理念是一个复杂且多元的系统,指的是人们所抱持的一种信以为真且具有主观意识的整体信念系统。可以说,理念是行动的意向,也是行为的主要决定性因素,引导着人们的行动与思考。从某种意义上来讲,政策生产是一种基于信念的实践性活动,政策生产与执行主体的理念会影响主体的策略和行为,进而影响政策生产与执行的科学性、合理性、有效性。也就是说,价值理念能够支配和决定教育政策主体的价值选择,对教育政策的发展具有巨大的能动作用。因此可知,适切、科学的价值理念,对于政策主体具有重大影响。在中小学教材政策生产与实施过程中,政策主体的价值理念始终发挥着关键作用,引导着政策生产的方向,规范着政策主体的行为方式。然而,由于功利主义价值理念的盛行,在中小学教材政策生产与发展过程中,短视行为依旧充斥其中。为保证中小学教材政策制定的科学性和实施的有效性,政策主体必须变革传统守旧的价值取向,形塑发展、创新的思维理念,以消解中小学教材政策制定与执行过程中的不合理价值取向。

(二)完善中小学教材政策制度体系

推动中小学教材政策内容体系的完善与优化,是促进中小学教材政策实施的重要保障,是实现中小学教材政策价值的根本路径。通过对改革开放以来我国中小学教材政策内容的分析发现,目前中小学教材政策还存在法理模

糊、目标不够清晰、对象不够明确、操作路径不够具体等问题。因此,我们有必要加强中小学教材政策目标的具体规范、政策对象的清晰明确,以及政策的"专门生产"。然而,需要特别指出的是,由于多重因素的制约,我国的教育立法工作进程相对缓慢,特别是属于微观领域的教材政策立法就更加缓慢了。通过系统梳理可知,目前教育领域的专门性法律屈指可数,仅有《中华人民共和国教育法》《中华人民共和国义务教育法》《中华人民共和国教师法》《中华人民共和国职业教育法》《中华人民共和国高等教育法》五部法律,以及中共中央、国务院制定的一些行政法规。而专门关于教材的立法则尚未以法律、法规的形式确立下来。在中国特色社会主义新时代,作为国家事权的教材的地位日益凸显,价值日益重要。在此现实背景之下,相关法律法规也应该尽快出台,以推进我国教材建设事业的发展有法可依。

(三)创新中小学教材政策体制机制

教育政策和教育制度相互依存、相互制约,中小学教材政策价值目标的实现,离不开教育体制机制的综合配套。诚如新制度经济学家道格拉斯·诺斯(Douglass C. North)所言:"制度提供了人类相互影响的框架,它们建立了构成一个社会,或更确切地说一种经济秩序的合作与竞争关系。"[1]"制度是一个社会的游戏规则,更规范地说,它们是为决定人们的相互关系而人为设定的一些制约。"[2]有鉴于此,我们有必要通过创新中小学教材政策体制机制,推进教材政策的优化发展。第一,健全责任分担机制。不同政策主体之间出现的矛盾和交流困难是在所难免的,而且保持合理的张力对教材政策的合理制定和有效实施不无意义,关键是要建立一种长效机制以使不同主体之间能够更好地"对话"和"联系"。也就是说,在教育资源相互依赖的环境中,利益主体必须把追求自身利益的愿望,与实现他人利益的愿望结合起来,在利他和利己之间寻找一个平衡点,促成一种共赢的局面,促进教育公平的实现。第二,完善利益表达机制。在社会转型和公共教育权力变迁的背景中,我国政府教育政策治理模式开始逐步由"管制型"向"服务型"转变,这为教育管理体制的改革提供

---

[1] 诺思.经济史中的结构与变迁[M].陈郁,等译.上海:上海人民出版社,1994:225.
[2] 诺斯.制度、制度变迁与经济绩效[M].刘守英,译.上海:生活·读书·新知三联书店,1994:3.

了明确的方向,为公民参与民主决策提供了契机。中小学教材政策的制定,不能够简单由政府独立决断,而应该允许相关利益群体参与到政策决策过程中来,以彰显不同群体的利益诉求,在政策决策过程中形成不同利益主体的话语共识。科恩指出:民主过程的本质就是参与决策。[1]

---

[1] 科恩.论民主[M].聂崇信,朱秀贤,译.北京:商务印书馆,1988:219.

第三章 教材建设国家事权的理论基础

"教材建设是国家事权"命题一经提出,便引发学界共鸣。梳理新中国成立七十多年来教材建设的发展脉络发现,"教材建设是国家事权"始终贯穿其中,且内涵愈发丰富。尽管我国有着丰富的教材建设经验,但不得不说理论研究的匮乏致使教材建设国家事权的落实在新发展阶段面临诸多风险与挑战。

作为党和国家创新教材建设形式的一种集体智慧,教材建设国家事权充分诠释了教材建设作为国家事权的内在权力走向,为新时代教材建设提供了价值指引与根本遵循。作为政治性、法理性、文化性、人民性、实践性并存的科学命题,教材建设国家事权的意蕴深刻、内涵丰富。具体而言,教材建设国家事权是在历史唯物主义指导下的科学论断,是对教材建设发展规律的科学总结,也是对为更好实现人的全面发展而进行的科学研判,离不开马克思社会形态理论为其提供的世界观与方法论的根本性指导;教材建设国家事权是在全面建设法治中国背景下提出的重要论断,这一政治实践话语存在的现实前提就在于通过厘清、规制与引导我国教材建设生态秩序推进我国教材治理现代化,离不开中国特色社会主义法治理论为其提供的法治基础与法律保障的直接性指导;教材建设国家事权是教材建设文化传承中实现文化自信、理论自信与话语自信的重要载体,离不开文化自觉理论从文化内隐性层面为其提供的认识论与方法论的间接性指导。明晰"教材建设作为国家事权"的理论根基,可以从中汲取理论智慧,进而为推进教材建设的科学发展贡献智慧。

第一节
马克思社会形态理论:教材建设国家事权的根本筑基

党的二十大报告指出,"马克思主义是我们立党立国、兴党兴国的根本指导思想。实践告诉我们,中国共产党为什么能,中国特色社会主义为什么好,归根到底是马克思主义行,是中国化时代化的马克思主义行"。作为马克思主义思想的重要构成,马克思社会形态理论是我国社会主义事业建设的理论支撑。教材建设是社会主义现代化建设的关键环节,因此,必须牢牢坚持以马克思主义为根本指导思想,运用马克思主义立场、观点和方法引领教材建设事业向前发展。

一、马克思社会形态理论的核心要义

马克思社会形态理论是历史唯物主义理论体系的核心,是马克思运用历史唯物主义揭示人类社会历史发展规律的重要理论,蕴含着丰富的要义与内涵。其中,人的自由全面发展是马克思理想社会形态的重要标志,唯物辩证法是马克思社会形态理论的重要方法论原则,科学实践观是验证马克思社会形态理论科学性的基石。

(一)马克思社会形态理论是历史唯物主义理论体系的核心

历史唯物主义,亦称"唯物主义历史观""唯物史观",是马克思与恩格斯在1842—1845年间共同创立的关于人类社会发展的一般规律的理论,与"历史唯心主义"相对。[1]从历史唯物主义的发展背景及属性定位来看,它是19世纪资本主义大工业、社会经济关系和阶级关系充分发展的必然产物,是在无产阶级反对资本主义的革命实践中铸造的思想武器,是马克思主义哲学的重要组成部分,是科学的社会历史观和认识、改造社会的科学方法论。从历史唯物主义研究内容来看,其主要研究人类社会的起源问题、推动人类社会运动与发展的最终的和具有决定意义的基本动力问题、关于社会存在和社会意识的关系的问题,以及关于社会历史最一般规律的内容及其表现形式等问题。[2]相较以往的历史唯心主义基本观点,马克思第一次把社会学放在科学的基础之上,阐明生产是历史一切社会进步的尺度。人类社会发展的历史归根到底是生产发展的历史,而作为物质资料生产者的劳动人民是社会历史的主体和创造者。

历史唯物主义是科学的理论,就其科学性而言,体现为:以包含了人的实践活动和物质生活的"现实的人"为逻辑起点是摆脱唯心史观纠缠的重要依

---

[1] 孙林,黄日涵.政治学核心概念与理论[M].天津:天津人民出版社,2017:45.
[2] 风笑天,陈万柏.社会学[M].武汉:华中师范大学出版社,1994:12.

据;以辩证思维为运思模式有益于正确地把握事物发展规律,明晰事物发展性质,了解事物发展动力;以无产阶级为基本立场代表了历史发展的正确方向,以历史与逻辑相统一为基本方法突破了以往政治经济学的局限,为历史唯物主义的科学性提供了强有力的支撑。[1]而作为历史唯物主义的核心内容,马克思社会形态理论在马克思主义理论中具有十分重要的地位[2],因为"历史唯物主义是关于社会发展一般规律的科学。社会形态的发展是一种自然历史过程,这是历史唯物主义的基本思想。离开这个基本思想,就等于抛弃了历史唯物主义"[3]。作为历史唯物主义理论体系的核心,马克思社会形态理论揭示了人类社会形态演进和更替的一般规律,同剩余价值理论所揭示的资本主义社会产生、发展、衰败的特殊规律有机结合和内在统一起来,为社会主义学说奠定了科学基础。[4]

(二)人的自由全面发展是马克思理想社会形态的重要标志

在马克思社会形态理论的核心内容中,包含了"三形态说"与"五形态说"两种不同观点,因而成为学界争论的话题。随着对马克思主义著作、思想、理论认识程度的不断加深,两者相统一的观点逐渐占据了主流,对两者的理解也实现了从形式到本质的跨越。如有研究者认为,马克思社会形态理论研究的本质与核心主题并非"三形态说"和"五形态说"哪者更为合理,而是为了从人类社会演进的一般规律出发揭示共产主义必将取代资本主义的现实前景[5],这就需要运用具体的历史的思维方式,在"一般社会—社会形态—资本主义社会"这一"从抽象上升到具体"的逻辑中把握马克思社会形态理论[6]。

在马克思看来,社会发展是生产力和生产关系相互作用的结果,生产力与生产关系决定了社会形态的变化演进。从部落所有制、古代公社所有制和国

---

[1] 陈步伟.中国特色社会主义实践的生成逻辑研究[M].2版.秦皇岛:燕山大学出版社,2022:16-19.
[2] 杨文圣,焦存朝.社会形态嬗变与人的发展进程研究[M].北京:首都经济贸易大学出版社,2011:11.
[3] 赵家祥.马克思主义的社会形态理论简论[M].北京:北京大学出版社,1985:1.
[4] 刘国军.社会主义历史观[M].长春:吉林文史出版社,2016:174.
[5] 杨智勇.中国特色社会主义制度体系研究——基于马克思主义社会形态理论的视角[D].开封:河南大学,2013:8.
[6] 刘召峰.马克思社会形态理论:逻辑探究与争论评析[J].教学与研究,2022(5):44-52.

家所有制、封建的或等级的所有制、资产阶级的所有制到伴随生产力的充分发展,消灭私有制和社会分工后的共产主义所有制,都是生产力与生产关系相互作用的结果。在客观社会形态演进的一般规律中,作为主体的"人"是物质生产实践的主体,正是他们的物质生产活动创造了社会形态及内在结构,因而"现实的人"是社会形态变革的主要力量,也是社会形态演进的终极目的与最高价值目标。[①]亦即,人是社会的主体,社会的发展实质是人的发展;社会是人的社会,人的发展状况是社会发展的重要标志,社会的进步、社会形态的演变和需求也只能通过作为历史主体的人来实现。正如苏联著名哲学家费·瓦·康斯坦丁诺夫所认为的那样,"人,人的现在和未来,人的幸福和自由,始终是马克思主义科学和社会主义制度注意的中心"[②]。人既然是中心般的存在,那么对人的发展的观照就需要科学审慎。人的发展是有阶段性的,马克思认为,建立在个人全面发展和他们共同的、社会的生产能力成为从属于他们的社会财富这一基础上的自由个性,是自人的依赖关系与物的依赖关系之后的第三个阶段[③]。这种阶段进阶的本质指向是人的全面而自由的发展,其既是马克思所论述的人的自身发展的高级形态和必然趋势,也是人类进入共产主义社会的通行证,更是马克思理想社会形态的重要标志。

(三)唯物辩证法是马克思社会形态理论的重要方法论原则

唯物辩证法亦称"马克思主义辩证法",是马克思、恩格斯在总结无产阶级革命斗争的实践经验,概括当时自然科学最新成就,批判地继承人类优秀文化遗产,特别是黑格尔唯心主义辩证法的基础上创立的科学的世界观与方法论。[④]从唯物辩证法的基本规律来看,对立统一规律、质量互变规律、否定之否定规律是其重要构成。作为重要的方法论原则,唯物辩证法思想渗透在马克思社会形态理论的方方面面。正如贺来所言,不同于实证主义碎片化、断裂化的"非总体性实证对象",马克思社会形态理论表现为一个横向"社会形态结构总体"在纵向

[①] 戚嵩.马克思社会形态理论研究[D].武汉:华中师范大学,2013:60.
[②] 费·瓦·康斯坦丁诺夫.马克思列宁主义哲学原理教科书[M].北京:人民出版社,1985:465.
[③] 中共中央马克思恩格斯列宁斯大林著作编译局.马克思恩格斯全集 第三十卷[M].2版.北京:人民出版社,1995:107-108.
[④] 金炳华.哲学大辞典:分类修订本[M].上海:上海辞书出版社,2007:74.

"历史总体"中辩证发展的"总体性哲学范畴",体现出辩证法而非实证性的思维方式。[1]这种本质体现实际上也可从马克思社会形态的三重意涵得以印证:

首先,马克思运用对立统一的矛盾思维而非二元对立的知性思维理解社会形态的运动变化规律,强调社会历史的发展是由社会基本矛盾运动造就的,即是由生产力与生产关系、经济基础与上层建筑的内在矛盾运动造就的。以对立统一的思维理解社会形态发展,可以发现从原始社会到共产主义社会的不同发展阶段都是在新旧矛盾的运动交替中实现的,社会形态历史由此也成为一个不断运动发展的过程。

其次,马克思从人的历史性主体地位出发强调社会形态的历史演变是一个处于依次更替而非完满不变的终结状态。一定意义上来说,任何一种社会形态都只是暂时的,都处于生灭变化的运动过程之中,那些历史终结论观点只是在无视"人的活动"这一现实中的虚妄幻想。正如马克思指出的那样,每一阶段对它发生的那个时代和条件来说都有它存在的理由,但对它自己内部逐渐发展起来的更高的条件来说,就变成过时的和没有存在的理由了,因而不得不让位于更高的阶段。这在一定程度上揭示了唯物辩证法的质量互变规律——当社会发展到一定阶段,就会由量变转为质变。

最后,唯物辩证法的否定之否定规律在马克思社会形态理论中也得到了鲜明的体现,因为无论是社会形态演进的一般规律还是特殊规律,都展现了马克思以"否定性"的思维方式不断发展社会形态理论的积极价值。这再次证明马克思社会形态理论体现着唯物辩证法的基本精神与思维方式。也正是因为唯物辩证法的积极作用,马克思社会形态理论得以稳定形成,并成为我们认识世界的重要方法论。

(四)科学实践观是验证马克思社会形态理论科学性的基石

马克思、恩格斯因强调社会实践和科学的实践观而称他们的新唯物主义为实践唯物主义,并在批判费尔巴哈直观唯物主义的基础上强调旧唯物主义的任务主要在于解释世界,而实践唯物主义的任务在于改造世界,在于面向变

---

[1] 贺来,武姗姗.论马克思社会形态理论的"哲学维度"[J].学习与探索,2022(4):1-7.

革现实的社会实践。①可见,"实践"在马克思、恩格斯的思想体系中占据重要地位,他们坚信,科学实践观是区分实践唯物主义和直观唯物主义的标志。尽管在哲学变迁的进程中,实践范畴的内容是变动的,各派哲学对于实践的理解也是有区别的,但经过漫长历史演变最终生成为具有科学意义的实践概念②,从未脱离哲学家们的知识框架与认知体系。

  科学意义上的实践是人的感性的、客观的活动,是人有目的地改造世界的社会活动,体现着人与自然界外部世界的能动关系和辩证统一。首先,马克思将实践视为人的对象性活动,因为"全部社会生活在本质上是实践的"③。而从实践的观点看待人类社会的发展,又可发现人类历史就是由人的实践(生产活动是其基本形式)为基础发展起来的。其次,马克思指出,生产劳动是人类最基本的实践形态,物质资料生产对人的全部生活活动具有基础性意义。因为人类社会历史不是"在天上的云雾中",而是在"尘世的粗糙的物质生产中"④,"任何一个民族,如果停止劳动,不用说一年,就是几个星期,也要灭亡,这是每一个小孩都知道的"⑤。最后,马克思赋予实践以革命的、批判的政治解放意蕴,强调无产阶级只有通过革命斗争,推翻资产阶级统治,建立公有制基础,才能在平等的社会关系中消除一切奴役、剥削与压迫。由此可见,马克思赋予实践以新的科学内涵与本质特征,为无产阶级认识和改造世界奠定了正确的世界观与方法论基础。此外,在实践与理论关系的认识上,马克思强调了实践是理论的源泉与基础,人自身和人的认识都是在实践的基础上产生和发展的,一切理论和思维必须在现实世界来证明自己的现实性和真实力量。因而,作为人类社会历史发展规律的阐明,马克思社会形态理论的科学性同样需要在科学实践观中加以验证。

---

① 金炳华.哲学大辞典:分类修订本[M].上海:上海辞书出版社,2007:21.
② 金炳华.哲学大辞典:分类修订本[M].上海:上海辞书出版社,2007:47.
③ 中共中央马克思恩格斯列宁斯大林著作编译局.马克思恩格斯全集 第三卷[M].北京:人民出版社,1960:8.
④ 中共中央马克思恩格斯列宁斯大林著作编译局.马克思恩格斯全集 第二卷[M].北京:人民出版社,1957:191.
⑤ 中共中央马克思恩格斯列宁斯大林著作编译局.马克思恩格斯选集 第四卷[M].2版.北京:人民出版社,1995:580.

二、马克思社会形态理论作为教材建设国家事权的理论依据

作为马克思主义思想的重要组成部分,马克思社会形态理论是中国特色社会主义建设的思想根基,也是教材建设国家事权命题提出的理论源泉。其中,历史唯物主义所彰显的人民主体地位是现代化教材治理体系形成的根本依据、马克思理想社会形态的重要标志——人的自由全面发展是教材建设国家育人立场的根本旨趣,而符合国情的科学实践观是教材建设国家事权命题的根本支撑。

(一)人民主体地位是共建共享教材治理体系形成的根本依据

马克思、恩格斯始终以"现实的人"为出发点,阐明人民在社会发展中的历史地位和主导作用。马克思社会形态理论深刻反映了对"现实的人"的价值关怀,依照马克思的观点,社会形态的发展演变不是与人无关的、外在于人的过程,而是由人创造的过程,即由"人们自己创造自己的历史"。此外,马克思、恩格斯在《共产党宣言》中也说过,"无产阶级的运动是绝大多数人的、为绝大多数人谋利益的独立的运动"[1]。这里所强调的"绝大多数人"指的正是社会发展的实践主体与价值主体——人民。由此可见,人民性是马克思、恩格斯始终坚定的价值立场。人民群众既然是社会财富的创造者,也理应成为社会发展成果的享有者。在马克思与恩格斯那里,共享发展不只是一个目标,更是一种追求;不只是理念,更是实践,[2]实现共享发展的关键就在于全体人民共建。马克思、恩格斯强调了生产工具被无产阶级占有的必要性,主张社会生产资料由全体社会成员占有,实现共享发展要充分发挥全体人民的主观能动性,激励全体人民共同参与建设。

纵观中国特色社会主义发展历程,中国共产党始终坚持以人民为中心,以人民利益为党的一切工作的出发点和落脚点。党的十八大以来,习近平总书记反复强调坚持以人民为中心,让人民群众有更多获得感,为人民创造美好生活等,体现了党始终坚持人民性立场,也彰显了中国特色社会主义

---

[1] 马克思,恩格斯.共产党宣言(纪念版)[M].中共中央编译局,译.北京:中央编译出版社,2005:36.
[2] 颜军.马克思恩格斯共享发展思想及其当代价值——以《共产党宣言》为研究中心[J].理论学刊,2020(1):132-140.

的制度优势。① 在人民共享发展成果的实现路径上,习近平总书记强调共建是共享的前提,"共建才能共享,共建的过程也是共享的过程"②。教材作为人类文化发展进程中的宝贵财富,不仅为人民所创造,也供人民所享用。教材建设质量的好坏不仅影响人民对教材的满意程度高低,也关乎教育教学质量及教育目标的实现与否。"教材建设国家事权"命题的提出,彰显出一种与传统"政府事权"和"中央事权"有所区别的事权划分形式,体现出将教材建设作为国家、地方政府、学校、出版单位(市场),甚至个人等多主体共担的一种公共性"事权",反映了教材建设共建共享的一种集体智慧。③ 这一主张是在历史唯物主义的指导下形成的。历史和现实都表明,只有坚持历史唯物主义,我们才能不断把对中国特色社会主义规律的认识提高到新的水平,不断开辟当代中国马克思主义发展新境界。④ 正是对唯物史观的坚定,我们才能在教材建设发展过程中逐渐摸索出一条能符合中国国情、反映人民立场、满足人民需要的教材实践之路。

(二)人的自由全面发展是教材建设国家育人立场的根本旨趣

人的自由全面发展作为人类社会最高发展形态,是马克思致力构建的理想社会的重要标志,也是我国始终追求的人的发展目标。《国家中长期教育改革和发展规划纲要(2010—2020年)》中强调,"促进德育、智育、体育、美育有机融合,提高学生综合素质,使学生成为德智体美全面发展的社会主义建设者和接班人"⑤。显然,人的全面发展已成为我国教育目标中的应有之义。这也再次说明,马克思社会形态理论关于人的自由全面发展不仅指明了人类社会发展的必然走向,道出了人的自由全面发展的历史必然性,同时在明确方向的过程中也确立了科学的人的发展观,为社会主义人才培养指明了前进方向。

---

① 齐卫平.习近平以人民为中心思想的五个话语创新[J].理论探讨,2019(1):115-121.
② 习近平.习近平谈治国理政 第二卷[M].北京:外文出版社,2017:215.
③ 罗生全,杨柳.论教材建设国家事权的法理逻辑[J].湖南师范大学教育科学学报,2021,20(5):35-43.
④ 习近平.推动全党学习和掌握历史唯物主义 更好认识规律更加能动地推进工作[N].人民日报,2013-12-05(1).
⑤ 中华人民共和国中央人民政府.中共中央、国务院印发《国家中长期教育改革和发展规划纲要(2010—2020年)》[EB/OL].(2010-07-29)[2023-01-05].http://www.gov.cn/jrzg/2010-07-29/content_1666937.htm.

教材作为文化传承的重要载体,是国家历史发展的一面铜镜,是民族赓续发展的根基与血脉。教材不仅肩负着促进文化传承、创新和发展的重要职责,还肩负着培养什么样的人的重要使命。基于教材的独特价值与重要使命,习近平总书记指出,"要抓好教材体系建设。从根本上讲,建设什么样的教材体系,核心教材传授什么内容、倡导什么价值,体现国家意志,是国家事权"[①]。然而,与教材建设重要地位相违背的是,在教材建设中存在着诸如教材编审、使用、评价体制机制不健全,质量参差不齐,极个别地方教材的某些内容曾存在政治导向偏差等问题,严重影响了教育目标的实现,阻碍了人才的培养进程。作为马克思主义关于人类社会发展的最高价值诉求,人的自由全面发展明确了社会主义与共产主义社会下理想的人的发展样态,是教材建设国家育人立场的根本旨趣。可以说,"教材建设国家事权"既在共建共享的教材建设路径层面进行了规约,又在共建共享的教材本原层面——"为了人的自由全面发展"进行了阐明。教材建设国家事权通过明晰教材建设权力特征、优化教材建设权力结构、创新教材建设权力行使机制来保障教材内容质量与作为教材事权优化的精神指引,同时也是在中国特色社会主义制度规约下实现人的自由全面发展的重要途径。

(三)符合国情的科学实践观是教材建设国家事权的根本支撑

马克思唯物辩证法是科学认识我国基本国情与发展任务的重要基础,也是坚持科学发展的重要方法论。在其观照下,可以发现我国正处于并将长期处于社会主义初级阶段,因此,一切发展和改革事业都必须从中国这个最大的实际出发。当前,我国生产方式中最为显著的特征是生产力相对落后,这就决定了我国在经济社会发展过程中,必须将提高生产力、实现商品经济与社会主义制度的科学融合作为主要任务,继而为提高综合国力与人民生活水平奠定经济基础。作为中国特色社会主义事业的重要组成部分,教材建设肩负着推动经济发展、促进教材事业繁荣稳定的重要使命。而教材建设国家事权命题的提出正是运用唯物辩证法分析与处理我国现实问题的重要产物,其所凸显的一种由国家、地方政府、学校、出版单位(市场)、个人等多主体共担的公共性

---

① 郑富芝.尺寸教材 悠悠国事——全面落实教材建设国家事权[N].光明日报,2020-01-21(13).

"事权"模式,既能充分保障教材建设落实国家意志,又能极大促进市场经济的繁荣发展,完善社会主义生产资料的所有制形式。

事实上,教材建设国家事权命题的提出并非一时之功,而是在漫长实践的过程中逐渐摸索出来的。从新中国成立伊始,党和国家领导人就高度重视教材事业发展,如在建国初期党中央就明确由教育部和出版总署共同承担编辑出版中小学教科书的任务。此后,人民教育出版社、高等教育出版社相继成立,为教材事业的发展奠定了重要基础。改革开放后,教材由建国初期的计划建设到文化大革命时期的分散建设过渡到统编通用,各类型教材建设都进入了新的发展阶段。[①]1986年,国家推进教材体制改革,中小学实行"一纲多本",教材建设进入多样化选用时期。2016年,中央发布关于教材建设的文件,进一步澄清教材在落实国家意志方面的重要价值,并成立国家教材委员会与教材局,这些对高质量教材体系的形成具有划时代的意义。纵观我国教材建设发展历程,可以发现,从国定制到审定制、从中央统权到中央统筹与地方分权管理、从单一性到统一性与多样性相结合,无一不是在实践中、通过实践进行的重要改革。也只有在实践中、通过实践,才能总结建设规律、汲取经验教训、探索发展路径,最终形成具有中国特色的教材建设与管理经验。教材建设国家事权命题正是在唯物辩证法与科学实践观的指导下对教材建设发展规律的科学总结与实践结晶。

三、马克思社会形态理论凸显教材建设国家事权的价值意蕴

作为马克思主义思想体系的重要组成部分,马克思社会形态理论揭示了历史唯物主义的基本规律,第一次把社会学放在科学的基础之上,阐明了生产是一切社会进步的尺度,劳动人民是社会历史的主体和创造者。从对教材建设国家事权的影响来看,马克思社会形态理论是指导我国教材建设的理论源泉,其对明晰教材建设国家事权的理论目标与实践要求具有重要的认识论与方法论价值。与此同时,运用马克思社会形态理论指导我国教材建设也是坚持马克思主义旗帜不动摇的根本体现,对把握教材建设发展规律具有重要意义。

---

① 曾天山.我国教材建设的实践历程和发展经验[J].课程·教材·教法,2017,37(12):17-23.

(一)是坚持马克思主义旗帜不动摇的根本体现,对把握教材建设发展规律具有重要意义

习近平总书记在庆祝中国共产党成立100周年大会的讲话中强调,马克思主义是我们立党立国的根本指导思想,是我们党的灵魂和旗帜。从中国共产党诞生之日起,坚持马克思主义就被鲜明地写在旗帜上。从新民主主义革命到社会主义革命,从改革开放再到新时代,我们党一路走来,无论身处顺境还是逆境,坚持马克思主义的旗帜从未动摇。正如习近平总书记所指出的,马克思主义科学揭示了人类社会发展规律,指明了人类寻求自身解放的道路,推进了人类文明进程。在坚持以马克思主义为指导这一根本问题上,我们必须坚定不移,任何时候任何情况下都不能动摇。[①]作为马克思主义思想体系中阐明人类社会发展规律的重要组成,马克思社会形态理论为我国道路发展提供了实践指南,指导并表明了我国发展的历史方向。甚至可以说,坚持马克思社会形态理论的指导地位就是坚持马克思主义旗帜不动摇的根本体现。

就教材建设而言,将其作为国家事权是对教材建设发展规律的科学总结。中国的教材建设是从实践中来又反作用于实践的一个循环过程,百余年来,中国共产党在武装革命、思想教育、人的发展等方面取得的成就,均离不开教材作为关键质素的战略支撑作用。历史发展的规律性从来都不是割裂历史的偶然创生,任何一个时代的观念都不可能也无法抛开观念产生的具体历史情境。教材建设国家事权命题的提出绝不是新时代教材建设的专属,而是孕育于未曾间断的百年教材发展史之中,有着各个时期教材建设经验和规律的阶段性身影。[②]马克思社会形态理论作为人类社会发展规律的科学总结,对教材建设领域具有十分重要的指导意义。具体而言,历史唯物主义的基本观点与方法是科学认识与总结教材建设发展规律的重要前提;唯物辩证法与科学实践观是准确把握我国基本国情,明确教材建设基本任务,建构具有中国特色教材实践话语体系的重要基础;人的自由全面发展是科学体认教材建设"以人为本"的价值导向,真正为实现教材建设为了人、发展人、服务人所设立的根本目标。

[①] 习近平.习近平谈治国理政 第二卷[M].北京:外文出版社,2017:66.
[②] 杨柳,罗生全.教材建设国家事权:内涵、性质与价值[J].全球教育展望,2023(3):113-128.

可以说，没有马克思主义科学思想的指导就无法形成教材建设经验与发展规律的科学总结，亦无法实现构建高质量的教材体系这一伟大目标。

（二）明确教材建设发展方向的价值论诉求，对阐明教材建设国家事权的终极目标具有重要价值

马克思社会形态理论以宏大的视野、深邃的洞察、科学的方法剖析了人类社会历史发展进程，发现并总结了人类社会发展的一般规律，对我国乃至世界来说都影响深远。从其关注的重点与追求的目标来看，现实的人的物质生产活动是马克思探究人类社会历史发展的切入点，人的需要及满足是马克思的关注重点，人的自由全面发展是马克思的理想追求目标。这在马克思社会形态理论的"三形态说"和"五形态说"中均得到了鲜明体现，为我国社会发展指明了前进方向。在马克思看来，任何生产力和生产方式的变革都无法离开人的参与，人的需要是社会生产的动力源。相较于资本主义社会贬低、压抑人的需要，社会主义和共产主义社会旨在满足人的多层次、多方面需求，以人的自由全面发展为最高宗旨。

教材是国家意志在教育领域的直接体现，是落实党的教育方针的重要抓手，是解决培养什么人、怎样培养人、为谁培养人这一根本问题的重要载体。因此，教材建设不仅是教育领域的核心议题，同样也是关乎国计民生的战略工程。从价值追求来看，教材建设一方面要反映并满足新时代人民群众对优质美好教材的迫切需求，另一方面还应以实现人的自由全面发展为根本目标。前者是从教材建设与社会发展需求之间的关系着手，立足于我国当前国情与基本矛盾所作的科学研判；后者是从教材建设本身出发，对教材建设本原目标作出的科学阐明。某种意义上来说，后者是前者的基础，因为唯有以人的自由全面发展为旨归的教材才有可能成为人民心中的优质美好的教材；反之，则会阻滞人的全面发展，与人民满意的教材背道而驰。从澄明教材与人的关系来看，马克思社会形态理论发挥了自身的理论价值，不仅明确了教材建设发展方向的价值论诉求——人的自由全面发展，而且对教材建设国家事权终极目标的阐明及落实贡献了理论智慧。

(三)提供教材建设发展道路的方法论指导,对理解教材建设国家事权的实践要求具有重要作用

作为国家各项事业的重要一环,教材建设始终承担着传承民族文化、弘扬民族自信、促进民族发展的时代重任。作为教育事业的重要组成部分,教材建设深刻影响着育人内容及方向,深刻影响着教育质量与人才培养质量。教材建设国家事权命题的提出是时代发展与教育诉求相结合的产物,一方面强调教材建设对于国家建设、社会稳定和个体发展的重要价值,另一方面又显现了国家对构建高质量教材体系的严格把关与精准指导对于实现教材更好地为人民服务目标的重要意义。然而,无论是命题提出还是实践运行,都需要理论的指导。

马克思社会形态理论以其历史尺度与价值尺度的统一为教材建设国家事权的理性建构与思想落实提供了方法论指导。所谓"历史尺度",是指从生产力的发展视角出发探讨人类历史发展的宏观进程,强调的是社会发展的客观性与必然性;所谓"价值尺度",是指从作为社会主体的人的发展视角出发对社会历史进程和事件作出价值评价,突出的是社会发展对于人的发展的意义[1]。在马克思社会形态理论的历史尺度下,社会形态的变革是必然的,但并非都是如此。如马克思给查苏利奇复信时指出,俄国由于历史条件不同,"历史必然性"不适用于俄国。[2]马克思由此产生的"跨越资本主义制度卡夫丁峡谷"的设想意在强调社会历史发展规律需同国情紧密结合,明确了教材建设应遵循历史唯物主义的基本立场,尊重国情的客观要求;而在马克思社会形态理论的价值尺度下,人的自由全面发展成为人的理想追求目标,这从根本上规定了教材建设为党育人和为国育才的实践旨趣。总的来说,历史尺度与价值尺度的统一,既为教材建设的现代化发展提供了方法论借鉴,也为理解教材建设国家事权的实践要求提供了认识论基础。

---

[1] 洪光东.论中国特色社会主义的历史方位——以马克思社会形态理论为视角[J].当代世界与社会主义,2010(4):79-82.

[2] 梅景辉.马克思主义社会形态理论视域下"卡夫丁峡谷"的跨越[J].社会科学家,2020(11):7-12.

第二节
中国特色社会主义法治理论：
教材建设国家事权的法理支撑

恩格斯说，一个民族想要站在科学的最高峰，就一刻也不能没有理论思维。[1]中国特色社会主义法治理论是中国特色社会主义理论体系在法治问题上的理论成果，是在中国特色社会主义法治建设和全面推进依法治国的实践中不断发展而来的，是马克思主义基本原理同中国具体实际相结合的产物。坚持党的领导与人民主体地位、坚持法律面前人人平等、坚持法治与德治相结合、坚持从中国实际出发是中国特色社会主义法治理论的基本原则，也是其核心要义。法治是治国理政的基本方式，也是推进国家治理现代化的重要路径。

作为国家治理体系的重要组成部分，教材管理不仅仅是教育系统的自身议题，同时也离不开中国特色社会主义法治理论为其提供的法理支撑。作为集意识形态逻辑、知识逻辑与教育逻辑于一体的内容载体，教材离不开从国家事权高度来定位如何建设的问题，亦离不开在知识与文化传承中如何体现国家意志的思考。教材建设国家事权凸显了"党领导教材建设、人民对优质教材的期望和依法进行教材建设"的法理要求，与建设社会主义法治国家、构建中国特色社会主义法治体系、创新与完善中国特色社会主义法治理论旨趣内在契合。质言之，中国特色社会主义法治理论作为直接性依据，为教材建设国家事权命题的提出提供了法理支撑。

一、中国特色社会主义法治理论的核心要义

中国特色社会主义法治理论是在马克思主义法治思想指导下，充分汲取中国传统法律思想与智慧，不断同中国具体实际国情相结合的产物，具有区别与超越西方"宪政"话语的显著特征，彰显了法治建设的中国经验与中国逻辑，

---

[1] 中共中央马克思恩格斯列宁斯大林著作编译局.马克思恩格斯全集 第二十卷[M].北京:人民出版社,1971:384.

使之具有中国特色、中国风格与中国气派。论其根本,坚持党的领导与人民主体地位、坚持法律面前人人平等、坚持法治与德治相结合、坚持从中国实际出发是中国特色社会主义法治理论的基本原则,也是其核心要义,是凸显中国特色社会主义法治理论中国性、政治性、学术性的关键所在。由于坚持从中国实际出发与马克思社会形态理论中的科学实践观有所重复,且从理论渊源来看,中国特色社会主义法治理论也离不开马克思主义思想的指导,故在此仅对前三项原则进行论述。

(一)坚持党的领导与人民主体地位是中国特色社会主义法治理论的根本方向

中国共产党的领导是中国特色社会主义最本质的特征,也是中国特色社会主义制度的最大优势。[①]历史表明,没有中国共产党的领导,就没有中国社会主义革命和建设事业的伟大成功。从党的领导与社会主义法治关系来看,一方面,党的领导是中国特色社会主义法治之魂,是同西方资本主义国家法治的最大区别,也是实现中国特色社会主义法治体系有序建设的根本保证;另一方面,要健全党领导全面依法治国的制度和工作机制,推进党的领导制度化、法治化,通过法治保障党的路线方针政策有效实施[②]。党的二十大报告强调,要"坚决维护党中央权威和集中统一领导,把党的领导落实到党和国家事业各领域各方面各环节"[③]。科学理解"党的领导",应将其置于"全面领导"的宏大视域中,即横向上体现在不同领域、不同层面、不同环节的领导,如加强党的政治领导、思想领导与组织领导;纵向上体现在党中央权威和集中统一领导、地方党委领导和基层党组织领导。中国法治建设的繁复性与系统性决定了在现代中国法治建设的各环节、各细节都必须确保正确方向的引导,必须始终坚持党在政治路线、思想路线、组织路线上的指导。[④]

---

① 中央和国家机关工委理论学习中心组.毫不动摇坚持和加强党的全面领导[N].人民日报,2021-08-24(10).
② 习近平.坚定不移走中国特色社会主义法治道路 为全面建设社会主义现代化国家提供有力法治保障[J].求是,2021(5):4-15.
③ 习近平.高举中国特色社会主义伟大旗帜 为全面建设社会主义现代化国家而团结奋斗:在中国共产党第二十次全国代表大会上的报告[M].北京:人民出版社,2022:26.
④ 张珑春.中国特色社会主义法治基本理念研究[D].济南:山东大学,2018:26.

人民主体地位是由国家性质赋予的。作为工人阶级领导的、以工农联盟为基础的人民民主专政的社会主义国家,国家的一切权力属于人民。理解人民主体地位,一方面要明确党的领导是人民当家作主的根本保证,"党性和人民性统一"决定了坚持党的领导本质上就是确保人民当家作主;另一方面要明确全面推进依法治国的根本目的就是要保障人民权益,反映人民需求。全面依法治国最广泛、最深厚的基础是人民,因此必须坚持为了人民、依靠人民。在新时期、新发展阶段,随着人民文化素质水平与社会参与责任意识的不断提升,对人民民主的理解转变为了一种更为具体的全过程人民民主。对此,党的二十大报告特别强调了全过程人民民主是社会主义民主政治的本质属性,是中国式现代化本质要求的一项重要内容。总的来说,作为全面推进依法治国、加快建设社会主义法治国家科学理论体系的重要内容,中国特色社会主义法治理论既是确保党的领导与人民主体地位的重要基石,又是深化马克思主义思想、激活中国传统法律文化精神的关键力量。

(二)坚持法律面前人人平等是中国特色社会主义法治理论的根本要求

法治是建设社会主义政治文明的重要内容,完备的法律体系是一个国家法律制度成熟的标志,也是依法治国的基本前提。[①]中国特色社会主义法治建设成效需要中国特色社会主义法治理论作为工具为其解释,可以说,没有中国特色社会主义法治理论,也就谈不上中国特色社会主义法治建设[②]。

中国特色社会主义法治理论包括依法治国的基本原则、中国特色社会主义法治的理论基础及其构成要素。[③]其中,法律面前人人平等是中国特色社会主义法治理论的一项基本原则,也是根本要求。基本原则尚易理解,由于平等所彰显的公平正义精神是消解封建法律体系、等级制法律体系之根本,也是现代国家的标志之一,因而是基本原则。至于何以成其根本要求,至少应在如下

---

① 人民日报评论员.永葆本色的法制根基——一论中国特色社会主义法律体系形成的重大意义[N].人民日报,2011-02-21(1).
② 郑成良.法治政府建设的理念与路径[M].上海:上海人民出版社,2017:45.
③ 同上.

两个层面厘清关系:其一,基于中国特色社会主义法治理论致力保证人的主体地位这一前提,只有确保法律面前人人平等,才能促进公平正义的实现,进而落实人民主体地位。法律面前人人平等,是社会主义法治的基本守则,是构建中国特色社会主义法治理论体系的重要价值理念,是指在法治理论和法治实践体系构建过程中,不存在特殊身份或特权现象,不存在对党员干部的区别对待或法治权利差异的刚性规制。其二,法律面前人人平等是抽象层面的法律适用中的人人平等,即将人视为相同的抽象存在(identical abstract beings),而非具有特性的个体。这既能够在极大程度上摆脱法律面前因个体特性而带来的反复无常、恣意擅断的情况,也不用再因对法律内容平等的澄清另外构建一整套社会哲学,进而使原有的法律平等理念被架空。[1]与此同时,由于法律适用中的人人平等在不同的法律体系中可实现正义程度的伸缩性较大,导致对法律本身正义的依赖性愈加强烈,这在一定程度上也解释了为何作为现代国家基本原则的"法律面前人人平等"并非都能够实现公平与正义。而我国对于"法律面前人人平等"的刚性规制,既凸显了我国法律在切实保障人民权利平等上的优势,也在另一层面反映了"法律面前人人平等"这一原则本身的必要性,是中国特色社会主义法治理论的根本体现。

(三)坚持法治与德治相结合是中国特色社会主义法治理论的根本特色

法治与德治相结合是中国特色社会主义法治道路的鲜明特征,也是中国特色社会主义法治理论必须坚持的一项基本原则。中国自古代便重视法治与德治的结合对于人们行为的规范作用,如孔子提出"宽猛相济"、孟子主张"徒善不足以为政,徒法不能以自行"等。到近现代,中国共产党在丰富实践中形成了法治与德治思想的宝贵经验,为我国"依法治国"与"以德治国"方略的形成提供了理论基础与实践指引。[2]正如习近平总书记指出的,"法安天下,德润

---

[1] 骆意中.法律面前人人平等:谁的面前? 何种平等?[J].浙江社会科学,2023(2):46-55.
[2] 王运慧.中国共产党法治与德治思想的探索历程及启示[J].中州学刊,2022(12):26-31.

人心。法律有效实施有赖于道德支持,道德践行也离不开法律约束"[1]。在新发展阶段,如何理解以及如何践行法治与德治的结合,是中国特色社会主义法治理论必须回应的重大议题。

理解"法治与德治相结合"的逻辑前提是对"法治"与"德治"概念的先行理解。现代语境中,"德治"是在法治框架下运用道德精神和价值原则对法的支撑和性质的规定;而"法治"是一个国家治理社会的根本原则与国家制度,即社会实行法的统治而对公权力制约和公民权保护。[2]法治与德治的结合体现出作为调整社会关系、规范人们行为的法律与道德两者间功能的对称与互补,是一个他律和自律相互融合转化,最终达到人类精神自律的过程。法律是成文的道德,道德是内心的法律。从这个意义上来说,法治与德治的结合犹如鸟之两翼、车之两轮,不可偏废。不过如要确保这种结合的真实效力,须在法律与道德的张力之间,把握好二者界限的绝对性与相对性关系,既要避免因道德僭越法定程序而否定法律的合法性、道德超出法律能力而造成道德的法律化、道德情感凌驾而致使道德的法律绑架等"道德泛化"问题,也要规避因借加强法治建设之名盲目追求"法律扩大化"倾向,真正使法治与德治有机结合实现功能互补的共治。[3]法治与德治结合的理想样态就是法律与道德两者相辅相成、相得益彰,最终实现法律与道德同频共振的社会善治,这既是中国特色社会主义法治理论的重要追求,亦是其根本特色。

二、中国特色社会主义法治理论作为教材建设国家事权的理论依据

作为阐释百年教材建设规律及其作用的经典论断、党和国家领导教材事业的政治宣言,教材建设国家事权有着鲜明的政治性与法理性特质。无论是其论断提出还是有效落实,都需要中国特色社会主义法治理论提供法理支撑。

---

[1] 习近平.坚持依法治国和以德治国相结合 推进国家治理体系和治理能力现代化[N].人民日报,2016-12-11(1).
[2] 王淑芹,刘畅.德治与法治:何种关系[J].伦理学研究,2014(5):64-68.
[3] 王淑芹,王娟.法治与德治相结合的意蕴与适度性[J].新疆师范大学学报(哲学社会科学版),2018,39(5):77-81.

(一)中国特色社会主义法治理论的根本方向是教材建设领导体制与高质量教材体系建设的重要前提

自习近平总书记在2016年提出"教材建设是国家事权"这一论断后,关于"教材建设国家事权"的讨论愈加丰富。通观已有研究可以发现,学界多将教材建设国家事权视为已知的前提性概念,进而阐释相关观点,至于教材建设国家事权的本质内涵、核心特征、理论依据等却鲜有涉及。在以教材建设助推中国式教育现代化的历史节点上,回归教材建设国家事权的本体研究,不断提供负责任的知识系统与价值辩护实为必要。将教材建设作为国家事权加以考察,是新时代党和国家对教材重要性的全新把握,是一种在国家、地方、学校、市场和个人等多主体权力关系与责任事项划分中的实践总结,也是以构建中国特色高质量教材体系、实现人民美好幸福生活的人道目的论为根本出发点的价值凝练。

教材建设国家事权的提出,党的领导是核心,满足人民对优质教材的需求是前提,构建新型教材建设权责划分模式及其关系是关键。在党的全面领导下,以权责划分模式及其关系为主的教材建设领导与管理体制和以人民对优质教材需求为本的高质量教材体系是教材建设国家事权的两大重要议题,两者紧密相连,前者是后者的基础与保障,后者是前者的目标与结果。事实上,只有坚持中国共产党的领导,才能保证教材建设的政治方向和价值导向;只有坚持人民主体地位,才能保证教材建设始终为人民服务,以满足人民需求为根本目标。坚持党的领导就是要发挥党总揽全局、协调各方的领导核心作用,将党的领导贯彻到依法治国的各个方面,贯彻到法律体系运行的各个环节。如国家教材委员会办公室负责人在《全国大中小学教材建设规划(2019—2022年)》答记者问中提到,要"全面加强党对教材工作的领导,明确各级党委对教材工作的职责,牢牢把握党对教材建设的领导权","在管理上抓分工落实,完善统一领导、分级负责的教材管理体制"[①],这是"党领导一切"在教材领域的鲜明体现,也是编好让人民满意的教材的根本保证。

---

① 中华人民共和国教育部.全面落实教材建设国家事权 系统描绘大中小学教材建设蓝图——国家教材委员会办公室负责人就《全国大中小学教材建设规划(2019—2022年)》答记者问[EB/OL].(2020-01-07)[2023-01-05].http://www.moe.gov.cn/jyb_xwfb/s271/202001/t20200107_414566.html.

(二)中国特色社会主义法治理论的根本要求是教材建设国家事权多元主体权责对等实现的现实依据

《中华人民共和国宪法》第三十三条第二款明确规定："中华人民共和国公民在法律面前一律平等。"法律面前人人平等是正义的体现,是一种公平的制度安排,有益于保障人民权利。从应有权利到法定权利,再到现实权利,是现代权利理论发展的三个阶段。三种权利的转化不是自然顺畅的,每一阶段在向另一阶段转变时都会存在一定的难度与落差,如应有权利向法定权利的转化是一个复杂的变化过程,需要不断对权利进行论证并结合时代需要进行调整;法定权利向现实权利的转化同样是一个艰巨且存在落差的过程,因为现实中所有法定权利都能保证的完美社会是不存在的。因此在法定权利向现实权利的转化过程中,一方面要对法律规定的权利平等制度做进一步的细化与具体化,另一方面要着力培养全体社会成员的平等意识与平等观念。[①]新时代的教材建设将国家、地方、学校、市场和个人作为权责主体,不仅展现了党和国家创新教材建设形式的集体智慧,而且凸显了教材建设国家事权落实主体的"多元共生"和"人人有责"。

权责对等思想是教材建设国家事权的内核,这一思想的产生源于中国特色社会主义法治理论中的"法律面前人人平等"。"法律面前人人平等"一方面意味着人们平等地享有法律规定的各项权利,并承担各项义务,另一方面意味着法律赋予不同主体不同的权力,必然也要承担相应的责任。教材建设作为一项人民性事业、专业性事业、文化性事业和政治性事业,是由多环节构成的良序系统,必然要反映不同权力属性下的主体构成及权力类型。从权力属性出发,教材建设权力主体可划分为行政主体、社会主体和教育主体三种类型。其中,行政主体主要包括中央、省、市、县等教育行政部门,主要行使决策权、规划权、监督权、组织权、审核权和审定权;社会主体主要包括官方委托的社会机构、专家及技术人员、社会公众等,官方委托的社会机构类型差异,行使诸如组织编写权、编辑审核权、选用建议权、监督评价权等,专家及技术人员依据自身职责相应行使编写权、指导权、监察权、审核权、设计权等,社会公众主要行使

[①] 刘作翔.权利平等的观念、制度与实现[J].中国社会科学,2015(7):81-94.

监督权、质询权和建议权;教育主体主要包括学校、教研机构、教科院等,主要行使培训权、使用权、选择权、评价权、建议权等。而与权力属性相对应的责任事项主要包括政治责任、法律责任、行政责任、专业责任和道德责任五个方面,且每个责任背后潜藏着对权力的道德规制。实践表明,明确法律面前人人平等,细化教材建设国家事权多元主体来源、权力类型及责任事项,有利于真正实现教材建设国家事权多元主体的权责对等,助力国家事权科学有效落实。

(三)中国特色社会主义法治理论的根本特色是教材建设国家事权约束激励机制不断完善的基本条件

坚持依法治国与以德治国相结合,是中国特色社会主义法治道路的鲜明特征,也是中国特色社会主义法治理论必须坚守的基本原则与根本特色。法律是成文的道德,道德是内心的法律,法律和道德都具有规范社会行为、维护社会秩序的作用。然而,两者的优势与局限也是十分鲜明的,法律所体现出的规范要求的明确性、惩治举措的强制性与其不可避免的迟滞性、封闭性、高成本性相依并存;道德所彰显的调节的广泛性,约束的内在性同其本身固有的弱规范性、弱强制性等相依并存。这表明,无论是法律还是道德,都不可能独立承担维护社会秩序的重任,而需刚柔相济、融通互补。① 正如习近平总书记所说的,"法治和德治不可分离、不可偏废,国家治理需要法律和道德协同发力"②。

教材建设是法治和德治共同规制的产物,它既需要通过完善管理办法和专门性法律法规等途径落实国家事权,亦需要在坚持强制性规范的同时运用与柔软性标准相结合的建设范式,这是教材建设国家事权约束激励机制不断完善的基本条件,也是对中国特色社会主义法治理论中法治与德治如何发挥联动作用的生动诠释。如2019年12月,教育部印发《中小学教材管理办法》《职业院校教材管理办法》《普通高等学校教材管理办法》,进一步明确职责、

---

① 北京市习近平新时代中国特色社会主义思想研究中心.法治与德治相结合的现代意蕴[N].光明日报,2019-10-11(6).
② 紫光阁编辑部.坚持依法治国和以德治国相结合 推进国家治理体系和治理能力现代化[J].紫光阁,2017(1):7-8.

健全机制、强化措施、堵塞漏洞,加强激励和保障,推进大中小学教材规范管理;2021年10月,国家教材委员会发布《关于首届全国教材建设奖奖励的决定》,对全国优秀教材进行嘉奖鼓励;2022年5月,教育部等五部门印发《关于教材工作责任追究的指导意见》,针对大中小学教材编写、审核、出版、印制发行、选用使用等各环节存在的主要责任问题,明确追责情形和处理方式,实行全覆盖、全链条、规范化责任管理[1]。这些无不体现出教材建设硬性规范与软性管理相结合的建设范式,对教材建设全面落实国家事权,确保育人方向与育人质量具有重要意义。事实上,约束激励机制的完善也是教材建设国家事权科学落实的关键保障。从法治角度而言,行使权力就须承担责任。相较于外在法律赋予的权力,责任是维护整体利益的善,是一种由外在的"社会规范"向内在的"个人规范"[2]的转化。这就意味着,责任的履行具有一定的隐匿性,积极的责任履行可以促进教材建设发展,而消极的责任履行将会阻滞教材建设发展。这说明,软性的激励举措更有益于教材建设主体责任履行心理的正当建立。可见,教材建设国家事权约束激励机制的完善不仅是德治与法治相结合的思想产物,还是权责统一视域下教材建设现代化发展的本质诉求。

三、中国特色社会主义法治理论作为教材建设国家事权理论基础的价值意蕴

作为马克思主义同中国具体实际相结合的产物,中国特色社会主义法治理论不仅澄明了以教材建设助推中国式教育现代化发展的重要意义,而且为教材建设国家事权的全面落实提供了法治基础与法律保障,同时也为教材建设国家事权的深入实践提供了增值空间。

---

[1] 中华人民共和国教育部.教育部等五部门印发《关于教材工作责任追究的指导意见》[EB/OL].(2022-05-23)[2023-01-05].http://www.moe.gov.cn/jyb_xwfb/gzdt_gzdt/s598//202205/t20220523_629463.html.

[2] 叶浩生.责任内涵的跨文化比较及其整合[J].南京师大学报(社会科学版),2009(6):99-104.

(一)坚持马克思主义与中国实际相结合的产物,对以教材建设助推中国式教育现代化具有重要意义

每一种法治形态背后都有一套政治理论,每一种法治模式当中都有一种政治逻辑,每一条法治道路底下都有一种政治立场。[①]相较于代表资产阶级利益的西方资本主义法系,中国法系是在中国共产党领导下、以保证人民根本利益为目的的基础上形成的完全异于西方的社会主义法系。从指导思想来看,马克思主义法治思想是中国特色社会主义法治理论的思想根基,中国实际国情是中国特色社会主义法治理论的源头活水。作为对中国法治实践过程、实践经验的系统化、理论化概括,中国特色社会主义法治理论在全面推进依法治国的时代背景下为社会各项事业提供了重要的法治基础与理论保障。

实践证明,走向教材治理现代化是教材建设发展的必由之路,也是以教材建设助推中国式教育现代化的必由之路。第一,教材治理现代化离不开中国特色社会主义法治理论的支撑。无论是教材内容治理现代化还是教材形式治理现代化,都离不开马克思主义的方向指导、遵循党和国家的教育要求和体现鲜明的中国特色与民族风格。可以说,正是基于中国特色社会主义法治理论的核心要义,才保证了教材建设领导与管理体制的科学确立、教材建设国家事权多元主体权责对等的切实实现和教材建设约束与激励机制的生态完善。第二,教材治理现代化是助推中国式教育现代化的必由之路。在中国式现代化理论范式的指导下,理解中国式现代化的生成规律对思索中国式教育现代化发展方案至关重要。作为内嵌于中国式现代化且为中国式现代化的实现提供现实基础的中国式社会治理现代化,在一定程度上为教材治理现代化提供了理论说明,而中国特色社会主义法治理论为教材治理现代化提供了理论依据。教材建设国家事权是对现代化教材建设权责划分模式及其关系的科学澄明,也是教材治理现代化的前提基础与现实保障。教材治理现代化为教材建设国家事权提供一种理念上的革新和行动上的转向。由此,作为教材建设国家事权的直接性依据,中国特色社会主义法治理论为教材建设助推中国式教育现代化提供了重要基础。

---

① 栗战书.习近平法治思想是全面依法治国的根本遵循和行动指南[J].中国人大,2021(2):6-9.

（二）明确教材建设相关法治规范的重要前提，为教材建设国家事权的全面落实提供了法治基础与理论保障

教材建设国家事权是对教材建设发展规律的科学总结，也是对构建中国特色高质量教材体系的价值凝练。从话语生成的角度看，其既是问题需要的产物，亦是理论建构的产物。教材是国家主权的无形边界，在建立对国家、民族和文化认同感的价值上，弘扬社会主义核心价值观的作用上，对中国特色社会主义事业坚守的功能上都不容忽视，然而在新时期，教材建设仍可能面临价值观失守和教材管理水平与发展需求差距较大的现实问题。十八大以来，党中央站在国家事权高度，把教材管理能力作为国家治理能力的重要组成部分，多措并举促进管理效能提升。党的二十大报告提出"加强教材建设和管理"，这是党的全国代表大会报告首次对教材工作作出明确指示，表明了教材建设国家事权的重要属性。

党的领导是中国特色社会主义法治之魂，是社会主义法治最根本的保证。我国构建的集决策、执行、研究、咨询"四位一体"的教材工作体系（分别为教育部课程教材工作领导小组、国家教材委员会、教育部教材局、教育部课程教材研究所），切实加强了国家对教材建设的顶层设计，是"坚持党的领导"在教材领域的鲜明体现。[1]党的理论是来自人民、为了人民、造福人民的理论，人民的创造性实践是理论创新的不竭源泉，坚持人民主体地位是中国特色社会主义法治理论的根本方向。新时代的教材建设始终以满足人民对美好优质教材的需求为行动愿景，这充分体现了人民主体地位的重要性以及人民需求对教材建设的能动作用。作为建设法治中国的关键要义，法律面前人人平等是中国特色社会主义法治理论的重要原则与根本要求，是科学落实教材建设国家事权必须遵守的逻辑前提。而法治与德治相结合是中国特色社会主义法治理论赋予教材建设国家事权的实践要求。总体而言，从"无序"到"有序"，从"管理"到"治理"，从"能治"到"善治"，从"无法"到"有法"，是中国特色社会主义法治理论赋予教材建设法治价值与法理意义的路径。由此，中国特色社会主义法

---

[1] 陈淑清.新时代教材治理现代化的十年探索：基本逻辑、实践路径和未来走向[J].课程·教材·教法，2023,43(1):20-28.

治理论既规定了教材建设国家事权的一般性要求，也在具体教材建设与管理办法中规定了特殊性要求，为教材建设国家事权的全面落实提供了法治基础与法律的理论保障。

(三)阐明教材法治建设薄弱环节的直接依据，为教材建设国家事权的深入实践提供了增值空间

在全面推进依法治国的时代背景下对教材建设国家事权作深度理解，发现该命题的提出与中国特色社会主义法治实践的发展取向是不谋而合的。回望百年教材建设发展史，"教材建设是国家事权"这一线索始终贯穿其中，并在不同时期以不同形式呈现。尽管教材建设的重要性被不断重申，教材建设国家事权的发展规律也在不断总结，但从实际而言，教材管理能力和发展需求之间仍存在较大差距，高质量教材体系的建设仍需要理论与实践的不断探索与互动。例如，当前中小学教材管理不够"细"，职业院校教材管理比较"松"，高校教材管理比较"弱"等问题亟待解决。切实落实教材建设国家事权，不仅需要党和国家对教材的高度重视，同时也需要依托完善的专门性质的法律法规体系建设。步入新发展阶段，教材建设专门法律的缺失及教材编写队伍专业性不强等问题是影响教材建设深入发展及教材建设国家事权切实落实的重要因素。为此，一方面应通过科学制定教材建设法律法规和相关行政法规来改变教材"无法规"依据的建设现实，另一方面应通过建立相关配套制度来保障教材建设法律法规体系构建的有序推进。[1]与此同时，还应注重建立教材编审专业人员的资格认证与培训的制度保障体系，切实加强教材编审人员的科学性与专业性。作为一种理性建构的尝试，教材建设国家事权的深入落实还需在具体的操作环节加以澄清，而中国特色社会主义法治理论不仅为这种理论构想的具体化提供了直接依据，也为其深入践行提供了增值可能。

---

[1] 罗生全,杨柳.论教材建设国家事权的法理逻辑[J].湖南师范大学教育科学学报,2021,20(5):35-43.

第三节
文化自觉理论：教材建设国家事权的文化之魂

文化是一个国家、一个民族的灵魂。坚定文化自信是事关国运兴衰、文化安全、民族精神独立性的重大问题。文化自觉是文化自信的前提，没有深刻的文化自觉，就不可能有坚定的文化自信。作为文化自觉认识的系统阐发，文化自觉理论是实现从文化自觉到文化自信的重要基础，为文化自信的实现提供了认识论与方法论的重要支撑。作为中国特色社会主义事业的重要组成，教材建设的繁荣发展离不开文化自觉，而教材建设国家事权的提出正是文化自觉理论的经验产物。这是因为，教材建设国家事权根植于中华优秀传统文化，是在文化传承与创新过程中通过作用于教材来激活文化自信并最终生成的具有中国文化基因的概念体系。较之于马克思社会形态理论为教材建设国家事权提供根本性依据、中国特色社会主义法治理论为教材建设国家事权提供直接性依据，文化自觉理论则是从教材建设内隐的文化逻辑出发，为教材建设国家事权提供间接性依据。

一、文化自觉理论的核心要义

文化自觉是指生活在一定文化中的人对其文化有"自知之明"，明白它的来历，形成过程，所具有的特色和它发展的趋向，不带任何"文化回归"的意思。不是要"复旧"，同时也不主张"全盘西化"或"全盘他化"。[1]从其内涵来看，主体性的确立、文化认知、文化认同与文化创造分别是文化自觉理论的重要构成，分别对应着这一理论的本体论、认识论、价值论与方法论。

（一）以主体性确立为文化自觉的本体论向度

人的主体性是人在对象性活动中表现出来的根本属性，实践性是理解人

---
[1] 费孝通.文化与文化自觉[M].北京：群言出版社，2010：195.

的主体性生成的重要基础。[1]在马克思看来,人本质上是实践的动物,实践是人存在的根本方式。较之于旧唯物主义缺乏能动的本原性主体与唯心主义局限于精神领域的抽象性主体,马克思实践主体性的确立是对主体性理解的现实回归,人的主体性在实践中得以彰显。[2]作为人类社会实践生活的有机组成,文化自觉离不开主体的实践与实践的主体性。主体性是文化自觉的本原所在,主体性的确立是文化自觉的本体论向度。

本体论问题实质上是一个人和人的世界的生存根据问题,是一个人如何为人、人的世界如何为人的世界的问题。从这一点来说,"本体论"无关于由概念至概念的思辨游戏,而是源于现实的生活世界中人类整体生存的需要,是一个哲学与外部现实世界,哲学家与其周围人类生活环境的关系问题。[3]文化自觉的本体论回应不再是本原之在、实体之在、逻辑之在或客观之在,亦不遵循任一哲学家或流派对本体论的解释思路,而是要在马克思哲学的本体理论指导下解决"人"的事实与价值、合规律性与合目的性的对立统一问题。马克思认为,人的存在具有双重性,一方面,"人直接地是自然存在物"[4];另一方面,"人不仅仅是自然存在物,而且是人的自然存在物,也就是说,是为自身而存在着的存在物"[5]。这说明,生活于一定文化中的人具有对真、善、美、公平、正义、自由等价值和目的的追求,是人之为人,以及人的主体性、能动性发挥的重要依循。作为一个充满实践意味的理论概念,文化自觉离不开作为文化主体的人对文化与社会和谐发展的价值诉求。从静态上说,文化自觉主要包括文化的自我认识、自我认同,各种文化间的相互认识、相互尊重以及对整个人类文化的总体认识和普遍追求。[6]无论是文化的自我认识、相互认识还是共同认识,都是以主体性的确立为根本标志,能动性的思考为根本前提的。很难想象缺失主体或抽象的主体能在体认自身文化,理解与承认其他文化,实现文化的

---

[1] 高梅.试论人的主体性确立的机制[J].郑州大学学报(哲学社会科学版),1998,31(1):36-39.
[2] 黄文正.论马克思的实践主体性的确立[J].贵州社会科学,2006(5):13-15.
[3] 王峰明."本体论"释义:人的生存根据问题[J].教学与研究,2001(3):23-30.
[4] 中共中央马克思恩格斯列宁斯大林著作编译局.马克思恩格斯全集 第四十二卷[M].北京:人民出版社,1979:167.
[5] 中共中央马克思恩格斯列宁斯大林著作编译局.马克思恩格斯全集 第四十二卷[M].北京:人民出版社,1979:169.
[6] 王文兵.文化自觉:一个满含实践意向的理论概念[J].思想战线,2008,34(4):60-66.

共同繁荣与发展中发挥价值。从动态上说,文化自觉是一个需要人类长期实践探索才能逐步实现的曲折历程,离不开作为实践主体的"现实的人"的参与。没有脱离文化的"人",亦没有脱离"人"的文化,文化自觉是人对文化的自觉,也是人的自我自觉。无论是静态观照还是动态审视,都可以发现主体性是文化自觉的根本属性,主体性的确立是文化自觉可以在现实生活与历史实践中实现人类对人与自然、人与社会、人与文化、人与自我关系深刻反省与领悟可能的前提。

(二)以文化认知为文化自觉的认识论向度

认识论是哲学体系中的一个重要组成部分,是以认识本身为对象对认识进行研究的过程,其研究内容主要包括认识的本质、结构、认识与客观实在的关系,认识的前提和基础,认识发生、发展的过程及规律,认识的真理性及标准等。[1]在认识论发展过程中,不同派别认识论的结论大有不同,如唯心主义否认认识是人脑对客观事物的反映,而主张认识是对理念的"回忆"(柏拉图),是对"绝对精神"的自我意识(黑格尔);唯物主义则从物质第一性及人的意识是人脑对客观物质世界的反映这一前提出发,在认识上坚持从物到感觉和思想的路线;等等。这为文化自觉的认识论建立也带来知识选择困境。马克思主义是我国的根本指导思想,马克思辩证唯物主义认识论是科学的认识论,将反映论原理和实践观念、唯物主义与辩证法有机结合起来,克服了旧唯物主义与唯心主义认识论的局限,科学揭示了认识发生、发展的一般规律。基于马克思辩证唯物主义认识论探究文化自觉的认识论问题,是科学认识文化自觉的理论前提,也是有效实现文化自觉的经验保证。

马克思辩证唯物主义认识论强调实践是认识的基础、来源、目的与归宿,是认识发展的动力,是检验认识真理性的唯一标准;认识对实践具有反作用,正确的认识能够有效指导实践,错误的认识将会把实践引向歧途。可见,认识在实践中发挥着重要作用。文化认知着眼于认识本身,是从认识论的角度探讨文化因素对人类认识的形成发展具有的重要意义及其对整个认识过程的制

---

[1] 金炳华.哲学大辞典:分类修订本[M].上海:上海辞书出版社,2007:36.

约作用。①文化认知强调认知主体对文化的感知、认识能力,既包括对自身文化的感知与认识,也包含对他者文化的感知与认识。在如今跨文化交流日益兴盛的背景下,如何处理本民族文化与世界其他民族文化,传统文化与现代文化之间的关系成为文化自觉的核心议题。文化认知是从客观角度出发,不带任何价值判断去感知、认识本民族文化与世界其他民族文化的异同,以反观自身文化的同时实现对自身文化的认同和对他者文化的理解,进而实现人与文化的双向自觉。质言之,文化认知是文化自觉的先在条件,是科学认识文化自觉的前提和基础。缺乏客观的文化认知,文化主体对自身文化的自知、自省和自我超越意识将陷入虚无,而基于文化自觉的文化认同、文化比较、文化反思、文化批判与文化创新也将无从实现。

(三)以文化认同为文化自觉的价值论向度

价值论是关于价值的性质、构成、标准和评价的哲学学说。文化自觉价值论是价值论作用文化自觉的实践产物,是指从文化主体的需要与当前文化能否满足主体的需要以及如何满足主体需要的角度,考察和评价各种物质的、精神的现象以及文化主体的行为对于个人、社会、阶级的意义。文化自觉需要我们具有文化使命意识,这种使命意识是指作为文化主体要自觉意识到时代赋予我们的、进行文化创造的历史使命,其既是文化自觉的要求,也是文化主体的需要。②党的二十大报告提出,"全面建设社会主义现代化国家,必须坚持中国特色社会主义文化发展道路,增强文化自信,围绕举旗帜、聚民心、育新人、兴文化、展形象建设社会主义文化强国,发展面向现代化、面向世界、面向未来的,民族的科学的大众的社会主义文化,激发全民族文化创新创造活力,增强实现中华民族伟大复兴的精神力量"③。在新的起点上继续推动文化繁荣、建设文化强国、建设中华民族现代文明,是我们在新时代新的文化使命。坚定文

---

① 王四正.文化自觉与文化认知[J].商丘师范学院学报,2010,26(11):32-34.
② 王南湜,侯振武.文化自觉、文化自信、文化自强何以可能[J].毛泽东邓小平理论研究,2011(8):13-17.
③ 新华网.习近平:高举中国特色社会主义伟大旗帜 为全面建设社会主义现代化国家而团结奋斗——在中国共产党第二十次全国代表大会上的报告[EB/OL].(2022-10-25)[2023-01-05].http://www.news.cn/politics/cpc20/2022-10/25/c_1129079429.htm.

化自信需以文化认同为前提,文化认同是文化主体在文化认知基础上对自身文化进行的价值判断,是提高文化自觉意识与实现人民现实需要的重要保障。作为文化自觉的价值论向度,文化认同的达成影响着文化自觉的实现。因为文化认同是民族认同、社会认同、自我认同的核心,文化认同的危机将带来价值与价值观的冲突,影响对"我们是谁""我们从哪里来""我们到哪里去"等人之根源与自我身份问题的答案追求与建构,同时也制约着其他认同危机的化解。

强化文化认同离不开对传统文化的理解与把握。中华优秀传统文化是中国的文化血脉,是中华民族的根与魂,是中国人达成共识、恪守规范、形成文化认同的根基所在。我们在以中华优秀传统文化为根基进行文化认同之余,也要对世界各民族的优秀文化予以认同。不过认同并不同于趋同,认同是一种由认同者与被认同者双向建构的平等互动关系,是双方在相互认知、理解、尊重的基础上实现各美其美、美美与共的美好愿景。中国文化中的"多元一体"思想,包含了各美其美与美人之美,强调要能够从别人和自己不同的东西中发现美的地方,由此形成一种发自内心、感情深入的认知和欣赏,最终做到民族和国家间的和而不同、和平共处与共存共荣。[①]可见,文化认同是实现本民族文化与世界各民族文化繁荣发展的重要前提与根本保证,一定程度上澄明了文化自觉的价值主张。

(四)以文化创造为文化自觉的方法论向度

作为一个哲学概念,方法论就是人们用来观察事物和处理问题的方式、方法,关于人们认识世界、改造世界的方法的理论。方法论受世界观影响,有什么样的世界观,就有什么样的方法论。作为科学的世界观和方法论的统一,马克思历史唯物主义是科学理解与实践文化自觉的根本指导思想。在历史唯物主义范畴中,现实的人是推动文化自觉发展的主导力量,实践是实现文化自觉的主要方式。文化自觉是人的自觉,是人区别于一切其他物种的又一属人特性,它与文化创造相辅相成,不可分割[②];文化创造是人生存发展的必要保证,

---

① 费孝通.文化自觉的思想来源与现实意义[J].文史哲,2003(3):15-16.
② 李金齐.文化理想、文化批判、文化创造与文化自觉[J].思想战线,2009,35(1):87-91.

是人的本性之终极规定[①]。从人性能力发展的角度来看,人类创造文化的过程与人性能力的养成和沉沦并生共举。人性能力的提高、拓展,就是文化自觉的实现过程。[②]文化自觉借助使人性能力得以提升的文化创造来实现,而文化创造的过程又内在揭示了文化自觉的实现方式与路径,这从根本上确认了文化创造作为文化自觉生成方法论的实践意义。

文化创造是文化认知的创新性行为,受文化需要所引领,存在着一定文化主体与文化客体间相互制约、相互影响、相互作用的关系。文化创造具有一定的时代性,马克思曾指出,"人们自己创造自己的历史,但是他们并不是随心所欲地创造,并不是在他们自己选定的条件下创造,而是在直接碰到的、既定的、从过去承继下来的条件下创造"[③]。因而,文化创造受到一定时代文化基础的影响,是在特定历史环境下对已有文化的继承、发展与创新。创造一种新文化形式既然是对已有文化的赓续与革新,那么,这种文化的创造过程必然也会打上统一的烙印。2023年6月,习近平总书记在文化传承发展座谈会上发表重要讲话,指出"中华文明具有突出的统一性,从根本上决定了中华民族各民族文化融为一体、即使遭遇重大挫折也牢固凝聚,决定了国土不可分、国家不可乱、民族不可散、文明不可断的共同信念,决定了国家统一永远是中国核心利益的核心,决定了一个坚强统一的国家是各族人民的命运所系"[④]。此外,文化创造还具有一定的世界性。无论是反映时代发展还是民族特色的文化创造,在一定意义上,都是世界文化创造的组成部分,为世界文化的繁荣发展增砖添瓦。中华文化源远流长,中华文明博大精深。中华民族现代文明的持续性建设,不仅为中国式现代化道路的生成与发展提供了"文化母乳",也为推进人类文明进步和世界文明的繁荣发展作出了重要贡献。就此而言,文化创造是文化发展的必要前提,是实现文化自觉的必要保证。

---

① 万资姿.文化创造:一种人类符号能力的实现与被规定[J].探索,2009(1):113-117.
② 戴兆国,陆在春.论人性能力与文化自觉[J].江汉论坛,2017(6):47-53.
③ 中共中央马克思恩格斯列宁斯大林著作编译局.马克思恩格斯选集 第一卷[M].2版.北京:人民出版社,1995:585.
④ 新华通讯社.学习贯彻习近平总书记在文化传承发展座谈会上的重要讲话精神述评[M].北京:新华出版社,2023:4.

二、文化自觉理论作为教材建设国家事权的理论依据

文化是中华民族屹立于世界民族之林的根基,是推动国家发展进步的内生动力和精神支撑,是中华民族伟大复兴的本质所在。[1]作为传承、发展与创新文化的重要载体,教材肩负着对人类文明发展史和社会变革史微观缩影过程再认的职责。文化性是教材建设的根本属性,将教材建设作为国家事权,其目的是在科学把握意识形态属性的基础上,借助教材建设实现中华文化身份意识觉醒和确立国家文化自信,培育中华民族凝聚力,这从根本上确认了文化自觉理论在教材建设国家事权理论体系中的基础性地位。

(一)主体性的确立是教材建设人民性话语建构的重要源泉

教材作为一个丰富的实体范畴,不同立场折射出不同的教材认识观,如将教材视为教学材料、知识技能体系、教与学的中介媒介、课程、教科书、教学工具、教学手段等。[2]然而,无论以何种方式理解教材,教材都无法离开作为传递国家意识形态和法定知识载体这一重要意涵,并在这一意涵的实践中发挥着对培养什么样的人、为谁培养人、怎样培养人等问题回应的重要功能。教材建设是教材研究的核心议题,这一议题不仅关涉不同类型、不同层次、不同学科在教材编订、审核、使用、评价、管理等方面的系统性问题,而且包含教材内容的选取与教材价值的确立等重要问题。如何理解与把握教材建设,事关立德树人根本任务的有效落实,事关我国教育事业与中国特色社会主义现代化事业的建设与发展。习近平总书记指出:"始终要把人民放在心中最高的位置,始终全心全意为人民服务,始终为人民利益和幸福而努力工作。"[3]基于教材建设始终为人民服务的宗旨,人民性应是教材建设的核心立场,是如何看待和把握教材建设的关键着眼点。因此,人民性话语体现的是以人民为中心编人民满意教材的核心价值导向,反映的是教材建设作为国家事权的根本特点,依循的是文化自觉主体性确立的本体论向度。

---

[1] 孙元君.习近平的文化自觉与自信[J].奋斗,2015(5):54-55.
[2] 杨柳,罗生全.论教材建设的文化逻辑[J].教育学报,2021,17(5):87-98.
[3] 习近平.习近平谈治国理政 第三卷[M].北京:外文出版社,2020:139.

人民性是无产阶级政党最本质的特征,是中国共产党最鲜明的底色和一以贯之的价值追求。党的人民性话语是对人民性价值理念的具体表达,也是对唯物史观人民群众观点的坚持与创新。[①]教材建设内嵌的人民性话语,是对新时代如何开发更加优质的教材以满足人民对高质量教材体系需求的理性回应,也是对新时代如何通过优质教材建设更好地实现人的全面发展的价值响应。落实教材建设人民性话语需以教材建设是国家事权为行动前提。因为教材是国家主权的无形边界,集中反映着国家发展需求、安全需求与利益需求,关系到国家的前途命运,因而对教材的管理需要将其置于国家治理体系中进行规制,并通过教材管理制度和有效的制度执行能力来保障人民主体地位,实现人民根本利益。[②]党的十八大以来,以习近平同志为核心的党中央坚持以人民为中心推进国家治理体系和治理能力现代化,而治理导向的人民性话语的建立,是保障人民作为国家治理主体共享教材建设福利的必由之路。所以,无论是价值立场还是落实主张,人的主体性精神始终高扬,但在这种高扬的背后是人主体性身份的不断确立,并借此实现教材建设人民性话语的生成。

(二)文化认知是教材建设历史文化脉络再现的重要条件

教材建设国家事权是阐释百年教材建设规律及其作用的一个经典论断,是一个从实践中产生,具有中国特色、反映中国国情的科学命题。作为一个科学命题,不同时期教材建设的服务宗旨不同、内容关注重点不同,与之相关地呈现出独具特色的教材建设文化发展脉络。明晰教材建设历史进程中的文化脉络是理解教材建设文化规律、实现教材建设文化自觉的前提。从认识论角度来看,文化自觉强调文化主体对所属文化的认知,并在认知的基础上形成文化认同,最终实现文化自信与自强。既如此,在教材建设中强调文化自觉,显然意在使教材建设主体对其所处环境中的文化根脉予以认知,其中既包含对过去文化的认知,也包含对当下乃至未来文化的认知,最终实现对中华民族现代文明的整体认同。由此可见,文化认知是教材建设历史文化脉络再现的重要条件。

---

① 张丽丽.中国共产党"人民性"话语的历史演进及当代价值[J].理论月刊,2022(3):14-22.
② 米博华,王梓.国家事权视域下的教材建设[N].光明日报,2021-11-19(11).

文化脉络是对文化的理性认识，离不开人与一定的社会环境，并通过一定的人与社会环境加以展现，在不同的时空场域会呈现出不同的特点。因不同历史时期我国面临不同的发展要求，教材建设也会在不断适应新形势时发生转变。如在抗战时期，苏区文化教育总方针明确提出"文化教育为革命战争与阶级斗争服务，在于使教育与劳动联系起来"[①]。与之相应的教材建设的中心工作便是"供给文化教育上的材料"[②]。新中国成立初期，百废待兴。教育肩负着经济建设与思想建设的双重使命。新的政治经济制度的建立，亟须编写一套充分体现国家意志、满足人民教育需求的新教材。[③]随之，人民教育出版社、教科书出版发行委员会、高等教育出版社相继成立，为新中国初期的教材建设事业作出了巨大贡献。改革开放时期，各项事业迎来新的发展契机，教育为改革开放和社会主义现代化建设服务成为这一时期的重要任务。与之相应，教材建设也进入全面恢复重建阶段，开启了教材多样化探索的新时期。进入21世纪，尤其是党的十八大以来，我国社会主要矛盾发生了变化，教材建设开始转向为人民日益增长的美好生活需要服务。党的二十大报告提出要坚持教育优先发展，科技自立自强，人才引领驱动，加快建设教育强国、科技强国、人才强国，教材建设在实现强国梦的目标中肩负着重要使命。由此可见，每一个历史时期都有与时代特征相符合的具体要求，在新时代的文化发展脉络中，教材建设应坚持用习近平新时代中国特色社会主义思想铸魂育人，贯彻党的教育方针，落实立德树人根本任务，实现由教材大国向教材强国的迈进。

（三）文化认同是教材建设培根铸魂地位确立的现实依据

教材是立德树人的重要载体，肩负着培根铸魂的重要使命。正如习近平总书记在给人民教育出版社老同志的回信中，强调要用心打造培根铸魂、启智增慧的精品教材。"培根铸魂、启智增慧"既是打造精品教材的题中之

---

① 李国强.中央苏区教育史[M].2版.南昌：江西教育出版社，2001：19.
② 彭小奇，等.毛泽东教育思想研究.卷2，毛泽东中央苏区教育实践与教育思想研究[M].湘潭：湘潭大学出版社，2013：192.
③ 王慧，陈晴晴.小学语文教材建设70年：历程、成就、经验[J].课程·教材·教法，2019，39(11)：45-52.

义,亦是其评判标准。①作为教材的价值导向,"培根铸魂"与"启智增慧"已成为教材的独特标签,与教材发展共荣共生。尽管教材的本体价值是为知识提供载体,并以知识载体的方式在育人过程中实现启智增慧,但在教材知识背后还蕴含着社会规范与价值导向,隐藏着认识世界的特殊模式。②面对国内多元化社会思潮的冲击和西方意识形态渗透的威胁,教材建设的使命更加艰巨,地位更加鲜明。说到底,为谁建设教材、建设什么教材、怎样建设教材,事关下一代学什么、信什么、干什么,攸关中国特色社会主义事业继往开来、赓续发展。③所以,培根铸魂理应成为教材建设的思想遵循。"培根"即打好中国底色,培植肌体之根、文明之根、家国之根;"铸魂"即植入红色基因,铸就爱党、爱国、爱社会主义的民族之魂。以培根铸魂统领教材建设,是科学落实国家事权的根本要求,而文化认同又是确立培根铸魂统领地位的关键所在。

作为党和国家领导教材事业的一种政治宣言,培根铸魂是从教材建设国家事权的深刻内涵出发对教材应传授什么内容、倡导什么价值提出的根本要求,是反映国家社会政治制度性质、推进教材建设行稳致远的重要保证,彰显了"尺寸教材,悠悠国事"的独特价值意蕴。而教材建设培根铸魂价值定位的确立应以文化认同为现实依据,这是因为打好中国底色、植入红色基因,成为拥有中国心、饱含中国情的时代新人离不开对祖国文化的深刻认同。作为一种最深层次的认同,文化认同是民族团结之根、民族和睦之魂。文化认同是民族认同、社会认同、自我认同的核心,是维护民族团结、国家统一的心理基础和情感纽带,诉说着"我们是谁""我们从哪里来""我们到哪里去"等自我根源和自我身份的本原性问题,回应新时代中国特色社会主义该培什么根、铸什么魂的根基性问题。由此,作为奠基于文化认同基础上教材建设应秉持的思想遵循与价值导向,培根铸魂地位的确立是文化自觉价值论向度的重要体现,也是落实教材建设国家事权的价值所在。

---

① 黄强.培根铸魂 启智增慧(思想纵横)[N].人民日报,2021-02-19(9).
② 江宏,江楠,刘理衡.启智增慧铸魂:新时代教材建设的价值恪守[J].当代教育论坛,2022(3):73-80.
③ 余宏亮.建设教材强国:时代使命、主要标志与基本路径[J].课程·教材·教法,2020,40(3):95-103.

(四)文化创造是教材建设国家事权命题生成的重要保障

作为事实与价值共载的命题,教材建设国家事权正在由政策话语向政策话语、学术话语、公众话语多元共生转变,其内涵不断丰富、体系不断健全。作为独具中国特色的教育学话语,教材建设国家事权经过学界的学理阐释与话语建构后日渐形成系统连贯、特色鲜明、内涵丰富的学术话语体系,而这种实践生成方式彰显了教育学本土概念创生的中国特色、中国风格与中国气派。

话语体系不仅仅是"谁说话、说什么话、怎么说话"的技术问题,更是一个社会、一个民族、一个国家的整体思维范式、价值观念、文化模式的综合反映。[1]因而,话语体系的形成并非空泛的技术产物,而是要依赖于所根植的文化环境及在相应文化环境基础上的文化创造。文化创造是文化认知基础上的创新性行为,受文化需要所引领,是一定文化主体与文化客体间相互制约、相互影响、相互作用的结果。教材建设作为国家事权正是在对教材建设这一关涉国家意识形态安全、优秀传统文化传承、立德树人重要依托认识基础上的创新性表述。可见,文化创造是教材建设国家事权命题生成的重要保障。从实践层面来说,新中国成立以来,教材建设作为国家事权先后经历了"统权—分权—统分结合"的发展历程,逐步形成了国家主导下合理分工的权力结构[2],这表明了教材建设作为国家事权受文化与实践需要影响,是在主客体相互影响、相互作用基础上的实践创新。由此可以说,教材建设国家事权话语体系的形成是政策、学术、实践共同推动下的产物,由政策话语、学术话语、公众话语共生而生的教材建设国家事权话语体系,不仅反映了我国教材建设独特的思维范式、价值观念与文化模式,凸显了社会主义的制度优势,而且也为世界教材建设贡献了中国经验。

三、文化自觉理论凸显教材建设国家事权的价值意蕴

教材建设国家事权命题的提出,是新时期党和国家教材建设经验的总结与凝练,其意义在于更好地实现为党育人、为国育才的价值使命。文化自觉理

---

[1] 吴晓蓉,张晓文.构建教育学话语体系的本土化省思[J].广西社会科学,2018(10):203-209.
[2] 罗生全.论教材建设作为国家事权[J].课程·教材·教法,2019,39(8):4-11.

论作用教材建设国家事权的解释力不仅仅体现在这个理论本身具有合法解释教材建设国家事权的理性条件,更反映在文化自觉理论能够为教材建设国家事权的意涵澄明与生成机理叙事提供价值辩解的合理视窗,从而筑牢教材建设国家事权的话语根基。

(一)为中国式教材建设话语体系生成和世界教材建设格局构建提供经验基础

缘起于解决少数民族文化生存与转型问题的文化自觉与中华民族乃至全人类文化发展与转型问题不谋而合,成为有效指导人类文化发展,促进世界稳定和谐的重要思想。[①]文化自觉一方面强调人们对本土性文化的认知,主张先本土化,再全球化;另一方面强调世界文化的多元并存、美美与共。作为本土理论,文化自觉理论是坚持独立自主的中国特色社会主义道路的鲜明体现。文化自觉是文化自信的前提,也是理论自觉的前提。理论从属于文化,同时又是对文化的某种提炼和提升。因此,"理论自觉"是"文化自觉"的一种形式,特别是一种与各门学科及其成熟度有关的形式。[②]从文化自觉迈向理论自觉,是研究者自觉意识的体现,也是学科发展的需求,为中国式教材建设话语体系的生成提供了重要基础,对中国在世界学术话语权的提升也具有重要意义。有研究指出,学术话语权包括理论与实践两个面向:理论是指在世界学术格局中有"发言权",要能够为世界学术发展与人类知识积累作出独特贡献;实践是指对中国社会转型和发展的实践具有"发言权",要有解释力与引导力。[③]这对于教材建设国家事权而言,既指引了教材本土实践的行动路向,也为世界教材建设提供了中国经验。

文化自觉理论对教材建设文化自觉向理论自觉迈进的价值主要体现在"是其基础"与"是其源泉"两个层面。就前者而言,一方面,文化自觉为理论自觉提供了思想启发。正是在文化自觉的基础上,相关概念如"理论自觉""实践

[①] 费孝通.文化自觉的思想来源与现实意义[J].文史哲,2003(3):15-16.
[②] 缑文学.理论自觉与中国社会学的本土化[M].北京:知识产权出版社,2016:120.
[③] 郑杭生,黄家亮."中国故事"期待学术话语支撑——以中国社会学为例[J].人民论坛,2012(8):59-61.

自觉""学术自觉"等才能够不断生成;另一方面,文化自觉为理论自觉提供了目标支撑与路径指导。从目标支撑来说,文化自觉倡导人们对自身文化有"自知之明",既不主张"复旧",也不主张"全盘西化"或"全盘他化"。由此,一种兼具世界眼光与中国气派的教材建设理论成为理论自觉的基本目标。从路径指导来说,文化自觉倡导文化主体在文化认知基础上进行文化创造,以在对传统与现实的理解与超越中呈现中国特色。由此,立足现实,超越传统,总结"中国理念",探索"中国道路"成为教材建设理论自觉的研究路径。就后者而言,理论自觉形成无法脱离产生理论的文化环境,且只有在一定的文化环境中才能生成独具特色的理论。正如英国政治哲学家柏克(Edmund Burke)所认为的,"把社会或国家看作是成长出来的,而不是哪个人理性设计出来的。正因为是成长的,所以它一定要受到环境的影响,并在这个成长的过程中形成自己独特的历史精神和传统,而这种精神和传统又影响着它未来发展的方向"[①]。正是中国独特的文化根脉和文化理念,决定了文化自觉理论能够为教材建设国家事权命题的提出提供文化之源、理论之基,这对教材建设从文化自觉向理论自觉迈进,继而生成中国式教材建设话语体系具有奠基性作用。

(二)阐明教材建设的文化脉络与演绎线索,揭示教材建设国家事权孕育的文化土壤

教材建设国家事权命题的提出,是新时代党和国家高度重视教材建设工作的根本体现。正确理解教材建设国家事权这一命题,是确保教材建设事业稳步前进的重要保证。

就基本内涵而言,教材建设国家事权离不开对教材建设和国家事权的分别考察。教材建设是教材事业的建立、发展与完善的过程,内在包含了谁来建设、建设什么与怎样建设等根本性问题;国家事权是指在公共服务中各级政府承担的职责与权限,即各级政府的权责边界问题。相较于"政府事权""中央事权",国家事权是一种新型表述,是党和国家创新教材建设形式的一种集体智慧,是主动将教材建设作为国家、地方政府、学校、出版单位(市场),甚至个人

[①] 徐大同.西方政治思想史[M].天津:天津教育出版社,2002:276.

等多主体共担的一种公共性"事权"①,体现了教材建设的独特之处。就价值意蕴而言,将教材建设提至国家事权高度,一是因为教材本身所具有的价值需要国家事权来加以保障,二是在于总结教材建设经验,形成独特的教材学话语体系是实现建设教材强国、提升中国在世界影响力目标的重要路径。然而,若从文化学视域理解教材建设国家事权,可以发现无论是其内涵还是价值意蕴,皆是对教材建设文化脉络与演绎线索的阐明,揭示了孕育教材建设国家事权的文化土壤。

作为事关国家和民族长治久安的战略工程,教材涉及为谁培养人、培养什么人和怎样培养人这一根本问题,因而既要集中体现国家意志和民族信念,还要反映科技进步与知识增长,同时亦要兼顾科学育人规律。②从教材内容要求角度来看,文化性是教材建设需要坚持的重要属性。教材的文化性承载着文化育人的重要功能,从教材建设自身发展规律来看,文化脉络与土壤是其不可忽略的现实因素。文化自觉理论所倡导的是人们对所属文化的自觉认知和对他域文化的尊重理解,这有益于人们在文化溯源与借鉴的基础上实现对教材建设发展规律的系统总结与科学凝练。不同的文化土壤孕育不同的文化,中华优秀传统文化是中华民族的精神命脉,蕴含着丰富的思想道德资源,积淀着中华民族最深层的精神追求,代表着中华民族独特的精神标识,深深滋养着中国人,也滋养着祖国各项事业的建设。阐明教材建设的文化脉络与演绎线索,揭示教材建设国家事权孕育的文化土壤不仅是文化自觉理论的文化诉求,亦是其价值诉求,有益于教材建设事业的稳健发展。

(三)指明教材建设文化发展的实践路向,为教材建设走向文化自觉贡献知识基础

文化自觉是人的自觉、理性的自觉。③文化自觉理论为教材建设文化发展指明了实践方向,也为教材建设文化自觉贡献了知识基础。走向教材学研究

---

① 罗生全,杨柳.论教材建设国家事权的法理逻辑[J].湖南师范大学教育科学学报,2021,20(5):35-43.
② 曾天山.我国教材建设的实践历程和发展经验[J].课程·教材·教法,2017,37(12):17-23.
③ 张冉.文化自觉论[D].武汉:华中科技大学,2010:45.

的文化自觉是文化自觉赋予教材建设的使命,也是教材建设自身发展的诉求。教材建设的文化自觉是教材学文化研究与文化自觉的有机结合,是文化自觉在教材建设研究领域的深化与发展,其概念主要由文化自觉的概念延伸而来。由此,教材建设的文化自觉是指处于一定文化中的人对教材建设发展方向的理性认识与把握,并在这一基础上形成的主体的一种文化信念与准则。人们能够自觉意识到这种信念与准则,并主动将其付诸实践,在文化上表现为一种自觉践行和主动追求的理性态度。

从具体内容来说,教材建设的文化自觉包括具有主体性的人对教材建设整体性历史进程的自觉认知和对教材建设所涉环节与要素的自觉认知。就前者而言,教材建设整体性历史进程强调的是对不同历史时期下教材建设目标任务、发展规律、实践经验的认知,如教材建设作为国家事权先后经历了统权—分权—统分结合的发展历程;就后者而言,教材建设所涉环节与要素强调的是对教材编写、审核、出版、使用、评价等的认知,如教材内容应体现国家意志,具有思想性、科学性、民族性、时代性、系统性。从实现路径来说,文化自觉理论为教材建设提供了重要的方法论依循,文化认知要求对教材建设的发展历程有"自知之明",文化认同强调教材建设应坚持培根铸魂的价值定位,文化创造需要教材建设形成特色的话语体系,凝聚中国经验、彰显中国智慧。从重要意义来说,教材建设的文化自觉是教材建设研究领域发展到一定阶段的标志,有利于科学把握教材建设发展规律、系统推进教材体系建设和全面提升教材建设质量。可以说,教材建设国家事权命题的明确提出即教材建设文化自觉的重要体现,为促进教材知识体系与研究共同体的构建奠定了重要基础。

第四章 教材建设国家事权的理论体系

教材建设的本质是特定知识的选择活动,这种知识选择行为背后具有鲜明的目的指向,不仅归结于知识自身价值,更取决于国家根本利益。[1]将教材建设视为国家事权进行考察,是新时代党中央寻求并确证教材事业发展方向与教材建设理念的立场反映[2],也是有效落实立德树人根本任务以及全面推进教材治理现代化的关键举措。"治理"一词源于拉丁文和古希腊语,原意为控制、引导和操纵,后发展为在一个既定范围内运用权威维持秩序以满足公众需要而具有持续性、协调性、公共性的活动过程。其关键在于如何在各种不同的制度关系中运用权力去引导、控制和规范公民的各种活动,从而最大限度地增进公共利益。[3]这与教材建设国家事权作为一种国家意志主导下的强制性权力如何存在与运行具有诸多相似之处,如为寻求教材价值与知识的深度融合而对教材建设过程中的法治、效率、公平、民主等关键因素的关注与实践。

随着我国经济社会等方面的飞速发展,实现治理体系及治理能力的现代化无疑是破解我国发展难题以及全面推进中国式现代化宏大布局的关键一环。2019年10月,党的十九届四中全会发布《中共中央关于坚持和完善中国特色社会主义制度 推进国家治理体系和治理能力现代化若干重大问题的决定》,明确治理体系现代化与治理能力现代化的重要性。教材建设国家事权作为阐释我国百年教材建设规律及其作用的经典论断,生发于我国全面推进治理现代化的时代背景之中,且于理论建构与实践探索中诠释着独属于中国的教材治理智慧。并且,当前我国教材制度建设仍面临教材核心价值引领性不足、教材管理主体协同性不强、教材制度规范性不够、教材机制运行效能性不高等发展困境[4]。对此,如何落实教材建设国家事权以及编制满足人民群众需要的优质教材成为我国推进教材治理现代化过程中的重要任务。鉴于教材建设国家事权与治理现代化在根本意涵、时代任务等方面存在的本质联系,本章将基于前文对三大理论基础的分析阐释,进一步从治理的视角去廓清教材建设国家

---

[1] 罗生全,随国栋.教材建设现代化的政府治理逻辑与实践进路[J].中国远程教育,2023(8):35-41.
[2] 杨柳,罗生全.教材建设国家事权:内涵、性质与价值[J].全球教育展望,2023(3):113-128.
[3] 俞可平.治理与善治[M].北京:社会科学文献出版社,2000:5.
[4] 张振,刘学智.教材制度建设的困境与超越:国家治理视角[J].中国教育学刊,2020(10):53-57.

事权的思想体系、理论维度及其模型建构和理论品格,以此系统深化对教材建设国家事权是以何为的理性认识。

第一节 教材建设国家事权的思想体系

教材建设作为一种国家事权具有特殊的政治属性、法理逻辑与文化品格。基于前文对马克思社会形态理论、中国特色社会主义法治理论、文化自觉理论三大理论基础的分析阐释,对教材建设国家事权思想体系的剖析可基于治理现代化的时代背景从政治、文治、法治三大维度对其进行一一阐明。其中,政治之维凸显的是教材建设国家事权的价值准则,文治之维彰显的是教材建设国家事权的育人主张,法治之维则强调的是教材建设国家事权的存在尺度。

一、政治前提:以"一坚持五体现"的教材建设基本遵循反映国家意志

教材不仅是"事实"的传输系统,同时也是特定区域内政治、经济、文化、社会、生态等要素相互斗争与妥协的结果。[1]也就是说,教材不仅要阐释"什么知识最有价值",同时还要回答"谁的知识最有价值"。作为新时代教材建设和管理的顶层设计,教材建设国家事权理应在教材研究与实践的全过程、全方位凸显"一坚持五体现",即教材建设必须坚持马克思主义的指导地位,体现马克思主义中国化要求,体现中国和中华民族风格,体现党和国家对教育的基本要求,体现国家和民族基本价值观,体现人类文化知识积累和创新成果[2]。

具体而言,第一,"马克思主义"为教材建设国家事权生成与发展提供了基本的认识论原则。马克思主义作为党和国家的指导思想,具有鲜明的科学性、

---
[1] 阿普尔,史密斯.教科书政治学[M].侯定凯,译.上海:华东师范大学出版社,2005:2.
[2] 郑富芝.尺寸教材 悠悠国事——全面落实教材建设国家事权[J].人民教育,2020(Z1):6-9.

真理性、人民性、实践性、开放性与时代性,是我们认识世界、把握规律、追求真理、改造世界的强大思想武器。[1]它不仅是中国革命、建设与改革的理论利器,同时也是指导我国教材工作的理论基点。党领导下我国教材建设事业的百年征程,自觉运用马克思主义立场观点方法,确立了党对教材建设事业领导的核心地位,因时因地制宜地制定了相应的教材建设政策与开设了相应的教材管理机构,以期有效反映学科发展固有规律、顺应教材建设发展基本态势、满足人民群众对优质教材的真实诉求。因此,对新时代教材建设国家事权的思想体系架构当充分领会及运用马克思主义理论的要义精髓,尊重以及探索知识生成转化以及教材建设的基本规律与特征,正确看待与面对国内人民群众教材建设真实诉求与国外其他民族教材建设有益经验,确保中国特色高质量教材建设符合马克思主义关于自然、人类社会以及人类思维发展的一般规律。

第二,"马克思主义理论中国化"为教材建设国家事权生成与发展指明了根本的方法论路径。马克思主义理论中国化是马克思主义基本原理同中国具体实际相结合的客观结果,包括毛泽东思想和中国特色社会主义理论体系。二者与时俱进又一脉相承,凝聚着党和人民在革命、建设和改革中的思想认识和实践经验。从作用机理来看,马克思主义理论中国化成果的效果叙事对教材建设国家事权的影响主要体现在两个方面:一方面,马克思主义理论中国化成果是教材建设国家事权的理论基础,为教材建设国家事权提供认识论框架与方法论路径。如中国特色社会主义法治理论作为马克思主义法学理论中国化、时代化、大众化的重要成果[2],对教材建设国家事权下各环节各主体的权责运行符合"形式法定"与"实质法定"基本要求以及彰显"秩序"与"正义"两项法理价值具有重要意义[3];另一方面,马克思主义理论中国化成果本身亦是教材建设国家事权内涵发展的现实目标,启示教材研究者与实践者用马克思主义立场与观点对新时代中国教材工作经验进行理论总结与创新,进一步诠释与丰富中国教材建设行动方案[4]。

---

[1] 《习近平总书记教育重要论述讲义》编写组.习近平总书记教育重要论述讲义[M].北京:高等教育出版社,2020:95-96.
[2] 李龙.中国特色社会主义法治体系的理论基础、指导思想和基本构成[J].中国法学,2015(5):14-28.
[3] 刘剑文,侯卓.事权划分法治化的中国路径[J].中国社会科学,2017(2):102-122.
[4] 罗生全,张玉.教材建设国家事权的基本思想及品格特征[J].教育研究与实验,2023(4):61-72.

第三,"体现中国和中华民族风格"为教材建设国家事权生成与发展提出了质的要求。作为一个拥有数千年文明历史的国家,我国从未中断的文明形成了特有的文化内核,如自强不息的民族精神、崇德向善的道德追求、修齐治平的家国情怀和"内圣外王"的人格修养[1],这些文化内核不仅为教材内容的选择与革新提供了源源不断的文化滋养,同时也成为中华儿女文化基因镌刻、文化品格培育与文化精神滋养的重要来源。由此,奠基于中华优秀传统文化特有的文化内核、价值主张以及"王道"智慧,教材内容生成的民族性、育人立场的政治性、管理方式的统一性等思想在历朝历代都焕发出特有的生命力,成为萌发教材建设国家事权的思想源流。[2]因此,面对经济全球化背景下境外意识形态对我国主流价值观的浸染,教材建设作为国家事权的落实与发展,应牢牢把握意识形态主阵地,着眼中国教材建设历史与当下,扎根中国教材建设实践,生成中国特色教材话语体系与经验内容,从而以优质教材内容与形式去弘扬中华民族精神、铸牢中华民族共同体意识,为社会主义建设者接班人的培育打上中国底色。

第四,"体现党和国家对教育的基本要求"为教材建设国家事权生成与发展限定了必要的边界尺度。作为学校教育教学的基本媒介,教材内容因其开放性、多元性、民族性以及对人认知实践影响的广泛性、深远性与潜隐性,尤为需要接受党的监督管理,确保党领导下的教育事业的合法品质。将教材建设作为国家事权是党和国家对教材之于国家发展与社会稳定重要性的精准研判,也是对新时代如何更好地开发优质教材以满足人民群众对高质量教材体系需求的理性回应。[3]因此,科学落实教材建设国家事权,须坚持党对教育事业的全面领导,坚守教材建设的社会主义办学方向,扎根中国大地,以人民为中心办教材,持续优化教材建设体制机制,确保教材编写审核、出版发行、选用使用、监督管理等环节都能顺应经济社会发展规律以及国家主流意识形态,以优质教材为载体落实教育立德树人的根本任务。

---

[1] 于春海,杨昊.中华优秀传统文化教育的主要内容与体系构建[J].重庆社会科学,2014(10):67-75.
[2] 罗生全,张玉.教材建设国家事权的基本思想及品格特征[J].教育研究与实验,2023(4):61-72.
[3] 罗生全,杨柳.论教材建设国家事权的法理逻辑[J].湖南师范大学教育科学学报,2021,20(5):35-43.

第五,"体现国家和民族基本价值观"为教材建设国家事权生成与发展锚定了重要的价值准则。教材是一面透视国家的"多棱镜",它能折射出一个国家和民族的价值观、历史观、世界观,折射出国家意图塑造的受教育者的文化特质和公民特性,以及反映国家对差异的包容度以及对未来的态度。[①]因此,教材建设不可忽视其承载民族和国家基本价值观的基础性功能,以中国特色高质量教材体系有效回应"为谁培养人、培养什么人、如何培养人"的教育基本问题。从现实出发,将教材建设视作一种国家事权而对教材建设过程中所涉及的权责范畴进行重塑与优化也是对近年来地方性教材建设意识形态安全问题的正视与解决,加强对各级各类教材内容价值倾向的督导审核必不可少。教材的意识形态属性决定了任何国家的教材都会把社会关系中占统治地位的阶级利益维护放在重要位置,把其所倡导的价值观作为主导的知识观念加以传播。因此,教材建设国家事权的落实既要充分反映当代中国的精神风貌和价值观念,尤其是社会主义核心价值观,也要充分反映中华民族数千年来形成的优秀价值观念,为培育堪当民族复兴大任的时代新人打好中国底色、植入红色基因。

第六,"体现人类文化知识积累和创新成果"为教材建设国家事权生成与发展描摹了深刻的意义向度。教材是一种沉淀文化印记、承载文化功能、表征文化解释力的复杂意义文本,是推动人类文明繁衍发展的重要媒介。文化是教材编订背后的根与魂,是评估教材质量的重要指标。教材文化价值的彰显,依赖其知识内容生成与选择背后特定的社会生产与文化赓续。教材建设国家事权萌发于中华优秀传统文化、革命文化、社会主义先进文化等思想的摇篮,寻求教材文化的载道育人。[②]因此,国家事权下的教材建设坚持文化自觉与自信的价值立场,不仅要立足中国,依循中华文化发展逻辑去充分挖掘优秀传统文化资源,以继承好、弘扬好、发展好、创新好伟大民族精神与历史实践经验为己任;而且,要放眼世界,在不背离我国社会主义核心价值观之基本前提下,积极吸纳一切人类文化知识精髓以及域外教材建设有益经验,为优质教材内容的选编提供丰富的素材,也为教材建设国家事权的理论建构与实践探索提供源源不断的智力支持。

---

① 刘敏,姚苇依,周政.法国基础教育教材建设[M].上海:上海教育出版社,2020:1.
② 罗生全,张玉.教材建设国家事权的基本思想及品格特征[J].教育研究与实验,2023(4):61-72.

作为教材国家意志的集中概括,"一坚持五体现"为教材建设国家事权的思想架构与实践改进提供了指导思想与总体要求。其中,各个要求虽各有侧重,但其对教材建设国家事权的作用方式却不是单一化的,而是以整体性的方式对教材建设国家事权何以可为划定了存在尺度,从而确保教材建设能扎根中国大地,立足人民立场,反映国家意志,适应国家发展战略需求,凝聚社会各方力量,构建人民群众满意的高质量教材体系[①]。

二、文治目的：以高质量教材体系培养具有中国文化烙印的时代新人

首先,"高质量"是全世界教育教学改革的主要趋势,为教材建设国家事权的目标任务拟定提供基本的思路。提高教育质量作为教育领域的重要议题,一直是优化教育教学方式、全面满足育人诉求、系统推进教育变革的重要动力。联合国教科文组织(UNESCO)历来重视提高全民教育质量,其在2005年发布的《全民教育:提高质量势在必行》监测报告中,就论证了教育质量提高与实现人的全面发展之间的密切关系,并给出了质量如何提升的认识与政策框架[②]。党的十八大以来,我国教育事业同其他各项社会事业的发展都取得了令人瞩目的伟大成就,实现了跨越式发展,为国际教育现代化贡献了更多更好的"中国智慧""中国方案"和"中国力量"。[③]因应世界教育高质量发展的时代潮流,我国在《国家中长期教育改革和发展规划纲要(2010—2020年)》中也明确将"促进公平"与"提高质量"定为两项工作方针并以后者为核心发展观。[④]2020年,《中共中央关于制定国民经济和社会发展十四个五年规划和二零三五远景目标的建议》中明确提出"建设高质量教育体系",这为"十四

---

① 郝志军,王鑫.加快形成中国特色高质量教材体系——习近平总书记关于教育的重要论述学习研究之三[J].教育研究,2022(3):4-14.
② 温从雷,王晓瑜.构建全民教育质量评估体系的蓝图——《2005全球全民教育监测报告》述评[J].开放教育研究,2006,12(3):93-96.
③ 满忠坤.教育高质量发展问题研究的"三重意识"与逻辑进路审思[J].中国教育科学(中英文),2023,6(1):3-15.
④ 郑星媛,柳海民.基础教育高质量发展:理论认知与实践推进[J].天津师范大学学报(基础教育版),2022,23(3):19-23.

五"时期的教育改革发展瞄准了总方向并指明了总要求。2022年,党的二十大报告再次指出,"坚持以人民为中心发展教育,加快建设高质量教育体系,发展素质教育,促进教育公平"①。可见,高质量发展已然成为我国新时代教育改革纵深发展的一个重大目标。全面构建高质量教育体系,既要充分体现新时代、新发展阶段的新要求,又要扎根中国大地、服务中国人民、彰显中国智慧、践行中国方案。②

其次,中国特色高质量教材体系建设是教材建设作为国家事权被提出与落实不可回避的时代任务与战略决策。作为中国高质量教育体系的重要内容,中国特色高质量教材体系建设由于其"培根铸魂、启智增慧"的基础性地位而备受瞩目。随着中国特色社会主义进入新时代,我国社会的主要矛盾已然从"人民日益增长的物质文化需要同落后的社会生产之间的矛盾"转化为"人民日益增长的美好生活需要和不平衡不充分的发展之间的矛盾"。于教材建设而言,当前我国教材建设的主要矛盾可以理解为:人民群众日益增长的高质量教材建设需求同教材建设发展不平衡不充分之间的矛盾。而诱发这种矛盾的关键在于:多元文化相互碰撞,教材核心价值引领性不足;教材行政管理强势,主体协同性不强;教材法治体系疏漏,制度规范性不够;教材管理机制单一,运行效能性不高。③这也成为教材建设作为一种国家事权被提出以期有效提升我国教材建设治理效能的重要背景。作为一种政治实践话语,教材建设国家事权应突出其政治性、思想性、人民性,澄明从中央到地方各教材建设主体的权责事项与关系,提高教材建设过程中各环节的权责运行效率,从而移除高质量教材体系建设的体制机制障碍,满足新时代人民群众对高质量教材体系建设的真实诉求。

最后,国家事权下中国特色高质量教材体系建设当以培养具有中国文化烙印的时代新人为根本目标。教材是教书育人的重要媒介,建设高质量的教材体系要回到人的培育问题上来。美国哲学家赫舍尔(Abraham J. Heschel)指

---

① 新华网.习近平:高举中国特色社会主义伟大旗帜 为全面建设社会主义现代化国家而团结奋斗——在中国共产党第二十次全国代表大会上的报告[EB/OL].(2022-10-25)[2023-01-05]. http://www.news.cn/politics/cpc20/2022-10/25/c_1129079429.htm.
② 靳玉乐.努力建设中国特色高质量教育体系[J].教师教育学报,2021,8(2):9-14.
③ 张振,刘学智.教材制度建设的困境与超越:国家治理视角[J].中国教育学刊,2020(10):53-57.

出:"人的存在从来就不是纯粹的存在;它总是牵涉到意义。意义的向度是做人所固有的,正如空间的向度对于恒星和石头来说是固有的一样。……对意义的关注,即全部创造性活动的目的,不是自我输入的;它是人的存在的必然性。"[1]对人生命尊严的观照与回应既是教育立德树人根本任务实现的基本前提,也是教材建设存在之价值意义的外在表征。培育时代新人是立德树人思想发展演进的当代体现,是中国共产党教育思想在新的历史方位下的丰富与发展,体现了对社会主义人才培养规律的全新认识。[2]2018年,习近平总书记在全国宣传思想工作会议上的讲话中明确指出:"育新人,就是要坚持立德树人、以文化人,建设社会主义精神文明、培育和践行社会主义核心价值观,提高人民思想觉悟、道德水准、文明素养,培养能够担当民族复兴大任的时代新人。"[3]担当民族复兴大任的时代新人承载着党和国家对新时代社会主义建设者与接班人能力素质、家国情怀等优秀品质的美好期许,是在党的统一领导下接受新思想与新教育,能开创中国新历程与新未来的一代人。

如前所述,教材建设国家事权根植于中华民族优秀文化之中,寻求文以载道、以文化人。因此,在文化自觉理论的观照下,教材建设国家事权试图将培养具有中国文化烙印的时代新人作为高质量教材体系建设的根本目的。这是教材建设国家事权在认清教材建设历史方位、把握教材建设国际坐标、立足中国教材治理诉求所作的目的承诺。这就要求,在国家事权下,教材建设要坚持"为党育人、为国育才"的价值立场,对教材内容进行针对性、批判性的传承与嬗递,确保教材内容的文化选择自觉、文化立场正确与文化价值彰显[4]。具体来说,教材建设应通过深入挖掘中华优秀传统文化中最为珍贵且极具特色的文化要素,如讲仁爱、重民本、守诚信、崇正义、尚和合、求大同等历经实践检验的文化精髓[5],使其与当代前沿的、科学的、系统的文化相融合,充分体现教材

---

[1] 赫舍尔.人是谁[M].隗仁莲,译.贵阳:贵州人民出版社,1994:46-47.
[2] 冯刚.立德树人与时代新人培育的内在逻辑[J].四川师范大学学报(社会科学版),2021,48(5):13-19.
[3] 张泽,鞠鹏.习近平在全国宣传思想工作会议上强调 举旗帜聚民心育新人兴文化展形象 更好完成新形势下宣传思想工作使命任务[N].人民日报,2018-08-23(1).
[4] 罗生全,张玉.教材建设国家事权的基本思想及品格特征[J].教育研究与实验,2023(4):61-72.
[5] 中共中央办公厅 国务院办公厅印发《关于实施中华优秀传统文化传承发展工程的意见》[J].中华人民共和国国务院公报,2017(6):18-23.

建设的中国特色、中国风格和中国气派,进而为社会主义建设者和接班人打下中华民族的文化烙印和底色。

三、法治要求:以新型教材权责关系及运行机制赋能中国教材治理现代化

法治是实现国家长治久安的必由之路。党的十八届三中全会要求建立事权和支出责任相适应的制度,十八届四中全会提出,"推进各级政府事权规范化、法律化,完善不同层级政府特别是中央和地方政府事权法律制度"[1]。可见,在推进中国治理体系与治理能力现代化的新征程中,对事权及其相关制度的完善已引起党和国家的重视。所谓"事权",是指政府在公共事务中应承担的任务和职责,即政府支出责任。事权在不同级别、不同类型的国家机关之间的有序配置已然成为国家良好运行的前提要素。而国家事权则是为保护国家安全、规范各项事业发展而具有的制定与处理其相关事务的权力,是国家内最高裁决权与权威。[2]将教材建设这一国家公共管理过程中的事项视作国家事权,表现了新时代党和国家全面推进中国教材治理现代化的决心与智慧。从治理的意涵来看,治理是一个上下互动的管理过程,它主要通过合作、协商、伙伴关系、确立认同和共同的目标等方式实施对公共事务的管理。[3]若想实现上述目标与愿景,则需对推进治理过程的权责关系及其运行机制进行明确及优化。

权力与责任的统一是现代民主政治内含的必然逻辑和要求,是国家治理现代化的重要原则和目标,是衡量责任政治实现程度的准则。[4]作为一种政治性话语表达,权责统一是从我国法治社会建设的实践探索当中总结而来的,它最早出现在2004年颁布的《全面推进依法行政实施纲要》之中。党的十八大以来,权责统一作为一种重要的治国理念被列入重要议事日程。2014年,《中共中央关于全面推进依法治国若干重大问题的决定》明确了我国要构筑权责统

---

[1] 中共中央关于全面推进依法治国若干重大问题的决定[J].党建,2014(11):9-18.
[2] 谭建立.中央与地方财权事权关系研究[M].北京:中国财政经济出版社,2010:6.
[3] 俞可平.治理与善治[M].北京:社会科学文献出版社,2000:6.
[4] 刘泾.试论习近平权责统一观的基本内涵与实践要求[J].新疆社会科学,2021(4):19-26.

一的依法行政体制和"权责法定"的法治政府。2019年,党的十九届四中全会进一步明确了"完善权力配置和运行制约机制"的权责统一治理方向。实则,"有权必有责,有责要担当,失责要追究"的权责统一观,不仅是马克思主义权力观的必然逻辑,也是马克思主义政党执掌政权的必然要求,还是社会主义国家政治生活的重要标志,[①]更是教材建设作为国家事权去重塑中国教材建设法治秩序所要遵循的基本逻辑。在此基础上,适应教材建设发展基本规律与满足新时代人民群众教材建设真实诉求的新型权责事项的拟定、权责关系的澄明、权责运行机制的构筑将会成为教材建设国家事权推进中国教材治理现代化进程中必须要完成的根本任务,以期有效应对当前我国教材核心价值引领性不足、教材管理主体协同性不强、教材制度规范性不够、教材机制运行效能性不高等发展困境[②]。

首先,教材建设主体权责事项拟定是教材建设国家事权得以存在与推行的现实前提。权力和责任都是因事项而起,不存在没有事项的权力和责任。社会生活实践正是由一系列复杂的事项所构成。正是这些事项的关系展开需要特定的力量进行协调,才有了权力和责任的存在。事项,简单来说就是处理事情的具体项目,是对事件的明细化,它存在的意义是将生活中的复杂事件进行分类,而这样做的目的是将具体的任务分解为能够操作的步骤。国家事权下的教材建设权责事项,将依据教材参与主体与教材建设过程进行相应的补充完善。在主体维度,要进一步优化全方位覆盖行政主体、教育主体与社会主体的教材建设权责事项体系,为教材建设主体间的权责关系确立奠定基础;在内容维度,要进一步丰富囊括教材规划、设计、编写、审核、出版、使用、推广等过程的教材建设权责事项,为教材建设权责运行机制革新提供制度保障。

其次,教材建设主体权责关系澄明是教材建设国家事权顺利推进的关键举措。从权力和责任的关系来看,权力制约是责任生成的外在显现,是使责任主体制定公共政策和推动公共政策实施的政治行为符合社会公众的意愿和要求,使之自觉履行积极责任以及承担消极责任的一切可能后果。没有权力制

---

① 刘泾.试论习近平权责统一观的基本内涵与实践要求[J].新疆社会科学,2021(4):19-26.
② 张振,刘学智.教材制度建设的困境与超越:国家治理视角[J].中国教育学刊,2020(10):53-57.

约,教材建设国家事权的责任主体就有可能偏离公共利益和公共意志而不再承担任何谴责和制裁,依法落实教材建设国家事权的责任就会沦为空谈。因此,对教材建设主体间权责关系的澄明将直接影响教材建设国家事权的落实质量以及教材建设生态系统的整体秩序。对此,不仅要对教材建设国家事权权责关系的性质定位、现实意义等形成价值共识,厘清教材建设国家事权权责关系"是什么""为什么"的问题;同时,还要在此基础上进一步探讨教材建设国家事权权责关系的内容范畴与作用方式,重点解决从中央到地方教材建设全过程政府、学校、社会等教材建设主体对权责关系"如何认识与落实"的现实难题,明确国家事权下教材建设事故的追责情形与依据,为教材建设国家事权的权责运行机制的顶层设计与底层实践提供重要支撑。

最后,教材建设权责运行机制创生是教材建设国家事权落实与发展的重要保障。教材建设国家事权的权责运行机制是指为引导与制约教材建设参与主体思想与行为而通过国家强制力构筑的旨在澄明教材建设权责运行过程中各要素及要素间的结构功能、作用原理等的基本准则及相应制度。为保障教材建设国家事权落实过程中各主体权责关系的双向互动与动态平衡,促使"培根铸魂、启智增慧"的中国特色高质量教材体系建设根本目的与任务的有效实现与完成,必须建立一套协调、灵活、高效的权责运行机制予以引导与规制。而教材建设本就是一个涉及多主体、全要素的动态实践过程,对国家事权这一权力形态在教材建设领域的考察当充分考虑其主体要素构成的复杂性。因此,对教材建设国家事权权责运行机制的认识与实践,要在教材治理现代化背景下科学设计教材建设网络中的价值系统、内容系统、组织系统、管理系统和监督系统。正如1995年全球治理委员会在其所发表的《我们的全球伙伴关系》的研究报告中所指出的:"治理是各种公共的或私人的个人和机构管理其共同事务的诸多方式的总和。"[1]在此基础上构筑相应的教材建设权责运行机制,可以更好地落实党和国家对教材建设权责事项与关系的统筹谋划。

---

[1] 俞可平.治理与善治[M].北京:社会科学文献出版社,2000:4.

第二节
教材建设国家事权的理论维度及其模型建构

马克思指出:"理论在一个国家实现的程度,总是取决于理论满足这个国家的需要的程度。"[1]在澄明教材建设国家事权理论基础以及思想体系之后,本节将会进一步廓清教材建设国家事权的理论维度,并构筑相应的理论模型去充分挖掘教材建设国家事权的理论意涵,从而为全面落实教材建设国家事权、持续推进中国教材治理现代化提供重要的思维工具。

一、政治维度:人民民主专政下的教材建设权责关系确立

马克思关于不同社会形态中对生产关系具有决定作用的物质生产和生产力发展的不同状况的论述、关于所有制关系和分配关系以及由此决定的人们在物质生产中的"权力—支配关系"的不同特征的论述,构成其社会形态理论的内在逻辑。[2]无论以何种依据划分社会形态,作为推动社会形态变革动力之源的生产力主体归根结底是人民群众。可以说,"马克思社会形态理论作为唯物史观的核心内容,进一步确认了人民群众的主体权力意识与行动实践在推进事物发展与社会运转过程中所具有的独特作用,即寻求人的自由全面发展作为一种价值论前提与方法论原则能指引人科学地认识与改造世界"[3]。从中国近代权力结构体制的历史史迭来看,人民民主专政的国家制度正是中国共产党从马克思唯物史观出发所构筑的适合中国国情和革命传统以及保障中国最广大人民群众根本利益的政权形式,是我国社会主义国家政权的实质与主要内容。

---

[1] 中共中央马克思恩格斯列宁斯大林著作编译局.马克思恩格斯文集 第一卷[M].北京:人民出版社,2009:12.

[2] 王峰明.马克思社会形态理论的内在逻辑和方法论基础——基于《资本论》及其手稿的辨析[J].哲学研究,2021(2):5-17.

[3] 罗生全,张玉.教材建设国家事权的基本思想及品格特征[J].教育研究与实验,2023(4):61-72.

1949年，毛泽东发表的《论人民民主专政》一文中详细阐述了人民民主专政的成因、内涵、特点、历史使命、未来归宿等内容，对新中国将建成一个什么样的国家作出了明确回答。[1]七十多年来，人民民主专政理论在中国社会主义革命、建设、改革和新时代的历史进程中，通过总结实践经验而得以不断丰富与发展，成为实现中华民族伟大复兴不可或缺的理论重器。[2]2021年，党的十九届六中全会通过的"历史决议"中明确指出："党领导建立和巩固工人阶级领导的、以工农联盟为基础的人民民主专政的国家政权，为国家迅速发展创造了条件。"[3]可见，人民民主专政制度是认识我国一切下位的权责关系与内容所不能脱离的政治基础。教材建设是统治阶级宣扬其意识形态以及维系意识形态安全的主战场，所编写发行的教材产品要承载国家意志与民族精神。历经我国"统权—分权—统分结合"的教材建设权力运行轨迹，教材建设国家事权在新时期立足我国人民民主专政的国家制度形式，在强化自身权力主体地位、收编教材领导权的同时，将教材责任分摊给地方或学校[4]，以期实现教材建设善治目标。而所谓"善治"就是使公共利益最大化的社会管理过程，寻求政府与公民对公共生活的合作管理，从而确保教材建设的合法性、透明性、责任性、法治化、回应性与有效性[5]。因此，人民民主专政制度下寻求善治的教材建设国家事权，其权责关系确立当充分考虑国家事权的权力来源、权力性质与权力实践的规制与影响。

　　第一，从权力来源来看，人民民主专政要求国家事权下的教材建设要有效保障人民群众的参与监督权。卢梭在《社会契约论》中指出，人民权力的交予是社会契约达成以及国家主权形成的先决条件，从而"创建一种能以全部共同的力量来维护和保障每个结合者的人身和财产的结合形式，使每一个在这种结合形式下与全体相联合的人所服从的只不过是他本人，而且同以往一样的

---

[1] 陈明凡.人民民主专政理论的哲学基础、历史演进和现实意义[J].北京联合大学学报(人文社会科学版),2022,20(2):69-75.
[2] 同上.
[3] 中共中央关于党的百年奋斗重大成就和历史经验的决议[N].人民日报,2021-11-17(1).
[4] 赵佳丽,罗生全.教材建设国家事权的学校落点、向度与发展愿景[J].中国教育学刊,2023(5):77-82.
[5] 俞可平.治理与善治[M].北京:社会科学文献出版社,2000:8-10.

自由"①。从党的发展历程以及人民民主专政的基本内涵来看,党的权力正是人民权力交付的结果,党的权力属性显豁于党对最广大人民群众公共利益的坚守。然而,权力与责任本身都具有一定的利益取向。人行为的最本质特征就在于与利益关联。当教材建设作为一种国家事权,教材建设权力主体所要追求的利益就不再是私人利益,而是一种追求公共善的公共利益,并且为了保障这种公共利益不受侵犯,必须对公共权力课以责任的规约。②因此,为保障教材建设国家事权的有效落实,不仅需要完善教材准入与退出机制,加强教材质量行政督导,更要优化教材监督反馈机制,拓展人民群众的教材建设意见反馈渠道,切实保障其监督权的有效行使,逐步完善自上而下与自下而上双向流动的教材建设质量监督体系。

第二,从权力性质来看,人民民主专政要求国家事权下的教材建设要科学确立教材建设主体间的权责关系。人民民主专政的国家制度,明确了我国是占统治地位的无产阶级及广大劳动人民对少数反动分子实行专政的国家,是新型民主与新型专政的统一体。③其中,无产阶级专政是我党在对马克思关于阶级斗争规律的阐述基础上,充分考察了我国处于社会主义初级阶段这一基本国情需要集中力量办大事,以及消除敌对力量对国家安全的威胁而对党执政方式所作的顶层设计。而对广大劳动人民实行民主则是基于唯物史观"人民群众是历史创造者"的基本原理所作的政治决策。可见,人民民主专政背后的权力是一种兼具强制性与民主性的权力形态。为充分发挥教材"培根铸魂、启智增慧"的育人作用,须处理好教材建设权力的强制性与民主性的关系张力,在教材建设各主体间构筑动态平衡的权责关系。如充分体察与收集人民群众对高质量教材体系建设的真实诉求,继而通过国家强制力去制定充分凸显教材建设国家意志与人民意志的法律法规,全方位厘清教材建设落实国家事权的权责事项,明晰教材建设行政权力主体、教育权力主体、社会权力主体在教材规划、设计、编写、审核、出版、使用、推广等过程中所形成的各种权责关系,主动避免出现教材建设过程中的权力失控、责任推脱、追责困难等问题。

---

① 卢梭.社会契约论[M].李平沤,译.北京:商务印书馆,2017:17-18.
② 郭蕊.权责关系的行政学分析[D].长春:吉林大学,2009:27.
③ 王伟光.坚持人民民主专政,并不输理[J].红旗文稿,2014(18):4-8.

第三,从权力实践来看,人民民主专政要求国家事权下的教材建设要顺应教材建设规律,动态调适教材建设主体间的权责关系。人民民主专政理论与实践随着社会主义事业发展经历了三次历史性演进:第一次是新中国成立后,实现从新民主主义到社会主义的转变,旨在进行社会主义革命和推进社会主义建设;第二次是改革开放后,寻求治国理政的基本方式从发动政治运动到推行依法治国的转变;第三次是进入中国特色社会主义新时代以来,在"五位一体"总体布局下,人民民主专政的历史任务是全面推进依法治国,进而推进国家治理体系与治理能力现代化。[①]可见,人民民主专政的理论与实践是以顺应社会发展基本规律,从而去践行保障最广大人民群众根本利益的初心使命为逻辑前提的。对此,人民民主专政下我国教材建设落实国家事权需依据特定时期教材建设工作的真实情况,动态调整教材建设各主体间的权责关系,坚持权力来自人民、服务人民、保障人民、从人民中来到人民中去的基本原则,以及"有权就有责,权责要对等"的权责统一观,从而以人民意志凸显的教材建设权责关系范畴厘定去推进人民群众满意的中国特色高质量教材体系建设。近年来,随着《中小学生课外读物进校园管理办法》《中小学生校外培训材料管理办法(试行)》《学校选用境外教材管理办法》《中小学少数民族文字教材管理办法》《关于教材工作责任追究的指导意见》等文件的颁发,我国教材治理更加法治化与系统化。不过即便如此,还需进一步完善教材政策法规与实施指南,以此规范教材建设参与主体的权责事项与实践。

二、文治维度:国家知识选择下的教材建设权责内容优化

文化是一个国家或民族生存、繁衍、发展所依靠的核心力量。归根结底,国与国之间的竞争,亦是一种文化的竞争,即以文化力量间的动态博弈寻求国际话语权与基本秩序的构建。在知识信息爆炸的信息化时代,面对西方政治及社会思潮对我国价值观的冲击,教材建设如何迎接意识形态领域的时代挑

---

① 陈明凡.人民民主专政理论的哲学基础、历史演进和现实意义[J].北京联合大学学报(人文社会科学版),2022,20(2):69-75.

战、传承与弘扬中华优秀传统文化、培育堪当民族复兴大任的时代新人备受瞩目。实际上，教材建设有其自身内在的逻辑取向，表现为知识逻辑、认知逻辑与文化逻辑共生的逻辑旨趣。但从教材建设实际的价值取向来看，过往教材建设过于尊崇知识逻辑与认知逻辑的显性作用，忽略了文化逻辑作为隐性力量的价值贡献。然而，教材的文化性寻求多形式表现的文化价值彰显，这就要求教材建设要走向文化自觉，是以有效证成何以文化逻辑是教材建设的主导逻辑，同时又契合中国特色社会主义发展强调文化自信的时代诉求。① 从这个意义上而言，教材内容的确立、优化以及革新应当是文化自觉与自信前提下国家知识选择的必然结果。因为，从知识所属主体的类型来看，知识可以分为个体知识与公共知识；从知识的价值属性考虑，知识主要包括价值性知识与中立性知识两种。② 以此类推不难发现，国家事权下教材建设的公共知识属性与价值知识属性得以凸显，进一步表征为中国教材建设知识选择的重要经验与原则，这见诸于我国对语文、历史、思想政治(道德与法治)教材的编写、审查与使用上。因此，对国家事权下教材建设文化知识经验的考察，不能局限于对教材内容的意识形态与文化立场的单方面关注，还需基于文化自觉与自信的价值立场去省察教材建设权责内容的确立、优化与革新，是以达成以科学的教材建设权责内容指引教材建设主体，选择适切的教材内容，继而培育堪当民族复兴大任时代新人的教材建设目标。

第一，国家知识选择下教材建设权责内容确立扎根中国实际。马克思始终强调要从实践的与人的维度去考察知识。他在《关于费尔巴哈的提纲》中指出："全部社会生活在本质上是实践的。凡是把理论引向神秘主义的神秘东西，都能在人的实践中以及对这个实践的理解中得到合理的解决。"③ 有学者将知识定义为："人们在社会实践中与客观事物相互作用的认识成果，是主体在实践的基础上对运动、发展着的客体所不断进行的动态认识的过程，是揭示和指引当代人生存和发展的意义系统。"④ 某种意义上说，教材建

---

① 杨柳,罗生全.论教材建设的文化逻辑[J].教育学报,2021,17(5):87-98.
② 廖哲勋.构建新的知识观,深化课程改革[J].课程·教材·教法,2016,36(6):12-19.
③ 中共中央马克思恩格斯列宁斯大林著作编译局.马克思恩格斯选集 第一卷[M].2版.北京:人民出版社,1995:56.
④ 廖哲勋.构建新的知识观,深化课程改革[J].课程·教材·教法,2016,36(6):12-19.

设国家事权这一话语实践的生成与发展就是国家知识选择的结果。既如此,国家事权下教材建设权责内容的确立应扎根中国教材建设实际,顺应三级课程管理体系下教育行政管理机制的权责运行规律,理性省察当前我国从中央到地方各层级单位确立教材建设权责事项的主客观难题,充分吸纳各教材建设主体对教材建设权责事项确立的相关意见,坚持理论从实践中来到实践中去的基本原则,确保教材建设权责事项的科学性、价值性、适切性与可操作性。

第二,国家知识选择下教材建设权责内容优化彰显文化认同。马克思主义基于人是历史的主人与创造者的双重身份的价值判断,主张新时代知识观的构建应当正确看待传统知识观与后现代知识观对人的作用的具体认识,创造性地贯彻马克思主义关于人的主体地位与作用的思想。因此,即便教材建设内附的权力本身具有强制性、阶级性与权威性,但不可忽视的是,其权力的落脚点在于服务中国的教材建设,构建满足人民群众满意的中国特色高质量教材体系。因此,对国家事权下教材建设权责内容进行优化要切实观照教材建设行政权力主体、教育权力主体与社会权力主体的真实诉求,并在此基础上谋求各权力主体对具体权责内容的文化认同。文化认同是在文化自知基础上对某一文化内容与形式自发的心理认同。具言之,国家事权下对教材建设权责内容的设计与实施,当基于各教材建设主体对教材公共产品或服务基本属性的正确认识,以及对教材建设权责统一关系确立基本原则的价值共识,从而为教材建设权责内容的文化认同提供现实前提。同时,为避免教材建设国家事权落实过程中权责配置不当、追责问责困难等情况的出现,应拓展以及优化相应的群众意见反馈乃至行政申诉渠道,广泛收集各教材建设权力主体对权责内容优化的真实意见与有益建议,从而以文化认同凝聚各方力量、达成各方共识、促成各方协作,共同为教材建设落实国家事权出谋划策,携手共建中国特色高质量教材体系。

第三,国家知识选择下教材建设权责内容革新敢于文化创造。近年来我国出现的教材质量事件的背后,实则都反映出中国教材建设权责配置不统一、权责监督不到位等问题。要解决此类困境,需在党的统一领导下,引导各教材建设共同体建立文化自觉与自信,扎根中国本土教材建设实践,遵循"各美其美,美人之美,美美与共,天下大同"的教材建设规律,去积极促成国家知识选择下的教材建设权责内容革新。具体说来,一方面,要立足于中国不同区域、不同民族、不同权力主体对高质量教材体系建设的真实诉求,充分考虑不同学段、不同学科、不同类别的教材建设的具体规律与特征,确保教材建设权责内容革新的境遇性、价值性与合法性。另一方面,灵活选择与积极转化其他国家行使权力进行教材建设的有益经验,持续优化我国教材建设权责内容革新的理念与方式,建立开放包容与协调有力的教材建设权责内容革新机制,为构筑具有中国智慧的"世界性"教材建设方案夯实基座。

二、法治维度:依法治教下的教材建设权责运行机制完善

经过实践到认识、认识到实践,再从认识到实践的循环论证,马克思主义法学理论与中国法治经验进行了有机融合,并在不断总结、完善与升华的过程中形成了中国特色的法治理论体系。党的十八大以来,党中央从党和国家事业发展全局进行谋划,以正确的认识论和科学的方法论,从中国具体国情出发,进一步明确与完善了改革与法治的关系、社会主义法治道路的理念、中国特色社会主义法治体系的构成、法治思维和法治方式等内容[①],系统回答了新时代中国特色社会主义法治建设的重大和根本性问题,以期推动中国法治建设的战略升级。总的来看,"党的领导、人民当家作主、依法治国"作为党科学总结治国理政经验的重要成果,不仅是马克思法学理论中国化的创造性发展,更是教材建设国家事权理论溯源、价值自证、实践推进的重要理论依据。因为将教材建设作为一种国家事权,正是在依法治国与依法治教的背景下党和国家把好教材育人关口、重塑教材建设生态秩序、推进我国教材治理现代化所作的重要战略决策。其中,寻求教材建设体制机制完善无疑是依法治教下我国教材建设治理现代化的重要切入口。

---

① 李龙.中国特色社会主义法治体系的理论基础、指导思想和基本构成[J].中国法学,2015(5):14-28.

2019年，中共中央、国务院印发的《中国教育现代化2035》明确指出，要"健全国家教材制度，统筹为主、统分结合、分类指导，增强教材的思想性、科学性、民族性、时代性、系统性，完善教材编写、修订、审查、选用、退出机制"[①]。回顾党领导下我国教材建设百年历史征程，我国教材管理机制实现了从"国定制"走向"审定制"、由中央统权走向中央统筹与地方分权管理、变单一性为统一性与多样性相结合的历史变革[②]。党的十八大以来，在"教材建设国家事权"的思想引领下，我国逐步完善了纵向衔接的以行政力量干预占主导（如国家教材领导小组、教育部教材局、地方教材处）与国家层面的以专业力量干预占主导（国家教材委员会专家委员会、国家教材审定委员会、国家教材评估委员会）的立体化教材监管体系，以期全方位地规范教材建设行为以及有效提升教材建设权责运行效率。然而，国家事权下教材价值信念导向不准、教材内容公序良俗把握失衡、教材质量过程控制不够精准、教材评价监测预警机制缺乏等积弊的存在[③]，警示我们国家事权下教材建设权责运行机制的完善不是一朝一夕就能完成的，还需在中国特色社会主义法治理论的指引下不断发现问题、分析问题与解决问题。

第一，坚持党的全面领导是完善国家事权下教材建设权责运行机制的根本保障。作为一种兼具政治性与法律性的话语实践，教材建设国家事权集中体现党和国家的基本意志，并通过教材法治化建设为各级各类教材建设落实国家事权提供基本规范与行动尺度。近年来，在党中央的对教材建设事业进行顶层设计的前提下，我国通过颁发系列教材政策来贯彻教材建设国家事权的基本思想与主张，以期为教材建设权责事项确立、权责关系判定、权责运行保障等活动的有序开展提供必要的法理依据与行动指南，全面推进各类别、诸环节教材管理事项的系统优化，如《中小学教材管理办法》《职业院校教材管理办法》《中小学生课外读物进校园管理办法》《学校选用境外教材管理办法》《中小学少数民族文字教材管理办法》《"党的领导"相关内容进大中小学课程教材指南》《中华优秀传统文化进中小学课程教材指南》《关于教材工作

---

① 中共中央、国务院印发《中国教育现代化2035》[N].人民日报,2019-02-24(1).
② 罗生全.论教材建设作为国家事权[J].课程·教材·教法,2019,39(8):4-11.
③ 薛二勇,李健.教材治理体系和能力现代化的政策分析[J].中国电化教育,2022(7):16-22.

责任追究的指导意见》。[①]因此,为弥合当下我国教材法治体系中的相关疏漏,提升教材建设权责运行机制的规范性、有效性与灵活性,真正落实教材建设国家事权,需要毫不动摇地坚持党在教材法治建设中全过程多方面的科学领导。全面贯彻党的教材建设方针,对教材建设权责运行机制进行科学的顶层设计与实践探索,确保教材法治建设朝着正确的方向发展,同时促成教材建设全过程的各主体全要素呈现动态交互、和谐共生的健康景象。具体而言,可聚焦教材建设权责运行的痛点、难点采取措施,如教材评价监测预警机制缺乏,可以颁发相应的教材建设政策法规以及具体的实施指南,为教材建设权责运行机制的上下贯通与有效运转提供相应的必要的行动依据。

第二,坚持依法治教下的权责一致是教材建设权责运行机制完善的基本原则。权力和责任作为一个统一体具有丰富的理论内涵。从法治角度而言,享有权利就需要承担义务,行使权力就必须课以责任。权力无法脱离责任单独存在,否则,这种权力就是非法的、不合理的。法治的目的之一就是要确保权责对等,并建立权责统一原则。可以说,权责统一是中国特色社会主义法治下要实现科学立法、严格执法、公正司法、全民守法所要遵循的基本原则,也是国家事权下教材建设权责运行机制完善的根本前提,用以帮助党和国家科学拟定权责事项、合理界定权责边界、保障权责运行。可以说,权责统一是维护教材建设权责主体合法权益以及避免教材建设权责失衡下追责困难的重要保障。不容忽视的是,权力与责任都依赖于特定的主体且具有一定的利益取向,权责统一的过程要顺应"简单平衡—结构失衡—复杂平衡"的动态发展过程。因此,对教材建设国家事权权责运行机制内的价值系统、内容系统、动力系统、支持系统与监督系统进行完善,要结合人民群众,尤其是不同教材建设主体,对便捷高效的教材建设权责运行机制改进提出的真实意见,提高教材建设权责运行机制的服务水平,有效达成教材建设过程中权—责—利的动态平衡。

---

① 罗生全,张玉.教材建设国家事权的基本思想及品格特征[J].教育研究与实验,2023(4):61-72.

四、教材建设国家事权的理论模型

作为教育教学的基本依据,教材是凝聚人类智慧、承载民族记忆、体现国家意志的重要载体,回答党和国家为谁培养人、培养什么人以及怎样培养人的基本问题与诉求。[1]教材建设国家事权作为新时期党和国家对教材建设权力属性所作的科学论断与战略规划,有其特殊的政治属性、文化品格与法理逻辑。因此,依循教材建设的基本规律、事权构成的内容要素以及教材建设国家事权作为一种理论进行建构所需的理论基础与实践诉求,本书对教材建设国家事权的理论模型进行了初步设计,以期系统澄清以及揭示其内容构成与运行机理,具体如图4-1所示。

其一,教材建设国家事权的生成与发展有其现实依据与理论依据。教材建设作为一种国家事权,是党和国家依据治理现代化背景下我国教材建设发展教材核心价值引领性不足、教材建设主体协同性不强、教材建设制度规范性不够、教材建设运行效能性不高等困境所作的一项重要决策[2],得以在党和国家相关政策的支持下不断成熟与完善。如2016年中共中央办公厅、国务院办公厅印发的《关于加强和改进新形势下大中小学教材建设的意见》从制度层面强调"教材建设作为国家事权"的重要性。再如,2019年,教育部工作要点对教材建设所涉及的内容选择与融入、教材管理、编审及审定机制等方面作了强调,充分诠释了教材建设作为国家事权的内在权力走向。[3]与此同时,有关教材建设国家事权理论基础的探寻也日趋深化,马克思社会形态理论、中国特色社会主义法治理论与文化自觉理论凭借其与中国教材建设实际诉求以及国家事权权责运行客观规律的适切性而具有鲜明的解释力,被用以阐释教材建设国家事权的理论意涵、价值主张与行动方向,从而为新时代教材建设国家事权的思想认识与发展向度提供了坚实基础与延展空间。

---

[1] 李化侠.从教材建设作为国家事权的高度推进三科统编教材使用[J].课程·教材·教法,2021,41(6):73-74.

[2] 张振,刘学智.教材制度建设的困境与超越:国家治理视角[J].中国教育学刊,2020(10):53-57.

[3] 罗生全.论教材建设作为国家事权[J].课程·教材·教法,2019,39(8):4-11.

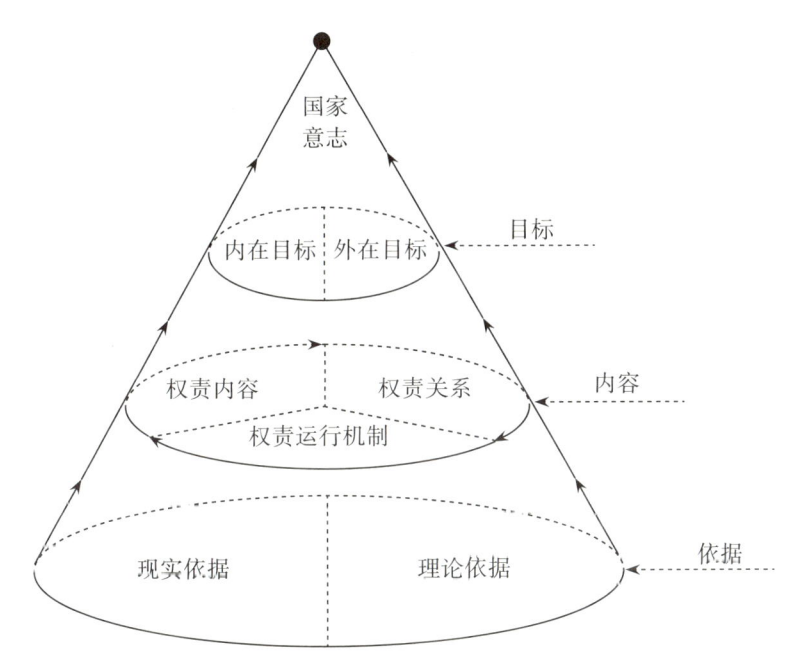

图 4-1　教材建设国家事权的理论模型

其二，建基于权责内容之上的权责关系与权责运行机制是教材建设国家事权的核心内容。将教材建设作为一种国家事权，通过具有强制力、合法性与稳定性的法治举措去规范教材建设权责运行过程，是中国特色社会主义法治理论规制下教材建设的应然取向。因此，在现实依据与理论依据的双重支撑下，教材建设国家事权应进一步澄明研究与实践的着力点，回归到教材建设权责问题等实质性内容上的探讨。首先，权力和责任都因事项而存在。因而建构教材建设国家事权内容体系需先明确教材规划、设计、编写、审核、出版、使用、推广等过程的具体事项，以此为教材建设权责关系的厘清与权责运行机制的创设提供现实支撑。其次，权责关系澄明于具体的教材建设权责事项，用以规范教材建设过程中教材建设主体的权责分配与利益平衡，这是构筑更为复杂与系统的教材建设权责运行机制的重要基础。而在权责事项确立与权责关系澄明之前提下，教材建设国家事权的权责运行机制得以建立并有序运转，用来调节教材建设生态系统内人—物—环境之间的物质循环、价值流动与信息传递，这是决定教材建设国家事权能否落实、落实成效如何的关键。最后，在教材建设权责运行机制完善的过程中，权责事项确立的科学性与适配性也得以被检验，成为后续权责内容革新的现实依据。由此，国家事权下教材建设的权责内容、权责关系与权责运行机制成为一个相互影响与动态作用的闭环,教材建设权责运行也得以不断优化与迭代,获取具有自适应能力的生命力。

其三,以国家意志为根本指向的教材建设国家事权目标体系建构。教材建设作为国家教育事业的有机组成部分,事关国家利益,体现国家意志,必须由国家统筹。将教材建设作为国家事权,是党和国家对教材之于国家发展与社会稳定重要性的精准研判,也是对新时代如何更好地开发优质教材以满足人民群众对高质量教材体系需求的理性回应。[①]对教材建设国家事权的研究与实践不可忽视内外部目标的方向性引领。就其内在目标而言,教材建设国家事权的核心指向在于构筑中国特色高质量教材体系,培养具有中国文化烙印的时代新人;就其外在目标而言,教材建设国家事权的生成要义在于切实提升中国教材治理现代化水平,为世界教材建设贡献具有中国智慧的教材方案。不过需要明晰的是,无论是内在目标还是外在目标,其价值表征与实践探索都不能脱离教材建设的国家意志,即国家事权下的教材建设应以"一坚持五体现"作为其根本遵循。正因教材建设国家事权背后是国家意志的凝结与升华,所以教材建设国家事权的理论架构与权责运行理应由国家意志统摄,以此确保教材建设能够真正为培育堪当民族复兴大任的时代新人提供源源不断且与时俱进的智力支持。

第三节
教材建设国家事权的理论品格

将教材建设作为国家事权,凸显了新时代党和国家对教材建设的思想站位、理论依循、权责边界等事项的统一规划与要求,而这种建构与实践的过程同时也有着属于自己的规律与特征。

---

① 罗生全,杨柳.论教材建设国家事权的法理逻辑[J].湖南师范大学教育科学学报,2021,20(5):35-43.

一、反映中国教材建设规律与诉求的历史实践产物

马克思社会形态理论尊重具体时代背景下事物发展与社会运转的基本规律,以唯物辩证法和科学实践观作为指导人认识、理解乃至改造世界的基本方法论与行动指南,进而寻求人的自由全面发展。无疑,这为认识中国共产党统一领导下我国教材建设百年经验,寻证教材建设国家事权的本质属性提供了重要的认识论工具。从其生成与发展的脉络来看,教材建设国家事权正是一种反映中国教材建设规律与诉求的历史实践产物,且在历史长河中不断确认与彰显教材建设的国家立场与人民意志。

一方面,教材建设国家事权是顺应教材建设规律、满足党执政兴国需要的历史实践产物。回溯百年历史,中国共产党通过坚持武装革命、注重思想教育、促进人的发展进而实现了民族独立与国家复兴,在这个过程中,教材发挥了不可或缺的作用。百年来,党立足执政兴国与培养社会主义建设者与接班人的政治建设需要,顺应教材建设发展由浅入深、由简单到复杂的基本规律,使我国教材相继肩负着宣传革命斗争的启蒙火种(1921—1937年)、动员全面抗战的思想武器(1937—1945年)、贯彻内战政治的知识载体(1945—1949年)、实现除旧布新的战略抓手(1949—1978年)、助力改革开放的育人依托(1978—2012年)、实现民族复兴的精神火炬(2012年至今)的责任与担当。[1]对党领导下我国教材建设的思想谱系进行考察不难发现,百年来教材所承载的功能范畴不断拓宽,这为国家事权下教材功能的要义证成提供了史学依据。党的教材思想与时俱行,党环因时、因地、因势制宜,通过确立教材工作指导方针、创建教材建设组织机构、汇集教材编写专业人才、完善教材审核把关制度、形成教材出版发行渠道等方式逐步完善了教材建设思想的落实机制。[2]这不仅为落实党的教材建设方针提供了思想载体、民众基础与人才支撑,更为新时代有力回应教材建设国家事权"是何""为何""如何"等重要问题提供了现实基点、价值依凭与逻辑方向。

---

[1] 余宏亮.中国共产党教材思想的百年演进与基本经验[J].课程·教材·教法,2021,41(9):44-54.
[2] 同上。

另一方面,教材建设国家事权是扎根中国教材建设实际、反映人民群众诉求的历史实践产物。梳理百年来教材建设的发展脉络可以发现,"教材建设作为国家事权"扎根中国实际,始终贯彻其中,经历了"教材建设国家办的历史性确立""国家教材管理体制的发展日臻完善""国家事权全面体现在教材建设之中"[①]三个阶段。步入新时代,实现教育高质量发展作为重要的国家战略被提出,建设教育强国已然成为实现中华民族伟大复兴的基础工作,培养堪当民族复兴大任的时代新人成为我国教材建设的根本任务。[②]2016年5月,习近平总书记在哲学社会科学工作座谈会上强调,要抓好教材体系建设,形成适应中国特色社会主义发展要求、立足国际学术前沿、门类齐全的哲学社会科学教材体系[③]。同年12月,教材建设被提升到国家事权的政治高度,由此掀开我国对教材建设国家事权的系统研究与实践探索。党的十九大以来,顺应我国社会主要矛盾的变化,教材建设的主要矛盾转变为人民群众日益增长的高质量教材建设需求同教材建设发展不平衡不充分之间的矛盾。这无疑为新时代教材建设国家事权的目标任务拟定提供了重要方向。因为落实教材建设国家事权不能脱离中国教材建设实际,不能不回应人民群众对优质教材建设的真实诉求,而这些又决定了系统优化教材建设顶层设计、政策供给与实践路径时的价值立场。

二、构筑中国化立体式的教材建设理论结构体系

教材建设国家事权的战略决断,是当今中国"着眼于建设教育强国、加快教育现代化、办好人民满意教育,深刻把握教育教学规律和人才培养规律,总结我国教材建设正反两方面经验作出的重大创新"[④],"发展了马克思主义经典作家关于教材建设的基本观点,形成了中国特色社会主义教材建设的思想谱系"[⑤]。如前所述,马克思社会形态理论、中国特色社会主义法治理论与文化自

---

① 罗生全.论教材建设作为国家事权[J].课程·教材·教法,2019,39(8):4-11.
② 余宏亮.中国共产党教材思想的百年演进与基本经验[J].课程·教材·教法,2021,41(9):44-54.
③ 习近平.在哲学社会科学工作座谈会上的讲话[N].人民日报,2016-05-19(2).
④ 郑富芝.尺寸教材 悠悠国事——全面落实教材建设国家事权[J].人民教育,2020(Z1)6-9.
⑤ 余宏亮.中国共产党教材思想的百年演进与基本经验[J].课程·教材·教法,2021,41(9):44-54.

觉理论作为教材建设国家事权的理论基础,为教材建设国家事权的要义证成与伦理互认提供了根本筑基、法理支撑与文化底蕴。与此同时,教材建设国家事权也在思想架构与话语澄清的过程中深刻反映着三大理论的观照与指引。具体而言:一是国家事权下的教材建设是马克思主义中国化的重要体现。这突出体现在国家事权下我国教材建设在马克思主义指导下,尊重人的生命尊严与自由意志,扎根中国本土教材建设实际,在批判继承的基础上总结中国教材建设规律与诉求,生成中国特色教材话语体系与实践范式,力求构筑让人民群众满意的中国特色高质量教材体系。二是国家事权下的教材建设反映中国特色社会主义法治规律。在依法治教背景下,坚持党对教材建设的统一领导,顺应当前经济社会发展趋势以及人民群众的教材建设法治化诉求,持续完善教材建设政策文件以及教材建设管理机制从而为教材建设过程中各环节各主体的权责运行提供必要的法理逻辑与法治路径,同时在教材建设善治目标承诺之下有效保障人民群众的参与权、监督权、反馈权等,积极开拓中国特色教材法治道路。三是国家事权下教材建设凸显民族文化自觉与自信。教材建设遵循文化发展基本规律、遵循中华文化发展逻辑以及体现对多元文化的尊重,充分挖掘中华优秀传统文化、革命文化、社会主义先进文化等社会主义文化形式,以此完善我国统编教材与其他审定类教材的内容体系,确保教材内容的文化选择自觉、文化立场正确与文化价值彰显,以及实现教材建设政治认同、文化认同与情感认同。

  由此可见,这三大理论基础与教材建设国家事权的关系绝不是单方面的理论观照,而是理论与现实双向互动的动态耦合,由此构筑出中国化立体式的教材建设理论结构体系。其中,"中国化"意在说明教材建设国家事权本就是中国教材建设历史实践产物,其理论基础理应具有中国特色、中国风格与中国气派;"立体化"则意在强调这三大理论在教材建设国家事权理论结构体系中的不同定位与作用。首先,由于马克思主义理论是我国各项工作开展的指导思想,对教材建设工作同样具有高度统摄作用,位居理论结构体系的顶层,重点指马克思社会形态理论,强调教材建设过程中唯物辩证法、科学实践观等方法论对实现人的全面发展的重要价值,为新时代认识与落实教材建设国家事权提供了重要的认识论框架。其次,理论中国化的重要成果位居理论结构体系的中部,重点指中国特色社会主义法治理论,它既是马克思主义中国化、时代化、大众化的重要理论成果,也是教材建设国家事权进行权责事项确立、权责关系调适、权责运行机制革新所要依循的基本规范。最后,创生于中国本土实际的原生理论位居理论结构体系的底部,重点指文化自觉理论,这不仅是我国正确处理文化与民族繁衍、国家发展之间关系的基本准则,也是国家事权下教材建设承继中国特色社会主义文化的根本立场。总的来看,纵使各个理论在理论结构体系中发挥和扮演着不同的功能与角色,但各个理论基础之间绝不是互相孤立的,而是相互影响与作用的,它们共同为教材建设国家事权的理论诠释、话语创生与实践探索贡献力量。

三、表征鲜明国家立场与育人属性的教材话语实践

教材建设国家事权是多重话语交织共生的新话语体系,在内容构成上可表征为政治性话语、法律性话语、文化性话语、人民性话语与实践性话语等现实样态。其中,生发于本土经验的实践性话语是教材建设国家事权价值理性建构的关键力量,其背后隐含着鲜明的国家立场与育人属性。

一方面,教材建设的国家立场寻求构筑中国特色高质量教材体系的目标承诺。尺寸教材,悠悠国事。教材的意识形态属性决定了任何国家的教材都会把社会关系中维护占统治地位的阶级的利益放在重要位置,把其所倡导的价值观作为主流或主导的知识观念加以传播。因此,教材作为实现政治认同的重要载体,它必须按照国家制定的课程标准、教学大纲进行编写,除了传授专门知识和技能外,还负责传递以及塑造国家意识形态。2020年12月,习近平总书记在给人教社老同志回信时寄望,人教社在新时代要紧紧围绕立德树人根本任务,坚持正确政治方向,弘扬优良传统,推进改革创新,用心打造培根铸魂、启智增慧的精品教材。[1]无论是国家意志凸显还是政治方向引导,都昭示着中国特色高质量教材体系建设的基本要求,即在教材建设全过程彰显鲜明的国家立场,弘扬主流价值,积极推进习近平新时代中国特色社会主义

---

[1] 余宏亮.中国共产党教材思想的百年演进与基本经验[J].课程·教材·教法,2021,41(9):44-54.

思想进教材、进课堂、进头脑,为社会主义建设者接班人的培育打好中国底色、植入红色基因。与此同时,教材建设还要积极服务国家发展战略,紧密围绕党和国家事业发展对高素质人才培育的要求,扎根中国大地,面向国际视野,以系列精品教材打造为依托,培育具有中国文化烙印的时代新人。

另一方面,国家事权下教材建设的育人属性是中国特色高质量教材体系建设的本质要求。2018年,习近平总书记在全国教育大会上明确指出,"教材是传播知识的主要载体,体现着一个国家一个民族的价值观念体系,是老师教学、学生学习的重要工具"[①]。对教材建设国家事权的顶层设计与实践探索不能脱离教材建设的服务对象——教师和学生。教材是辅助学校教师教与学生学的重要媒介,对国家事权下教材建设过程中的权责事项优化不能偏离立德树人根本任务这一基本出发点。质言之,教材建设国家事权存在之前提与存在之价值的彰显有赖于其对德智体美劳全面发展的社会主义建设者和接班人的培育,回答"怎样培养人"这一基本问题。因此,面对国内国际两个大局、强国兴教的双重诉求,国家事权下的教材建设应积极弘扬社会主义核心价值观,帮助学生承袭中华民族传统美德、弘扬社会主义道德,具有正确的道德判断、自觉的道德实践与善良的道德情感,[②]能知道中国共产党为什么"能"、马克思主义为什么"行"、中国特色社会主义为什么"好";能去感悟且生成爱国主义、集体主义、社会主义、法治意识、国家安全、民族团结等价值理念,成长为能够促进中华民族赓续发展的社会主义时代新人。

四、创生内容与形式高度耦合的教材建设权责运行范式

"范式"(Paradigm)概念源自于托马斯·库恩(Thomas Samuel Kuhn),他在《科学革命的结构》一书中将"范式"作为解释科学动态发展的核心概念,是"实际科学实践的公认范例"[③]。库恩的"范式论"主要包含本体论、认识论及方法论三方面,是凝结研究共同体所共同持有的价值观、理论框架及可遵循的方法

---

① 张惠娟.70年发展,教材建设走进新时代[J].人民政协报,2019-04-17(10).
② 黄坤明.培育和践行社会主义核心价值观(认真学习宣传贯彻党的十九大精神)[N].人民日报,2017-11-17(6).
③ 库恩.科学革命的结构[M].4版.金吾伦,胡新和,译.北京:北京大学出版社,2012:8.

论体系。教材建设权责运行范式是教材建设共同体对国家事权下中国教材建设如何通过确立权责内容、澄明权责关系、设计权责运行机制等事项去构筑中国特色高质量教材体系所凝结的价值共识与实践经验。就内容而言,主要包括明确教材建设权责事项与权责运行机制所凝结的本体论与实践论经验;就形式而言,主要包含澄明教材建设权责关系而生成的认识论与方法论经验。但需注意的是,只有内容性要素与形式性要素的深度耦合,才能构成功能性与价值性兼具的具有完整意义的教材建设权责运行范式,以此助推中国教材建设者科学提升教材建设权责系统运行效率。

为达成上述目标,一是在本体论认识上,不仅要系统梳理教材建设国家事权相关政策、规范、要求、讲话等文本,还要充分论证国家事权下教材建设权责运行范式的内涵、性质及功能,明确教材建设权责事项的内容边界与权责运行机制的功能限度,为教材建设权责运行效率提升扫清认识论障碍;二是在认识论研究上,不仅要科学阐释教材建设国家事权的理论基础及其内在关联,还要系统构建国家事权下教材建设权责运行范式的认识论框架,以科学认识指导教材建设权责关系确立的原则与方法,积极破解我国教材建设过程中各环节多主体间的关系壁垒;三是在方法论探讨上,以马克思唯物辩证法为方法论指导,主张量质并举,承认工具理性对教材建设权责运行效率提升的指引作用,也认可社会学、行政学、生态学、符号学、美学、解释学等学科领域最新理论成果对教材建设权责运行范式何以可为的合理解释,从而以专业严谨的方法论指导教材建设权责运行研究的全过程。[①]四是在实践论探析上,坚持理论从实践中来再到实践中去的基本原则,在构筑高质量教材体系的过程中有意识地归纳总结中国教材建设权责运行的本土经验与智慧,不断调适与丰富国家事权下教材建设权责运行范式的时代内涵。

五、构建整合本土经验与国际视野的中国教材方案

党的十八大以来,国际局势波谲云诡,"毒"教材威胁意识形态安全的新闻让人震惊,警示我们要正视当前教材建设的现实困境,实现管理机制的革新与

[①] 罗生全,张玉.教材建设国家事权的基本思想及品格特征[J].教育研究与实验,2023(4):61-72.

发展,构筑人民群众满意的高质量教材体系,从容不迫地应对世界纷乱局势对中国和谐稳定发展带来的安全挑战。教材建设作为国家事权理论价值与实践效度的延伸,不仅需要扎根中国大地实际解决教材建设难题,还要关注国外教材建设趋势以及借鉴国外教材建设有益经验,优化中国教材建设的质量认识观与实践方法论。

一方面,教材建设国家事权是中国本土教材建设经验的凝结与升华。首先,教材建设国家事权根植于中华优秀传统文化,重视教材内容生成的民族性、教材育人立场的政治性与教材管理方式的统一性,以达成巩固国家政权、维护社会稳定的政治目的。其次,教材建设国家事权发展于中国共产党统一领导下教材建设事业的百年历程之中,教材管理机制经历了从"国定制"到"审定制"、由中央统权走向中央统筹与地方分权管理、变单一性为统一性与多样性相结合的历史变革[①],力求以优质教材的打造来引导人民群众对党的政治认同、思想认同与情感认同。最后,在正视多元教材建设主体的利益合作与冲突之现实前提下,党和国家充分考虑来自内部的高质量发展诉求与外部的常态化建设机制约束,试图通过生成一种与国家意识形态实践模式相契合的新型权力结构关系、权力运作话语体系和权责实践范式来凸显国家意志,最终实现培根铸魂、启智增慧、培育新人的教材建设目的。

另一方面,教材建设国家事权是在有选择性地吸纳世界其他国家教材建设有益经验的基础上生成的特色话语体系。在确保教材内容意识形态安全的前提下,教材建设国家事权体现出对多元文化的尊重,强调文化的自我觉醒,呼吁以开放包容的教材观去广纳人类文化知识精华,凸显教材价值的人类性与世界性,这在一定程度上为中国教材方案赢得世界尊重积蓄了深厚的文化底蕴。具言之,教材建设国家事权作为一种政治实践话语,回应人类命运共同体建设的时代命题,尊重世界各国协同发展的普惠性利益,坚持"各美其美,美人之美,美美与共,天下大同"的教材建设基本规律。这就要求,教材建设既要扎根中国大地编人民满意的高质量教材,提升我国教材建设的文化自信与质量自信,还要充分运用马克思主义中国化的理论成果引导中国教材建设,理性

---

① 罗生全.论教材建设作为国家事权[J].课程·教材·教法,2019,39(8):4-11.

审视当前我国教材建设发展的历史经验与现实局限,凸显知识创新和国际影响力。具言之,尊重其他国家行使权力进行教材建设的经验,并且有选择性地借鉴转化,借此优化我国教材管理方式,建立开放包容与协调有力的长效机制,持续推进传统纸质教材、数字教材与立体教材的协同发展,从而以教材建设的中国智慧引领世界教材发展的生命自觉[①];同时又以教材为纽带,关注世界各国人民在生存、生活、生命等方面的共同诉求,积极构建人类命运共同体。

---

① 罗生全,张玉.教材建设国家事权的基本思想及品格特征[J].教育研究与实验,2023(4):61-73.

第五章 教材建设国家事权的权责关系

2016年12月，习近平总书记在全国高校思想政治工作会议上首次提出应将教材建设视为"国家事权"。[①]教材建设国家事权是建设中国特色高质量教材体系的重要基础，但相较于灵活的课程与教学形式，教材主要以文本形式出现且具有相对稳定的特征，因此教材建设工作较少受到教师、学生等主体的重视。在我国，教材建设作为国家事权经历了"统权—分权—统分结合"的发展历程[②]，但往往是"一统就死，一分就乱"。一个重要的原因就是理论研究及其应用还存在诸多不足，相关主体对教材建设内在的复杂权力属性及运作规律认识不清晰，进而导致教材建设实践中权力分配及运行还存在诸多不规范的地方。因此，从权力的视角来探讨教材建设过程中的权力来源、属性、分配机构、内容、主体及其关系，以及责任体系和权责关系，是实现教材建设国家事权有效落实落细的关键所在。

第一节　教材建设国家事权的权力来源、属性及分配结构

探索教材建设国家事权的权力分配结构需要从理论上对其进行整体的把握，这是明确教材建设国家事权具体权力内容和责任体系的基础，权力来源影响权力属性，最终会影响到权力分配结构的形成。因此，只有明确权力的来源，才能探明权力是如何分配的以及为何这样分配。纵览整个教材建设的发展历程，教材建设的权力来源、属性及分配结构较为复杂，单凭某一主体，特别是行政主体来承担教材建设事项以此获得相应的权力是与教材建设的实际情况不相匹配的，对教材建设国家事权的强调不是简单地要加强中央"统权"。从权力来源看，教材建设国家事权根源于人民，人民为满足其对高质量精神文化产品的需求将手中的权力让渡给了国家，因此，教材建设的根本权力在于人

---

① 刘博智.擦亮"中国底色"的统编三科教材[N].中国教育报，2018-01-13(4).
② 罗生全.论教材建设作为国家事权[J].课程·教材·教法，2019，39(8)：4-11.

民。国家是人民权力的集合,作为国家权力的执行机关,政府代表国家向各级教育行政部门、专家学者、专业机构、社会公众、教师和学生等多元主体进行权力分配,这种权力分配澄清了教材建设国家事权的多元权力主体、多重权力属性以及复杂的权力分配结构。

一、教材建设国家事权的权力来源

探究权力来源是正确认识权力的前提,是构建教材建设国家事权权力运行机制的重要一环。权力是一种人与人之间支配与被支配的关系,既然涉及支配与被支配,权力就具有一种感性的力量。而政治是一种制度安排,制度安排是意识形态的产物,但意识形态只是思想的社会,在思想的社会中不存在感性的力量。[1]因此,从权力的本质出发,教材建设国家事权不能被简单视为政治理性和领导者意识的产物。澄清教材建设国家事权的权力来源,方能明晰教材建设各参与主体的权力归属,进而为构建中国特色教材建设体系提供重要的理论支撑和思想基础。

(一)人民权力让渡与集中的根本来源

追根溯源,国家权力根本上是由人民授予的,是个人权力的让渡与集中。教材建设作为国家事权,根本上源自人民的受教育权,必须对学生的全面发展负责,以建设人民满意的高质量教材体系为根本目标。但在教材建设的过程中,由于人们具有天然的利益需求,各权力主体容易将手中的权力变成谋取自身利益的手段,从而威胁立德树人教育目标的实现。因此,为保障建设人民满意的教材体系根本目标的实现,必须在理论研究以及实践指导等环节对人民的授权地位和人民权力实现的教材建设根本目标进行强化。

教材建设国家事权的根本源自人民,这一理论命题的依据主要来自于哲学和现实两个方面的观照。其一,从历史唯物主义出发,可以看出政治权力是从社会权力中获取的,根本上是在人与人的感性关系中产生的一类力量。黑格尔将市民社会置于法哲学和政治哲学的研究范围,认为它在根本上从属于

---

[1] 王德峰.社会权力的性质与起源——一个历史唯物主义的分析[J].哲学研究,2008(7):18-23.

政治理性和国家的自由意志,所以能用理性形而上学理解市民社会中的物质生活关系。但马克思批判性地揭示出市民社会,即物质的生活关系领域,是一个理性前的社会权力体系。理性从非理性中产生,法的关系和国家的形式根源于"市民社会",政治理性和国家的自由意志产生于"物质的生活关系"。[①]从而我们应当认识到,由政治行动者提出的"教材建设国家事权",表面是超越感性的政治权力,但究其根本,仍然是一种获取于个人力量,并转变为要求人与人彼此限制乃至彼此对抗的一类力量——社会权力,即人在其社会性本质要求下形成的,脱离个人甚至高于个人的权力。

其二,人民的权力自下而上地集中于国家,是人的社会性本质属性影响的结果。"人的本质不是单个人所固有的抽象物,在其现实性上,它是一切社会关系的总和"[②],在人与人客观共在的人类社会,一些人的自由往往成为阻碍另外一些人自由的因素,为防止冲突、保障个人的基本权益,个人的力量逐渐集中起来,成为脱离个人甚至高于个人的权力,这也就是国家事权的根本权力来源。

其三,从中国共产党领导下的社会主义社会建设道路出发,应认识到国家权力来源于人民是由我国的国体、党的宗旨和根本工作路线等所决定的。我国是人民民主专政的国家,国家的权力根本来源于人民,权力行使要对人民负责。中国共产党始终坚持把马克思主义基本原理同中国具体实际和中华优秀传统文化相结合,坚持全心全意为人民服务的根本宗旨,始终以群众路线为党的根本工作路线,突出人民是国家的主人,努力提高人民的主人翁地位。《中国的民主》白皮书中指出,中国不断加强对权力运行的制约和监督,始终坚持公权力姓公,始终坚持权为民所用,确保人民赋予的权力始终用来为人民谋幸福,把权力关进制度的笼子里。总之,在中国特色社会主义教材建设道路上,教材建设国家事权根源于人民的社会权力,必须服务于编人民满意的优质教材这一根本目的。

---

① 中共中央马克思恩格斯列宁斯大林著作编译局.马克思恩格斯选集 第二卷[M].2版.北京:人民出版社,1995:32.
② 中共中央马克思恩格斯列宁斯大林著作编译局.马克思恩格斯选集 第一卷[M].2版.北京:人民出版社,1995:56.

(二)国家政策和法律委托的直接来源

人民权力的让渡和集中是隐性的授权路径,国家代表人民向教材建设相关主体进行授权则是通过政策、法律法规等显性举措进行的,这对相关主体明确自身在教材建设中的权力和责任具有重要的意义。将教材建设内嵌的权力用"国家事权"的尾缀进行框定,一个重要的方面是强调教材建设权力受国家委托,揭示了教材建设国家事权直接来源于政府的授权逻辑。相较于类型多样、类别丰富的课程与教学活动,教材的形式相对固定、选用范围相对狭窄、编写和出版等环节专业性强,普通教师、学生及其他公众往往意识不到自身在教材建设过程中能产生的影响,从而对其关注较少。有学者指出,有关教材的研究不是混杂在教学论研究中,就是混杂在课程论研究中。[1]教材常常作为课程内容而被纳入课程论的研究范畴,教材使用的研究也往往隐没于课程实施或教学活动相关研究的光辉之下。在教育教学实践中,教材也更多地被视为是教学的中介和课程的资源,如若有人将教学活动和课程的开发视作教材的使用,则容易被认为是死板的。但作为价值观培育的重要一环,教材建设对个体的发展产生重要影响,因此社会各界应当重视并加强教材建设的理论与实践探索研究。进入新时代,党和国家从坚持和发展中国特色社会主义的全局和战略高度对教材建设作出重要的制度安排。例如习近平总书记关于教材建设的重要论述,我国统编三科教材(语文、历史、道德与法治)实现所有省份小学到普通高中的"全覆盖",国家教材委员会、教育部教材局与各省级教材委员会的相继成立等,掀起了新一轮的教材研究浪潮,有效促进了教材建设国家事权的落实。2015年8月国家新闻出版广电总局(2018年改为国家广播电视总局)、教育部、国家发展改革委联合印发了《中小学教辅材料管理办法》,2019年12月,教育部印发了《中小学教材管理办法》《职业院校教材管理办法》《普通高等学校教材管理办法》,2021年8月,教育部印发《中小学少数民族文字教材管理办法》。各级各类教材管理办法从教材管理、规划、编写、审核、出版、选用、保障、评价监督等各方面,对参与教材建设的各行政部门、社会单位和人员的权责行使提出了总体的要求,为权力主体甄别与权力内容划分等提供了政策依据。

---

[1] 曾天山.教材论[M].南昌:江西教育出版社,1997:106.

从马克思关于人的社会性本质理论出发，同样可知教材建设国家事权直接来源于国家委托。马克思认为，人的社会性是其本质属性之一，"人的本质不是单个人所固有的抽象物，在其现实性上，它是一切社会关系的总和"[①]。在他看来，人类社会是由个体组成的，每个个体都具有自己的特定能力和技能，在社会关系中才能实现这些能力和技能的最大发挥。因此，人的社会性质是指人与人之间的相互依存、相互支持和相互影响的关系。这与海德格尔关于人与他人"共在"的观点一致。因此，绝对的个体自由意识与行为会与其他人发生冲突。一个人的自由必然包含对他者的限制，个体绝对自由以及个体权益最大化的原则只会导致人与人之间的相互侵害与侵犯。因此，人的社会属性要求权力由个人集中到国家，并通过国家理性协调各方，以维护社会的稳定以及保障个人更大利益的实现。而国家权力要真正做到为人民服务，其权力行使就应当以为个人权益的实现服务为宗旨，在治理理念指导下，保障相关专业主体的有效参与、公众意见的充分表达，并根据事权的原则进行权力的分布和责任的明确。在教材建设方面，如果缺乏对国家权力委托本质的正确认识，自由竞争、资本逐利必然会损害优质教材的建设环境，同时，教师忽视自身权力的国家权力委托性质，也不利于统编教材、地方和校本教材的正确使用。

此外，对"事权"概念的不同认识间的"最大公约数"是将其理解为国家提供公共服务的责任。[②]我国是人民民主专政的社会主义国家，党和政府是最广大人民群众根本利益的代表。正是因为强调国家权力由整体意义上的人民授予，所以需要国家、政府的积极作为，从而协调各方力量服务于整体意义上人民权益的实现。

(三)事务处理需要的现实性来源

用国家事权的尾缀框定教材建设内在权力的另一重要目的，就是要强调教材建设事务的权责承担，这充分反映了教材建设国家事权事务处理内在需要的现实来源。"事权"最早是中国财政理论中的概念，是发生在特定时期的经

---

① 中共中央马克思恩格斯列宁斯大林著作编译局.马克思恩格斯选集 第一卷[M].2版.北京：人民出版社，1995：56.
② 刘剑文，侯卓.事权划分法治化的中国路径[J].中国社会科学，2017(2)：102-122.

济实践活动的话语表达,由于基本财政制度上的差异,国外公共经济学专著中只有"政府支出"(government expenditure)的概念。①

中国特有的"事权"概念随着中国特色社会主义道路实践探索的不断深入,也在被不断赋予丰富内涵。在计划经济时期,我国的事权实质上归属于中央,同时也十分重视"统一领导、分级管理"的原则,以此调动地方的积极性;在改革开放初期,学界对于事权的认识较为单一,将事权等同于财权来看待。学者许毅、陈宝森指出,"财权与事权也是联系在一起。我国的社会制度决定国民经济的主体是国营企业和事业。国营企业和事业归哪一级管理,即事权放在哪一级,财权也相应地放在哪一级……地方财权的大小和中央划给地方的事权应当一致起来"②。可见,此时"事权"主要是指政府对国营企业管理的层级。1994年,中国进行了分税制财政管理体制改革,按照"事权与财权相结合"的原则进一步规范了中央和地方的财政关系。③2006年,中国共产党第十六届中央委员会第六次全体会议通过了《中共中央关于构建社会主义和谐社会若干重大问题的决定》,进一步提出了财力与事权相匹配的原则,以明确中央和地方的事权。2013年,中共十八届三中全会通过的《中共中央关于全面深化改革若干重大问题的决定》指出要明确事权,建立事权和支出责任相适应的制度。可见,改革开放后,"事权"被用作中央与地方政府之间的职责划分。2016年习近平总书记在全国高校思想政治工作会议上,提出教材建设是"国家事权"的主张,在"国家"这一前缀修饰下,事权的内涵更加丰富,不再局限于中央和地方政府的职责。

在事权内涵的学术探讨上不同学者提出了不同的观点。其一,将事权概念转变为公共服务职责,并细分公共服务职责与支出管理责任。各级政府承担的由本级政府提供公共服务供给的职能和责任,公共财政的本质职能是为公共物品的供给而筹措、配置资金。④其二,事权被视为政府按照法律法规进

---

① 刘红灿.对政府事权及支出责任的研究——以教育为例[D].北京:财政部财政科学研究所,2014:17.
② 许毅,陈宝森.财政学[M].北京:中国财政经济出版社,1984:587.
③ 王桦宇.论财税体制改革的"两个积极性"——以财政事权与支出责任划分的法制经验为例[J].法学,2017(11):26-38.
④ 倪红日.应该更新"事权与财权统一"的理念[J].涉外税务,2006(5):5-8.

行行政事务管理的权力,体现政府活动的范围,简单说就是一级政府"该干什么事"。[①]其三,事权也被认为是政府的支出责任或公共服务职责,事权的合理划分关系着政府公共服务和公共产品供给的水平。总的来说,强调事权的公共服务职责,突出权力与事务相匹配的原则,要明确公共产品供给是根本目的也是权力来源的依据,因此,事权的现实性来源是公共服务和产品供给的需要。

结合以往研究可知,在2016年习近平总书记强调教材建设作为"国家事权"之前,"政府事权""中央与地方事权""财政事权"等是"事权"的常见词组。而事权一般是指行政事权,通常被认为是政府的公共服务责任,因此政府间的事权划分往往是研究的重点。有研究者在对事权进行详细考察后得出,事权包括政府事责和权限,它是政府职能、责任和权限在各级政府之间的划分。[②]但对教材建设的具体实践进行分析可知,教材建设所内含的"国家事权"并不仅仅是指行政事权。站在"大教材观"的角度对教材建设国家事权进行分析,并不仅仅局限于中央与地方政府之间,而是对教材建设完整系统,包括涉及的行政、社会、教育多类主体的权力分布和责任承担进行探讨。但尽管事权范畴有所区别,权力分布和责任承担应依据事务处理的需要这一原则仍然是教材建设国家事权与行政事权一脉相承的基本特征。

综上所述,教材建设国家事权根本来源于人民,是由国家来集中并对整个教材建设体系产生制约的一种权力表现形式。根据处理教材建设各项事务的需要,转化为编写权、审核权、使用权、评价权等专业化、具体化的权力形式。

二、教材建设国家事权的权力属性及表现形态

不同于传统事权的行政属性,教材建设国家事权因其多样化的权力来源而具有相对丰富的权力属性范畴,主要包括行政权力属性、教育权力属性与专业权力属性,而不同属性间密切联系,同时也构成了层次丰富的教材建设国家事权权力表现形态。

[①] 白景明,朱长才,叶翠青,等.建立事权与支出责任相适应财税制度操作层面研究[J].经济研究参考,2015(43):3-91.
[②] 刘红灿.对政府事权及支出责任的研究——以教育为例[D].北京:财政部财政科学研究所,2014:10.

(一)教材建设国家事权的行政权力属性及表现形态

无论是从教材建设国家事权的权力来源出发,还是从教材的基本性质出发,行政权力属性都是教材建设国家事权的基本属性。第一,国家权力的授权和委托是教材建设各相关主体权力的直接来源,行政权力属性是教材建设国家事权的重要属性。第二,教材作为青少年价值观塑造的重要载体,具有独特的育人价值和鲜明的意识形态属性。对教材建设国家事权进行行政权力属性的确认,是建设中国特色教材体系的基本保障。教材作为学校教育教学的重要依托,除"什么知识最有价值"外,"谁的知识最有价值"也是各国教材建设过程中不能回避的基本问题。我们服从于权力来进行真理的生产,而且只能通过真理的生产来行使权力。[1]一方面知识被权力所塑造,教材作为学校教育中的"合法知识"的具象化表现,由国家行政权力支配。另一方面,教材中的"合法知识"又能进一步巩固国家政权。教材建设要传达符合国家主流意识形态的知识,因此教材建设国家事权应当具有也必然具有行政权力的属性。

强调教材建设国家事权行政权力的基本属性,具有重要的现实意义。各级政府在教育事业以及公共服务均等化方面,也具有十分重要的意义。教育公平是社会公平正义的重要组成部分,中国幅员辽阔、人口众多,各区域间发展差异较大,中央政府在"民主集中"的原则下对教育资源进行宏观调控,对于促进教育资源的均衡发展、维护社会的公平和正义来说,发挥着至关重要的作用。在当前的教材建设国家事权实践中,统编教材作为教材建设国家事权的核心体现,实行编、审、选、用一体化建设和中央政府统一管理的模式,充分反映了教材建设国家事权的行政权力属性。基于中国的基本国情,高质量教材制度体系的建设需要发挥行政主体在教材建设过程中的领导能力。这是因为我国是人民民主专政的社会主义国家,始终代表最广大人民群众的根本利益,国家事权本质上来自人民权利的让渡,而政府作为国家意志的代表、人民意志的执行者和人民利益的捍卫者,在权力行使中占据着支配和主导的重要地位。在此基础上,党领导下的行政主体的主要任务包括授予相关主体以相应的教

---

[1] 福柯.必须保卫社会[M].钱翰,译.上海:上海人民出版社,1999:23.

材建设权力,并做好赋能工作,以及建立健全教材建设国家事权权力运行机制,最终有效促成中国特色高质量教材体系的建设。

(二)教材建设国家事权的教育权力属性及表现形态

教材建设国家事权根本上来源于人民,而从教育的角度进一步思考可知,教材建设国家事权的根源应追溯到学生的受教育权,因此,对学生负责,保障学生受教育权的实现是其核心目标。有学者指出,为促进受教育权的实现,教育权得以建立,这种教育权先是由父母主导,在学生进入学校后变为由政府主导,随后教育权作为再生产性的权力,又通过契约或立法的授权性机制接连产生了其它教育权力。[①]教材建设国家事权亦是如此,由国家教育权、社会教育权、教师教学权、家长管教权通过契约、制度、立法等机制直接产生,但实质上还是为了促成学生受教育权的实现。在某种意义上,教材建设国家事权无外乎是一种责任或职责,为促进学生的全面发展服务。

教材是课程建设和教学活动的主要依据,在学校教育中起着至关重要的作用,必须明确其教育权力属性,树立其以育人为本的价值理念。对教育权力属性的肯定有助于明确教育教材建设国家事权学生受教育权的根本来源,及其以学生为中心、以育人为本的行动理念。权责同源是一条对权力和责任内在本质的规律性认识,指权力由谁赋予就对谁负责。[②]对权力来源或侧重于强调"权力君授",或侧重于强调"权力民授",前者以"君"为中心,对上级负责,后者以"民"为中心,为人民服务。明确受教育者、公民的授权地位,能够落实以学生为本、以民为本、为民服务的理念,建设好人民满意的高质量教材体系,真正促进学生全面发展和核心素养提升。

对教材建设国家事权教育权力属性的明确,有助于明确教师、学生、教研员等教育主体在教材建设各环节中的基本权力和重要责任。区别于权力集中于政府的"权力君授",保障学生、教师等多元主体参与教材建设的权力是"权力民授"的重要体现。赋予学生、教师、教研员等教学主体以适当的建议权、使用权、评价权和监督权等,能够促进教学主体在对话协商中形成良好的教育教

---

① 钱大军,马光泽.受教育权:教师惩戒权之后设来源与规范限制[J].教育发展研究,2020(2):18-26.
② 曾波,胡新范.权力不自由[M].北京:中国社会出版社,2005:157.

学文化,促进教材治理的现代化发展。但也应注意学生、教师、教研员等主体各自的局限性,包括学生在理性思维和认知能力等方面具有不成熟性,以及教师间、教研员间的理解和意见存在多样性等。因此,可以向各主体赋予适当参与、表达意见、监督教材建设的权力,但决策权不应当掌握在学生、教师、教研员等个体的手中,各主体意见的表达应被视为事实性材料,为决策提供依据。

另外,从我国教材建设的历程来看,教材内容和组织方式等随着学习理念的更新和课程改革的深化而不断变化,可见教育权力属性要求教材建设相关主体权力的行使遵循教育教学的基本规律和发展方向。

(三)教材建设国家事权的专业权力属性及表现形态

教材建设涉及研究、编写、编辑、审核、出版、印刷、发行、选用、使用、监督等多个专业环节,参与决定什么知识是"正确的知识"。为保证高质量的教材体系建设,除了强调教材建设国家事权的行政权力属性和教育权力属性外,还必须明确其专业权力属性。高质量教材体系建设是新时代教育发展的新要求,强调教材建设国家事权的专业权力属性。因此,明确教材建设各环节专业人员的专业自主权力和重要责任,是满足时代要求与人民需要的必由之路。党的十九大报告明确指出,我国的社会主要矛盾已然转化为人民日益增长的美好生活需要和不平衡不充分的发展之间的矛盾,这一重要论断也为新时代教材建设指明了方向,在教材建设方面,主要表现为人民对高质量教材的需要。

对教材建设国家事权专业权力属性的肯定,是明确专业主体的重要权责、促进专业队伍的建设、提高教材质量的重要前提。队伍建设应保持相对稳定,专职才能专心,专心才能专业,专业才能造就大师,才能出版高水平教材;[①]尊重和保障教师、研究人员、编辑、作者等主体的专业自主权,使其以中立的专业态度参与教材建设,才能形成尊重教育规律、重视教材质量的建设氛围。从历史上看,"大跃进"和"文革"时期,教材质量严重下降,与全民运动式编教材不无关系。这也意味着高质量教材建设离不开专业力量主体的参与。有学者直接指出,在高校教材建设中,教材质量水平在一定程度上反映编著者所在学科

---

① 曾天山.我国教材建设的实践历程和发展经验[J].课程·教材·教法,2017,37(12):17-23.

的专业学术水平,教材建设对提升(高校)教师业务水平有十分重要的作用。[①]另外,教材建设专业组织和机构的建设,相关政策的制定及机制的完善,也体现了政府对教材建设专业属性的肯定。自2017年7月国家教材委员会成立以来,云南、福建、甘肃、安徽等省份相继成立了省级教材委员会。自2019年12月教育部印发各级各类教材管理办法以来,各省级教育部门陆续制定了各级各类教材管理实施细则,以加强各省教材管理,切实提高教材建设水平,促进我国教材体系的专业化建设。

除教材建设各环节对专业性有要求外,教材内容的人文专业属性也是教材建设国家事权专业权力需要明确的重要原因。我国教材体系建设要服务于中华优秀传统文化的传承和创新,因而必然包含人文专业属性。教材建设具有"知识—认知—文化"三元共建的逻辑取向,但长期囿于知识逻辑和认知逻辑的认识取向,忽视了教材建设文化逻辑的价值作用。[②]而对知识逻辑和认知逻辑的强调,以及对文化、实践的忽视,极易导致教材脱离实践、脱离学生实际的需要、脱离学生成长的需要。一方面,我国的教材建设重视知识的系统性,通常具有知识量多、记忆量大的特点,在很大程度上加重了学生的学习负担。因此要加强教材的人文性、科学性和实践性建设,回归教育育人本质,为培养德智体美劳全面发展的时代新人奠定基础。另一方面,加强教材人文专业属性建设,避免教材沦为政治文本或牟取经济利益的工具。没有无立场的文化,统治阶级及其不同部门的文化资本被认为是最具合法性的知识,也是教材所选择的"正确的知识"。在某种程度上,"无论何时,当我们拿起一本书的时候,我们实际上在'阅读'出版工作的一系列社会、经济和政治关系"[③]。但至少读者无法完全接受这样的阅读目的,社会、政治和经济的关系也并不是一本书的全部,事实上,一本书真正吸引读者的地方往往是它富有人文魅力的独特内容。总之,教材建设过程中专业性与人文性的强化是编让人民满意的优质教材的必要前提。

---

① 王恬,阎燕.加强教材建设 助力人才培养[J].中国大学教学,2013(9):93-95.
② 杨柳,罗生全.论教材建设的文化逻辑[J].教育学报,2021,17(5):87-98.
③ 阿普尔,史密斯.教科书政治学[M].侯定凯,译.上海:华东师范大学出版社,2005:61.

(四)教材建设国家事权各类型权力属性及表现形态的关系

无论教材是作为一种文化载体,还是一种特殊的商品,都是由作为具有主观能动性的人进行社会关系实践活动的产物。教材建设的政治权力、教育权力、专业权力等属性,分别反映了教材内在社会关系的一部分,它们看似分离却又紧密联系在一起,相互联系、相互作用,共同构成了性质复杂、内涵丰富的教材建设国家事权。具体来讲,行政权力属性是教材建设国家事权的主导属性,教育权力属性是其价值属性,专业权力属性是其基础属性。

1.行政权力属性是一种主导属性

坚持党的全面领导是坚持和发展中国特色社会主义的必由之路,教材建设国家事权的有效运行正是在党协调各方力量的过程中实现的,这是我国社会政治制度的显著优势。事实上,各级政府部门及行政主体是教材建设沟通、保障、激励等体制机制建立和健全的重要力量,为教师、学生、专家等其他主体的权力行使和责任履行提供保障,因此,唯有坚持行政权力属性的主导,才能促进其他权力属性价值的实现。

中国特色社会主义教材治理体系的建设,应保障行政权力属性在教材建设国家事权各项权力属性中占据主导地位,发挥其强有力的作用,打造满足人民群众对美好精神文化生活需求的精品教材。我国教材体系的建设经历了初创时期,探索改革时期和调整、改革、发展时期。[1]进入新时代,教材体系建设也进入了新的发展阶段,基于中国的基本国情合理引入治理理念,探索中国特色的社会主义教材治理体系是新阶段的重要任务。早在1985年,《中共中央关于教育体制改革的决定》就拉开了公共教育权力变迁的序幕,教材建设也应跟上教育治理现代化的步伐,将教育治理体系和治理能力的现代化作为新时代教材研究与建设实践的重要任务。有学者指出,强化教材治理是中国特色高质量教育体系建设应对挑战、把握机遇的必然选择。[2]治理强调多元共治但并无固定的模式,要正确引入治理理念必须考虑我国的基本国情以及教材建设的特殊性。"当前我国教育正处在一个全新的历史方位,由以外延式发展为主

---

[1] 周士林,李嘉瑶.教材建设浅论[M].北京:北京航空学院出版社,1986:13.
[2] 靳玉乐.努力建设中国特色高质量教育体系[J].教师教育学报,2021,8(2):9-14.

转变为以内涵式发展为主,由对国外教育的模仿借鉴转变为基于中国社会实践的自主创新,由局部的教育改革转变为系统性教育改革。"[①]可以肯定的是,中国特色的社会主义教材治理体系建设不能简单照搬国外的治理模式。在我国,行政主体在公共服务和资源配置等方面发挥着强有力的作用,治理理念的引入应当立足于中国的社会实践,在高质量教材体系建设过程中,加快建设负责任、有能力、敢担当的政府,才能促进教材建设国家事权的有效落实。

行政权力属性主导地位的主要体现是行政主体在教材建设过程中发挥领导作用。具体来讲,即发挥行政权力对教材建设方向和目标的指引作用,将立德树人根本任务,核心素养培养基本要求以及有理想、有本领、有担当的时代新人培养目标等,贯彻于教材建设的全部生命历程;加强政府各部门在教材建设中的协商合作,贯彻合作共治的"治理"理念,推进中国特色的社会主义教材治理体系建设;为多元主体有效参与教材建设,提供必要的制度、政策支持和物质、机制保障;严把意识形态底线,追求高质量教材建设高线,强化行政督导,将意识形态审查落实到位,引导促进教材建设各环节各主体不动摇地贯彻落实国家主流意识形态、主流文化和价值观念,同时加强行政队伍的专业性建设,为教材建设提供专业指导等。

2.教育权力属性是一种价值属性

教育权力存在的基础就在于它具有鲜明的育人属性,这也是教材建设国家事权所要寻求的重要价值之一。教材建设的相关权力根源于学生受教育权力实现的需要,服务于促进学生全面发展的根本目的。实现人的全面发展是教材建设国家事权各权力主体协同共治的价值基础。教育权力属性作为教材建设国家事权价值属性的主要体现在于,各权责主体树立起实现人的全面发展的价值共识,将立德树人作为教材建设国家事权权力运行和责任承担的根本目的,进而避免以经济等其他方面利益为唯一价值目的的情况出现。教材是一种特殊的文化产品,经济因素是教材建设不可回避的重要影响因素。图书出版既有逐利的商业本性,又有责任和义务的承担,前者追求短期经济资本

[①] 石中英.破除"唯分数论",切实立德树人[N].光明日报,2022-03-26(10).

积累,后者追求象征性资本积累,出版社往往在这两者间找寻自身定位,从而划分为商业出版社、教材出版社、学术与专著出版社、大学出版社。阿普尔等人在《教科书政治学》一书中呈现了美国得克萨斯州教材选用过程的研究结果,揭示了在强调自由竞争的教材建设市场背景下,出版业受"营利性"商业目的支配,对各权力主体的影响并最终影响学校教育的结果。我国教材建设在向西方学习,引入市场竞争机制时,也出现了类似的错误认识和倾向。在第八次课程改革推动下,我国教材建设在多样化的发展中也凸显了诸如业余化、地方化、同质化和商品化等种种不良倾向,陷入了严重的混乱和无序状态。[①]特别是社会性教材、教辅材料、数字化教材等方面受到的影响不小。即使在高等教育教材出版中也不外如是,出版社更多地考虑教授和任课老师的意见,很难真正去调查教材的真正购买者——学生的需求。

教材建设国家事权是一种教育权力,要以立德树人为根本目标和价值遵循,各主体在教材建设过程中,应转变个体利益占据主导地位的思想观念,坚持育人为本的教育立场。一方面,各主体树立其正确的价值追求和权责意识,明确自身权力背后的育人责任。相关主体包括学生、家长、教师、学校管理者、出版社及其他社会机构相关人员、相关行政人员等,在教材研究、编写、审查、出版、选用、使用等环节都要树立育人为本的根本价值追求,注重各自中立专业能力的发挥,在教材编写、出版、使用以及社会氛围营造等方面作出改变,让教材建设全过程、各方面都回归育人的根本目标。另一方面应健全教材建设各环节的评价机制,树立育人本位的评价标准,建立各主体自主评价、相互监督的评价机制,从而保障各主体育人责任的履行,发挥重要的激励作用。与学生生活密切联系应是教材建设的重要标准,因此,学生视角的教材评价应当受到重视。其中,要解决教材编写、使用等方面忽视价值与知识相互融合的问题,既要保障学生基础知识和基本技能的掌握,也要重视对他们情感、价值观、能力等方面的培养,给予学生更多的心灵滋养,促进德智体美劳全面发展的社会主义育人目标的实现。

---

① 靳玉乐,王洪席.十年教材建设:成就、问题及建议[J].课程·教材·教法,2012,32(1):12-16.

3.专业权力属性是一种基础属性

专业权力属性的基础地位是各专业主体在行政统一领导下建设高质量教材,达成根本育人目标的必然要求,能够直接推动富含教育与人文价值的高质量教材建设进程。对专业权力属性的强调,是教材建设传承创新中华优秀传统文化,促进价值与知识相互融合的重要基础。推动中华优秀传统文化融入教材,对于建设培根铸魂、启智增慧的新时代中国特色高质量教材体系,培养具有高度文化自信的社会主义建设者与接班人具有不可忽视的重要意义。[①]中西文化有着巨大的差异,而我国在现代化发展过程中,科技、经济等方面努力追赶西方,人们的社会文化生活也随之西化,这带来了中华文化基因有所丧失以及人们浮躁不安等社会问题。海德格尔曾自问:"是不是有朝一日一种'思想'的一些古老传统将在俄国和中国醒来,帮助人能够对技术世界有一种自由的关系呢?"[②]中华文明影响历史深远,中华传统经典文化及其作品反映了中国人自身的一部分,其中内含的人生哲理在指导中国人安身立命方面有着无可替代的价值。"我们不可能成为在文化精神意义上的西方人,我们不可能把西方的灵魂引入到我们的内心深处……在当代情势下复兴中国文化,重新寻找中国人安身立命的精神家园,必将成为一个普遍的要求。"[③]可见,在中国特色高质量教材体系建设背景下,必须强调中华优秀传统文化在当下的传承,以促进中国精神传统的更新。对优秀传统文化及其精神进行传承必须解决好与现代社会的适应性问题,这对专业性有较高的要求。为此,教材建设各专业主体应采取措施,帮助中华优秀传统文化合理融入教材内容建设和教材的课程教学使用等环节,同时,结合新时代的新要求进行调整,使其能够满足人们的现实生活需要以及社会的现代化发展需要。

专业权力属性基础地位的主要体现是对各主体专业自主权力的保障,而中国特色的社会主义教材治理体系建设,是保障各专业主体权力的重要路径。治理体系和治理能力的现代化,有助于加强教材建设队伍的专业化建设。现

[①] 董小玉,刘晓荷.新时代中华优秀传统文化进教材的理性审思[J].教师教育学报,2022,9(2):77-84.
[②] 海德格尔.海德格尔选集[M].孙周兴,译.上海:生活·读书·新知上海三联书店,1996:1312.
[③] 王德峰.简论中国文化精神及其在当代复兴的可能性[J].哲学研究,2005(5):101-109.

有教材建设国家事权的实践中,已充分体现了教育公共治理的理念。2017年7月国务院办公厅发布了《关于成立国家教材委员会的通知》,指出国家教材委员会的主要职责包括"指导和统筹全国教材工作,贯彻党和国家关于教材工作的重大方针政策,研究审议教材建设规划和年度工作计划,研究解决教材建设中的重大问题,指导、组织、协调各地区各部门有关教材工作"[①]。在组成人员上更是包括了外交部、国家发展改革委、科技部、国家民委、公安部等国家部委的主要负责人。治理理念作为认识和革新原有管理方式的新思路,并无固定的模式,也不排斥市场调节和行政管理,有强调市场调节的"公司治理",也有强调行政治理的"善治"模式。判断是否符合治理理念的关键在于对一般性价值共识的遵循,包括治理主体的多元互动合作、治理目标的正义和公共性关涉、治理服务提供范围的整体性和全面性。[②]随后,各省份也随之陆续成立省级教材委员会。一方面,专门机构的建立将进一步加强对教材建设各环节的专业督导。另一方面,行政主体在促进教材治理体系建设方面发挥着领导和示范作用。各级教材委员会的组建及其组成人员之丰富,解决了行政权力内部协作方面的难题,而其主要职责、服务范围等也符合治理理念的基本要求。这启示我们在教材编写、教材使用、教材评价等环节做好权力分配,加强各专业主体的交流协作。

三、教材建设国家事权的权力分配结构

教材建设国家事权根本来源于人民,并由国家根据教材建设各项事务处理的需要,向专业和多元化的主体进行权力分配,从而构建一套权力体系。然而,对于权力的具体分配结构仍存在着许多争议,这涉及教材体系建设事业的长远发展。权力分配结构是由权力来源及表现形态所影响和决定的,基于教材建设国家事权的三重来源和行政权、教育权、专业权三种表现形态,应促进权力向更加多元的主体进行分配,让专业主体和教材受众等参与到教材建设中来,构建适应高质量、现代化教材体系建设需要的权力分配结构。

---

① 中华人民共和国中央人民政府.国务院办公厅关于成立国家教材委员会的通知[EB/OL].(2022-07-03)[2022-10-05].https://www.gov.cn/zhengce/zhengceku/2017-07/06/content_5208390.htm.
② 姜美玲.教育公共治理:内涵、特征与模式[J].全球教育展望,2009(5):39-46.

(一)国家事权权力分配结构的学理考察

权力分配是指将权力、责任、事项分配给不同的机构、组织或个人,使其形成权责利相统一的格局,进而实现维护社会公共善的根本目的。权力分配结构是指在一个组织或社会中,权力的分配方式和层次结构。它涉及权力的来源、掌握、行使和监督等方面,包括政治、经济、文化等各个领域。权力分配结构的不同,会直接影响到组织或社会的稳定性、公正性和效率等方面。常见的权力分配结构包括:①层级式,即对权力主体进行分层,为每个层级分派不同的职责和权限。一般顶层的主体拥有最高的权力和最终决策权,而基层主体则负责执行任务。②分布式,即赋予基层的主体和个人以更多的权力,保障多元主体根据各自不同的需要和目标来作出决策。③矩阵式,即将组织划分成不同的部门和小组,各部门各小组中又各自进行权力分布和决策。这种结构可以使得不同领域的专业人员共同协作,从而提高组织的效率。④圆形式,即组织内部的全体成员在平等的基础上进行合作和协商,共同制定决策,没有明确的管理者或领导者。好的权力分配结构可以促进组织内部的沟通和协作,反之就可能导致组织无法决策或缺乏方向性。

现有对于"事权"及其权力划分的研究与教材建设国家事权及其权力分配在某些方面相同,在另一些方面则存在差异,需要深入分析了解。事权概念虽然在"教材建设国家事权"被正式提出之前就已进入了学术探讨的场域,但大家并未就其内涵形成清晰的共识。其中,"事权"运用最广的是作为中国的财政理论中所独有的概念,被直接视为行政事权,并被界定为一级政府在公共事务和服务中应承担的任务和职责。许毅、陈宝森于1983年在《财政学》一书中首次提出了"事权"的概念,而由于基本财政制度上的差异,国外公共经济学专著中只有"政府支出"(government expenditure)的概念。[1]学界对事权内涵的研究认为,事权与公共服务职责密不可分。而"权"的概念主要体现在政府行使其职能需要通过多种权力的运用来完成,因此谓之"事权"。据此,可将事权划分为决策权、执行权、支出权和监督权等,以阐明上下级政府、财政部门与其他

---

[1] 刘红灿.对政府事权及支出责任的研究——以教育为例[D].北京:财政部财政科学研究所,2014:17.

政府职能部门之间的权力配置关系。这类研究很清晰地将事权视为各级政府的公共服务职能及履行职能时所行使的权力。

在事权的权力分配或事权的权力划分方面,作为中国政治学的特色概念,(行政)事权的权力分配原则及发展主要反映在各项政策文件中。1984年,许毅、陈宝森在《财政学》一书提到"国营企业和事业归哪一级管理,即事权放在哪一级,财权也相应地放在哪一级"[①]。1993年,《国务院关于实行分税制财政管理体制的决定》中按照"事权与财权相结合"的原则,规范了对中央和地方的财政关系,随后中国进行了分税制财政管理体制改革。2006年,中国共产党第十六届中央委员会第六次全体会议通过的《中共中央关于构建社会主义和谐社会若干重大问题的决定》进一步提出了财权与事权相匹配的原则以明确中央和地方的事权。2013年,中共十八届三中全会通过的《中共中央关于全面深化改革若干重大问题的决定》指出,要明确事权并建立事权和支出责任相适应的制度。从指代各级政府对国营企业的管理,到指代各级政府对各项公共服务的提供、公共产品的供给,"事权"始终是划分中央、地方各级政府职责的重要概念,划分的原则主要有"事权与财权相结合""财力与事权相匹配""事权和支出责任相适应"。不难看出各项政策中的"事权"其实是"行政事权","国家事权"与"行政事权"并不等同,国家事权的权责主体不仅仅是各级政府部门,不涉及政府的财力和财权,但相似之处在于两者都关乎公共服务的提供和公共产品的供给。可见,国家事权的权力分配是根据不同主体在公共事务处理中负责的不同事务来配置相应的权力。

教材建设国家事权与普通"事权"不同,其权力分配也具有自身的独特性。根据前义的论述,我们已经明确认识到教材建设国家事权具有行政权力、专业权力和教育权力等多种表现形态,而教材建设国家事权的权力分配也不仅仅涉及中央、地方政府及其他政府职能部门,事实上,专业主体、社会机构和个人都是重要的国家事权权责主体。因此,教材建设国家事权的权力分配,是指将教材的编写、研究、审核、出版、发行、使用、评价等具体的教材建设权力、职责和任务分配给各不同层级的机构与人员。且教材建设国家事权的权力分配因

---

① 许毅,陈宝森.财政学[M].北京:中国财政经济出版社,1984:587.

其教育性和专业性,区别于一般的行政事权权力分配,呈现出不同的权力分配方式、原则和层次结构。

此外,根据要素论的观点,实际的权力分配受行动者的偏好、信念、关系类型及诸多结构条件的影响。[1]这启示我们在进行教材建设国家事权的权力分配时要重视对各主体不符合教材体系建设要求的偏好、信念,以及主体间的关系类型进行仔细审查,从而保障权力分配的效率及其结构的科学性。

(二)教材建设国家事权权力分配的基本原则

在教材建设国家事权各项具体权力和职能的分配上,应该遵循一定的原则和规则,以保障权力的公正、合法和有效。

1.权力分配的一般原则

教材建设国家事权的权力分配应关注事权权力分配的一般原则:

一是规模经济的原则。规模经济原则原是一种经济学概念,指的是当产量增加时,产品的单位成本会降低。在现有关于行政事权权力分配的研究中认为,公共物品和公共服务的提供是政府的核心职能,也是重要行政事权,比如说国防和公园,这些公共物品建设出来人人都能使用,且用的人越多建造和维护成本也分摊得越薄,也就越划算,这就是"规模经济"。[2]教材无疑是重要的公共物品,提供着公共服务,高质量教材体系的建设是为了满足人们对优质教材和教育的需要,因此,在教材建设国家事权的权力分配中,也应充分考虑规模经济的原则。一方面,要尽可能地促进资源的集聚和利用效率的提高。属于全国性的教材建设事务,由中央政府和国家教育行政部门来决策;属于地方性的教材建设事务应由地方政府及其教育行政部门来决策;属于跨区域的教材建设事务应由中央政府和国家教育行政部门来决策。另一方面,要避免因规模效应过大导致的不平衡分配、垄断和腐败等弊端。规模经济要促进资源被更加有效地利用和配置,从而提高整体效率和降低成本。在这个过程中,需要政府、教育行政部门、组织机构、社会等各方共同协作,需要充分尊重地方

---

[1] 刘军,David Willer,Pamela Emanuelson.网络结构与权力分配:要素论的解释[J].社会学研究,2011(2):134-166.

[2] 兰小欢.置身事内:中国政府与经济发展[M].上海:上海人民出版社,2021:16.

教育行政部门、专业机构、社会等几方面教材建设主体的权力,建立健全权力清单及保障和激励机制,促进教材建设各环节的各个中小型组织、机构和个人的有效参与。

二是复杂信息的原则。在权力分配中复杂信息原则是指面对人口社会经济状况、专业知识、地方特色和文化背景等复杂信息,为减少信息的不对称,提高管理效能,而向具有信息优势的地方、基层、专业主体等进行分权的原则。有效处理复杂信息是科学决策和有效管理的重要举措。而教材建设包括研究、编写、编辑、审核、出版、印刷、发行、选用、使用、监督等多个专业环节,各级各类教材的建设也差异较大,教材建设的信息复杂程度自不待言。由于信息复杂,教材建设各专业环节的自主性很高,这就要求对教材建设各环节的相关专业主体以及基层主体进行授权赋能。

三是激励相容原则。在经济学中,激励相容原则是指制定政策和设计机制时需要考虑激励措施是否与参与者的行为目标相容,以避免可能出现的逆向选择和道德风险等问题。在权力分配中的激励相容原则,指的是在组织或团体内部,为了保证权力的有效行使,需要建立可靠的权力机制和激励机制,提高权力主体的积极性和效率,从而实现组织或团体的整体目标,反之激励不足则容易影响组织目标的达成。在行政事权领域,上级政府想做的事情大概分两类,一类比较具体,规则和流程相对明确,成果也比较容易衡量和评价。另一类比较抽象和宽泛,比如经济增长和稳定就业,上级往往只有大致目标,需要下级发挥主动性和创造性调动资源去达成。而上级想做的事,下级既有意愿也有能力做好,就叫激励相容。建设高质量现代化的教材体系是一个较为抽象的目标,需要地方政府、教育行政部门、专业机构、专家、学校等主体发挥主动性和创造性调动资源去达成,这就要求在权力分配时遵循激励相容的原则,构建一套可行的权力机制和激励措施,使得各权力主体的行为目标与现代化、高质量的教材体系建设利益一致。

2.事权权力分配的基本原则

在"事权"这一后缀的规定下,教材建设国家事权的权力分配应遵循权力与事务相匹配的基本原则。在国内相关政策中,事权主要指行政事权,其划分原则经历了从"统一领导、分级管理"的原则,到事权与财权相结合的原则,到财力与事权相匹配的原则,再到事权和支出责任(执行责任)相适应的原则的变化过程,而相关研究更是强调了(行政)事权实质是政府的公共服务职责[①]。由此可知,"事权"具有一项基本的权力分配原则,即权力不能脱离具体事务,必须与事务相匹配。在教材建设国家事权的权力分配方面,权力与事务相匹配的原则主要指权力分配需以教材建设的各个环节中具体事务为依据,向处理相应事务的主体进行赋权。从而促进相关主体权责的一致,调动其工作积极性,保障其工作的顺利进行。教材建设是复杂事务的组合,需要多元主体的参与和协作,从权力与事务相匹配的原则着手,能够有助于解决其权力分配过程中的难题。

3.教材建设国家事权特有的权力分配原则

根据教材建设国家事权的权力来源及表现形态,其权力分配还应注意以下三项原则:

其一,教材建设国家事权权力根本来源于人民,因此权力分配要坚持公民参与的原则,充分保障人民的批评权、建议权、监督权。在教材建设中,应该注重向基层分配权力,避免将其视为各级政府行政权力的一部分。

其二,权力分配要遵循合法公正的原则。教材建设的权力由政府进行集中分配,各主体的权力源自相关政策和法律规定,因此,需要加强相关政策和法律的完善,明确规定具体的权责内容、边界等。当前的教材相关法律政策对各相关主体的权力、责任已进行一定程度的讨论。2019年12月教育部印发《中小学教材管理办法》《职业院校教材管理办法》和《普通高等学校教材管理办法》,2021年8月,教育部印发《中小学少数民族文字教材管理办法》,还有各省级教育部门也陆续制定了各级各类教材管理实施细则,以加强各省教材管理。各类教材管理办法从教材管理到教材使用等教材建设各环节、各方面对参与教材建设的各行政部门、社会单位和人员的权责与权限等提出了总体的要求。

其三,权力分配应坚持专业分工的原则。根据教材建设国家事权的专业权力属性,为促进教材体系的科学化、现代化建设,应加强教材建设相关权力

---

① 倪红日.应该更新"事权与财权统一"的理念[J].涉外税务,2006(5):5-8.

分配向专业层次的主体进行授权,提升教材建设各环节队伍的专业性。由于教材建设的多个环节都具有较高的复杂性和专业性,政府等决策主体必须向具备相关专业知识和技能的专业人员或团队进行授权,通过充分保障专业主体的有效参与,建设更加符合实际教学需要、更加专业权威的教材体系。同时,也可以激发专业人才的积极性、创造性和责任心,提高他们的职业满意度和社会声誉。

(三)教材建设国家事权的权力分配结构

权力分配结构是指在一个组织或社会中,权力及其责任的分配和层次关系,教材建设国家事权的权力分配在各项分配原则的规定下,也呈现出一定的层次结构。在权力分配的整体结构方面,在规模经济、复杂信息、激励相容、公民参与、合法公正等原则的规定下,教材建设国家事权的权力分配具有从中央行政主体通过法律、政策、制度、规定等方式,向地方各级行政主体,再向各个专业组织和机构、各级各类学校以及社会公众进行权力分配的整体层级结构。

具体而言,根据规模经济的权力分配原则,教材是公开和普及的,是重要的公共物品,为促进规模经济,应尽量地让政府来负责组织编写,集中资源,减少重复浪费。例如国家负责编写的三科统编教材。其他教材也是根据其全国性、地域性或者是跨区域的属性,对应中央、地方政府去组织建设的;为保障教材建设各项权力行使的效率和质量,应对具有鲜明意识形态属性的全国性教材进行统一管理规划、统一编写审核、统一培训使用,将其组织权、规划权、审查权、监督权等放在国家教育行政部门。截至目前,义务教育三科统编教材2017年正式投入使用,2019年实现了所有年级的全覆盖。普通高中三科统编教材于2019年正式投入使用,2022年实现所有省份"全覆盖",到2025年将实现所有年级"全覆盖",中等职业学校三科统编教材也于2022年秋季学期开始投入使用。对三科统编教材建设权的集中,既可以集中资源,减少重复投入,降低成本的同时提高教材建设的效率和质量,又能够扩大各科教材的使用范围,在全国范围内对重要教材进行统一的标准化管理和监控,增强全国教育体系的协调性和一致性,从而更好地提高全国教育的质量和水平。除统编的三科教材,其他教材编写也要重视遵循规模经济的原则,根据其全国性、地域性或者是跨区域的属性,确定中央政府、地方政府、教育行政部门、其他组织机构的权力内容,建立合理的协调机制和监管体系,促进全国范围内的资源协调配置和优化利用。

与此同时,教材建设中政府过多干预可能会降低专业主体的工作积极性,因此,应根据复杂信息以及公民参与的原则,在教材建设国家事权的权力分配过程中做好向专业主体分权,使其发挥专业优势;做好向基层主体及社会公众分权,保障意见征询的渠道畅通,发挥基层主体的信息优势。在重视政府的授权地位和监督权力的同时,尊重社会公众的知情权、参与权、监督权等,促进社会主义社会的建设和发展。为确保各基层主体能够正确行使相应的权力,履行教材建设相关责任,还应平衡好各权力主体的角色定位,督促相关主体形成良好的责任意识,对教材建设根本的育人目标负责,为学生全面发展服务。

根据合法公正的原则,各级各类教材各环节的建设活动需要遵循各类教材管理办法的相关规定。首先,中央政府对国家教育行政部门制定教材管理办法,管理、规划全国各级各类教材建设。"为贯彻党中央、国务院关于加强和改进新形势下大中小学教材建设的意见,建立健全大中小学教材管理制度,切实提高教材建设水平,我部牵头制定了《中小学教材管理办法》、《职业院校教材管理办法》和《普通高等学校教材管理办法》。"[1]其次,专业组织、学校、社会公众等教材建设相关主体由中央政府和国家教育行政部门间接授权,中央政府对各级各类教材建设提出的指导意见,国家教育行政部门颁布的相关政策、规定等,都是各主体获取教材建设相关权力的基本前提和重要保障。而各相关主体又由所在的具体组织和部门直接授权。例如《职业院校教材管理办法》中规定:"教材编写人员应经所在单位党组织审核同意,并由编写单位集中向社会公示。"[2]

---

[1] 中华人民共和国教育部.教育部关于印发《中小学教材管理办法》《职业院校教材管理办法》和《普通高等学校教材管理办法》的通知[EB/OL].(2019-12-16)[2023-06-18].http://www.moe.gov.cn/srcsite/A26/moe_714/202001/t20200107_414578.html.

[2] 同上。

教材建设国家事权权力分配的整体结构如图5-1所示：

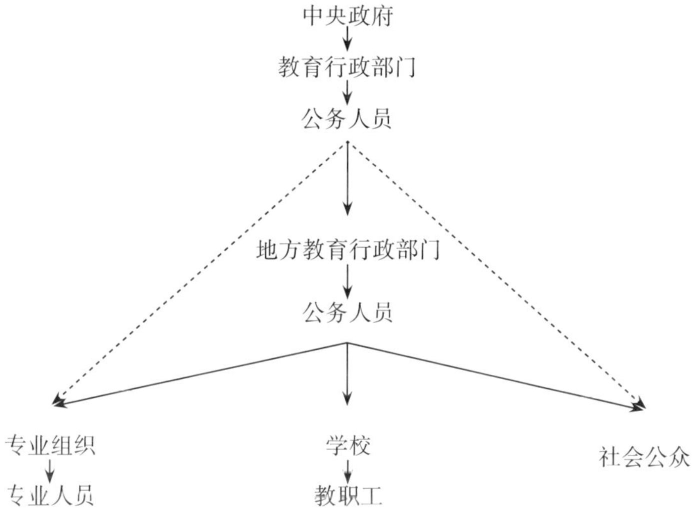

```
                    中央政府
                      ↓
                  教育行政部门
                      ↓
                   公务人员
                   ╱  ↓  ╲
                  ╱   ↓   ╲
                 ╱    ↓    ╲
              地方教育行政部门
                      ↓
                   公务人员
            ╱         ↓         ╲
           ╱          ↓          ╲
         专业组织     学校      社会公众
           ↓          ↓
         专业人员    教职工
```

图 5-1　教材建设国家事权权力分配的整体结构

最后，在权力分配的具体结构方面，根据权力与事务相匹配的原则以及激励相容的原则，应向教材建设的研究、规划、编写、审查、出版、选用、使用、监督等具体环节，以及各环节中有能力处理具体事务的主体进行权力分配，从而调动相关主体的积极性和创造性。与具有层级关系的整体权力分配结构不同，一方面教材建设各环节的权力分配应具有矩阵式结构，即教材建设队伍按环节自然地分为不同的部门和组织，各部门各组织中又各自进行权力分配和决策。这种结构可以使得不同领域的专业人员共同协作，从而提高教材建设的质量和效率。另一方面，各组织中的权力关系也呈现出分布式的结构特点，即赋予基层的主体和个人以更多的权力，保障多元主体根据各自不同的需要和目标来作出决策。这要求各级政府和教育行政部门进一步完善相关政策和法律，对不同主体在教材建设过程中的权力类别、大小和边界进行详细的规定，并与其应当履行且能够履行的责任相匹配。

第二节
教材建设国家事权的权力主体、内容及关系

教材建设本身是由多个环节构成的有序系统,教材建设国家事权也具有多种权力来源和多重权力属性,要建成中国特色高质量教材体系,实现立德树人根本目的,就需要明确其权力主体、不同主体间的关系及各自的权力内容,促进多元主体的权力行使、责任承担与相互配合。而在教育治理现代化的改革方向下,教材建设系统也应变革传统强调政府自上而下对公共事务进行控制的模式,引入治理理念,促进多元主体相互合作,共同处理社会公共事务。

一、教材建设国家事权的权力主体

从当前来看,教材方面仍然缺乏详尽的理论体系,教材建设的范畴、相关主体范围、关系等方面尚无系统的研究共识。例如黄显华等学者在《寻找课程论和教科书设计的理论基础》一书中指出,教科书研究有三大缺失,第一个就是理论上的缺失。[1]靳玉乐等学者也强调,我国的教材理论研究有待进一步加强。[2]基于对教材建设国家事权权力来源和权力属性的探讨,可将教材建设国家事权权力主体分为行政权力主体、社会权力主体和教育权力主体三类。

(一)权力属性角度的主体甄别

根据权责同源,即权力由谁赋予就对谁负责这条刚性的基本规律[3],可见明确教材建设国家事权的权力来源在于澄清其权力属性,这对于权力主体的确认以及促进权力有序运行都将产生重要影响。前文已论述教材建设国家事权根本来源于人民权力的让渡与集中,直接来源于国家和政府的授权和委托,具体来源于教材建设具体事务处理的需要,具有行政、教育、专业等权力属性,

---

[1] 黄显华,霍秉坤.寻找课程论和教科书设计的理论基础[M].北京:人民教育出版社,2002:168.
[2] 靳玉乐,王洪席.十年教材建设:成就、问题及建议[J].课程·教材·教法,2012,32(1):12-16.
[3] 曾波,胡新范.权力不自由[M].北京:中国社会出版社,2005:157.

因此,可以从行政、教育、专业三个系统出发甄别教材建设国家事权的权力主体。

1. 行政系统的权力主体

教材建设国家事权的行政权力属性占据主导地位,其主要表现是行政主体在教材建设过程中发挥领导作用。为促进教育均衡发展,政府的积极作为是必需的。但政府事权的分配并非无序,而是以公民基本权利作为基本依据。[①]教材建设作为教育教学的基本资源和重要环节,各地区教材建设水平若差异显著,就会背离公民受教育权的平等原则。而各地经济文化发展的差异很容易导致教材建设水平的参差不齐,所以,强调行政权力的领导作用乃至适当集中一部分事权是有必要的。

根据行政法学的理论观点,行政主体的主要形态是科层制组织,通常是指能够行使行政管理职权的组织。需要指出的是,处在行政机构组织中的个体,如政府官员、公务员等,他们可以作为行政主体的代表者,但其本人并不是行政主体。固然行政主体是"行政组织",但实际上,行政组织的管理运作是由该组织中的人来实际承担和操作的,在管理运作的过程中,管理者与被管理者实际形成了某种"人际"关系。因此,有学者将行政组织以外的执掌、行使行政权力的人与行政管理的对象称为"行政关系主体"。[②]

具体来讲,教材建设国家事权在行政范畴的权力主体主要包括国家、省、地市、县等不同层级的教材建设行政组织,同时还涵括各层级组织内部的执政人员与一般社会成员。其中,行政组织涉及国家级教材建设相关行政机构(包括国务院教育行政部门、国家教材委员会及其专家委员会、其他部委相关部门、教育部教材局等)、省级教材建设相关行政机构(包括各省级教育行政部门、省级教材委员会及其专家委员会等)、地市级教育行政部门,以及县教育局等;行政关系主体包含教材行政组织内部官员、公务员、兼职人员(如各级教材委员会和专家委员会中的兼职人员),也包括一般社会公众。

[①] 刘剑文,侯卓.事权划分法治化的中国路径[J].中国社会科学,2017(2):102-122.
[②] 葛荃.行政权力主体与行政关系主体析论——基于行政哲学的视角[J].中国行政管理,2009(11):83-86.

2.教育系统的权力主体

在传统公法学理论中,人们习惯将权力、公权力与国家公权力的概念混同使用。[①]国家司法、行政权力源于公共权力的合理让渡,但这并不意味着公共权力的全部转移。在现代化教育发展与公共治理变革的背景下,参与公共事务治理的主体逐渐多元化,除行政部门外,其他主体的表达权、参与权、监督权等也应受到重视。另外,社会主义的本质属性决定了广大人民有受教育的权利和机会,这符合强调多元主体共同治理的治理理论最一般性的准则。在教育治理现代化视域下,教材建设国家事权的教育权力价值属性主要体现为教育主体拥有教材建设国家事权的权力。尊重教育主体使用、评价、监督等权利,保障其有效参与教材建设是中国特色社会主义教材建设的必由之路。

具体而言,教材建设国家事权在教育范畴的权力主体主要包括教育系统的组织机构(包括各级各类学校,各级教研机构、科研院所等),以及各教育组织内部成员(包括教研员,校长等学校管理人员,教师和学生等)。

3.专业系统的权力主体

专业化是社会分工的必然要求和较高水平。社会学家卡尔·桑德斯(Carr-saunders, A. M.)较早从社会分工、职业分化的表现形式的角度来解释"专业"(profession),认为专业的形成直接来源于中古世纪以来的行会组织(guilds),是指一群人在从事一种需要专门技术的职业,专业需要特殊之力来培养和完成,其目的在于提供专门性的服务。[②]专业自主权是专业化的重要标准。所谓专业自主,是指专业人员对其行为表现和所负责的事务能自主判断和全权处理,而无须外人控制和干扰。[③]专业自主意味着主体拥有判断和决策的权力。例如教师专业化建设过程中,重要举措之一就是给教师一定的专业自主权。

教材建设国家事权专业权力基础属性的明确,有助于保障专业主体的参与及专业自主权的实现。在专业权力视域下,教材建设是一项兼具技术性和学术性的工作,因此可将专业主体分为两类:一是以知识、学术为代表的专业

---

① 徐靖.论法律视域下社会公权力的内涵、构成及价值[J].中国法学,2014(1):79-101.
② 劳凯声.教师职业的专业性和教师的专业权力[J].教育研究,2008(2):7-14.
③ 宋宏福.论教师专业自主权[J].中小学教师培训,2004(3):3-5.

主体;二是以技术、技能为代表的专业主体。前者包括教材编写方面的主编、副主编、参编人员,教材使用方面的教师、教研员,教材研究方面的专家、学者等。后者包括出版机构、印刷机构、审核单位、经销书店、编辑、校对、装帧设计人员、印刷排版人员等。

(二)教材建设体系角度的主体甄别

从教材建设系统的角度甄别具体权力主体,先要认识在教材建设国家事权视域下,教材建设系统具体包含哪些环节。当前,学者们在教材建设环节的划分上尚未达成共识,例如,曾天山(1995)提到了教材体制管理、教材编制、教材使用和教材评价。[①]靳玉乐(2012)等人提到了教材理论研究、使用、评价以及培训。[②]王恬(2013)等人认为,教材建设包括编写与选用、评价与激励、组织与管理等环节。[③]曾天山(2017)指出教材要"经过研究、编写、设计、印制、装帧、审查、试教、试用、修订、培训等一系列环节"[④]。方成智于2019年在《教科书生态学》一书中提到了编审、出版发行、选用、使用、评价几个环节。[⑤]教材建设国家事权是中国特色社会主义教材治理体系建设的重要基础,秉持行政主体领导下多元主体共治的价值追求,在教材建设范畴的界定上追求精细化,从而能够更加清晰地甄别权力主体、明确具体权责,将国家事权深嵌于教材建设的每一环节。本书从专业分工的原则出发,认为教材建设是包含教材研究、实验、规划、编写、审查、编辑、出版、印刷、发行、选用、培训、使用、监督等具体环节的有序系统。

教材建设涉及主体众多,按照不同环节能够较为详尽地甄别各类权力主体。具体来说,在教材研究环节,权力主体主要包括高校教师和学生、高等学校和其他科学研究机构;教材实验环节的权力主体除了高等学校和科研机构以及教师、学生之外,还包括各级各类参与实验的学校及师生;教材规划环节的权力主体主要包括国务院教育行政部门、省级教育行政部门。《普通高等学

---

① 曾天山.我国基础教育教材改革问题探讨[J].教育研究与实验,1995(3):19-23.
② 靳玉乐,王洪席.十年教材建设:成就、问题及建议[J].课程·教材·教法,2012,32(1):12-16.
③ 王恬,阎燕.加强教材建设 助力人才培养[J].中国大学教学,2013(9):93-95.
④ 曾天山.我国教材建设的实践历程和发展经验[J].课程·教材·教法,2017,37(12):17-23.
⑤ 方成智.教科书生态学[M].广州:广东教育出版社,2019:44.

校教材管理办法》中强调,"国务院教育行政部门、省级教育部门高校科学规划教材建设,重视教材质量,突出教材特色"[①];教材编写环节的权力主体主要包括高校研究人员、各级各类一线教师,以及各学科专家;教材审查环节的权力主体主要包括各级教育行政部门下属的教材审核机构、出版社审核部门,以及由专家学者、一线教师等组成的评审人员;教材编辑、出版环节涉及的权力主体主要包括出版社编辑部门、责任编辑、出版商及其他工作人员;教材印刷环节涉及的权力主体主要包括印刷机构、印刷人员;教材发行环节涉及的权力主体主要包括书店、发行机构及其人员;教材选用环节的权力主体主要包括各级教育行政部门、各级教材委员会和专家委员会及其成员,还可能包括教师等;教材培训环节的权力主体主要包括各级教育行政部门下属的教师培训机构、受委托的高等学校培训团队及专家教授;教材使用环节的权力主体主要包括各级教研室、教育科学研究院、各级各类学校、教研员、教师、学生;教材监督环节的权力主体主要包括教研员、教师、学生、家长、社会公众、专家学者等。

(三)权力主体归类

教材建设是由多个环节组成的复杂系统,从各个环节出发甄别权力主体相对复杂且成效甚微。一方面,存在同一主体参与教材建设多个环节的情况,按环节划分主体再细化各环节的权责及其能力要求,对参加多个建设环节的主体而言,缺少实践指导价值;另一方面,机械的、流程化的划分缺少主题和理念,极易造成理解的交叉混乱,不利于理论研究。从教材建设国家事权的权力属性出发,分析出行政、教育、专业三个系统的权力主体,更加简明也更有学理性。

另外,事实上,教育和行政有各自的系统和组织,前者主要是学校,后者主要是政府单位,而"专业系统"相对来说难以把握,在教材使用环节会与教育系统发生重叠。况且专业系统并不能涵盖教育系统、行政系统以外的所有教材建设环节,原因在于各社会机构中参与教材建设的人员,其专业化程度可能并不高。可见,专业不能被视为与教育、行政平行的另一维度。

---

① 中华人民共和国教育部.教育部关于印发《中小学教材管理办法》《职业院校教材管理办法》和《普通高等学校教材管理办法》的通知[EB/OL].(2019-12-16)[2023-06-18].http://www.moe.gov.cn/srcsite/A26/moe_714/202001/t20200107_414578.html.

总之,权力属性以及教材建设各环节确实能够帮助甄别出几乎全部的权力主体,但两者在权力主体的归类上存在不足。

从教材建设的过程逻辑出发,教材建设作为国家事权,具有强制性,是指在行政规划、统整等行为后,通过发行等市场行为和环节进行社会流通,在教育、教材使用后,发挥它的教育功能,实现育人目的,并循环往复。因此在过程逻辑下,可以划分行政、教育、社会三类教材建设权力主体。相较而言,从行政、教育、社会三个角度出发对权力主体进行归类,能有效弥补从权力属性以及从教材建设各环节出发两种归类方式的不足。

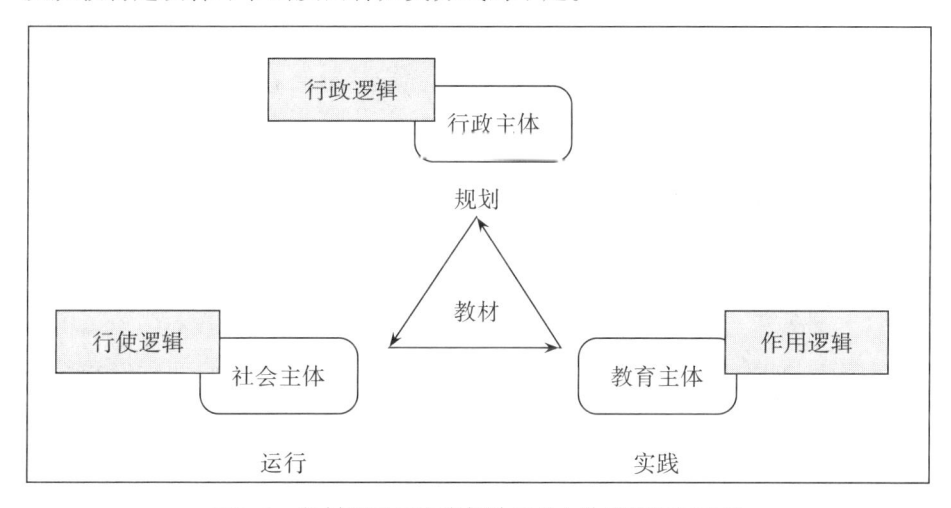

图 5-2 教材建设国家事权的二类主体及其运行逻辑

首先是行政主体方面,行政主体权力的运行遵循行政逻辑,要按照行政权力层级划分国家、省、市、县各级行政主体。前面已经指出,教材建设国家事权的权力主体包括国家级教材建设相关行政机构(国务院教育行政部门、国家教材委员会及其专家委员会、其他部委相关部门、教育部教材局等),省级教材建设相关行政机构(各省级教育行政部门、省级教材委员会及其专家委员会等),地市级教育行政部门,县教育局等,以及教材行政组织内部官员、公务员、兼职人员(如各级教材委员会和专家委员会中的兼职人员),也包括普通民众。但在行政、教育、社会三类主体的角度,普通民众更适宜纳入社会主体的范畴。

其次,教育主体方面与前文所述一致,主要包括教育系统的组织机构(包括各级各类学校,省、地市、区县各级教研室,教育科学研究院等),以及各教育组织内部成员(包括教研员、校长等学校管理人员,教师和学生等)。各教育主体的权力运行要秉持作用逻辑,坚持以学生为中心,以发挥教材育人功能为共同目标。

最后,在社会主体方面,除了既不属于行政系统又不属于教育系统的出版社、出版商、印刷单位等重要社会机构外,还有普通民众等都能归于社会系统。这里的"社会"并不泛指人类社会,而是指参与教材建设的社会机构、相关工作人员与一般社会成员。具体而言,社会主体则主要有官方委托的社会专业机构(包括教材的编写单位、出版发行单位、选用单位、监测单位、印刷单位、经销书店等),专家及技术人员(专家教授、科研人员、编者、作者、编辑、校对、装帧设计与印刷排版人员等),与社会公众三类。社会主体权力的运行秉持行使逻辑,政府应向社会中教材建设的各个专业机构合理分配权力,吸纳社会资源和专业人员参与建设高质量的教材体系。

二、教材建设国家事权的权力内容体系

教材建设国家事权根本上是要服务于人民群众对高质量教材的需要,为保障现代化教材建设,应在多元共治的治理理念指导下,根据事权的基本原则(赋予事务处理所需的相应权力),向各级政府、社会职能机构、各类学校及相应人员等教材建设主体进行权力的分配以及相应责任的明确。权力的分配有助于保障各主体平等参与教材建设,但需注意,"平等"参与教材建设,并不意味着权力的"平均"分配,不同主体的权力类别不尽相同。在前述研究中不难发现,治理理念下存在多主体合作完成同一任务的情况,因此各主体的权力类别可能重复,各自权力的作用范围、大小及属性也可能不同。

(一)行政主体的权力内容

美国学者安瓦·沙在1994年对市场经济体制下国家、省、市各级政府间的事权进行了划分,并对政府间事权划分的典型原则做了区分(如表5-1所示)。[1]由此可见,行政主体内部存在着国家、省、市、县等不同层级,可以照此

---

[1] 刘红灿.对政府事权及支出责任的研究——以教育为例[D].北京:财政部财政科学研究所,2014:6-7.

逻辑进行教材建设国家事权的行政权力划分。例如，2019年12月，教育部印发的《中小学教材管理办法》、《职业院校教材管理办法》和《普通高等学校教材管理办法》就对国务院教育行政部门、省级教育行政部门、市级教育行政部门和县级教育行政部门的职责进行了明确，这是从国家的战略高度进行的全局谋划，对教材建设国家事权的落实、大中小学教材管理制度的完善、教材建设水平的提高具有重要指导意义。

表5-1 政府间职责划分的典型原则

职责	目标、标准、政策、监督	组织、协调、管理	实施、操作、落实
地区间和国际冲突解决	国际	国际	中央、私人
教育、卫生和社会福利	中央、省、市	省、市	省、市、私人
基本权利保护	国际、中央	中央	中央、私人
公园和休闲	中央、省、市	中央、省、市	中央、省、市、私人

具体来讲，教材建设国家事权的行政主体拥有的主要权力包括：(1)决策权，即参与教材建设决策、制定政策、管理办法的权力，各层级行政主体在管辖范围内拥有教材建设决策权。(2)规划权，参与教材规划，各级政府具有对管辖范围内教材体系进行规划的权力。(3)监督权，即各级行政主体对管辖范围内教材建设政府单位、社会机构、教材建设进程等具有指导、检查、评价的权力。(4)组织权，即组织机构、人员进行研究、实验、编制、发行、选用、培训、使用、评价等教材建设环节的权力，各级政府所负责的教材类别和区域范围不同。(5)审核权，即各级教材委员会及其专家委员会对各类教材进行审核的权力，国家教材委员会及其专家委员会审核国家课程教材和其他按规定纳入审核范围的意识形态属性较强的教材，省级教材审核机构负责审核地方课程教材。(6)审定权，在各级教材委员会审核的基础上，各级教育行政部门对一个或多个版本的教材进行审定，审定通过则列入各级用书目录。

总的来说，在教材建设领域，各层级政府都具有目标、标准与政策确立，以及监督、组织、审核等方面的职责与权力。但不同的是，国家级教育行政主体的决策、规划的权力范畴是全国性或准全国性的。例如,对我国的思想政治(道德与法治)、语文、历史课程教材,以及其他意识形态属性较强的教材和涉及国家主权、安全、民族、宗教等内容的教材,实行国家统一编写、统一审核、统一使用的制度。而省、市、县等地方教育行政部门规划、决策的权力范围则是准全国性和区域性的教材建设。国家级教育行政主体还应对各地方行政主体的权力行使、责任履行进行监督,对教材建设情况进行监察,并对各级各类教材进行审查。

(二)社会主体的权力内容

社会主体包含官方委托的社会机构、专家及技术人员、社会公众三类。社会主体与行政主体不同,行政主体的权力较为集中,各级教育行政部门拥有非常丰富的权力类别与内容;社会主体分工较细,各主体的工作专业化,特别是官方委托的专业机构所具有的权力类别相对单一。

在教材建设系统中,官方委托的社会机构包括教材编写单位、教材出版单位(出版社)、教材选用单位、教材评价单位等。国家统编教材由国务院教育行政部门组织编写。其他教材须由具备相应条件和资质的单位组织编写。教材编写、出版单位须建立教材使用跟踪机制,通过多种途径和方式收集教材使用意见,形成教材使用跟踪报告,在教材进行修订审核时作为必备的送审材料。[1]编写单位受委托组织教材编写,对本单位负责的教材,具有组织权、编写权、监察权、培训权;教材出版单位(出版社)受官方委托进行教材出版,在本单位负责的各类教材出版过程中具备编辑权、审核权、印刷权、设计权、发行权,还具有培训权和监察权;教材选用单位受官方委托进行教材选用,具备一定的选用权、建议权;教材评价单位受官方委托进行教材评价,具备一定的监督权、评价权、建议权。需要注意,所有社会专业机构的教材建设权力运行都受行政主体的督导,必须接受各级教育行政部门的审核。

---

[1] 中华人民共和国教育部.教育部关于印发《中小学教材管理办法》《职业院校教材管理办法》和《普通高等学校教材管理办法》的通知[EB/OL].(2019-12-16)[2023-06-18].http://www.moe.gov.cn/srcsite/A26/moe_714/202001/t20200107_414578.html.

在教材评价方面,长期以来,我们对教材的评价过多偏重于政治标准而非内在尺度[1],专家评价是重要的教材评价改革方向。曾天山指出,"需要完善教材评价体系,注意统一性与灵活性相结合,终结性评价与形成性评价相结合,宏观评价与微观评价相结合,单本教材评价与全套教材评价相结合,知识评价与能力评价相结合,认知因素评价与非认知因素评价相结合,实验评价与专家评价相结合"[2]。相同的,教材的研究、实验、编写、出版、选用、使用、评价等环节也应加强专业化建设,其基本前提是保障各专业技术人员的权力。因此,在专家及技术人员方面,编者、作者应具备编写权、指导权、监察权,编辑应具备编辑权,出版社相关单位工作人员应具备审核权、设计权、指导权、监察权,专家教授与教材研究人员应具备评价权、研究权、实验权、指导权、监察权等。

社会主体的第三类权力主体是社会公众。为加快建设中国特色的社会主义教材治理体系,一方面要促进行政主体和社会专业机构的信息公开、公示;另外一方面要赋予社会公众以监督权、质询权、建议权,并健全社会公众意见反馈和反映的渠道,促进教材建设工作的透明化。

(三)教育主体的权力内容

我国行政系统具备纵向的权力结构,但在事权视域下,实际权力大小并不是以"自上而下"的模式进行简单配置的,学校等教育主体实际拥有较大自由度和重要的育人责任。作为育人育才的重要依托,教材建设事关国家长远发展,应充分反映国家意志,落实国家事权。而在教材建设的诸多环节中,教育主体的教材使用和实践是有效落实国家事权的重要落脚点。

首先,各级教研室、教育科学研究院以及教研员应具备建议权、培训权、使用权、督导权、组织权等,通过积极参与教材编审、组织开展各类各级教学比赛、下乡视导、课堂评价与诊断等方式,在教材编审、教师教材使用培训、教材使用督导等环节发挥自身的专业长处,着力推进所负责区域的教材建设。

其次,校长及其他相关学校管理人员,应具备学校教材规划权、培训权、组织权,同时,在上级政府颁布的用书目录指导下,具备一定的教材选择权,从而

---

[1] 靳玉乐,王洪席.十年教材建设:成就、问题及建议[J].课程·教材·教法,2012,32(1):12-16.
[2] 曾天山.我国基础教育教材改革问题探讨[J].教育研究与实验,1995(3):19-23.

更加方便地贯彻落实国家和各地方关于教材管理的政策规定,完善学校内部教材管理细则,选好、用好教材。另外,各级各类和不同学校在教材建设权力类别和权限方面可能有较大差异,需结合具体学校情况具体分析。例如,在高等教育层面,高校可能成立了专门的教材工作部门,在教材规划、编写、审核、选用等方面都具备较大的权力。

再次是学校教师方面,教师是教材的使用者和主要传播者,应具备使用权、解释权、评价权、选择权。在教材使用和传播的过程中,教师须明确自身职业的公务性质[1],并在国家、省级培训,区域教研指导的基础上,处理好教材使用中忠实和创新的平衡,充分贯彻党和国家的教育方针政策,促进教材建设国家事权在教育基层的落实。在教师教材选择权方面,各级各类学校教师自主选择的权限也存在较大差异。另外,一线教师除了是学校教学活动中的教材使用者和主要传播者以外,同时也是重要的专业技术人员。教材编写团队由本学科和相关学科专家、教研人员、中小学一线教师等组成,教材审核机构应由相关学科专家、课程专家、教研专家、一线教师等组成。教材编写完成后,应送一线任课教师和行业企业专业人员进行审读、试用,根据审读意见和试用情况修改完善教材。可见,教师是教材建设专业机构、各级教材委员会的重要组成人员之一,因此,部分中小学教师、高校教师具备编写权、审读权、建议权等。

最后是全体学生方面,教材建设国家事权的人民权力的根本来源明确了保障学生受教育权实现的根本目的,作为教育主体的重要一员,学生能够对教材进行理解、诠释、运用和评价,并在教师指导下拥有对教材的使用权、评价权、解释权。

三、教材建设国家事权的权力关系

建设中国特色的教材现代化治理体系要求多元主体的协同合作,主体的多元化带来了价值取向的多元化,无论是行政、教育、社会各范畴内部主体之间,还是行政主体、教育主体、社会主体之间都存在复杂的利益纠葛。因此,要

---

[1] 劳凯声.教师职业的专业性和教师的专业权力[J].教育研究,2008(2):7-14.

促进多元主体的良性合作,就需要从应然的角度对权力主体内外部关系进行分析,以更好地指导教材建设国家事权的实践。

(一)权力关系的学理考察

权力关系亦即权力主体关系,两个相互之间有权力存在的个体发生关系,无论这种互动是什么样的状态和性质,这种关系都带有权力的性质,也就是权力关系。[①]简单来说,权力关系是指在人与人、群体与群体、群体与个人之间因掌握特定的资源、信息、技能或职权而形成的相互约束和影响的关系。在日常生活中,我们经常会遇到权力关系,包括师生关系、亲子关系、夫妻关系,以及公司中的上司与下属关系等。

"权力是什么"问题主要观点之一的"关系说"认为,权力是一个人或许多人的行为使另一个或其他许多人的行为发生改变的一种关系。代表性人物包括法国学者迪韦尔热和美国学者艾萨克。持这一观点的人批判性地指出,权力即一种执行者与受众间不平等的关系,常常表现为支配与被支配或命令与服从。[②]但教材建设国家事权的权力关系绝非平面化的权力主客体间的支配与被支配关系。根据前面的论述,教材建设国家事权根本来源于人民,这种权力本质上是一种公共权力,具有公共属性,这种公共属性可具象化为行政、教育、社会等方面的权力形态,正是基于这样内部具有差异性且同时表现为公共属性的权力形态,才有了行政主体、教育主体和社会主体的存在及其权力的拥有。这些权力主体之所以能够享有相对应的权力,其根本原因在于他们都具备了与其权力相对应的能力。例如,行政主体拥有规划权、管理权、组织权,对专业机构、学校、社会进行强制性支配和影响的同时,其他主体也能够在对各级行政主体履职情况进行监督评价、与行政主体一起参与各级各类教材的建设、采取适当方式维护自身合法权益等方面对行政主体产生影响力甚至强制力。总之,教材建设国家事权应具有更加动态的、复杂的、丰富的权力关系。

---

① 巩玉贺.班级社会学视野下的学生权力关系[D].上海:华东师范大学,2020:9.
② 孙冕."权利"与"权力"之辨[J].思想政治课教学,2004(5):34-35.

由于权力关系实质是权力主体间的相互约束与影响的关系,而教材建设国家事权的权力主体主要分为行政、教育、社会三大系统,因此本书将教材建设国家事权的权力关系分为各系统内部权力关系与三大系统间权力关系。其中,各系统内部权力关系主要指行政系统内部关系、教育系统内部关系、社会系统内部关系,三大系统内部各自有丰富的权力主体,其权力关系应处于庞杂而有序的状态;三大系统间权力关系主要指政府与社会关系、政府与学校关系、学校与社会关系。

(二)行政、教育、社会系统内部的权力关系

1.行政系统内部权力关系

行政系统内部权力关系主要指中央政府和地方政府之间纵向的权力关系,以及同级政府部门之间横向的权力关系。中央与地方各级政府间应建立起权威输出、督导与接受、反馈的关系,在教材建设过程中,上级政府运用政策、规定等手段进行权威输出后,下级政府进行接收、应对以及接受上级政府的督导,并进行反馈。教材建设国家事权的行政权力主体有国家、省、地市、县等不同层级,学界多从中央和地方政府角度探讨我国纵向的府际关系,有学者指出,我国的行政权力相对集中,纵向间政府关系呈现出显著的自上而下治理特征[1]。自上而下的纵向权力安排是政府作为一个科层组织的主要体现。虽然,在确保预见性、稳定性、一致性、持续性、谨慎性、重复性工作的平等性、高效性、理性以及专业性等方面,科层制是最好的组织形式。[2]但为了保障教材建设国家事权的有效落实,建设好满足立德树人的人才培养目标的高质量教材体系,就必须强调中央政府对教材建设的整体规划与监督。

横向的政府部门之间应建立起协作互助又相互制约的权力关系,就上级命令和具体事务相互征求意见,在协调与博弈中履行好各自的公共产品供给和公共服务提供职责。党的十八届三中全会把"完善和发展中国特色社会主

---

[1] 汪锦军.纵向政府权力结构与社会治理:中国"政府与社会"关系的一个分析路径[J].浙江社会科学,2014(9):128-139.

[2] 库珀,等.二十一世纪的公共行政:挑战与改革[M].王巧玲,李文钊,译.北京:中国人民大学出版社,2006:200.

义制度、推进国家治理体系和治理能力现代化"确定为全面深化改革的总目标。党的十九届四中全会更是明确提出,到2035年,基本实现国家治理体系和治理能力现代化,到新中国成立一百年时,全面实现国家治理体系和治理能力现代化。此外,为促进教材建设国家事权的全面落实,也需要促进政府内部管理理念向治理理念的变革,加强政府部门间以任务为导向的协作,解决"缺少各部门横向谈判机制""缺乏国家战略目标在政府间责任的分担机制和责任追究机制"等行政权力内部协作难题。这也是促进政府权力主体关系更加科学、合理,提升教材建设工作效率,促进政策有效落实的重要保障,有助于建设中国特色社会主义教材治理体系。

2. 社会系统内部权力关系

社会系统内部权力关系主要指机构与机构关系、机构与专业人员关系、专业人员间的关系等。基于"经济人"的假设,参与教材建设各社会主体在追求自身经济利益的基础上进行博弈,与此同时,作为参与教材建设服务教育事业的育人主体,必须树立育人为本的责任意识,积极合作,因此,其权力关系的主要特征是博弈与合作。

治理是针对市场和政府的管理方式失效提出的公共事务管控新思路,与强调政府自上而下直接对公共事务进行管控的"管理"不同,"治理"强调多元主体对公共事务的合作共治。[①]自20世纪90年代提出至今,治理理论受到了各领域的重视,教育领域也引入了治理理念。有学者强调推进教育治理能力现代化是新时代教育改革和发展的战略举措和重大命题,是建设社会主义现代化教育强国的重要途径和核心任务。[②]而作为中国特色社会主义教材治理体系的重要基础,社会系统内各教材建设权力主体应秉持治理理念中协同合作的基本原则,建立公平博弈、平等协作的权力关系。一方面,教材与人的社会生活息息相关,直接或间接地对个人产生巨大的影响,是关乎社会公众的公共事务。在现代化教育治理视域下,教材建设作为重要的公共事务,必须尊重和保障专业机构、专家、社会公众等主体参与教材建设,保障各主体的平等协

---

① 罗生全,吴志敏."双减"背景下学校课程治理的内容体系及优化机制[J].现代教育管理,2023(2):71-81.

② 何水,高向波.教育治理能力现代化:关键要素与推进路径[J].现代教育管理,2021(4):16-22.

作;另一方面,相较于层级关系明确的行政系统,社会系统内部更加依赖于共同体的建设,以期形成以任务为导向,多元主体相互合作、互相监督的局面。

3.教育系统内部权力关系

教育系统内部权力关系包括学校与学校关系、学校与教师关系、学校与学生关系、教师与教师关系、教师与学生关系等。在教育系统内部,各权力主体更多基于共同的育人目标、区域教育发展目标、学校发展目标、教师专业发展目标,发挥各自的职能,协同合作,其权力关系的主要特征是相互监督、相互配合。

在学校内部,相互监督、平等协作的权力关系,要求积极组建包括学校管理人员、教师、学生等主体在内的教材建设共同体,有效促进各教材建设主体展开真正的对话,充分表达各种需要和意见。特别是教师和学生之间的教材使用和互动,需要建立在平等对话的基础之上,从而培养学生的批判性思维能力,促进其自由而全面地发展。与此同时,学校还应促进校长负责制的完善,落实其内含的向教师、学生、社会等主体进行权力分配,促进多元共治的基本要求。[1]保障学校内部各教材建设主体的相应权力,调动其积极性与主动性。

在学校外部,教育系统平等协作关系的构建还要加强各级各类学校和教研机构中教材建设共同体的构建,确保共同体成员平等参与决策的权力。同时也要强化校际、区域间、地区间的合作,促进资源共享、协同发展。

(三)行政、教育、社会各系统间的权力关系

根据前文的论述可知,行政系统有中央政府、地方政府以及各政府部门等权力主体,教育系统有学校、教研机构、科研院所、教师、学生、教研员等权力主体,社会系统有教材建设各专业机构、专家、公众等权力主体。其中,许多权力主体参与了多项教材建设任务,与不同系统的权力主体存在着互动,也就自然而然地产生了多组权力关系。因此,行政、教育、社会各系统间的权力关系相对复杂。这里主要围绕政府与社会、政府与学校、学校与社会三组权力关系进行讨论。

---

[1] 罗生全,吴志敏."双减"背景下学校课程治理的内容体系及优化机制[J].现代教育管理,2023(2):71-81.

首先是政府与社会的权力关系方面。各级各类教材管理办法中对社会机构、人员参与教材建设各环节的要求进行了较为详细的规定。以《中小学教材管理办法》(简称《管理办法》)为例,针对教材编写机构和人员,《管理办法》明确除统编教材由教育行政部门组织编写外,其他教材由具备相应条件和资质的单位组织编写,并对编写单位、编写人员的合格条件提出了较为详细的要求;在教材审核方面,《管理办法》规定教材编写完成后必须交由国家教材委员会及其专家委员会、各省(区、市)成立的省级教材审核机构,以及教材出版部门成立的专门政治把关机构进行审核;针对教材出版机构和人员,《管理办法》指出"教材出版、发行单位必须取得国家出版主管部门批准的教材出版、发行资质";在教材选用方面,《管理办法》规定"中小学教材选用单位由省级教育行政部门根据当地实际情况确定"[①]。由此可见,政府与社会系统间权力关系的主要特征是权力分配与监督,是由一个强有力的中央政府向社会系统中各教材建设职能机构进行权力分配,加强政府支持和资助,并实施严格的监督和评价。特别是在社会专门机构参与教材建设的公益性建设上,不能缺少政府提供的必要政策鼓励和资金支持,更少不了监督机制的建设和完善。

其次是政府与学校关系方面。与社会相关教材建设主体不同,教育主体是国家权力的委托者以及国家的代言人,因此教育系统更加直接地接受行政主体的指导、监督与评价,并积极向政府进行反馈。2023年5月9日颁布的《基础教育课程教学改革深化行动方案》中强调,要注重赋予地方和学校课程实施自主权,坚持因地制宜"一地一计"、因校制宜"一校一策"。[②]学校的权力直接来源于政府,教育主体应履行好自身权责,服务国家高质量教材体系建设目标。

实际上,学校以及社会系统参与教材建设的相关权力直接来源于国家权力的授予与委托,因此政府与学校及其与社会的权力关系有着较强的相似性。

---

① 中华人民共和国教育部.教育部关于印发《中小学教材管理办法》《职业院校教材管理办法》和《普通高等学校教材管理办法》的通知[EB/OL].(2019-12-16)[2023-06-18].http://www.moe.gov.cn/srcsite/A26/moe_714/202001/t20200107_414578.html.

② 中华人民共和国教育部.教育部办公厅关于印发《基础教育课程教学改革深化行动方案》的通知[EB/OL].(2023-05-09)[2023-06-18].http://www.moe.gov.cn/srcsite/A26/jcj_kcjcgh/202306/t20230601_1062380.html.

行政系统可以在教材治理现代化的要求下通过政策和法律等途径向学校系统和社会职能机构及人员进行权力分配,而学校和社会系统各主体权力受行政系统的直接委托,应当始终坚持政府的领导和督导,以人民满意的高质量教材建设为根本目标。"督导"是中国教育系统的一个特色概念,其内涵经历了从"督政"到监督、指导与反馈相结合的变化过程。有学者指出,教育督导制度是我国教育系统的一项基本制度。[①]最初在主体方面主要强调行政部门的督导权力,在内容上倾向于监督教育政策的落实。2022年4月21日,教育部颁布了新修订的义务教育课程方案和课程标准,并在《义务教育课程方案(2022年版)》中强调要"开展课程实施督导,对地方各级人民政府实施义务教育课程保障情况、学校课程开设和教材使用情况进行督查,把义务教育质量监测结果作为评价课程实施质量的参考指标,强化反馈指导,确保课程开齐开足开好"[②],促进"三有"新人育人目标的实现。据此,可进一步将课程实施督导定义为:多元课程主体对课程建设和实施的整个系统,包括地方各级人民政府实施义务教育课程保障情况、学校课程开设和教材使用情况进行监督、反馈和指导的活动[③]。总之,在2022年版课程方案要求下,"督导"的意涵得到了进一步的丰富,除监测以外,更加突出了专业指导和反馈,符合新课标增强课程教学指导性的要求,同时,也符合治理理念下教材建设国家事权的要求。将强调监测、指导、反馈的"督导"理念运用到对教材建设国家事权行政、社会与学校权力主体间关系的探讨,一是意在强调行政主体不仅仅是监测,还要重视针对性的专业指导意见的提供(这是各级教材委员会的重要工作,加强各地方的专业队伍建设,把握各地的教材建设事务)。二是意欲表明学校和社会的反馈公开化、透明化和自我督导。

最后,社会与学校之间主要表现为相互合作、相互监督的权力关系。一方面,开展家庭、学校和社会的教育合作是教育现代化发展的重要任务,在教材建设公共事务处理中,加强教育系统和社会系统的合作具有形成合力、促进理解等多方面的意义,最终有助于中国特色现代化教材治理体系建设;另一方

---

① 杨润勇.关于构建我国教育督导政策体系的思考[J].教育研究,2007(8):28-33.
② 中华人民共和国教育部.义务教育课程方案:2022年版[M].北京:北京师范大学出版社,2022:16.
③ 罗生全.开展课程实施督导 全面落实国家事权[J].课程·教材·教法,2022,42(9):62-64.

面,学校和社会应当加强沟通与合作,在打造教育系统中教材使用反馈、交流渠道的时候,让教材使用信息向专业机构公开和反馈,为相关社会机构的教材服务水平的提升提供必要的保障,进而形成教材编写、出版、使用、反馈、优化的良性循环。

第三节 教材建设国家事权的责任体系及权责关系

责任与权力相伴而生,教材建设国家事权的责任与权力的互动是在明确各自功能定位的基础上展开的,教材建设国家事权的权力体系和责任体系都有着各自独立的系统。本节内容主要涉及教材建设国家事权的责任体系以及从责任视角进行的教材建设国家事权责任与权力内外部关系探讨。

一、教材建设国家事权的责任体系

作为教材建设秩序维护的重要形式,教材建设国家事权的责任具有制约主体权力行为的重要功能。教材建设国家事权责任的有效落实需要对其内涵、内容、作用方式以及因消极承担责任带来的后果的追责情形判定与依据确立形成系统认识。

(一)教材建设国家事权的责任内涵及内容

责任是一个关涉多学科的概念,在不同的学科语境下,责任的内涵存在理解上的差异。探讨教材建设国家事权的责任内涵,对于准确把握责任的性质、价值和关系是十分必要的。教材建设国家事权责任是责任概念在教材建设国家事权这一明确对象上的具体表达,其内容既包括责任的一般要求,又凸显着属于自己的特色。

1. 教材建设国家事权的责任内涵

从责任的起源看,学者们大多承认,责任是人类社会特有的交往方式,是人际关系依存的内在规定。责任的生成并非天生,而是个体在与社会的关系互动过程中,将外部的社会规范性同化为自身的已有认知图式,并最终通过行为实践体现出来。[1]循此逻辑概括,可以进一步认为,责任是构成主体内外部关系互动的综合体,是外在社会规定性和内在自我规定性的有机整合。对于个体而言,责任最先形成于他人和社会对于个体自身行为和思维方式的一种价值期待与应然规定,即所谓的"社会规范"。但是这里的"社会规范"并未进入个体意识之中,它需要个体主观能动性的发挥,并经过个体主动觉知、领悟、接受,最终内化为人的"个体规范"。本质上,责任就是外在任务的内在化。

在西方政治思想史中,人们就将责任视为一种道德判断标准,如培根认为"责任"(responsibility)是维护整体利益的善,在柏格森看来,"责任"(obligation)就是"人们之间的约束,首先是我们对我们自己的约束"[2]。可见,柏格森既看到了责任的外在社会规定性,也同时看到了责任的内在自我规定性。此外,康德从义务的角度来理解责任,他认为人们履行自己的义务就是善的美德,违背义务就是恶德。[3]

在行政学领域,有关责任的理解也不尽相同,但在这些概念界定中,制裁说是最具有典型意义的界定方式。如美国学者哈特从消极意义的视角出发将责任理解为"未能驳倒一项指控的人应对其所为的行为承担惩罚或谴责的义务"。[4]可见,责任针对的是主体在行使权力过程中出现的消极性后果,其功能在于通过否定性的责任来控制权力行使、防止权力滥用,进而达到权力和责任维护公共善的目的。

综合上述对责任概念的不同理解,能够建构出教材建设国家事权的责任概念。教材建设国家事权的责任具有三层意指:其一,教材建设国家事权是一种价值行为,这种价值标准体现为教材建设国家事权是一种维护公共利益的

---

[1] 叶浩生.责任内涵的跨文化比较及其整合[J].南京师大学报(社会科学版),2009(6):99-104.
[2] 张海仁.西方伦理学家辞典[M].北京:中国广播电影电视出版社,1992:427.
[3] 郭蕊.权责关系的行政学分析[D].长春:吉林大学,2009:21.
[4] 同上。

善。本质上，教材建设国家事权是为了维护人民的利益，建设高质量的教材能够满足人民的精神文化需要，同时也是维护国家公共秩序的重要保障。从这个意义上看，教材建设国家事权的责任就是一种维护公共善的价值行为。其二，教材建设国家事权的责任是一种客观任务形式。教材建设由不同的具体任务环节所构成，它真实存在于人们的日常生活实践之中，这些客观任务形式不会因主体的意志而消失。具体来看，教材建设国家事权的责任这种客观任务形式表现为教材编写、教材审核、教材出版发行、教材选用、教材使用、教材评价等具体事项，这些具体的任务事项是构成教材建设这一客观存在的必备条件。从权力和责任的统一关系看，权力和责任是一种平衡关系，这种平衡关系意味着有多大的权力，就应该承担多大的责任。事实上，权力和责任的平衡关系不是由权力所决定的，而是责任决定着权力，权力体现着责任。这是因为，公共责任的本质是维护公共利益的善，而公共权力是实现维护公共利益善的工具或手段，在这意义上，公共责任和公共权力就是一种内容与形式的关系。公共责任决定公共权力。政府愿意为人民承担多大的责任，人民就愿意让渡多少权力给政府。就教材建设国家事权而言，教材建设落实国家事权就是通过国家的力量来维护教材建设这一公共利益行为的善。教材建设国家事权的权力背后隐藏着其要承担的责任，本质上是教材建设国家事权的主体承担多大的责任就会获得多少权力。这里值得说明的是，责任存在着客观责任和主观责任的区别，只有客观责任才能决定权力的内容、性质和边界。其三，教材建设国家事权的责任是一种心理状态。从责任的性质看，责任是外在任务的内在化，其不仅仅是一种外在形式的客观任务，而且这种任务必须要内化为主体的心理状态。事实上，主体责任发生作用不是一种从客观到客观的任务传递过程，而是一种发生在主体身上从客观到主观的任务转换过程，即外在于主体的客观任务不是直接被主体所接受的，它需要主体通过调整自己的内在心理结构来适应外部的客观任务形式，只是主体对待这种转换行为的心理状态不同罢了。从类型上看，主体可以是以一种积极的心理状态进行外在任务的内在化，同样的，也可以是以一种消极的心理状态进行外在任务的内在化。理想的责任状态是以一种积极的心理状态参与到特定外部任务的内在化转换活动中。教材建设国家事权的责任就是要将教材建设的外在于主体的客观任务转换为内在心理状态,主体再将其内在的心理结构与外在的教材建设国家事权任务相适应,这样教材建设国家事权的责任就成为一种稳定的责任感,进而对教材建设国家事权的权力行使产生约束作用。

2.教材建设国家事权的责任内容

责任作为现代国家治理研究的重要内容,不同学科领域的学者对其有着不同的思考与表达。有学者将责任视为一种客观的社会存在,责任是外在于主体的客观任务形式。谢佛(Shaver,G.K.)和斯切特(Schatte,A.D.)认为,"责任在很大程度上是人类建构起来的一种社会秩序构架。它涉及特定文化期待的不成文的规定、言行举止的社会规范、行为的法律要求以及关于人际关系的个人层面的构想"。[1]而在施瓦兹(Schwartz)看来,责任本质上是个体对于社会关系的主观意识或心理反应。[2]国内学者欧阳英赞同这一观点,他认为责任是一种经过主体精神处理而内化了的任务表现形式,是主体对自身所提出的一种任务要求。[3]此外,另有学者将责任视为主观与客观相统一,如张成福教授认为政府责任有主观责任和客观责任两个方面的内容,具体而言,主要包括道德责任、政治责任、行政责任、政府的诉讼责任和侵权赔偿责任[4]。蔡放波教授认为政府责任制度包括宪法责任、政治责任、行政法律责任和行政道德责任。[5]在吸收借鉴前人研究的基础上,根据教材建设国家事权的责任是维护教材建设社会秩序的公共善和一种主客观相统一的任务要求。本书认为,教材建设国家事权兼具行政性、社会性和教育性的特点,其责任范畴应涵盖行政属性的责任、社会属性的责任和教育属性的责任。具体而言,教材建设国家事权的责任范畴包括政治责任、法律责任、行政责任、专业责任和道德责任五个方面。

(1)教材建设国家事权的政治责任

教材建设国家事权反映出的是一种政治性要求,因此,教材建设国家事权的权力主体必须要肩负起应有的政治责任。教材建设国家事权体现国家意

---

[1] 况志华,叶浩生.西方学界关于责任起源的三种构想及其比较[J].教育研究与实验,2007(4):53-58.
[2] 叶浩生.责任内涵的跨文化比较及其整合[J].南京师大学报(社会科学版),2009(6):99-104.
[3] 欧阳英.责任的误读与责任理性的恢复[J].哲学动态,2005(3):18-24.
[4] 张成福.责任政府论[J].中国人民大学学报,2000(2):75-82.
[5] 蔡放波.论政府责任体系的构建[J].中国行政管理,2004(4):48-51.

志,其实践活动具有鲜明的政治属性。教材建设国家事权的政治责任具有两层含义:一是所有参与到教材建设国家事权实践活动的主体所作出的任何决策都应合乎教材建设维护国家利益、彰显国家意志的目的性[1],如果违背这一目的,其他形式的责任即使是规范的,也将失去其存在的价值和意义。二是教材建设国家事权的实践活动是由分级负责制度设计下的行政领导作出决策的,行政领导在实践中不可能参与所有的具体工作,但在行政领导管辖范围内的任务都要由其来负责。

(2)教材建设国家事权的法律责任

所谓法律责任,是指由于某些违法行为或法律事实的出现而使责任主体所处的某种特定的必为状态。[2]可见,法律责任本质上是一种合法性的后果承担。教材建设国家事权的法律责任是依法治国的具象化体现,将教材建设纳入法治轨道,反映出教材建设向着规范化治理方向不断迈进的不懈追求。而在规范治理的范畴中,法律既是内容也是手段,教材建设国家事权落实主体在实践中遵从法律要求,在法律范围内从事专业活动,任何与法律要求相抵触的行为都应当承担因消极履行宪法责任而带来的法律制裁。从功能作用上看,一方面,教材建设国家事权的法律责任是为了规范主体行为和维护社会秩序。正如英国著名学者弗雷德里希·奥古斯特·哈耶克所言,"撇开所有技术细节不论,法治的意思是指政府在一切行动中都受到事前规定并宣布的规则的约束——这种规则使得一个人有可能十分肯定地预见到当局在某一情况中会怎样行使它的强制力,和根据对此的了解计划他自己的个人事务"[3]。由此可见,法律责任是想通过法律主体认真执行法律明文规定进而达成维护社会秩序的目的。另一方面,为了使违法者再社会化,以重新适应社会生活和社会环境。[4]在参与教材建设国家事权的权力实践过程中,并非所有的主体都能按照国家利益的需求进行价值行为选择,那些超越法律限度的教材建设国家事权行为主体必然要受到国家力量的行为约束,对这些违法者视其情况进行相应的再社会化,其目的就是要使得这些行为主体的价值观与国家利益的需求保持一致。

---

[1] 蔡放波.论政府责任体系的构建[J].中国行政管理,2004(4):48-51.
[2] 杜飞进.试论法律责任的若干问题[J].中国法学,1990(6):46-51.
[3] 张贤明.政治责任与法律责任的比较分析[J].政治学研究,2000(1):13-21.
[4] 张文显.法律责任论纲[J].吉林大学社会科学学报,1991(1):1-8.

(3)教材建设国家事权的行政责任

所谓行政责任,是指行政主体及其公职人员对其违法或者不当的抽象行政行为和具体行政行为应当承担的法律上的制裁形式。[①]教材建设国家事权行政责任是指,任何涉及教材建设的行政权力主体在具体行政实践中出现违法或者不当的行为时应当承担的法律上的制裁形式。行政责任是政府在其体系内部,对上下级行政机关、领导及职务承担的相应义务。作为教材建设国家事权的重要推动力量,教材建设国家事权行政主体是国家行政机关的组成部分,是国家行政职能的组织载体,享有广泛的教材建设行政职权,同时也具有不可推卸的行政职责。教材建设国家事权行政责任的明晰,能够确保任何通过合法性身份获得行政职位的公职人员依法行使自身职权,积极履行教材建设国家事权的责任,确保教材建设国家事权彰显国家意志。

(4)教材建设国家事权的专业责任

社会治理趋向于科学化和精确化,因而具备专业知识的人员获得了从事社会管理的合法地位。专业人员凭借专业知识获得了专业权力,同时也承担着作为专业人员应尽的责任。

教材建设是一项知识密集型的社会实践活动。教材建设并非完全的行政行为,它还是一种具备专业性的实践行为。教材建设过程中有众多的专业主体参与进来,他们并没有像行政权力主体那样有着明确的法律责任,这类主体的责任主要根据其从事工作的性质来判定。专业责任是从专业自身的科学性方面来进行界定的。即要求专业主体参与教材建设时,特别是在行使其专业权力时,必须要符合专业知识的内在规律。也就是说,专业主体在教材建设中必须要保证教材内容的选择、组织与设计以尊重并适应学生的心理发展规律为前提,违背这一原则的行为理应接受相应的处罚。

(5)教材建设国家事权的道德责任

道德责任是指所有参与落实教材建设国家事权的行为主体依法行使公共权力、从事公共事务管理时必须承担的道义上的责任,教材建设国家事权实践主体的内在心理品质,客观存在于各类教材建设实践主体的意识体系之中。

---

① 关保英.论行政责任的法律基础[J].社会科学家,2007(3):9-15.

所谓道义上的责任,是指教材建设国家事权的权力主体虽然不违宪也不违法,但如果行为明显与社会公德和公序良俗相悖,就应承担道德责任。[①]在具体实践中,这些实践主体可能不会作出违反教材建设国家事权程序的行为,但其实践行为的方式可能会与社会公德相悖,而受到社会的谴责。从道德责任内容承担的形式来看,可以简单概括为道德他律和道德自律。道德他律,是通过主体之外的社会舆论约束力量来达到规范主体行为的目的;而道德自律是由主体调控自身的精神信念和价值情操来调节道德感的强弱。从道德责任实现的机制来看,道德责任机制运作不是单凭某种力量就能完成的,而是外在力量和内在力量同时发挥作用才能实现道德责任约束行为的目的。教材建设国家事权的行为主体在充分履行道德责任的过程中,会保持着道德他律与道德自律的一致性,一旦这种平衡局面被打破,教材建设国家事权的责任主体既会受到外部道德他律的约束,也会受到内部道德良知的谴责。

(二)教材建设国家事权的责任承担方式

责任承担方式是在明确教材建设国家事权治理主体是基于承担一定的责任而存在的基础上对教材建设国家事权治理主体应该如何承担责任的描述和规定,即掌握了公共权力的教材建设国家事权治理主体如何承担责任或以什么途径来约束教材建设国家事权治理主体的责任承担问题,简单理解就是如何负责。教材建设国家事权的责任承担方式是针对其权力主体而言的,教材建设国家事权的权力主体也就是责任主体。从类型上看,教材建设国家事权的责任承担方式包括完全责任承担方式、部分责任承担方式以及逃避责任承担方式。

1.完全责任承担方式

所谓完全责任承担方式,是指主体能够完全履行责任事项,达到事项所要求的能力标准。完全责任承担方式是最高级别形式的责任承担形式,也是一种理想化形态下的责任承担方式,它对单一主体的能力要求极高。从权力的角度看,权力和责任是对等的,因此,主体承担完全责任就需要享有全部的权

---

① 蔡放波.论政府责任体系的构建[J].中国行政管理,2004(4):48—51.

力。唯有如此,承担教材建设国家事权完全责任的条件才得以成立。从整个教材建设来看,教材建设国家事权的完全责任承担形式是一种理想形态。因为教材建设作为一个整体,是需要各种要素和资源共同参与才能完成的。从责任的角度看,具备这一条件的超级力量主体在现实中是不存在的。哈耶克的"知识分工"理论告诉了人们一个客观事实:没有一个机构,更不会有一个单独的人可以掌握存在于世界上的所有知识和信息,任何机构和个人都只是站在特定的情景下拥有相关知识的"无知者"。在知识和信息分立的前提下,试图通过任何单一的机构或者个人实现对整个社会的庞大资源进行深入、全面、有效的配置都将是"无知的狂妄"。[①]这意味着,即使具有强大整合能力的政府也无法掌握教材建设的所有知识和信息。

但是,在教材建设的过程环节上是存在着完全责任承担主体的。质言之,在教材建设的某一环节,是可以由单一力量主体来承担教材建设该环节的全部责任的。如在教材建设的知识选择环节,国家具备知识选择的能力,因此国家在享有教材建设知识选择的全部权力的同时,就需要承担完全的责任。在教材建设的知识组织环节,综合实力较强的教材出版发行主体具备教材出版的能力,国家根据需要将教材出版的权力授予此类出版社,由此,该出版社就需要承担全部的教材出版责任。在教材建设知识获得环节,国家将教材使用的权力授予教师,与此同时,教师就需要承担教材使用的全部责任。

2.部分责任承担方式

所谓部分责任承担方式,是指在某一完整事项任务中,主体只需要承担与权力相匹配的那一部分责任。部分责任承担,并不是主体只承担自身本应该承担责任的一个部分,而是相对于整体而言,主体需要承担自己所要负责环节的那部分事项的责任。在教材建设国家事权的任务实施过程中,教材建设所涉及的利益关系十分复杂,单凭某一主体难以达到教材建设预定的任务目标,因此,在面对某一教材建设的具体任务环节时,就需要引入不同主体,这样各个主体所承担的责任就是一种部分责任,这些部分责任都是参与主体自身所能承担的责任。教材建设允许不同主体参与进来,并将整体责任拆分为部分,

---

① 鲁敏.变迁与失衡:转型期地方政府的权责配置研究[J].云南社会科学,2012(1):64-68.

由不同责任主体来承担，这是为激发教材建设活力而作出的一项科学决策。

从教材建设的任务构成来看，教材建设可分为知识选择、知识组织和知识获得。就教材建设的知识选择而言，它是针对教材价值性知识与理论性知识的深度融合而进行的价值判断行为。在教材建设的知识选择过程中，单个主体无法实现教材建设国家事权所设定的价值目标，为了充分体现教材建设知识选择的有效性和科学性，教材建设知识选择的整体责任就需要拆分为不同的部分，这样就可以让不同的主体参与进来，承担自身能力所能胜任的责任，唯有如此，教材建设知识选择的目标才能有效达成。就教材建设的知识组织而言，它是整个教材建设过程中利益关系最为复杂的环节，如若将教材建设的知识组织作为一项整体责任来对待，则难以调和教材建设知识组织实践过程中的各种利益关系，这时就需要将教材建设知识组织的整体责任拆解为不同部分的责任。经过分拆后的责任，就可以匹配到相应的主体身上，这样就做到了责任的具体化落实、落细，进而提升教材建设的质量和效率。就教材建设的知识获得而言，它指涉学校和课堂两个文化场域，教材建设知识获得的真正实践对象是学生，因此，只有将教材建设的知识获得任务细化为教材知识获得的具体环节，才能真正达到让学生获得知识的目的。

3.逃避责任承担方式

从责任的性质来看，责任可分为积极责任和消极责任。如果说完全责任承担形式和部分责任承担形式是一种积极责任的话，那么逃避责任承担方式就是一种消极责任。

所谓逃避责任承担方式，是指权力主体在享有一定的权力后，未能承担与权力相匹配的责任。责任逃避之所以会存在，是因为权力具有扩张性。主体在占有权力时，往往会表现出一种权力的扩张行为，这种扩张行为的根本原因在于个体具有天然的利益需求，而权力正是个体获取利益的关键要素。从责任的承担来看，主体的责任逃避也是一种责任承担方式，只不过这种责任承担方式会对事件的发展带来消极影响。从教材建设国家事权的任务事项来看，教材建设国家事权的事项由知识选择、知识组织和知识获得三个部分构成。其一，教材建设国家事权的知识选择。教材建设国家事权知识选择事项的存在客观决定着在教材建设国家事权的权力体系中存在着教材建设的知识选择权,主体要想享有该项权力就需要承担教材建设国家事权知识选择的责任。教材建设国家事权的逃避责任承担方式就是在本该承担教材建设知识选择责任时,将责任转移给其他主体,或是未能有效完成教材建设的知识选择任务。其二,教材建设国家事权的知识组织。从整个的教材建设国家事权系统体系来看,教材建设国家事权的知识组织是负责将官方知识转化为学生能够认知的内容,这里就涉及对官方知识内容进行组织与呈现。教材建设国家事权的知识组织活动主要由教育主体和社会主体的专业人员参与,他们在参与教材建设国家事权的知识组织活动时,会存在着重申报立项、轻质量建设的问题,本质上,这就是一种逃避责任的做法,是一种消极的责任承担方式。其三,教材建设国家事权的知识获得。作为教材建设国家事权的重要组成部分,教材建设国家事权的建设成效最终是通过学生的知识获得来体现的。从系统观的角度看,学生的知识获得,不仅仅是学生个体的事,还是整个学校教学活动甚至是整个教育场域中的事,因此,衡量学生的知识获得,就需要全面审视其知识获得的条件、过程和结果。这样,参与教材建设国家事权学校场域中的所有个体就需要承担相应的责任。那些仅仅将学生的知识获得理解为学生获得个体适宜的思想观念就是一种逃避责任承担方式的体现。因此,教材建设国家事权的知识获得要避免这种消极责任观念的产生。

(三)教材建设国家事权的追责情形与依据

追究问责是现代治理体系中的一项重要内容,是保证责任有效落实的关键所在,对于教材建设国家事权的效能发挥具有重要意义。教材建设国家事权的追究问责是确保教材建设落实国家事权的重要保障。任何一种责任的追究都不是空泛的,而是与具体的情形相对应,并需要科学规范的依据作为支撑。教材建设由知识选择、知识组织和知识获得三个部分组成。因此,对于教材建设国家事权的追责需要以此作为追责的逻辑基点。

一是对教材建设国家事权的知识选择进行追责。教材建设国家事权的知识选择是回答教材究竟需要什么样知识的问题,是教材建设彰显国家意志的核心所在。从知识选择的角度看,教材建设国家事权知识选择的内容可分为价值性知识和理论性知识。所谓价值性知识，是指教材内容充分体现国家主流价值观和政治认同的一类知识，它是教材建设落实国家事权的关键所在；所谓理论性知识，是指能够满足学生身心发展需要的、体现系统化、体系化的人类文明认知成果的一类知识。教材建设国家事权的知识选择就是为了满足国家对这两类知识的需求。从我国教材建设的实际来看，我国教材建设国家事权的知识选择主要存在于三科统编教材、统管教材、自编教材与自选教材。这四类教材的区别就在于知识选择上的差异。三科统编教材集中反映国家意志，是价值性知识占主导的一种知识选择模式。统管教材凸显理论性知识的重要性，因此，国家在统管教材知识选择上要求价值性知识与理论性知识的深度融合。自编教材和自选教材具有较大的知识选择灵活性，它们是以市场逻辑为核心的知识选择教材，这两类教材的知识既可以以价值性知识为主，也可以以理论性知识为主，但这里必须要作出说明的是，即使是以理论性知识为主的个体化知识选择也必须与国家的教材建设根本价值要求相一致。从教材建设国家事权的知识选择追责情形看，教材建设国家事权的知识选择追责就是要考察三科统编教材、统管教材、自编教材和自选教材的价值性知识和理论性知识是否与各自教材建设的目标定位相一致。

二是对教材建设国家事权的知识组织进行追责。教材建设国家事权的知识组织是指经过国家知识选择后的教材官方知识如何建构起能够被学生所理解的认知体系。这涉及教材编写、教材出版发行两个环节。在教材建设国家事权的知识组织上，主要有三种权力行使模式，即统权调控的权力互动模式、放权分责的权力互动模式以及统放结合的权力互动模式。教材建设国家事权的三种不同模式的知识组织追责正是围绕着这三种权力互动模式而展开的。

（1）统权调控型权力互动模式的知识组织追责。所谓统权调控，是指教材建设的知识组织由国家掌控，教材建设国家事权场域中的各类知识组织参与主体都需要获得国家的授权许可才可以从事专门的教材知识组织实践活动。这种权力互动模式主要适用于三科统编教材。统权调控的权力互动模式主要针对的是教材编写者、教材审核者、教材出版者和教材发行者，他们在参与三科统编教材建设时必须严格服从国家的知识组织规范要求，任何违反国家要求的教材知识组织行为都将受到严格的责任追究,这也是教材建设国家事权知识组织责任追究的重要内容。

(2)放权分责型权力互动模式的知识组织追究。所谓放权分责,是指国家将部分教材建设的知识组织权力下放给不同的教材建设个人或组织,并由他们来独立承担教材建设知识组织的责任。放权分责的权力互动模式适用于自编教材和自选教材,这类教材建设的知识组织较为灵活,形式较为多样。从规范的角度看,放权分责型权力互动模式的知识组织必须满足两个方面的要求:一是国家的权力行使规范要求,二是教材建设的质量规范要求。国家的权力行使规范要求,是指放权分责权力模式下的教材建设权力主体必须要在国家设定的权力范围内进行教材建设的知识组织活动,任何超越国家权力设定范围的权力行使行为都必须被追责。与此同时,自编教材和自选教材具有较为明显的商品属性,在参与市场竞争方面灵活性较强,这就给教材建设的质量规范带来了挑战。作为教育的重要组成部分,任何时候自编教材和自选教材的育人属性都应该是放在首位的,这意味着教材的质量必须得到严格保障,即对自编教材和自选教材的质量规范情况要进行严格监督。这也是教材建设国家事权知识组织追责情形的重要内容。

(3)统放结合型权力互动模式的知识组织追责。所谓统放结合的权力互动模式,是指教材建设的知识组织由国家统筹,社会参与。这种权力互动模式主要针对的是统管教材。从知识组织的角度看,统管教材的知识组织主要由行政主体、社会主体和教育主体来承担,行政主体代表国家对统管教材的知识组织人员进行严格筛选和对教材知识内容进行审核,社会主体参与教材的出版和发行,教育主体参与教材的编写。统放结合的权力互动模式存在着共有权力和独立权力两种权力组合方式,相对应的就有共担责任和独立责任。因此,统放结合型权力互动模式的知识组织追责就是对行政主体、社会主体和教育主体未能有效处理共有权力与共担责任、独立权力与独立责任的情形进行追责。

三是对教材建设国家事权的知识获得进行追责。所谓知识获得,是指在教材建设中将客观知识转化为学生认知结构的过程。对教材建设国家事权知识获得的追责主要在价值性知识获得和理论性知识获得两个方面。其一,对于教材建设国家事权价值性知识获得的追责。价值性知识获得是国家对教材建设提出的根本要求。教材建设国家事权的目的就是要通过统编教材、统管教材、自编教材和自选教材等不同形式类型的教材帮助学生掌握价值性知识。从教材建设的现实情况来看,教材建设的价值性知识通过不同类型的教材来承载,而在教材的使用过程中,存在个体理解上的差异,因此,对教材建设国家事权的教材价值性知识进行追责监督就是要保障教材建设中的价值性知识获得。其二,对于教材建设国家事权理论性知识获得的追责。理论性知识获得是国家对教材所需要承担人才培养规格的一种要求。当前国家对于创新人才的需求十分迫切,这就需要充分论证教材建设理论性知识获得的科学性和有效性。针对教材建设国家事权理论性知识获得上存在的问题,国家将通过对其严格的追责,确保教材建设国家事权理论性知识获得得到保障。

二、教材建设国家事权的权责关系

教材建设国家事权的背后隐含着复杂的权力和责任的关系互动过程。研究教材建设国家事权权责运行机制问题,有必要探究权力和责任的一般性关系发生机制,明晰权责关系互动过程,进而深刻把握教材建设国家事权这一特殊对象的权责关系发生机制。

(一)权力与责任构成动态平衡关系

权力和责任都不是抽象存在的,他们必须作用于特定的主体并追求着某种利益,形成一种社会关系,体现出支配、控制、服从、认同等行为时才是有意义的。

第一,权力与责任都依赖特定的主体。权力与责任本身不能独立存在,它们必须借助于特定载体才能将其自身的功能发挥出来,才能作为一种共同的行动而得以存在。这意味着权力和责任这种无形的存在能够在主体身上得到具象化的呈现。具体而言,一方面,权力本质上是一种力量,这种力量对应着具体的实在主体,离开了权力的承受者,权力也就失去了其存在的基础;另一方面,责任是一种特殊的任务表现形式,但是作为任务,责任又不同于一般性的任务,它具有其特殊性,往往存在于主体内心,是一种经过主体的精神处理而内化了的任务表现形式,是主体对自身所提出的一种任务要求[①]。主体内心的心理变化反映着责任的生成状况,责任一旦离开了主体,围绕着主体而展开的各种责任心理活动就不得不被迫终止。责任是主体的一种内在的心理存在形式,是沟通主体内外部世界的任务表现形式,是一种内在心理活动的经验形式。将责任视为一种经验形式,这就说明责任来自于主体外部世界的客观存在实体,在经过心理活动后,生成为内在的心理感知,这便是责任生成的过程。把外在的要求转化为内在的责任,需要主体具有独立人格。这是因为责任总是具体的,具体的责任总是由具体的主体来承担,而具体的主体之所以能够承担具体的责任,在于其具有独立的人格。主体人格的独立性使得主体具备了行为选择的能力,并能为自己的独立选择承担相应的责任。正是在这个意义上,我们才说责任是主体的责任,责任不能脱离主体而存在。[②]

第二,权力与责任都体现为一定的利益取向。作为社会关系调节的重要手段和方式,权力和责任本质上是以利益作为其内在逻辑的。权力的存在是为了实现维护公共善这一根本目的,本质上是一种谋取利益的工具,而责任的存在则是为了维护公共利益的善,是保证公共利益得以实现的重要前提。马克思明确指出,把人与社会"连接起来的唯一纽带是自然的必然性,是需要和私人利益"[③],"人们为之奋斗的一切,都同他们的利益有关"[④]。可见,人的行为的最本质特征就在于与利益相关联。马克思在这里所提及的利益,不只是个人利益这一种形式,它还包括集体利益和国家利益等形式。不同于个人是以追求私人利益为根本目的,集体和国家是以追求公共善作为其根本价值追求,并且为了保证这种公共利益能够充分实现,必须对集体和国家这种公共权力主体课以责任的规约。如果说公共权力是谋求公共利益的工具手段,那

---

① 欧阳英.责任的误读与责任理性的恢复[J].哲学动态,2005(3):18-24.
② 谢军.责任论[M].上海:上海人民出版社,2007:66.
③ 中共中央马克思恩格斯列宁斯大林著作编译局.马克思恩格斯文集 第一卷[M].北京:人民出版社,2009:42.
④ 中共中央马克思恩格斯列宁斯大林著作编译局.马克思恩格斯全集 第一卷[M].北京:人民出版社,1956:187.

么公共责任则是维护公共利益的价值标尺,价值标尺指引着工具手段的作用发挥。

责任总是指向公共利益的。责任存在的意义就是要对权力主体谋求利益的行为进行调控,从而使权力主体按照符合公共利益需求的方式行使权力,在个人利益与公共利益之间达成最大平衡状态。责任对主体的功用性表现之一,是责任对主体结构的调控。人作为主体是具有一定结构的,它总是由一定的现实要素组成。大体来说,主体结构可以分为理性和非理性两大部分,其中核心层面是主体的价值取向、需求体系。主体的价值取向反映着人与现实世界相互关系的样式特征。在这里,主体责任的显著功能是调节人的价值取向及其限度,规范人们寻求合理的需求体系。既然需要利益是"人之本性",那么,认可人的正当利益需求便是自然之事。但问题的关键在于,人们究竟该以怎样的态度对待自身的需求,亦即,需求的现实基础是什么?其合理性尺度是什么?我们认为,人与现实世界和谐共存与协调发展便是这种基础与标尺。当然,确立人的利益需求必须从人自身出发,必须以人存在发展的内在要求为基础。但人类对自身利益的竭力追求却常常偏离合理的轨道,甚至呈现一种"需求膨胀"的状态,而克服这种状态的主体性机制便是人的责任意识,即借助主体的责任理性来抑制主体的不合理需求,从而使主体的利益需求建立在现实可行的基础上。这里,主体责任对主体结构调节的核心就是,规范主体需求取向与量度,使主体利益结构合理化、指向规范化。通过主体责任的强化,极大地破除传统的、时下仍盛行的那种将外部世界当作单纯的需求对象、利益之源、价值客体的行为观念。[①]

第三,权力和责任构成动态平衡的生态关系。权力和责任都是以利益为根本追求的。从利益的性质来看,利益可以分为公共利益和个体利益。公共利益以承担积极责任为基础,离开了积极责任的承担,公共利益就失去了存在的意义。而个人利益较为复杂,这是因为个人利益存在着一个限度的问题,当个人利益的获取在一定的限度内,这时的个人利益与公共利益就是一种和谐稳定的关系。现实生活中,我们在强调公共利益时,也并非要完全放弃个人利

---

① 谢军.责任论[M].上海:上海人民出版社,2007:67.

益,只是这里的个人利益要以满足公共利益的需求为根本前提,在此基础上可以在一定限度内追求个人利益。而当个人利益的获取超越一定限度,或是无限度地膨胀时,这时的主体所承担的责任就是一种消极责任,这种责任是与公共利益追求相违背的,当主体的个人利益无限膨胀时,其公共利益必然会受到严重侵犯。事实上,主体在权力和责任的关系互动中所追求的利益不是一个静态的结果,而是一个动态的过程,这个动态过程表现为公共利益与个人利益的动态调适,它会根据具体的客观实际进行主体利益需求的动态调适,以达到动态平衡的目的。

具体而言,当外部的客观实际是以公共利益为根本需求时,进入公共事务场域的行为主体进行权力和责任的利益实践活动时,就需要将公共利益放在首要位置,个人利益必须限定在一定的范围之内,才能保证外部客观实际的公共利益得到满足,整体利益格局维持动态平衡,权力和责任实现良性互动。但是,当进入公共事务场域的主体在享有权力后,未能按照外部公共事务的要求,将公共利益放于首位,而是对自身已占有的权力进行扩张,极力满足自身的个人利益,承担消极责任,这时公共利益就会受到侵犯,外部客观实际所设定的利益格局被打破,主体所享有的权利被剥夺,权责关系失衡。这时就需要主体重新调整个人利益观,以满足外部客观实际所设定的利益分配格局需求,让公共利益与个人利益实现新的平衡,权力和责任也实现新的动态平衡。总的来看,权力和责任之间就是这样一种"简单平衡—结构失衡—复杂平衡"的动态平衡关系。

(二)教材建设国家事权的权责动态平衡关系

教材建设国家事权的权责是实现教材建设价值性知识与理论性知识深度融合的重要依托,对于教材建设国家事权价值目标的达成具有重要意义。教材建设国家事权的权责关系作为一般权责关系的具体体现,是一种权力和责任双边互动的动态平衡关系。

从三科统编教材的权责关系看,三科统编教材需要集中彰显国家意志,体现国家意识形态内容,这意味着三科统编教材必须将国家利益置于教材建设利益场域中最突出的位置。相应的,个体在参与三科统编教材建设的过程中,应该清晰定位自身的利益需求。就统编教材的权责互动关系而言,三科统编教材的权责关系是一种权力和责任双向互动的动态平衡关系。具体而言,教材建设主体进入统编教材权责关系场域,获得相应的权力,而获得这种权力的内在要求是权力主体要满足国家对统编教材的利益需求,但主体手中的权力不能直接转化为国家利益,而是需要主体积极承担统编教材建设的责任,本质上是维护公共利益的善,主体积极履行了责任,就意味着国家利益的实现。但在现实中,由于权力具有扩张性,主体在占有了统编教材建设权力后会将这种权力进行扩张,甚至无限扩大个人利益占有的空间,而主体本应该承担的积极责任就变成了一种消极责任。这种情况下,国家利益受到严重侵犯,致使统编教材建设的利益格局出现危机,最终统编教材权力主体的权力被剥夺,统编教材建设的利益格局进行重新调整,使国家利益得到充分保证,个人利益回归到合理的限度之内,统编教材建设的权责关系再次进入平衡状态。由此可见,统编教材建设的权责关系是一种双向互动的动态平衡关系。

从统管教材的权责关系来看,统管教材的价值定位是以国家利益为主导,同时注重对个人利益的满足。在统管教材的权责关系互动中,权力主体行使权力,履行积极责任,责任充分实现,国家利益充分满足并优先于个人利益得到满足。此时,统管教材利益结构是稳定的,权责关系进入良性发展的轨道。当权力主体行使权力履行的是消极责任时,真正的责任未能得到履行,国家利益受到侵犯,这时个人利益超越了国家利益,统管教材的权责关系利益格局需要进行重新调整,使个人利益让位于国家利益。此时,教材建设国家事权的权责关系重新回到平衡状态。

从自编教材和自选教材的权责关系来看,自编教材和社会性教材以国家利益为根本遵循,允许主体在政策允许范围内追求个人利益。在自编教材和自选教材的权责关系中,主体获得权力,积极履行责任,国家利益得到保障,这时的自编教材和自选教材的利益格局是符合两类教材建设需求的。因此,这时主体的权力会得到持续的供给,主体的权力和责任进行良性的双边互动。而在现实中,主体可能会将手中的权力进行扩张,此时主体履行的就是一种消极责任,这种情况下,自编教材和自选教材建设的利益格局就处于不平衡状态,个人利益的无限扩张严重侵犯了国家利益,最终,自编教材和自选教材的利益格局进行重新调整,使个人利益回到自身应在的位置上。

由此可见,无论是以国家利益为主导的统编教材,还是国家利益占主导、个人利益适度满足的统管教材,或是以国家利益为根本前提、允许主体合法获取个人利益的自编和自选教材,都遵循着教材建设国家事权利益格局下权力和责任的双边互动规律。教材建设国家事权的权责关系本质上是一种权力和责任双边互动的动态平衡关系。

第六章 教材建设国家事权的权责运行机制

结构功能主义理论认为,社会是具有一定结构或组织化手段的系统,社会的各组成部分以有序的方式相互关联,并对社会整体发挥着相应的功能。[1]社会网络学派提出了"结构—行动"理论,认为社会结构具有二重性,既是社会行动的产物,也是社会行动的平台[2]。在此基础上,吉登斯将个体的"约束"因素纳入分析框架之中,他认为,个体往往是基于能动性开展行动,在连续不断的行动过程中,行动也具有了连续性,同时,行动的结果往往具有不确定性,需对其进行监督和控制。[3]与此同时,科尔曼从行动之间的关系入手,认为"行动系统"就是一系列相互关联的行动者,因此他强调"制度性制约"对于行动管理的重要性。[4]可见,约束在整个的社会关系运作中产生着重要作用,因此,社会关系互动应将约束纳入其中,形成"结构—行动—约束"的关系网络。除此之外,结构功能分析的代表人物塔尔科特·帕森斯(Talcott Parsons)在社会结构分析过程中,加入了"价值"要素,强调价值在社会系统中的重要性,认为政府系统最基础的层次是价值系统,这种系统能够为分析总体结构提供参照基点,是社会系统中行动规范取向的模型,对于行动主体的实践活动能够产生定向作用[5]。可见,一个完整的社会关系机制的运作是在"价值—结构—行动—约束"的关系网络中得以形成的。

权责运行机制本质上就是一种有序的社会关系运作形式。教材建设国家事权的权责运行机制作为社会关系互动的一个组成部分,其内在的基本逻辑与社会关系运作的底层逻辑是一致的,同时作为社会关系运作的一种具体表现,教材建设国家事权的权责有序互动遵循着"价值—结构—行动—约束"的社会关系互动的逻辑理路。首先,教材建设落实国家事、权、责安排同样遵循此关系链条,即价值理念首要决定了教材建设落实国家事权安排的基本架构和系统运行方向。其次,嵌入了不同权力关系结构、以结构为行动媒介的教材

---

[1] 李萍.西方社会学理论视野下的中国社会建设[J].行政论坛,2012(3):87-91.
[2] 斯科特.制度与组织——思想观念与物质利益[M].3版.姚伟,王黎芳,译.北京:中国人民大学出版社,2010:86.
[3] 张金荣,彭萧."创熟":激活社区治理共同体的有效模式——"结构—行动"框架下F市T社区的实践分析[J].学术研究,2023(5):69-75.
[4] 杜胜臣.行动与约束机制:未预后果的社会学研究进路[J].大学,2021(33):89-91.
[5] 帕森斯.现代社会的结构与过程[M].梁向阳,译.北京:光明日报出版社,1988:40.

建设系统不仅受制于所处社会关系网络中的位置变化,同时教材建设系统本身也会在一定程度上反作用于国家权力结构或行动方式。最后,结构关系、组织行为和外在约束又会影响教材建设落实国家事权理念的实现程度,四者互联与共通。

第一节 教材建设国家事权权责运行的价值导向机制

价值是社会系统中的行动规范取向的模型,它规定行动的主要方向。按照社会学的设想,价值被审慎地规定在高于目标的一般的层次上。[①]价值导向的目的在于形成社会价值规范。从功能和性质上说,社会价值规范是社会意识形态的一个构成部分,是一定社会历史时期占主导地位的价值观体系。它由社会存在所决定,并反映社会存在,对社会存在具有反作用,是保持社会正常运作所需要的一种形态。在社会系统运行过程中,通过统摄和引导,社会价值规范能被大多社会成员接受或认同,进而产生比较一致的价值选择或评价,使不同社会个体行为与社会发展保持一致,形成一股推动社会前进的"合力"。从社会价值规范所具有的功能上看,它是以适应并满足社会发展需要为目标的,即使原本属于社会个体的价值行为也成为一种社会性的协同行为。[②]正是从这一意义上说,价值导向机制是权责运行机制的组成部分,担负着形成社会价值规范,使教材建设落实国家所期许的价值观念和价值行为,实现由个体性向社会性转化的重要功能。

现代国家治理不可能仅靠政府的单方面力量来完成,必须通过多方力量来实现,至少有三大力量:一是政权力量;二是政府力量;三是社会力量。[③]循

[①] 帕森斯.现代社会的结构与过程[M].梁向阳,译.北京:光明日报出版社,1988:139-140.
[②] 王宏维.经济转型与社会价值规范调适[J].中国社会科学,1994(3):25-34.
[③] 赵宇峰.政府改革与国家治理:周期性政府机构改革的中国逻辑——基于对八次国务院机构改革方案的考察分析[J].复旦学报(社会科学版),2020(2):121-130.

此逻辑,教材建设落实国家事权的价值导向是由国家、行政和社会三大力量主体共同参与完成的,教材建设落实国家事权的价值导向机制反映为"国家—行政—社会"三位一体的互动结构。具体而言,价值导向是在一个由不同单元构成的场域内进行的,域内每个单元担负着价值导向的不同任务,这些独立的单元是一种对立统一关系。所谓对立,是指每个单元独自承担着自身的价值传导任务;所谓统一,是指这些分散的单元又不能与外部脱离关系,而是需要在整个社会有机体中确定好自身的位置,并与外部环境保持着信息资源的交换与交流。简言之,教材建设国家事权的价值导向是由国家力量单元、行政力量单元和社会力量单元所构成的,这些相对独立的单元形成合力共同推动着教材建设国家事权的价值导向任务达成。

一、国家力量主体的价值导向支配

国家力量,又称政权力量,主要由体现国家意志的宪法和法律、政权与制度、执政党与公民参与等要素构成,[①]是确保教材建设落实国家事权,彰显国家意志的核心依靠。从价值功能的角度看,国家力量主体参与教材建设国家事权的价值导向,能够发挥国家集中力量办大事的优势,能够确保教材建设国家事权价值导向的根本方向。从内容上看,国家力量主体参与教材建设国家事权的价值导向支配,主要内容可集中概括为"一坚持五体现",即必须坚持马克思主义指导地位、体现马克思主义中国化要求、体现中国和中华民族风格、体现党和国家对教育的基本要求、体现国家和民族基本价值观以及体现人类文化知识积累和创新成果[②]。"一坚持五体现"高度概括了国家力量主体参与教材建设价值导向的核心所指。无论是国家依托权力主体地位对教材建设的全面支配,还是对教材建设的适度支配,或是国家力量对教材建设的选择性支配,在教材建设国家事权价值导向上,坚持的标准和原则都是一致的,不存在国家

---

① 赵宇峰.政府改革与国家治理:周期性政府机构改革的中国逻辑——基于对八次国务院机构改革方案的考察分析[J].复旦学报(社会科学版),2020(2):121-130.
② 中华人民共和国教育部.教育部关于印发《中小学教材管理办法》《职业院校教材管理办法》和《普通高等学校教材管理办法》的通知[EB/OL].(2019-12-16)[2023-06-18].http://www.moe.gov.cn/srcsite/A26/moe_714/202001/t20200107_414578.html.

力量全面参与的教材建设权力支配的价值导向标准高于其他方式参与的价值导向活动的情况，它们共同指向国家权力主导地位的维护，强调国家意志的价值主导。

那么，国家力量主体是如何进行教材建设国家事权的价值导向支配的呢？国家力量参与的价值导向支配，可分为目的价值导向支配和手段价值导向支配。

其一，目的价值导向支配。所谓目的价值，是指事物以自身为目的的价值。目的价值关涉人的本质。[1]国家力量参与的目的价值支配是为了实现教材建设国家事权的根本目的，即培养德智体美劳全面发展的社会主义建设者和接班人，具有中国心、民族魂的时代新人。国家力量参与教材建设国家事权的价值导向支配活动，能够充分反映国家对于教材建设的需求，能够保证教材建设国家事权的根本价值方向，对于其他主体参与教材建设国家事权的价值导向支配活动起到定向引航的作用。

其二，手段价值导向支配。所谓手段价值，是指事物成为实现他者目的的手段的价值。[2]手段价值以符合事物自身发展规律为前提直接或间接地满足事物自身及与系统相关外部事物的客观需求。较之于行政力量主体和社会力量主体，国家力量主体具有强大的资源整合和专业判断能力，在进行事物价值规律活动的把握上具有一定的优势，国家在对目的价值科学定位的同时，也会对怎样实现这一目的价值进行手段方法的指导，这一点在国家的政策文件中都得到了体现，如教育部印发《中小学教材管理办法》，在总则中首先明确了教材管理的目的价值，其次就是遵照总则进行管理职责、编写修订、教材审核、出版发行、选用使用的分工与明确，最后是保障机制与检查监督[3]。事实上，后面两个部分的内容是一种手段价值的具体化，是对目的价值的任务细化。

---

[1] 刘旭.价值是主客体关系与主体间关系的总和——基于马克思主义价值哲学视野中的劳动二重性[J].湖北社会科学，2017(5)：17-23.

[2] 陈发俊.论老子的环境伦理思想及其当代价值[J].安徽大学学报(哲学社会科学版)，2019(5)：10-17.

[3] 中华人民共和国教育部.教育部关于印发《中小学教材管理办法》《职业院校教材管理办法》和《普通高等学校教材管理办法》的通知[EB/OL].(2019-12-16)[2023-07-26].http://www.moe.gov.cn/srcsite/A26/moe_714/202001/t20200107_414578.html.

从权力运行的角度看,国家力量参与教材建设国家事权的手段价值支配,主要通过对权力运行的调控来达到教材建设落实国家权责安排和彰显国家意志的终极目的。在国家场域中,教材建设国家事权的价值导向机构是国家教材委员会,负责整个教材建设国家事权的价值导向工作。诉诸行动,国家力量主体支配着整个教材建设的价值导向,国家在参与教材建设价值导向时存在着类型上的差异,即国家全面参与统编教材的价值导向工作、国家适度参与统管教材的价值导向管理事宜,以及国家审慎参与自编和社会性教材的价值导向管理工作。具体而言,国家直接干预统编教材的知识选择、组织和管理,直接引导三科统编教材内容和教材建设方向。国家以适度参与的方式来把控统管教材知识选择、组织和管理,即通过制定课程标准和课程大纲来明确统管教材建设方向,将统管教材的意识形态管理权限交由行政主体来统筹负责。国家对于自编和自选教材则以一种审慎的方式介入管理。质言之,国家并不会直接参与该类教材的管理,而是以委托形式来实现对自编教材和自选教材的价值引导,授权行政主体对自编教材和自选教材进行价值引导。

二、行政力量主体的价值导向调控

行政力量,主要由依法履行公共事务管理职能的各级、各部门政府行政机构与行政人员等要素决定。由于直接承担公共事务的管理,政府力量除受制于国家政权体系外,还要受制于经济社会发展的现实,既要与国家政权力量相契合,也要与包括市场在内的社会力量相契合,在国家治理体系中,发挥着联合、协调与激发国家政权力量与社会力量,共同治理国家的关键使命。[①]循此可发现,教材建设国家事权的价值导向不是空泛的概念,而是需要国家、行政和社会三种力量主体共同来参与和完成,其中行政主体发挥着上传下达、协调各方的重要职能。总的来看,行政主体主要通过调控方式参与教材建设的价值引导,教材建设落实国家事权遵循调控逻辑。

---

① 赵宇峰.政府改革与国家治理:周期性政府机构改革的中国逻辑——基于对八次国务院机构改革方案的考察分析[J].复旦学报(社会科学版),2020(2):121-130.

那么,行政力量主体是怎样发挥教材建设国家事权价值导向的调控职能的呢?在行政场域中,整个行政机构是按照自上而下、自下而上和同级之间的行政权力进行架构的,这些架构也承载着教材建设国家事权的价值传导作用。具体而言,国家在教材建设国家事权价值引导上所发挥的作用是一种顶层设计的领导作用,这种设计还只是一种理论式、原则性的抽象存在,而要真正发挥出教材建设国家事权价值导向的作用还需依托于实践过程中的权力调控,这种权力调控现实表征为不同权力主体间的关系调控。即行政力量主体基于国家权力调配逻辑,对统编教材、统管教材、自编教材和自选教材建设事宜进行权责分配,具体形成了统权调控模式、统放调控模式、放权赋能模式。

其一,统权调控的权力关系模式,指的是国家将教材建设的权力进行集中统一调配,以达到权力集中统一领导、增强意识形态话语影响力的目的,这种权力调控模式主要针对的是统编教材。行政主体对统权调控类教材进行关系调适,其中一项重要的内容就是将教材建设国家事权的意识形态及其话语权传导到统权调控类教材建设主体上来,行政主体根据此类教材的建设需要,进行有针对性的意识形态及其话语引导政策制定。

其二,统放调控的权力关系模式,此类权力关系调控模式主要针对的是统管教材,指的是国家适度保留教材建设的部分权力,剩余权力则下放给各级各类教材建设主体,这样就形成了统放结合的教材建设权力分配结构。由于统管教材的学科门类众多,行政主体对统放结合类教材进行关系调适时,就需要采取有针对性的、动态式的方法策略。作为行政主体进行关系调适的重要组成部分,教材建设国家事权的价值导向也需要通过行政主体的关系调适得以实现。行政主体可以发挥其能够灵活应对的特点对统放结合类教材的价值观进行有针对性的价值引导。

其三,放权赋能的权力关系调控模式,此模式主要针对的是自编教材和自选教材,具体是指国家将教材建设的权力全部下放给不同层级的权力主体,以达到赋能增效的目的。行政主体参与放权分责类教材的价值引导,主要是通过关系调适的方式进行的,即行政主体会充分考虑国家对教材建设国家事权的意识形态安全需要,并结合放权分责类教材的特点进行有针对性的价值引导。

三、社会力量主体的价值导向依附

社会力量,主要由人们在生产、生活和交往中形成的组织、制度、价值和秩序等要素构成,这其中包括两大基本体系:一是市场体系,二是自治体系,这两大体系相互渗透,交互作用。[①]社会力量参与的教材建设国家事权的价值导向正是在市场体系和自治体系的交互作用中完成的。从价值功能的角度看,社会力量参与教材建设国家事权的价值导向能够激活价值导向因子,进而实现教材建设国家事权的价值内容与作用主体的深度结合,达到价值观塑造的真实目的。从性质上看,社会力量主体参与教材建设国家事权的价值导向仍体现为国家权力主导,即以国家意识形态或国家意志为社会力量主体意志的价值判定标准。事实上,社会力量主体所拥有的权力本质源于国家权力的让渡,其存在的合法性在于社会力量主体是国家力量主体的权力代言人,在这个意义上,社会力量参与教材建设国家事权的价值导向遵循着权力依附的逻辑。

社会力量主体是如何依附于国家权力进行教材建设国家事权价值导向的呢?从教材内容建设环节来看,教材建设由知识选择、知识组织和知识获得三个部分构成。知识选择由国家来完成,知识组织由行政主体和教育主体来完成,知识获得则主要由教育主体来完成,其中知识组织和知识获得都发生在社会场域。在社会场域中,影响教材建设国家事权的价值导向机构包括出版社、出版商、学校、家庭等,这些机构或单位会作用于整个价值传导链条。

社会主体参与教材建设国家事权的价值引导遵循依附逻辑。社会主体作为教材建设的实践参与主体,其价值观会直接影响教材建设的内容与质量,但社会主体置身于我国科层化的权力关系网中,要想参与教材建设,需要先获得国家的合法性身份认同,简言之就是认同国家核心意志、服从国家和行政主体安排,参与教材建设的社会主体角色定位无疑是十分明确的,在价值观引导上完全依附于国家和行政主体。社会主体一方面要自觉将国家和行政主体要求的价值观内容转化为自身的思想认识,另一方面要对其他社会参与主体、教育主体等进行符合国家核心意志的价值引导。就利益调适而言,这里的调适是

---

① 赵宇峰.政府改革与国家治理:周期性政府机构改革的中国逻辑——基于对八次国务院机构改革方案的考察分析[J].复旦学报(社会科学版),2020(2):121-130.

通过激励与监督的形式来实现的。教材建设国家事权的价值导向,在经过了结构设计、权力互动后,还需要进行关系调适,因为整个教材建设在本质上就是一种社会利益关系活动。在教材建设国家事权价值导向的过程中,各权力主体能否按照要求进行价值引导,本质是受利益所支配的,因此,需要对参与教材建设的不同主体进行动态的利益调适,如通过话语校准、激励制度和权责监督等方式来达到维护国家意识形态安全的理想目的。

第二节
教材建设国家事权权责运行的结构设计机制

孔德认为,社会是一种有规律的结构,它与生物有机体有极大的相似性,是一个由各种要素组成的整体。[①]这意味着一个社会的和谐运转需要对其要素进行精心设计。结构设计的基本逻辑在于通过对要素的合理安排,使得系统中的各主体明确自身位置,进而进行合乎规律的实践活动。教材建设落实国家事权安排的权责运行结构设计目的在于形成权力秩序。所谓权力秩序,就其静态意义而言,就是一个政治共同体的权力结构[②],最终目的是确立权力主体的合法性身份,这是权力主体参与权责关系互动的基础。参与教材建设的权力主体若缺乏合法性的身份确认,其所开展的教材实践活动终将无生命力。事实上,参与教材建设的不同主体实现自身权力合法化的过程正是在整个教材建设实践场域中寻找结构位置,明确自身的职责定位,进而获得外界的承认,最终实现权力身份的合法化的过程。从教材建设国家事权的权力结构看,教材建设国家事权的权力结构是由行政权力结构、社会权力结构和教育权力结构构成的。

---

① 周怡.社会结构:由"形构"到"解构"——结构功能主义、结构主义和后结构主义理论之走向[J].社会学研究,2000(3):55-66.
② 江国华.中国宪法中的权力秩序[J].东方法学,2010(4):50-68.

一、教材建设行政主体的权力支配结构

追溯我国教材建设历史,行政主体在教材建设过程中始终处于支配地位。1985年,《中共中央关于教育体制改革的决定》指出,"除大政方针和宏观规划由中央决定外,具体政策、制度、计划的制定和实施,以及对学校的领导、管理和检查,责任和权力都交给地方"。1987年,国家教委《全国中小学教材审定委员会工作章程》(以下简称《章程》)指出,"为适应本地区或本学校使用而编写的教材(乡土教材、选修教材、补充教材等),由省、自治区、直辖市教育行政部门审查,报国家教育委员会备案",明确了地方政府管理教材的机构及其职能。1992年,教育部将中小学教材审定委员会办公室改为基础教育课程教材研究中心,承担教材建设与管理的相关职能。同时,国家给予地方教材管理自主权。以上这些都意味着教材建设从国家统一管理走向了国家和地方共同管理。2001年,《教育部地方课程管理指南(征求意见稿)》指出,"省级教育行政部门根据地方课程纲要(或方案)规定的门类要求,受理核准本地区编写地方课程教材的立项申请","省级教育行政部门成立省级中小学教材审定委员会,负责地方课程教材的审定","加强对中小学教辅材料的管理"。[1]这一做法明确了地方政府教材管理的职责。总体来看,行政主体的权力结构是我国教材建设的核心依靠,对教材建设起到支配作用。

2016年10月,中央发布关于教材建设的文件,第一次明确教材工作是国家事权,第一次明确健全国家教材管理制度。2017年7月,成立了以国务院领导为主任的国家教材委员会,由教育部教材局承担办公室工作,随后又成立了教育部课程教材研究所。[2]国家教材委员会层次高、部门全、专家多,履行总管、把关、协调职能,这把教材建设和管理推上了一个更高的层级,体现了国家对教材工作的高度重视,标志着我国教材建设步入了一个新的历史阶段。

---

[1] 刘学智,张振.改革开放40年基础教育教材制度改革的回顾与展望[J].课程·教材·教法,2018,38(8):27-33.

[2] 曾天山.我国教材建设的实践历程和发展经验[J].课程·教材·教法,2017,37(12):17-23.

教材建设行政主体的权力支配结构主要是按照"条块"关系进行权力支配结构设计的。"条块"关系,是我国行政主体进行权力支配活动的重要模式,是中国地方政府体制中基本的结构性关系[1],遵循以"块"为主、以"条"为辅的原则[2],反映了特定政府组织之间的关系,对于协调行政主体内部的各种关系具有十分重要的意义。

所谓"条条",是指从中央到地方各级政府业务内容的性质相同的职能部门,"条条"的存在意味着各级政府的职能部门要按照专业分际接受上级职能部门的业务指导。[3]教材建设各级政府的职能部门设置遵循着"条条"实践活动的底层逻辑。教材建设中的"条条"治理单元主要由国务院教育行政部门、省级教育行政部门、市(州)教育行政部门、区(县)教育行政部门所构成,这些自上而下的教育行政部门都是以相同的任务分工而被归入到"条条"之中的。所谓"块块",是指由不同职能部门组合而成的各个层级政府。处在最高层次的"块块"是国务院,在现行制度环境下,国务院下辖26个部委,这些部委具有各自的职能分工,执行着国家特定领域的重大任务事项,肩负着国家事权落地转化的时代使命。处在中间层级的"块块"则是各省级人民政府,由于我国地域辽阔,各省域间存在一定的差异性,因此,每个省级治理单元就是一个行政要素完备的权力实践场域。在这个权力实践场域中,事关个人和社会发展的各种事项都能通过省域内的行政要素配置得以完成。在省级治理单元之下,又可分为市(州)、区(县)两种形式的"块块"治理单元。这样以省级人民政府为核心的"块块"体系就表现为省级人民政府—市(州)人民政府—区(县)人民政府。循此思路,教材建设领域也同样存在着以"块块"为底层逻辑的行政权力支配结构。具体而言,在中央层面,国务院是处在最高层级的教材建设"块块"治理单元,是统筹教材建设的最高行政权力支配机构,具有协调教材建设各领域资源的巨大优势。国务院作为最高国家权力机关的执行机关,是最高国家行政机关,是落实国家事权的重要主体。党和国家将教材建设上升到国

---

[1] 周振超.打破职责同构:条块关系变革的路径选择[J].中国行政管理,2005(9):103-106.
[2] 杨龙,吴涵博.条块结构视角下国家治理单元的选择与运用[J].华南师范大学学报(社会科学版),2022(4):20-32.
[3] 同上。

家事权的高度，意味着国务院需要承担本应由最高国家权力机关履行的教材建设各方面任务、事项、职责。在具体实践上，为发挥国务院统筹协调的职能，指导和统筹全国教材工作，贯彻党和国家关于教材工作的重大方针政策，研究审议教材建设规划和年度工作计划，研究解决教材建设中的重大问题，指导、组织、协调各地区各部门有关教材工作，审查国家课程设置和课程标准制定，审查意识形态属性较强的国家规划教材，2017年3月，由国务院统筹22个部门组建了国家教材委员会。国家教材委员会的设立充分体现了作为最高层级"块块"治理单元的国务院具有强大的资源统筹协调能力，是影响国家经济社会发展全局的重要决定性力量。在地方层面，处在最高层级的教材建设"块块"治理单元，是负责统筹协调所在省域行政要素资源的各省级人民政府。各省级人民政府由不同的政府职能部门构成，这些职能部门既可以独立地开展工作，也可以在省级人民政府的统筹协调下进行资源整合、协作分工。教材建设是国家事权，地方人民政府是国家行政机关的重要组成部分，具有承担落实国家事权的重要职责。因此，地方人民政府需要承担教材建设的重要职责，需要将教材建设放入省级人民政府的重要议事日程之中。从实践来看，全国已有安徽、福建、甘肃、江西、云南等省份正式发文成立了地方层面的教材委员会，负责统筹协调本地区的教材建设事务。作为地方"块块"治理单元的省级人民政府，通过协调本省域内行政资源，组建教材建设国家事权的议事机构，将会对教材建设国家事权的落实产生重要意义。在省级人民政府之下，还存在着市（州）和区（县）人民政府，他们在落实教材建设国家事权的行政实践中遵循着与省级人民政府行政资源配置的相同逻辑——通过本级人民政府组建跨部门的议事机构，明确各职能部门的教材建设职责，最终将教材建设国家事权的具体任务事项分配到各职能部门去具体落实。

概而论之，行政主体支配下的教材建设国家事权权责体系运行过程中存在"条条"和"块块"两条线索，"条条"是纵贯整个教材内容系统和价值系统的单一政府职能部门，"块块"是横穿教材管理系统的各级政府综合力量主体，两线交叉确保了教材事权结构的稳固和运行的有序。

二、教材建设社会主体的权力依附结构

何为权力依附?权力依附是从依附性权力的概念演化而来的,媒体通过依附于既有制度、政治、法律、经济、文化权力而产生的权力延伸,可称为依附性权力。[①]循此,权力依附是权力接受主体通过依附于占有政治制度、政治文化、法律法规、经济制度、文化传统等优势地位的权力发出主体而产生的权力延伸。教材建设国家事权的根本权力来源于人民,并由人民让渡给国家,因此可以说,教材建设国家事权权责实践活动是由国家来支配的。本质上,国家是教材建设的权力发出主体,其他主体所享有的教材建设权力均由国家通过委托或授权的形式来实现。其他主体相对于国家这一特定主体就是权力的从属者,因此,其他主体与国家之间就形成了一种权力依附关系,即国家支配其他主体,其他主体依附于国家。在这个意义上,其他主体的权力依附实践所依靠的权力结构框架也都是在国家权力框架的范围内进行建构的。那么,教材建设国家事权社会主体的权力结构又是如何设计的呢?教材建设国家事权的社会权力依附结构体现在隐性依附和显性依附两个方面。所谓隐性依附是指教材建设国家事权的社会权力不是一种完全独立的权力,在其背后还要受到意识形态话语权支配的影响。这种意识形态话语权就是教材建设国家事权所提出来的政治性要求。在实践中,教材建设国家事权的各社会权力主体在开展自身工作时,并非完全不受束缚,在其行为实践的背后还存在着一种话语权力。这种话语权力所反映的意识形态要求教材建设国家事权的社会权力主体在坚持教材文本充分遵循教育教学规律的同时,还必须有强烈的政治使命感和社会责任意识。所谓显性依附是指国家将权力让渡给某一社会组织和机构,国家在进行权力让渡的同时,会在教材建设的社会权力系统中构建一系列的数字技术管理平台,所有参与教材建设出版发行的人员都必须在这些数字技术管理平台中进行实践活动,而数字技术管理平台都有严格的使用规章制度,这些规章制度是根据每个使用者的身份来设定的,获得教材建设国家事权出版发行合法身份的参与者都必须按照法律所赋予的权力和社会认可的角色来进行合乎目的的教材出版发行活动。国家将权力分配给社会权力主体,一

---

① 全苗.媒介霸权论:理论溯源、权力构成与现实向度[J].当代传播,2010(5):21-24.

个重要考量就是国家充分考虑到社会权力主体掌握着社会资源。国家用公共权力与社会主体进行利益交换,但是这种交换是有条件的。质言之,国家虽然将权力授予了社会主体,但国家依然具有对社会权力主体支配的权力。社会权力主体的市场行为依赖于国家的权力授予。只有国家将权力授予社会权力主体,社会权力主体的实践行为才是合法的、正当的。

三、教材建设教育主体的权力调适结构

与行政场域和社会场域的权力结构设计相比,教育场域的权力结构设计更具复杂性,这是因为教育场域是所有参与教材建设的权力主体汇合点,也是各种利益交互冲突整合的关系场。因此,如何有效调适教育主体间的权力并设计出科学的权力调适结构就变得尤为重要。

教育主体参与教材建设所行使的权力被称为教育权力,它是参与教材知识筛选、组织和管理的各类主体所享有的一种权力形式。教育权力是教材建设国家事权的重要构成部分,对于教材建设国家事权能否凸显国家意志起到至关重要的作用。教育权力为了能够发挥教材建设知识选择、知识组织以及知识获得的功能,需要对手中的权力进行调适,因此,教材建设国家事权的教育主体所享有的教育权力在行使过程中遵循的是一种调适逻辑。

教材建设国家事权的教育权力主体主要有校长、教师和教研员。在这些权力主体中校长既是国家行政权力结构中的一个要素,也是教育场域中话语权力结构中的一个要素。因此,校长具有双重权力身份,这种双重权力身份是被国家和社会所认可了的,这也意味着其要承担相应的双重责任。教师和教研员作为教育场域中话语权力的重要主体,其参与教材建设国家事权的知识获得活动必须要经由国家的授权和委托,只有经过了国家的认可,教师和教研员参与教材建设国家事权实践活动的合法性身份才能够得到确认。

教育场域是实现教材知识选择和知识组织向知识获得转化的重要场所,在这一过程中,教育主体发挥着关键作用,教育主体作用的发挥需要以主体享有的特定权力作为基础。从教材建设的内容来看,教材建设涉及统编教材、统管教材、自编教材和社会性教材,种类繁多,这些教材进入教育场域并不意味

着教育主体享有同样的权力,而是根据不同的教材种类,教育主体享有不同性质的权力。具体而言,针对统编教材,教育主体享有的是教材使用的执行权,而真正的教材使用决策权掌握在国家手中,教师只是国家教材使用决策权的执行主体,实质上扮演着国家权力"代言人"的角色。此时作为教育主体,教师的权力调适空间较小,必须严格按照国家的要求完成统编教材使用的任务,来诠释教材知识与价值观。针对统管教材,教育主体享有的是教材使用的决策权,这种权力同样来自于国家的授予。拥有了决策权的教师可以根据课程教学的需要对教材的知识内容进行调适,以适应不同学生对教材知识的理解需求。针对自编和社会性教材,教育主体享有教师使用的决策权,这种权力的支配主体是多元的,可以是教师,也可以是家长和社会培训机构的人员。相较于统编教材和统管教材,自编和自选教材的使用主体具有较大的权力调适空间,可以根据自身的需要对该类教材进行理解与阐释活动。教育主体的权力调适本质是塑造一种有机生态关系,即教材建设中的国家宏大叙事与教育主体中个体叙事实现耦合嵌入。国家主体的宏大叙事并非都能被教育主体中的个体所接受,因此,在教育场域中注重权力的调适结构建构,就是要在发挥国家宏大叙事支配作用的同时,也要凸显教育主体中个体叙事的灵活性和人文性。唯有如此,教材建设国家事权的真正诉求才能得以实现。

第三节
教材建设国家事权权责运行的技术治理机制

现代国家是一个技术装置,技术治理是权力主体实践行动的重要表现。技术治理本质上是一个场景化过程。简单地说,场景化是指意义赋予和行动存在均依场景而触发,指运用情景触发行动者特定情绪或行动的时空设置已经成为社会的普遍现象。[①]教材建设国家事权的权责运行本质上是通过国家的技术治理场景布置来达到主体行动规则支配的目的,这种场景布置主要体现在物理场景治理中的科层化行政活动空间和数字技术空间两个方面。我国政府自上而下层级间的行政管理体制,一直实行的是上级政府向下级政府下达指标、分解任务、量化考核的目标责任制,[②]这些任务的执行都是发生在每一层级的科层化行政空间之中的。科层化行政空间中权力的作用方式通过设计和使用政策工具来达成目的。而技术空间中的权力作用,则是在技术与主体结合后,使之嵌入到主体之中才能发挥出技术的应有价值。

一、教材建设权责运行的政策工具使用

政府要针对不同的政策议题(如环境保护、社会治安、社区服务等),结合不同的资源限制、政治压力以及过去经验教训等情况,在政府工具箱(government toolbox)中选择单一或多重组合的有效工具(强制性工具、混合性工具、自愿性工具)。根据霍莱特和拉梅什的政策工具光谱理论,虽然大部分的政策工具在技术上是可替代的,但是实际上不同的工具具有不同程度的效能、效率、公平、合法性的支持;政策工具的选择不仅要考虑目前的预算限制、公民与政策次级系统的支持,而且要考虑文化规范与制度决策工具的合法性。[③]行政学中将政策工具分为实质性政策工具和程序性政策工具两种类型[④],前者具有强规制性,能够直接影响市场活动或政策参与者,对于维护社会秩序具有重要价值和意义。后者通过明确规定怎样采取行动和由谁来采取行动等问题,规范和约束政府的行为及公共权力,旨在强调政策在制度层面的流

---

① 吕德文.治理技术如何适配国家机器——技术治理的运用场景及其限度[J].探索与争鸣,2019(6):59-67.
② 渠敬东,周飞舟,应星.从总体支配到技术治理——基于中国30年改革经验的社会学分析[J].中国社会科学,2009(6):104-127.
③ 孙柏瑛,李卓青.政策网络治理:公共治理的新途径[J].中国行政管理,2008(5):106-109.
④ 臧雷振,任婧楠.从实质性政策工具到程序性政策工具:国家治理的工具选择[J].行政论坛,2023(2):85-93.

程规范性。①循此逻辑可以概括出,教材建设权责运行的政策工具是由实质性政策工具和程序性政策工具所构成的。在这两种政策工具的运行过程中,形成了统权调控的实质性政策工具使用模式、放权分责的程序性政策工具使用模式以及统放结合的程序性政策工具使用模式三种类型。

(一)统权调控的教材建设政策工具使用模式

从教材建设的类型来看,统权调控的教材建设政策工具使用是一种实质性的政策工具使用模式,它对应着教材建设国家事权中的统编、统管、自编和自选教材类型。统权(the power of government)即维持政治共同体统一与完整的权威与强制性力量,它是促使社会"聚合"的因素。②调控一词,在这里是指宏观调控。宏观调控是中央政府的重要职责之一③,也是国家经济治理的主要工具④。统权调控本质上是一种彰显国家意志的权力实践行为,是落实国家事权的直接体现。统编教材是落实国家事权的核心载体,是彰显我国社会主义制度优越性的主阵地。因此,统编教材建设需要国家进行统权调控,以确保国家意志得到充分体现。

那么,作为能够集中体现国家意志的各类教材与统权调控权力行使方式又是怎样实现二者互动交流的呢?从知识的运作来看,国家在各类教材管理上,采取的是统权调控的实质性政策工具使用模式,即国家掌握着各类教材的决策权,国家力量全面介入各类教材的知识选择、知识组织和知识获得,只是在不同类型教材上的介入程度不同罢了。这里就以统编教材为例,统编教材,顾名思义,是由国家统一编写的教材,主要是指中小学道德与法治(思想政治)、语文和历史三科。统一组织编写普通中小学道德与法治(思想政治)、语文和历史三科教材是中央作出的重大部署决策。⑤从价值功能上看,统编教材

---

① 臧雷振,任婧楠.从实质性政策工具到程序性政策工具:国家治理的工具选择[J].行政论坛,2023(2):85-93.
② 江国华.中国宪法中的权力秩序[J].东方法学,2010(4):50-68.
③ 樊继达.匹配大国治理的政府间事权财权关系:沿革、挑战及优化[J].宁夏党校学报,2022(1):5-12.
④ 何自力,李路遥.习近平加强党对经济工作集中统一领导思想研究[J].政治经济学评论,2022,13(1):33-46.
⑤ 赵秀红,王家源."十三五"教材体系建设取得重大突破[N].中国教育报,2020-12-25(1).

编写具有两个方面的重大意义：一是国家意义；二是文化意义。前者旨在强调国家认同，后者旨在强调文化认同。在国家认同方面，要在学生心中厚植爱国主义情怀；在文化认同方面，要大力弘扬中华优秀传统文化、革命文化和社会主义先进文化，特别是要将社会主义核心价值观有机融入教材体系。从性质上看，统编教材不同于其他一般教材，更不同于教材之外的所有其他普通读物。统编教材具有较强的意识形态属性，涉及国家主权、国家安全及民族宗教等内容，统编教材编写实际彰显的是一种国家行为，国家行为是由统编教材的性质决定的。因此，国家要对义务教育阶段的道德与法治、语文、历史，以及高校、职业学校德育类重点教材实行"统一编写、统一审查、统一使用"。可见，统编教材编写是一种国家行为，这种行为集中体现了国家意志。[①]在知识选择上，国家直接提出统编教材的知识选择建设要求，行政主体和教育主体负责统编教材知识选择的具体任务执行。在知识组织上，国家直接参与统编教材的知识组织的出版发行组织协调，针对义务教育阶段的统编教材，国家明确将该类教材的出版发行任务委托给人民教育出版社，其他性质的出版社则无权参与义务教育阶段统编教材的出版发行。在知识获得上，国家直接参与到统编教材的知识解释与传递活动中来，国家委托各级各类学校和教师通过使用统编教材帮助学生实现知识获得，国家在委托各级各类学校和教师时也在对其使用统编教材提出明确的要求。在教育部基础教育司原司长吕玉刚看来，三科教材任教教师要切实把统编三科教材的政治方向、价值导向、核心思想和主要内容学准、学懂、学透，充分发挥积极性、主动性和创造性，不断提高新教材实施水平，确保把扎实的学科知识教给学生、把科学的思维方法授予学生、把正确的价值观念传递给学生。[②]从权责一致的角度看，任何参与统权调控类教材活动的权力主体，在获得国家委托的权力后，同时也需要承担相应的责任，获得权力和责任后的权力主体就取得了从事统权调控类教材建设的合法身份，其自身也能体会到身份角色的转变。

① 刘启迪.新时代我国统编教材的编写方略研究[J].湖南师范大学教育科学学报,2021,20(3):64-70.
② 吕玉刚.抓好统编三科教材使用 落实立德树人根本任务[J].课程·教材·教法,2020,40(10):4-7.

从权力的类型看,以统权调控为权力组织形式的权力主体主要对应着国家主体、行政主体、社会主体和教育主体。就国家主体而言,国家主体在统权调控类教材上拥有全部的教材建设决策权,任何个人或组织之所以能够参与到此类教材的建设中,是因为他们获得了国家的授权或委托,本质上,这些个人或组织享有的是教材建设的执行权。需要说明的是,个人或组织通过国家授权或委托而获得的权力是一种动态的权力,国家会根据整个教材建设的需要动态调整个人或组织的权力大小或有无。就行政主体而言,行政主体在统权调控类教材建设过程中享有的是执行权力,其重要职能是将国家关于各类教材建设的重大决策部署和顶层设计方案转化为各类执行主体能够执行的任务事项,在整个统权调控类教材建设中起到关键枢纽的作用。就社会主体而言,社会主体虽然掌握着从事各类教材建设的专业知识,但这种知识能否在统权调控类教材中发挥作用,关键在于国家是否向社会主体进行授权,以及赋予社会主体多大的教材出版发行权力。本质上,社会主体在统权调控类教材建设中享有的是教材建设国家事权的执行权力。就教育主体而言,教育主体主要通过参与教材建设的知识选择和知识获得而获得相应的教材建设权力。在以各类教材为主的统权调控类教材建设上,教育主体如何选择知识、选择什么样的知识进入教材以及如何使用教材知识等都要服从国家的统一调控。质言之,教育主体在以各类教材为主体的统权调控类教材建设上享有的是教材建设的执行权,而真正的教材建设知识选择和知识获得的权力则掌握在国家手中,作为教育主体代表的教师只是国家权力的"代言人"。

从权力作用的关系来看,国家权力支配行政主体、社会主体和教育主体,国家主体通过政治动员和宏观调控,来协调行政主体、社会主体和教育主体的行为活动,使之与国家对各类教材的要求相一致。行政主体可以直接获得国家的授权,获得授权后的行政主体相应地获得教材建设政策执行领域的决策权。因此,行政主体与社会主体、教育主体在教材建设的政策执行上是一种支配与被支配的关系。无论是在统权调控类教材建设的知识选择、知识组织上,还是在知识获得上,社会主体和教育主体都需要依赖于国家和行政主体的权力支配。需要说明的是,社会主体和教育主体所享有的统权调控类教材建设权力是要根据国家的教材建设需要进行动态调整的,这也意味着社会主体和教育主体所享有的权力具有动态性、灵活性的特征。

从权责关系的角度来看,首先,参与统权调控类教材建设的主体进入教材建设场域时,国家会将教材编写、教材审核、教材出版发行、教材选用使用的权力分配到具有相应专业能力的个体或组织,此时国家分配的权力仅仅是教材建设的具体任务事项的执行权,而对教材建设产生决定性影响的决策权依然保留在国家手中,国家分配权力的方式是以一种委托或代理的形式进行的。其次,参与统权调控类教材建设的主体需要进行责任转化。责任本质上是外在任务的内在化。外在的任务要求作为一种客观责任,并不能直接对任务本身产生作用,而是需要将其转化为内在的心理任务。内在心理任务,即主观责任,才是推动主体进行实践活动的关键所在。主体进行责任转化的过程,也是利益观进行调整的过程。这时,主体会存在两种利益观,一种是公共利益观,它是坚持将公共善作为个体行为实践的首要价值理念,公共利益是确保社会和谐稳定的重要前提;另一种是个体利益观,个体利益是以个人的生理和心理需求作为衡量标准的一种价值观选择方式。个体利益是作为自然人所具有的天然属性。就统权调控类教材而言,统权调控类教材是以国家利益作为最高价值追求的,它要求所有参与到教材建设中的权力主体将国家利益作为首要的价值追求。这里需要说明的是,统权调控类教材强调权力主体的国家利益价值追求,并不意味着完全忽略主体的个人利益追求,而是允许权力主体在适度的空间内获取个人利益,但这种个人利益必须是建立在国家利益得到充分保障的基础之上的。最后,统权调控类教材的主体进行利益调适。在教材建设国家事权价值导向的作用下,参与统权调控类教材建设的主体以实现国家利益为核心价值追求,这时国家赋予统权调控各类行为主体的权力得到合法行使,责任得到积极承担,国家利益得到实现,最终,实现统权调控类教材的权责动态平衡。

(二)放权分责的教材建设政策工具使用模式

从教材建设国家事权的权力分配性质看,放权分责的教材建设是一种以国家权力为依托而进行的各种权力主体自由参与教材建设的实践活动行为,这种形式的教材建设政策工具使用是一种程序性的政策工具使用模式。在服务对象上,放权分责的教材建设覆盖到整个教材建设类型体系之中。在实践中,由于不同类型教材的特殊功能定位,会存在着权力下放程度大小的区别。从知识的类型看,放权分责的教材建设对象具有贴近现实生活需求的本然属性,能够实现官方知识与地方知识的有机融合。而这种融合正好满足了人民群众对于多样化精神文化产品的需求。新自由主义学派的集大成者哈耶克认为,在社会演进的秩序中,存在一个与劳动分工同样重要的"知识分工"的问题。知识是分立存在的,在整个社会中知识只会作为个人的知识而存在。所谓整个社会的知识,只是一种比喻而已。所有个人的知识的总和,绝不是作为一种整合过的整体知识而存在的。这种所有个人的知识的确存在,但却以分散的、不完全的、有时甚至是彼此冲突的信念的形式散存于个人之间。知识以不同的方式存在和传递,一部分是分散地存在于不同情景下的个人头脑中,另一部分是普遍掌握的共同知识。[①] 由此可见,即使是掌握着强大资源的国家,在知识的占有上,也并非能百分之百占有社会领域内的所有知识,对于那些存在于具体情境中的动态知识,国家则难以占有,因此,国家在进行权力规则支配时,就需要将权力适当地分配到不同主体身上,这样就能让那些具有具体情境知识的主体活力得到激发。在这个意义上,放权分责的作用和价值得以彰显。所谓放权分责,是指国家将部分教材建设的权力下放给各级各类主体,与之相伴的责任同时转移给相应的权力接受主体。综上所述,作为教材建设重要组成部分的中小学课外读物也遵循着放权分责的权力活动逻辑。

放权分责模式下的教材可以称为"放权分责类教材"。教材建设国家事权的放权分责意味着国家将部分教材建设的决策权让渡给能够承担起教材建设事项任务的主体,让他们来承担该部分教材建设任务。这时的教材建设权力接受主体就具有了从事部分教材建设的决策权。放权赋能类教材的主体在获得国家授予的教材建设决策权的同时,也必须要承担相应的责任,主体获得权力和责任后,其身份的合法地位才能够得到确认。放权分责类教材的权力主体进行的权力互动主要是行政主体与教育主体之间的权力互动,行政主体具

---

① 鲁敏.变迁与失衡:转型期地方政府的权责配置研究[J].云南社会科学,2012(1):64-68.

有放权赋能类教材建设的决策权,因此,行政主体能够对社会主体、教育主体进行权力支配,通过政治动员、行政命令、政策引导等方式来支配社会主体和教育主体,使其能够充分保证达到国家所期许的放权分责类教材建设的目标要求。

从市场活力的角度看,针对人民群众对多样化教材的迫切需求这一问题,国家将能力和兴趣拓展类教材的建设权力授予了社会主体和教育主体,这种做法正是考虑到了社会主体具有从事此类教材建设的专业优势,能够通过充分地利用社会资源来编制出更能满足人民需求的多样化教材。这类教材针对的是自编和社会性教材。国家将自编教材和自选教材的决策权授予社会主体和教育主体本质上是一种公共权力的分散与下放,是激发各类主体内在活力的重要方式。

从利益的角度看,放权分责类教材建设以满足国家利益需求为根本前提,在此基础上进行个人或组织利益获得的实践行为。放权分责类教材的主体在获得国家的授权后,进入教材建设场域从事教材建设活动,其行为必须要以符合国家的利益需求为根本遵循,在利益选择时,应充分考虑到国家利益与个人利益的平衡关系,在此基础上进行该类教材的创新实践探索活动。

(三)统放结合的教材建设政策工具使用模式

党的十九大报告提出,中国特色社会主义进入新时代,我国社会主要矛盾已经转化为人民日益增长的美好生活需要和不平衡不充分的发展之间的矛盾。[①]而这一主要矛盾在教材建设上的表现就在于教材多样化发展未能满足人民群众的精神文化需求。要想实现教材多样化发展,就需要多渠道、多途径提高教材建设的供给效率,而多样化教材供给的关键就在于教材建设国家事权的权力分配格局,解决这一核心问题的关键就在于坚持以国家为主体、多种力量参与的教材建设治理格局。统放结合的教材建设政策工具使用模式正是遵循了这一内在逻辑,是一种程序性政策工具使用模式的具体体现。

---

① 习近平.决胜全面建成小康社会 夺取新时代中国特色社会主义伟大胜利——在中国共产党第十九次全国代表大会上的报告[N].人民日报,2017-10-28(1).

从教材建设的类型来看,国家在加大对三科统编教材重视力度的同时,也十分重视建设数学、科学、艺术、体育等国家课程标准规定的教材。统放结合的教材建设管理模式,将制度规约与效能释放充分结合了起来,既充分满足了国家对于社会主义核心价值观引导的需求,同时也兼顾了人民群众对于多样化教材供给的现实需求。统放结合的教材建设管理模式不仅仅针对某一类型的教材建设,而是指向所有类型的教材建设。只不过这里还存在着权力和责任归属程度上的差异。

从性质上看,统放结合的教材由国家和社会共同参与建设与管理。这里就以统管教材为例,在某种意义上,统管教材是国家意识形态安全维护的重要阵地,统管教材建设是一种彰显国家意志的国家行为。在强调统管教材政治属性的同时,也不应忽视统管教材的知识属性,正是因为统管教材建设具有鲜明的知识取向,所以它也是一种社会行为。总的来看,统管教材是一种国家权力与社会权力共同参与完成的教材类型。

我国多层级核心政治体制内含的所有权与使用权分离式非制度性分权配置、纵向集权与横向竞争的组织体系等属性,形成了在中央与地方或上级与下级之间实行"统分结合"双层治理机制。[①]这里的统分结合等同于本书中的统放结合,都是指向中央与地方、上级与下级共同参与治理事项的权力分配方式。从价值功能的角度看,统放结合权力组织模式的作用在于中央或上级可以结合公共产品供给的性质与外部范围,来统筹决定向下"发包"的事项和"放权"的程度,并可以通过行政区划工具来调整作为生产者的下级政府规模以与之相匹配。循此逻辑,我们可以进一步认为,统放结合的权力组织形式能够最大程度地激发行政体制内部的活力,进而实现教材建设公共利益最大化。综合上述统管教材和统放结合各自的特点,可知统管教材建设遵循的是一种统放结合的权力形式逻辑。这种权力的组织模式能够体现出教材建设的灵活性,能够最大限度地在国家和社会之间取得利益的平衡。可以将统放结合模式的教材称为"统放结合类教材",此类教材针对的是统管教材。统管教材是国家统一规划的教材。因这类教材的种类繁多,国家为了提升教材建设的质

---

① 张雪霖.多层级核心政治体制与"统分结合"双层治理[J].教学与研究,2020(6):74-83.

量和效率,将统管教材的部分权力下放给行政和社会主体,这样就能最大限度地满足教材建设的需求。

统放结合类教材的权力运作模式是国家、行政和社会三方力量共同参与的,从知识选择上看,国家掌握着教材建设知识选择的决策权,因此承担着教材建设知识选择和决策的责任,行政主体和社会主体掌握着教材建设知识选择的执行权,同时也承担着教材建设知识选择的执行责任。获得权力和责任后的行政主体和社会主体就取得了合法化的身份。从知识组织上看,国家将统放结合类教材知识组织的决策权下放给行政主体,这时的行政主体就具有参与教材建设知识组织的决策权,同时也需要承担知识组织的责任。只有同时具备了权力和责任两种要素,行政主体的合法化身份才得以确立。社会主体和教育主体作为行政主体知识组织的执行主体,享有着统放结合类教材的执行权,也承担着相应的执行责任。只有这样,其合法化的身份才能被承认。从知识获得上看,国家将统放结合类教材知识获得的决策权下放给教育主体,教育主体在获得教材建设知识获得的决策权时,就需要积极履行责任。只有做到权力和责任的统一,教育主体参与统放结合类教材的合法化身份才能得到确认。

从权力组织方式上看,统放结合类教材建设采取的是分级负责的项目制权力组织形式。具体而言,国家将教材建设的总体任务进行统筹布局,并以项目制的形式对任务进行"打包",再结合各地区实际情况将任务分发到各个省份,国家在对各省份进行权力考核时,主要通过结果验收的形式来实现,对于项目具体执行的情况,国家则不去过多干预。各省份在获得教材建设的任务决定权和处置权后,会根据本地区实际再次进行国家任务的细化分工,细化分工后的教材建设任务再进行任务打包,这时各省份的教育行政部门可以按照科层制的权力组织方式将教材建设的项目任务分发到下一级的各地市教育行政部门,也可以将教材建设的部分项目任务直接交给异地的相关部门来配合完成,这样就充分保障了教材建设任务的有效落实。此外,分级负责的权力组织方式还表现为,国家将教材建设的部分权力下放给不同权力主体,从治理的角度看,国家下放权力的重要考量就是要实现多元权力主体之间的协作。因此,统放结合类教材建设的不同层级教材建设主体在拥有上级赋予的一定教材建设决策权后要积极寻求与其他主体的协同合作,这才是教材建设国家事权权力统放结合的关键所在。

二、教材建设权责运行的数字技术嵌入

教材建设权责运行的话语表达必须要借助一定的媒介才能发挥作用。事实上,整个教材建设国家事权的国家意识形态话语正是通过教材建设中各种类型的数字化技术媒介来达到这一目的的。可以说,在教材建设权责运行过程中,已经离不开网络信息技术了。而且党和国家基于国家治理现代化的考量,对于国家治理过程中加强人工智能技术的运用,实施了制度性激励。例如,2022年6月,国务院印发《关于加强数字政府建设的指导意见》,提出数字政府建设要求,要求政府整体实现全方位数字化转型,不仅仅是某些业务领域的数字化应用,而是要塑造政府在数字时代的新形态,通过数字化推动政府职能转变、结构重组和能力提升。[①]党的二十大也明确提出建设"网络强国、数字中国"的目标。针对教材建设,国家层面已打造出国家课程教材综合信息平台,国家课程教材综合信息平台主要服务于地方教育行政部门和学校两种权力属性的主体。这两类主体在教材选用使用方面发挥着关键作用。国家课程教材综合信息平台能够收集到区县一级教育行政部门的教材选用和使用信息,同时也对学校的属性层级进行精确化的信息收集,如每一所学校在填报用户信息时,需要按照教育行政区划的省、市、县逐级选择后,输入学校规范全称(其中省直管学校需对应省级选项,地市直管学校对应市级选项)。由此可见,不同的主体被限定在特定的技术空间内活动,这样做就是要达到国家对教材建设宏观话语权力支配的目的。

信息网络技术已经成为教材建设权责运行数字技术治理的重要手段,教材建设主体凭借信息网络技术建立了各种教材建设权责运行数字化治理平台,包括决策指挥平台、人事调配平台、专家资源库平台、财务预算平台、工作考核平台、信息发布平台等,构建了立体化的教材建设权责运行数字技术治理体系,实现了教材建设全领域权力和责任的网格化全覆盖。信息技术的内在

[①] 中华人民共和国中央人民政府.国务院关于加强数字政府建设的指导意见[EB/OL].(2022-06-23)[2023-06-26].https://www.gov.cn/zhengce/content/2022/06/23/content_5697299.htm.

逻辑蕴含着一种网络化逻辑,运用该技术的系统在运作过程中可能呈现出网络化特征。教材建设权责运行数字化技术治理系统在借助信息技术载体运作过程中,必须有扁平化、多线性沟通机制与之契合,减少治理沟通程序和降低治理成本。

教材建设权责运行数字化技术治理创新的核心在于权力关系结构方式和类型的重组优化,通过国家权力与社会权力的相互整合与渗透,实现权力结构的重塑和革新,实现控制和整合社会的均衡逻辑。在信息化社会中,权力的网状方式带动了教材建设权责运行数字化技术治理主体以网格化的治理方式呈现出来,变为一种"横向到边,纵向到底"的无缝隙精准化治理模式。究其本质,网格化教材建设权责运行数字化技术治理是在既有行政体制不变的环境背景下,融入多元社会主体,采用现代信息技术化调整和整合权力结构以重塑秩序的社会治理模式,从而提升治理效率和治理效能。通过教材建设权责运行数字化技术治理链条的延伸与拉长,不断实现治理权力的下移。[①]

第四节
教材建设国家事权权责运行的行为约束机制

教材建设国家事权的权责运行处于一种权力和责任的动态平衡关系中,这种动态平衡关系的关键就在于主体内在力量和主体外在力量两股力量的博弈,当这两股力量任何一方缺失,都会破坏教材建设国家事权权责运行的平衡关系。行为约束是社会关系调节的重要方式。建立和完善国家事权权力扩张的约束机制,是为了防止国家事权权力过度扩张,[②]也是有效发挥责任收缩功能的必然选择,能够为实现教材建设国家事权的权责动态平衡提供重要的制度保障。从类型上看,行为约束主要有内在约束和外在约束两种形式。内在

[①] 韩春梅,赵康睿,李侠.信息技术时代社会治安治理路径探究——基于全景敞视主义的视角[J].公安学研究,2022,25(3):66-84.

[②] 杨秋菊.行政权力扩张的原则界限及其约束机制[J].行政论坛,2005(4):5-7.

约束指向主体内在的伦理规范与责任生成;外在约束则指向以监督为核心的制度规范。

一、教材建设国家事权权责运行的内在行为约束

根据责任的定义,所谓责任就是一种特殊的任务表现形式。但是作为任务,责任又不同于一般性的任务,它具有其特殊性,它往往存在于主体内心,是一种经过主体的精神处理而内化了的任务表现形式,是主体对自身所提出的一种任务要求。本质上,责任是外在任务的内在化。[①]责任规制就是指外在任务转化为主体内在心理意愿的实践活动。内在行为约束本质上就是责任规制。由于人们的价值观具有差异,对于同一任务,人们会有不同的反应。在权责关系中,某一主体获得权力一定是附加等量的外在任务的,这种外在任务能否转化为主体的内在任务形式是受到价值观影响的。具体而言,教材建设国家事权的权力主体在享有权力的同时,也要承担相应的任务。这种任务要求都是外在的,而责任是外在任务内在化的特殊任务形式。因此,从外在任务要求到内在心理化的特殊任务形式需要经历一个转化过程。

责任本质上是一种外在任务内在化,这种外在任务内在化是属于道德范畴的。将外在任务转化为内在道德意志的过程就是责任生成的过程。责任生成所追求的就是一种道德意志的自由,即以内在的责任意识发展为目标。责任意识具有不同的水平和深度。朴素的同情与关切是责任意识的模糊状态,它源自人性善的本质或生命系统中个体间的不可分割性,具有自发性;与职责的和伦理的要求相对应的责任是社会性程度较高的责任,它具有清晰的目的性和外在规约性,是"社会的客观要求、自身的角色以及社会对此种角色的行为期待"[②],带有一定程度的强制性,常常伴随克服自身欲求而导致的焦虑。高度理性的和自觉的责任,是责任的最高境界,它建立在对人的存在本质的认识基础上,基于对人的共生性的充分理解的对自己存在方式的自由选择,此时人的责任行动不再伴随强制和选择性焦虑[③]。

---

① 欧阳英.责任的误读与责任理性的恢复[J].哲学动态,2005(3):18-24.
② 肖振远.经济转型时期的责任意识[J].吉林大学社会科学学报,1995(4):9-14.
③ 宋晔.责任生成的道德内涵及其实现机制[J].南京师大学报(社会科学版),2003(4):89-95.

内在行为约束的根本动力来自于自我精神的唤起。培育自主精神，使责任生成成为教材建设国家事权责任主体的道德自觉，就是要使教材建设国家事权的责任主体从低水平的模糊状态向高度理性和自觉发展的高水平状态过渡。只有达到了理性和自觉的道德认知阶段，教材建设国家事权的责任意识才会成为一种积极的实践行为。

黑格尔说："人的决心是它自己的活动，是本于他的自由作出的，并且是他自己的责任。"[①]自由与责任是相互联系的两个方面，"自由、自主是责任产生的基础和根本前提，没有自由则没有责任，自由的度和责任的量有密切关系。剥夺教材建设国家事权实践主体自由决定和自由创造的权利，也就取消了人们担负责任的内在根据。"[②]"只有当一个人能够如他所期望的那样从一开始就自由地行动时，我们才能对这些实际上发生的事件追究责任。"[③]因此，自由不是无所约束，自由意味着责任，责任以自由为前提，随着个人自主选择程度的提高，道德责任感就越来越强。个人的自主选择是一个自觉过程，这种道德自觉的程度反映了责任生成的水平。道德活动，在根本上是一种自主和自为的过程，而不是由外力压制和被动接受的过程。教材建设国家事权责任生成的目标即个体人格尊严的确立和对个人自主选择的尊重。[④]所以，责任生成教育要摒弃那种剥夺教材建设国家事权实践主体自主选择、自主决定的强制约束方式，而要设计丰富多彩的活动和给教材建设国家事权的实践主体提供经常的自主选择的机会，以培养其积极的参与意识，提高其对活动过程及活动结果的责任意识。[⑤]这种活动和活动的要求应是教材建设国家事权实践主体的自主选择，个体才会用心体验人与人之间利益相关的现实状况，深刻理解相互尊重、相互协调的必要性，切实感受到自己所担负的道义上的责任，从而萌生责任动机，履行自己的责任[⑥]。

---

① 黑格尔.法哲学原理[M].范扬,张企泰,译.北京:商务印书馆,1961:146.
② 鲁洁,王逢贤.德育新论[M].南京:江苏教育出版社,2000:468.
③ 里奇拉克.发现自由意志与个人责任[M].2版.许泽民,罗选民,译.贵阳:贵州人民出版社,2019:1.
④ 肖川.主体性道德人格教育刍议[J].现代教育论丛,1998(2):1-6.
⑤ 宋晔.责任生成的道德内涵及其实现机制[J].南京师大学报(社会科学版),2003(4):89-95.
⑥ 赵文静.试论责任和责任教育[J].山东教育科研,2000(10):15-17.

二、教材建设国家事权权责运行的外在行为约束

在前文已经讨论主体内在责任机制的基础上,本节着重探讨教材建设国家事权权责运行的外在行为约束问题。从表现形式上看,教材建设国家事权的权责运行外在行为约束主要通过监督的方式来体现。作为一个复杂的社会关系系统,教材建设国家事权的权责运行监督不能单凭某一主体来参与到复杂事项的社会关系调节之中,而应引入多元化的力量参与到教材建设国家事权的权责运行社会关系约束之中来。从类型上看,教材建设国家事权的监督制度主要有国家力量参与的类型化监督、行政力量参与的系统化监督以及社会力量参与的民主化监督。

(一)国家力量参与的教材建设类型化监督

国家力量参与教材建设监督是教材建设国家事权监督机制的重要组成部分,是彰显国家意志的具体体现,发挥着极为重要的导向制约作用。从形式上看,国家力量参与教材建设监督主要有三种形式,即国家力量全面介入教材建设监督、国家力量适度介入教材建设监督以及国家力量审慎介入教材建设监督。

其一,国家力量全面介入教材建设监督。这种监督对应着国家统编教材,此类教材具有较强的意识形态属性。因此,国家对这部分教材保留着教材建设的决策权,即这类教材的编写、审核、出版、发行、选用、使用的决策权都掌握在国家手中,行政主体、社会主体和教育主体只是这些建设类型的权力执行主体或充当"权力代言人"的角色。国家力量全面介入教材建设监督覆盖统编教材建设的全部环节,具体而言,在统编教材编写上,国家要对教材编写人员的准入情况进行严格监督,对教材编写人员的工作执行情况进行过程监督并对工作过程中出现的问题进行及时的反馈与建议。在教材审核上,国家要对教材审核人员的遴选情况进行严格监督,严格监督教材编写和审核人员分离制度的落实情况,统编教材的意识形态审查是国家最为关注的内容。因此,针对这一环节,国家将会对其严格监督,充分体现教材审核的意识形态把关功能。

在教材出版发行上,国家要对教材出版发行的资质进行严格审查,对教材出版机构参与统编教材的权力行使状况进行监督。在教材选用上,国家严格介入对统编教材选用权责运行情况的监督。在教材使用上,国家将统编教材的使用权委托给教师,换言之,教师是国家教材使用的代言人。因此,国家需要对教师的统编教材使用情况进行监督。

其二,国家力量适度介入的教材建设监督。这种监督对应着国家统管的国家规划教材,该类教材具有一定的意识形态属性。因此,国家对国家规划教材保留着部分的决策权,即在整个教材建设环节,国家保留着教材建设的决策权,而剩余的权力则是授予行政主体、社会主体和教育主体。一方面,国家对于教材建设进行监督时除了对国家具有决策权部分的教材进行监督,同时还应适度对授予行政主体、社会主体和教育主体的那部分权力进行适度监督,以保证教材建设国家事权真正得到落实。另一方面,国家力量介入教材建设监督除了对国家保留决策权的教材建设环节进行严格的权责监督外,还应对国家决策权之外的教材建设环节进行监督,只不过国家力量在介入这些环节的教材建设监督时应以一种适度的方式来参与。

其三,国家力量审慎介入的教材建设监督。这种监督对应着国家统管教材之外的教材类型,该类教材类型多样,是为满足人民群众对教材多样化需求而存在的一类教材形态。国家对此类教材建设的权力分配形式是,将权力授予行政主体、社会主体和教育主体,国家不再保留教材建设的直接决策权,而是由行政主体、社会主体和教育主体来支配权力。国家对于此类教材监督的审慎介入并不因为国家权力的完全让渡,就不具备对其进行教材监督的责任。相反,国家是可以对教材建设的权责实施情况进行监督的,只不过国家需要以一种审慎的态度来进行教材建设的监督,这种监督的内容仅仅停留在对行政主体、社会主体和教育主体权力行使的规范情况进行监督,并不会对教材建设的具体事宜进行深入的监督。国家力量介入的真实目的是对各权力行使主体进行政治监督和政治方向引领,确保教材建设坚持正确的政治方向,真正使教材建设国家事权得到有效落实。

(二)行政力量参与的教材建设系统化监督

将行政力量引入到教材建设国家事权的权责运行监督之中,是教材建设国家事权权责运行监督体系的重要组成部分。

1.自上而下的垂直监督机制

层级管理往往呈"金字塔"形状,体现出一种立体监视的状况。层级监视形成了一种自上而下的关系网络,"这个网络控制着整体,完全覆盖着整体,并从监督者和被不断监督者之间获得权力效应"[1]。在科层制内,各层级关系甚至无层级关系的社会成员都被置于因监视而产生的权力关联结构中。[2]也正是通过这种监视,教材建设国家事权的行政主体才构建出一套严密约束的自上而下的内在权力控制体系。在这种控制体系中,由于有了这种特殊的监督技术,权力对主体的控制遵循着利益和道德的法则。

在教材建设国家事权的权责体系中科层制的权力架构是为了保障不同主体之间关系的稳定。同样的,在对教材建设国家事权的权责进行监督时,也应遵循权力的科层制架构,即在教材建设国家事权的权责结构中,进行自上而下的垂直监督是基础,其他所有形式的监督都是对垂直监督的补充。所谓垂直监督,是指上一级权力主体对下一级权力主体进行权力活动方式的调控。

在垂直监督中,主要存在两种形式的监督,分别是法律监督和行政监督。法律监督,是根据相关的法律要求,对教材建设国家事权的行政主体、社会主体和教育主体的实践落实情况进行监督,对于违反法律规范要求的,要及时提出改正意见,对于严重触犯法律规范的,要采取紧急必要措施对其相关主体进行惩罚,目的是保障教材建设国家事权权责有机体的良性运转。行政监督,是对教材建设过程中,各主体的行为规范情况进行监督,这种监督重在形成工作规范,是一种事前和事中的过程监督。行政监督,重在对法律监督提出的建议和意见进行落实,以保障法律监督的意见或建议得到真正落实。教材建设国家事权自上而下的垂直监督,对于整个教材建设国家事权权责体系的正常运

---

[1] 张春龙.规训效应:全景敞视主义在现代工厂中的体现——基于对工厂农民工的访谈[J].青年研究,2013(6):26-37.
[2] 陈阿江.从熟悉社会到透明世界——监视视角下的社会类型演变[J].江海学刊,2022(2):100-107.

转十分重要。只有将这种科层制监督落到实处,教材建设国家事权的权责生态体才能有效运转。

2.同级之间的平等监督机制

同级之间的监督本质上是一种监视关系。事实上,监视关系不仅仅存在于科层制的上下层级关系中,在同一层级的平行结构中也存在监视关系。[1]同级监视指依靠本组织的要素,监督权力运行,提升廉政绩效的监督体制。[2]同级监督的存在意义是规范政治纪律、法律规范在同级部门内部的执行落实,是降低权力和责任风险的重要方式,对每个主体的个人素质提出了较高要求。相对于垂直监督的外部约束而言,同级监督是一种内在的自我约束,这种约束是表现在部门内部的,即部门中的主体将部门的利益视为自身的利益,部门内的主体为了能够维持部门的荣誉,而自觉肩负起监督的职责,对自己严格负责,对部门内的其他人员进行监督,这些实践的动力都是来自于主体内在的。同级监督是一种积极主动的监督形式,它是整个监督体系的重要组成部分,离开了同级监督,教材建设国家事权的权责监督机制将会是不完整的。正是有了教材建设国家事权的同级监督,教材建设国家事权的同级部门之间主体的道德责任感会得到极大提升,主体的个人专业能力也将会得到极大的释放。有了内在动力的激发,教材建设国家事权权责有机体就能够持续健康运转。

教材建设国家事权的同级监督主要有专业监督和伦理监督。所谓专业监督,是指教材建设国家事权的同级部门之间进行专业领域活动的监督,这种监督是对各主体的专业实践情况进行监督,是对同级部门内部主体的专业活动过程和结果进行监督。专业监督是督促教材建设国家事权的专业主体认真履行专业规范,从严要求自身,将专业知识和能力自觉运用到教材建设国家事权的具体事项之中。教材建设国家事权的关键在于专业主体的任务执行情况,如果教材建设国家事权的专业主体不能将专业知识运用到教材建设之中,直接后果就是精品教材的建设质量将会难以保证。而从教材建设国家事权的权力监督整体看,专业主体又是极易被忽视的一类主体,教材建设国家事权的专

---

[1] 陈阿江.从熟悉社会到透明世界——监视视角下的社会类型演变[J].江海学刊,2022(2):100-107.
[2] 梁奇星,廖力玮.基层央行同级监督存在的问题及对策建议[J].企业改革与管理,2019(23):196-197.

业主体不像行政主体那样具有明确的行政法规限定,事实上,难以找到一个统一的标准来衡量专业主体,因此,通过同级部门的监督,发挥同级部门的专业知识相近或相关的优势,加上对专业主体实践活动的熟悉,同级部门之间进行的监督就能达到理想的监督效果。所谓伦理监督,是指对教材建设国家事权权力主体道德规范的监督。从价值类型看,人类社会存在着目的价值和工具价值两种价值方式。目的价值关乎人的本质,是以自身为目的的价值。事实上,目的价值寻求的是一种善的行为,这种善的行为是以道德价值的寻求为表征方式的,它能够维护和促进人与人相互关系的结构和秩序的稳定和发展。[①] 工具价值,是指事物成为实现他者目的的手段的价值。[②] 工具价值以合规律性为基本遵循,以合目的性为根本旨归。任何工具价值的形式都不能是单一偏向目的或规律的,而是在合目的性与合规律性之间找到一种平衡,这样工具价值的真正作用才能得以发挥。然而,现实中,教材建设国家事权的实践异化为仅仅用工具价值作为其价值判断标准,这样就造成了对目的价值的忽视,即表现为道德规范监督的缺位。行政学的研究也表明,作为目的价值表征形式的道德一旦被逐出政府行政过程,就会混淆政府行政中的善恶界限,动摇基本道德规范和准则,使社会主义上层建筑自我调控的机能僵化或丧失,政府也就会失去情感、理性和良知,从而导致整个社会在政治上的信用危机。[③] 任何主体都会有自身存在的地方性文化知识,这些对主体伦理责任的履行将会产生重要影响。教材建设国家事权突出同级部门之间的伦理监督,就是看到教材建设国家事权垂直监督和民主监督难以做到对教材建设国家事权同级部门的伦理监督。教材建设国家事权的同级部门的伦理监督就是要发挥同级部门内部主体之间能够清晰地了解每一位主体的伦理状况(个人价值观)的优势。教材建设国家事权是一种公共价值观指导下的社会利益行为,个人的伦理观应该服从或服务于这一价值观,在教材建设国家事权同级部门之间倡导伦理监督,就是要在同级部门内部形成一种教材建设国家事权

[①] 李德顺.价值论[M].3版.北京:中国人民大学出版社,2013:96.
[②] 陈发俊.论老子的环境伦理思想及其当代价值[J].安徽大学学报(哲学社会科学版),2019(5):10-17.
[③] 刘湘宁.论行政伦理的监督机制[J].长沙大学学报,2005,19(3):12-14.

的公共价值观,这一价值观的实现是个长期的过程,需要通过教材建设国家事权同级部门之间进行伦理监督,只有保证同级部门之间大多数人的伦理观念都服从于教材建设国家事权公共价值观这一价值观导向,教材建设国家事权权责生态体才会处于一种动态平衡的健康环境之中。

(三)社会力量参与的教材建设民主化监督

社会力量参与的教材建设民主化监督是一种外部监督,其实质是通过社会民众的自发力量来达到对国家行政机关及其他权力主体实施监督的目的,具有民主性、广泛性和自发性等特点。从类型上看,它主要划分为舆论监督和群众监督两种形式。

其一,舆论监督。作为一种道德评价的主要表现形式,社会舆论是反映整个社会对行政行为监督的重要内容,具有其他形式无可比拟的显著优势,能够对国家和社会生活产生极大的影响,并对行政主体的行政行为构成直接的制约。它表现着社会发展对行政行为的客观要求,表达着社会和集体中绝大多数人的愿望和意志。教材建设国家事权的舆论监督运用新闻传媒改善教材建设国家事权社会政治生活质量,特别是监督、改进体现教材建设国家事权权力主体公共服务水平的政治性活动。随着社会的发展和进步,舆论监督日益成为社会关注的热点,在教材建设国家事权实践中,舆论监督已成为调控教材建设国家事权权力主体权力关系的重要手段。当前,随着信息技术手段的不断发展,公民参与教材建设国家事权的舆论监督形式也更为多元,公民积极参与教材建设国家事权的舆论监督也为教材建设国家事权的服务能力提升奠定了基础。

其二,群众监督。健全和完善民主制度,充分发挥人民群众的监督作用,是实现国家治理体系治理能力现代化的重要路径。人民是国家的主人,我国的一切权力属于人民,中国共产党以全心全意为人民服务、全心全意为人民谋利益为宗旨。而自觉接受人民群众的监督,也是由教材建设国家事权权力主体自身特性所决定的。教材建设国家事权的根本目的是服务于精品教材打造,最终是要服务于人民,人民满不满意才是衡量教材建设质量高低的重要标准。积极发挥人民群众对教材建设国家事权的监督作用,也是打造人民满意教材的重要途径。教材建设国家事权进行自下而上的群众监督,意义在于体现了对人民主权的尊重。教材建设国家事权的权力根本来源于人民,人民对教材建设进行监督是一种合目的性的行为。教材建设国家事权自下而上的民主监督能够让教材建设国家事权的各类主体能够按照规范化的程序进行教材建设实践,也是真正让权力在阳光下运行的重要体现。教材建设国家事权的群众监督,在实现方式上,可以通过传统与现代相结合的方式,既要保留传统形式的民意反馈渠道,又要积极地拓展渠道以适应现代社会公民信息表达的诉求。正是公民的热情参与和对主体行权与履职的积极监督,教材建设国家事权才能真正体现权力在阳光下运行、权力为民谋利,取得令人民满意的建设成效。

第七章 统编教材建设落实国家事权的现实样态与系统优化

统编教材建设落实国家事权有其特定权责特征，当前面临特殊的风险挑战，有必要予以系统优化和提升，以促进统编教材系统的秩序化运转。

第一节
统编教材建设落实国家事权的权责特征

统编教材亦称"部编教材"或"通用教材"，是指在一个课程标准或教学大纲指导下，由国家教育行政部门统一组织编写、全国统一使用的教材[①]，具体涉及语文、道德与法治、历史三门学科。当前加强统编教材建设，实质是为促进国家权责框架在基础教育领域的置入，维护国家在教材领域的话语主导权，在此过程中，统编教材建设有其特定权责主体、权责内容和权责运行机理。

一、统编教材建设落实国家事权的权责主体

我国《中小学教材管理办法》明确指出，"国务院和省级教育行政部门根据国家课程方案合理规划教材，重视教材质量，突出教材特色。思想政治（道德与法治）、语文、历史课程教材，以及其他意识形态属性较强的教材和涉及国家主权、安全、民族、宗教等内容的教材，实行国家统一编写、统一审核、统一使用"[②]，但这并不意味参与统编教材建设的只有国家这唯一权力主体。基于我国教材建设落实国家事权的多元权力属性来看，参与统编教材建设的主体涉及行政主体、社会主体和教育主体，只不过在统编教材建设过程中有意强化行政主体的权力主导地位，发挥社会主体和教育主体的共建共治作用。

[①] 郭戈.我国统编教材的历史沿革和基本经验[J].课程·教材·教法,2019,39(5):4-14.
[②] 中华人民共和国教育部.教育部关于印发《中小学教材管理办法》《职业院校教材管理办法》和《普通高等学校教材管理办法》的通知[EB/OL].(2019-12-16)[2023-06-18].http://www.moe.gov.cn/srcsite/A26/moe_714/202001/t20200107_414578.html.

(一)作为直接责任人的行政主体

参与统编教材建设的行政主体,具有鲜明的行政属性和权力特征,主要涉及国家级教材行政机构或部门,如国务院教育行政部门、国家教材委员会及其专家委员会、教育部教材局等;省级教材行政机构或部门,如各省级教育行政部门、省级教材委员会及其专家委员会等;地市级教育行政机构或部门。这些不同的行政主体在统编教材建设过程中发挥着不同的作用。当前基于国家教材委员会的上层指导与统筹,我国中小学教材实行的是国家、地方和学校分级管理的制度,明确"国家统编教材由国务院教育行政部门组织编写",参与统编教材建设的核心行政主体是国家级教材行政机构或部门,即国务院、国家教材委员会和教育部教材局,这些国家级教材行政机构在国家意志和权力保障下,成为统编教材建设的直接责任人,如当前国家全权负责统编教材编写、审核、出版、发行、使用等事宜,成为统编教材建设的第一责任人。

(二)作为官方委托的社会主体

参与统编教材建设的社会主体来源广泛且构成复杂,表现出明显的社会属性。较之常规意义上的社会主体(处在一定社会关系中从事实践活动的人或群体),他们属于个体或所属群体利益的代表,维护的是特定阶层或公众的利益。基于统编教材鲜明的权力属性,社会主体若要参与统编教材建设,需要获得国家的身份认同或资格认可,这就要求广大社会主体要承认国家在教材领域的话语主导权,要将国家利益置于自身或所属阶层、群体利益之上。因而,泛在意义上的统编教材建设社会主体涉及教材编写单位、出版发行单位、选用单位、监测单位、印刷单位、经销书店;专家学者或技术人员,如课程专家、学科研究者、教科研人员、编者、作者,编辑、校对、装帧设计或印刷、排版、出版人员等。但真正参与统编教材建设过程中的社会主体是那些受官方委托的群体、单位或机构,他们是国家在教材领域的社会代表、利益相关者或"发言人",主要包括人民教育出版社;国家教材建设重点研究基地,如"中小学(含中职)道德与法治(思想政治)教材研究基地"(人民教育出版社),高校课程专家、学科研究人员等。

(三)作为话语代言人的教育主体

理论意义上,统编教材建设的教育主体是教育系统中的组织机构、部门或相关从业人员,主要涉及各级各类学校,省、地市、区县各级教研室,教育科学研究院等,以及各教育组织内部成员,如教研员、校长等学校管理人员和教师、学生等,但这并不等于所有教育主体都可参与到统编教材建设过程中。统编教材作为落实国家事权的核心载体,要求参与其中的教育主体必须坚持国家立场和维护国家利益,即他们是国家在统编教材领域的教育代表、国家话语的代言人、党和国家教育意志的践行者,需要对国家表现出明显的政治认同、制度认同或文化认同,因而当前参与统编教材建设的教育主体主要是基础教育领域的优秀教师或教科研人员,此外还包括国家教材建设重点研究基地中的人员,如"大中小学德育一体化教材研究基地"、"中小学(含中职)语文教材研究基地"(北京师范大学)、"中小学(含中职)历史教材研究基地"(华中师范大学),这些学校基地里的专家学者也是重要的基础教育教学研究主体,亦拥有高校"教师"、教师培训者等多重身份,能为我国统编教材建设提供专业性建议或咨询。

二、统编教材建设落实国家事权的权责内容

统编教材建设落实国家事权,是各级各类主体参与统编教材建设的活动过程,亦即各类主体行使权力和履行责任的过程。在此过程中,每一主体都有明确的权力限度和责任范畴,拥有不同的权责内容,这丰富了教材建设作为国家事权的内涵。

(一)统编教材建设主体间权责内容划分

1.统编教材建设行政主体权责内容呈现"条块"分明

参与统编教材建设的行政主体具有纵横交错的权力支配和衍生特征。具体来看,纵向涵盖国家级、省级、地市级、区县级教材机构或部门,表征为"条条"结构。横向涵盖独立的各级教材行政机构内部职能部门的划分,表征为

"块块"结构,这就构建了统编教材系统自上而下、条块分明的权责系统。在此系统中,国家级教材行政主体支配了整个统编教材体系的运作,即国务院教育行政部门、国家教材委员会及其专家委员会、其他部委相关部门,决定了统编教材建设方向。

  基于"以事配权"的教材建设原则,需要坚持有什么样的教材事项,就配以什么样的权力和责任的教材建设思路。诉诸统编教材编写、审核、出版、发行、使用、推广等环节,国家级教材行政主体即国务院教育行政部门拥有绝对的教材话语权,表现为决策权、组织权、指导权、执行权、审核权、监督权、解释权等,并通过《中小学教材管理办法》《职业院校教材管理办法》等政策文件予以明确规定,如明确国务院教育行政部门"牵头负责全国中小学教材建设的整体规划和统筹管理,制定基本制度规范,组织制定国家课程方案和课程标准,组织开展国家课程教材的编写指导和审核,组织编写国家统编教材,指导监督各省(区、市)教材管理工作";国务院教育行政部门"组织编写国家统编教材,宏观指导教材编写、选用,组织国家规划教材建设,督促检查政策落实";"国家统编教材修订由国务院教育行政部门统一组织实施,其他教材修订由编写单位按照有关要求进行";"国家统编教材由国家教材委员会审核";等等。作为具体办事机构的国家教材委员会,主要负责"指导和统筹全国教材工作,贯彻党和国家关于教材工作的重大方针政策,研究审议教材建设规划和年度工作计划,研究解决教材建设中的重大问题,指导、组织、协调各地区各部门有关教材工作"[1]。此外,省、地市、区县级的教材行政主体也相继发挥自身作用,如从2021年开始,在省级层面上,云南、福建、甘肃等省份相继成立了省级教材委员会,职责是"贯彻党和国家关于教材工作的重大方针政策,研究审议教材建设规划,研究解决教材建设中的重大问题,指导、组织、协调各地各部门有关教材工作,审查地方课程设置和课程标准制定,审查地方教材"[2],行使执行权、监督权、建议权等,为上级安排相关教材事务的落实提供了充分支持。概言之,从中央到地方、国家到社会,国家权力配置和作用范畴会逐渐减弱,这就导致国

---

[1] 中华人民共和国中央人民政府.国务院办公厅关于成立国家教材委员会的通知[EB/OL].(2022-07-03)[2022-10-05].https://www.gov.cn/zhengce/zhengceku/2017-07/06/content_5208390.htm.

[2] 云南省人民政府办公厅关于成立云南省教材委员会的通知[J].云南省人民政府公报,2021(3):36.

家级的教材行政主体表现出较强的决策力,而省、地市、区县级的教材行政主体更多表现出较强的决策执行力。

2.统编教材建设中社会主体权责内容聚焦质量监控

较之行政主体凭借自身行政权威对统编教材建设所有事宜的权力制导,参与统编教材建设的社会主体更多是受官方委托的专业机构、专家学者、技术人员或其他社会人员,这些主体表现出明显的权力依附特征,即所拥有的权力依赖于国家的权力让渡或赋予。

诉诸参与统编教材建设事宜的社会主体权责内容:第一,受官方委托的统编教材编写队伍,拥有教材研究权、编写权、解释权、修订权等。国家明确"意识形态属性较强的教材编写团队中,应有在马克思主义理论、中华优秀传统文化、革命文化、社会主义先进文化等方面有较高造诣的专家","鼓励国内高校和科研机构的知名专家、学术领军人物与中小学优秀教师共同编写教材",特别是2020年教育部印发《国家教材建设重点研究基地管理办法》,以北京大学、清华大学、中国人民大学、复旦大学、南开大学、云南大学等为主的11个国家教材基地,作为"国家级教材研究专业机构,服务国家教育发展和教材建设重大战略,推动提高教材建设科学化水平,为教材建设、管理和政策制定提供理论支持智力支撑,发挥筑牢思想防线的重要作用"[①],主要工作任务是开展教材建设研究、提供咨询指导服务、交流传播研究成果、建设教材研究队伍、培养专业人才、汇集教材建设数据,其中服务统编教材研究的就有"大中小学德育一体化教材研究基地"、"中小学(含中职)语文教材研究基地"(北京师范大学)、"中小学(含中职)历史教材研究基地"(华中师范大学),其为三科统编教材建设提供了有力支持。第二,受官方委托的统编教材出版发行单位,拥有统编教材出版权、发行权、编辑权、印刷权、设计权等。如人民教育出版社作为教育部所属的一家大型专业出版社,承担着我国统编三科教材道德与法治、语文、历史的编辑出版任务,同时"教材出版部门成立专门政治把关机构,建强工作队伍和专家队伍,在所编修教材正式送审前,以外聘专家为主,进行专题自查,把好政

[①] 中华人民共和国教育部.教育部关于印发《国家教材建设重点研究基地管理办法》的通知[EB/OL].(2020-01-13)[2023-01-20].http://www.moe.gov.cn/srcsite/A26/s8001/202002/t20200210_419656.html.

治关"①,在统编教材建设中,外聘专家更多行使建议权、监督权等。总体来看,较之统编教材建设行政主体在教材决策、管理、编写、出版发行等方面的绝对责任,社会主体主要在教材监督、评价、质询、建议等方面有充分的行权和履责空间。

3.统编教材建设中教育主体权责内容落脚文本研用

参与统编教材建设的教育主体,涉及各级各类教育组织机构或部门,如基础教育学校、高校、教育科学研究院(所)、教研室等,以及这些教育组织机构或部门的内部成员,如校长等学校管理者、教研员、教师、学生等。如果说行政主体上层规划和描摹了统编教材建设图景,参与统编教材建设的教育主体则决定了这一蓝图的实现程度,因为统编教材建设落实国家事权的效果,最终取决于学校场域中真正的教材使用者,即教师和学生等"用户"的统编教材使用效果。换言之,统编教材能否真正促进学生全面发展与进步、能否帮助学生自身核心素养养成等才是衡量统编教材建设质量的根本标准;参与统编教材建设的行政主体、社会主体的能力最终是由教育主体来反映的。

基于国家对统编教材统编、统审、统用的要求,实质将统编教材建设事项划分为教材编审和教材使用,作为行政主体的国家统控了教材编审环节,而作为教育主体的学校或教师在统编教材使用环节是具有适当自主空间的,具体表现为:一是学校拥有统编教材选用权,这似乎与我国统编教材统供、统用的理念相悖,其实不然,学校并不能选择三科教科书,但所搭配的练习册、教辅资料、教师用书、图片音像等学习材料是可选用的,前提是与国家提供的教材选用要求相符。二是教师对统编教材拥有二次加工权和解释权、研究权等,并非所有教师或学生都能理解国家这一统编教材编写者的意图,不同教师对同一统编教材内容也可能有各自独特的认识或理解,会将统编教材中的文本话语转为个人教学话语,同时在具体的课堂教学实践过程中,学生会结合教材文本将教师所传达的统编教材内容转化为个人所理解的内容,进而建构起个人教材知识或内容体系。三是师生对统编教材拥有评价权、质询权、建议权等,我

---

① 中华人民共和国教育部.教育部关于印发《中小学教材管理办法》《职业院校教材管理办法》和《普通高等学校教材管理办法》的通知[EB/OL].(2019-12-16)[2023-06-18].http://www.moe.gov.cn/srcsite/A26/moe_714/202001/t20200107_414578.html.

国"教材管理工作接受相关部门、教师、学生、家长及社会监督"[①]，师生等广大教育主体对统编教材内容、插图文字、装帧设计、纸张质量等有着绝对的话语权，其用户体验直接决定国家所提供三科统编教材在学校这一"市场"的认可度。

(二)统编教材建设落实国家事权的权责结构

统编教材是落实国家事权的重要抓手。其中，所谓"国家事权"，一方面指向教材内容建设，可具象为国家核心意志的价值表达，体现的是国家对教材内容的意识形态引领；另一方面指向教材管理，具体表现为国家在教材管理系统中的权责结构和配置，反映了我国权力机关的制度化运转。当前加强统编教材建设，既是以统编教材为核心，联动行政主体、社会主体和教育主体共同促进教材发展的过程；还是统合统编教材权力属性、社会属性和专业属性，指向教材育人功能的实现；更是促进行政权力、社会权力、教育权力在教材系统发挥各自功能并实现权力制衡的过程，最终目的是确保国家事权框架有序置入统编教材系统，建成具有中国特色的社会主义统编教材体系。在统编教材建设过程中，国家如何处理好同社会主体、教育主体之间的关系至关重要，将直接影响我国统编教材建设质量和国家事权系统在教材领域的稳定性。

从权力切面来看，统编教材建设落实国家事权，形成了以国家级教材行政主体为领导，地方各级教材行政主体、社会主体和教育主体共享权力、共治统编教材的主体结构。具体言之，一方面，行政主体是统编教材系统运转的动力来源，直接负责统编教材建设的所有事宜；另一方面，国家级教材行政主体为其他教材主体设限。基于我国由国家教材委员会(包括专家委员会)、教材局和课程教材研究所等机构架构的横纵交错的教材组织体系，作为国家级教材行政主体的国务院、国家教材委员会和教材局，属于国家核心意志的代表，凭借国家权力规划统编教材编写、审核、出版、发行等事宜，依靠自身权力意志规整统编教材内容体系，同时根据我国科层化的行政组织，国家级教材行政主体

[①] 中华人民共和国教育部.教育部关于印发《中小学教材管理办法》《职业院校教材管理办法》和《普通高等学校教材管理办法》的通知[EB/OL].(2019-12-16)[2023-06-18].http://www.moe.gov.cn/srcsite/A26/moe_714/202001/t20200107_414578.html.

上层领导省、地市、区县级教材行政主体,利用自身制度权威为社会主体和教育主体赋责增能,使社会主体和教育主体参与统编教材使用、监督、质询、建议等事宜。

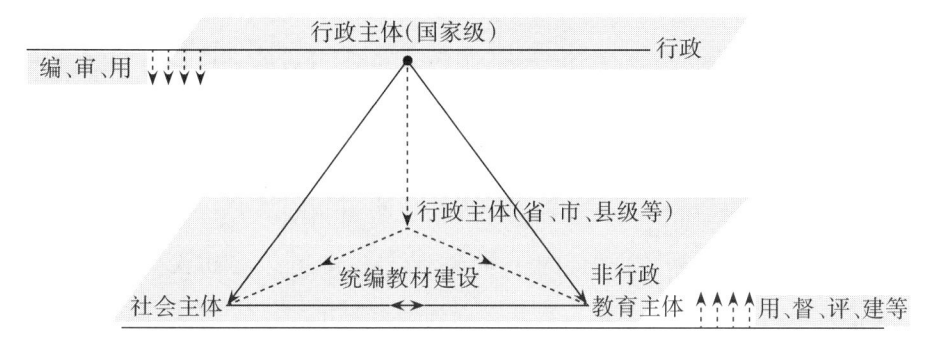

图7-1 统编教材建设权责结构

从责任剖面来看,其一,以统编教材建设为中轴,纵向联动行政主体和非行政主体,绘制出一个"上行下效"的行动关系网。在统编教材领域,行政主体包括国家和地方两级政府,其中以国务院、国家教材委员会、教材局等为代表的国家级行政主体往往处于权力顶端;以社会主体和教育主体为代表的非行政主体处于权力末端,非行政主体的教材权力来源于行政主体的让渡,所履行的教材责任由行政主体来限定。此外,在教材行政主体内部,同样存在一个"上传下达"的行动关系模式,即国家级教材行政主体作为"委托方",会将统编教材实施、监督、质询、建议等事宜委托给地方各级教材行政主体,此时地方各级教材行政主体就成了"代理方",会按照国家所提供的统编教材方案细化自身职责,并将教材实施、教材质询等责任再度委托给学校或教师,这就实现了统编教材建设责任的层层转化与落实。其二,以统编教材建设为轴心,横向关联行政主体、社会主体和教育主体,勾勒出一个"三维一体"的统编教材责任划分网。即坚持以事定权、以权配责的原则,规范统编教材管理系统中的权责结构,通过统编教材建设这一关键事项,将行政主体、社会主体和教育主体联结在一块,平衡各方在统编教材领域的利益需求,实现教材权力的制衡与规约,同时依据统编教材的权力属性、社会属性和教育属性,彰显出统编教材建设作为公共事项的本质,共同指向统编教材育人功能的实现。

三、统编教材建设落实国家事权的权责运行机理

(一)参与统编教材建设各主体坚持国家立场

统编教材建设是涉及政治、经济、文化、社会等领域的一件公共事项,不同主体牵涉其中,由此建构出一个复杂的统编教材建设关系网。在这个横纵交错的立体关系网中,不同主体都有各自的利益诉求或价值立场,如参与统编教材建设的行政主体维护的是党和国家在统编教材领域的利益;社会主体维护的是广大人民群众、特殊社会组织机构等在教材领域的公共诉求;教育主体维护的是教育教学理论研究者和实践者在教材领域的需要。当然,面对不同的统编教材建设事项,各主体既可坚持个人价值立场,也可因共同的利益诉求而结成一个个相对独立的教材关系网,并且同一主体在教材建设的不同环节也会形成有差异的价值立场,那么如何平衡各主体利益诉求,形成统一的统编教材建设立场就变得尤为重要。通过对我国统编教材建设历史进程和实践经验的总结,发现坚持教材建设的国家立场是促进各主体共同致力于统编教材建设,进而促成统编教材系统秩序化运行的关键所在。

所谓教材建设的国家立场,指的是从国家利益和国家层面出发去认识和处理教材建设的问题[①],从而夯实国家权力结构,促进社会主义制度的有序运转;加强党的意识形态引领,突出党和国家的教材领导地位;更好续写"中国故事",传扬中华民族文化和精神;等等。因此,于参与统编教材建设的三大核心主体而言,它们拥有的共同身份认同是国家在统编教材领域的"代言人",故而行政主体参与统编教材建设更多是为维护国家教材管理地位,坚决落实党管教材的要求;社会主体加入统编教材建设是要弥合国家同出版社、社会机构、技术人员等之间的诉求差距,在合理表达公众需求的同时确保国家在统编教材领域社会需要的满足,保证教材监管、教材审核、教材出版、教材发行等事项的顺利完成;像教研员、师生等教育主体更多是保证国家通过统编教材将其中所传达的核心意志准确传递给受教育者,确保教材使用过程的有序。概言之,参与统编教材建设的行政主体、社会主体和教育主体作为

---

① 罗建河,康翠萍.论新时代教材建设的国家立场[J].课程·教材·教法,2021,41(7):55-62.

国家意志的核心代表而存在,是国家权力在教材领域的具体化身,共同维护的是国家利益,同时还需将人们对统编教材建设的管理诉求、市场诉求、教育诉求等表达出来,通过统编教材或在统编教材建设过程中,真正突出国家意志的价值统领作用。

(二)统编教材建设遵循垂直整合式的权力安排

理论意义上,作为个人或所属阶层、团体利益的代表,参与统编教材建设的各主体秉持的是一种"自下而上"的教材建设模式,如以学校、教师、学生等为主导的"草根式",以专家学者为主导的"经院式",以国家或政府部门为主导的"建制式"等,然而随着"教材建设作为国家事权"命题的提出,无论是行政主体、社会主体,还是教育主体,都须站在国家立场来表达和维护自身政治的、社会的、教育的等多元价值诉求,这在现实意义上就夯实了我国传统"自上而下"的"建制式"教材建设模式。区别于统管教材、自编教材,统编教材是落实国家事权的核心载体,是彰显我国社会主义制度优越性的主阵地,于是,在统编教材领域衍生出一种垂直整合式的教材建设新模式。

我国是一个人口众多、疆域辽阔、民族众多的发展中国家,提高国家治理在纵向层面的权责配置水平和政策执行力度,是提高国家治理整体效能、发挥央地政府积极性的关键举措和制度安排[①]。在统编教材领域,通过垂直的整合性国家结构来开展教材建设,是民主国家和科层政府体系的理想模式。其中,所谓"垂直化"指的是国家在统编教材领域的权责分配方式,即从国家到地方,权力辐射力度依次递减,国家是掌握统编教材权力的唯一主体,国家权力在教材建设过程中由各级教材行政机构来承担和体现,其中国家教材委员会、教育部教材局等国家级行政机构处于支配地位,负责统一分配教材权力和划分责任,其他类别的教材机构负责承接权力和履行责任,统编教材管理体制设计和地方制度执行力直接决定了统编教材质量。所谓"整合式"是指在垂直划分教材权力和责任的过程中,主体间以国家权力为核心,聚合多级多类别主体的统编教材建设有序参与;三科教材以国家意志为核心,统合中华优秀传统文化、

---

① 马雪松,程凯.国家纵向治理体系建设的责任意蕴、制度优势及治理效能[J].探索,2022(6):109-119.

革命文化、社会主义先进文化、多学科或跨学科知识等形成具有中国特色的统编教材知识体系。概而论之,我国统编教材体系运行过程中存在两条线索,明线是纵贯统编教材管理系统的国家权力,暗线是横穿整个统编教材内容系统和价值系统的国家意志,两线交叉确保了统编教材事权结构的稳固和运行的有序。

(三)统编教材建设凸显责任政治的价值引领

不同主体在国家立场上的统一确定了统编教材系统运行的基点,垂直整合式的权责分配模式则构建了统编教材系统运行的框架,它们共同构筑了我国统编教材建设的事权分配体制,但事权分配体制设计的合理与否最终是由承接效果的好坏来判断的,因此在推动统编教材建设过程中,亟须解决好如何更好承接国家事权以提高统编教材建设质量和水平这一问题,实行责任政治就成为必然选择。一定意义上,政治是由不同责任主体构成的,他们是政治活动中彼此互动的"行动者",主要包括国家和个人两个基本单元,具体涉及政党、政府、社会组织、公众等,而这些不同责任主体间行动的达成依赖于责任政治的践行,作为政治文明的基本形态,责任政治融合了民主政治、信用政治等价值内涵,是指人民能够控制公共权力的行使者,使其对公共权力的行使符合人民的意志和利益,直接或间接地对人民负责的政治形式[①],这就强化了行政主体在权力执行和责任履行方面的作用。

统编教材建设落实国家事权的过程,实际就是党和国家围绕有序规范和高效治理的目标,不断完善自身组织结构,优化纵向府际关系和其他主体之间关系的一种责任政治建设。统编教材领域责任政治的根本问题,一个层面体现为责任主体"负什么样的责任、如何负责任"。在这种责任主导的事权承接路线下,我国明确了统编教材建设的政治进路,关注中央与地方、国家与社会间的权力博弈和互动[②],强调以政府为代表的各级各类行政主体要承担最多的统编教材责任,并且一旦出现问题,作为行政主体的政府要为社会主体、教育

---

① 张贤明.政治文明的基本形态:责任政治[J].吉林大学社会科学学报,2004(6):28-34.
② 王浦劬.中央与地方事权划分的国别经验及其启示——基于六个国家经验的分析[J].政治学研究,2016(5):44-58.

主体等承担兜底责任,凸显责任政府的教材建设理念,当然这也意味着一套党和国家对政府的控制机制,以及坚持党管教材的根本原则。另一层面则体现为"对谁负责任",责任政治意味着人民是权力的所有者,统编教材权力的行使者行政主体、社会主体、教育主体必须直接或间接地对人民负责,由人民来评判责任的履行情况,因此统编教材系统运行过程中形成了"以人民为中心"的基本责任向度,在教材事权分配中坚持了对上负责和对下负责的一致性。所谓对上负责,就是对上级领导机关负责;所谓对下负责,就是对人民群众负责……我们的一切权力来自人民,我们的一切工作都是为了人民,对上负责、对下负责最终都是要体现对人民负责[①]。

第二节 统编教材建设落实国家事权的风险挑战

当前我国将统编教材建设作为国家事权,实际将其上升到治国理政的高度,加深了统编教材系统的权力色彩,亦勾勒出统编教材系统运行的国家权力逻辑。在这种权力博弈的环境氤氲下,统编教材建设落实国家事权还存在不少风险或挑战,因而有必要对其予以精准识别与预判。

一、基于权力传导长链带来教材治理的国家负担

我国统编教材建设是以国家行政主体为核心,社会主体和教育主体共同参与的活动,勾勒出我国统编教材建设的权力运行逻辑,各主体间始终存在多重权力的结构性制约,这与国家事权的权力本质是内在契合的。具体来看,国家是统编教材建设中唯一的权力主体,纵向呈现以国家级教材行政主体对地方或省、地市、区县级教材行政主体的规制,形成一条科层式、建制化的教材权

---

① 习近平.之江新语[M].杭州:浙江人民出版社,2007:230.

力传导链条;横向呈现以行政主体对社会主体和教育主体的制约,形成一条等级化的教材权力传导链条。在真实的教育场域中,两条链条始终交互作用和运行,整体延长了统编教材建设的权力传导链,甚而减弱统编教材建设的国家治理效能,即从国家教材决策的提出到具体执行,从教材建设方案的制定,教材的编写、审核、出版、发行到教材使用,需要经过层层转化和落实。在此过程中,于国家而言作为统编教材建设直接负责人,会面临来自自身、社会主体和教育主体的挑战,需要承担更多的教材责任和义务,因而维护自身在教材领域的话语主导地位,确保国家意志通过三科统编教材有效传递给社会或教材使用者就变得尤为迫切。

(一)权事错配下教材体制建设的行政性负担

当前我国统编教材建设还处于初期探索和经验积累阶段,较之其他类型的教材,统编教材具有鲜明的权力属性和行政特征,这就明晰了统编教材建设作为国家事权的内涵,即国家是统编教材领域最大的行政主体和权力支配者,统编教材建设反映的是国家管理教材事务的能力,是一种"自上而下"的国家行为。置于国家权力框架来看,"以事配权"是划分教材事权的基本原则,要求以事性定权属、以事项配事权。换言之,有什么样的事务就要配以什么样的权力,事、权、责之间存在秩序化的结构,在此基础上,统编教材建设过程实质体现的是国家在教材领域的事权分配和地方对教材事权的承接。所谓事权分配是指上级政府将自身权限以委托、交办或直接下放的形式交给下级行使的过程,事权承接是下级认真履行上级指示的过程,二者共同呈现国家事权在教材领域的基本运行模态。不过囿于国家的权力中心地位,在统编教材上层规划与制度设计中,极易产生"以权配事"的教材建设思路,简单来说就是"权在上、事在下",国家主要根据主体所拥有的权力来分配和解决统编教材建设事项,教材建设偏重于自身话语地位的稳固,忽略了权力行使目的是为更好服务教材使用者,最终造成一种权事错配的局面,大大降低统编教材建设的制度效能。

基于这种权事错配的教材制度设计思路或方案,将直接加重国家统编教材治理的行政负担或制度负担。所谓行政负担是人们在同政府打交道过程中所要承担的各类成本,如学习成本、心理成本、服从成本等[1],国家教材治理的行政负担就是国家组织各级各类行政主体参与统编教材建设过程中所付出的成本或代价,实质反映的是行政主体间及行政主体内部的关系,一定意义上是一种"隐形政治"[2]或"隐形权力"。因此导致的后果,一是若国家所付出的成本或代价超过自身承受范围,就会让渡出更多的教材权力和责任,降低自身话语影响力。二是国家会过度"收权",此时作为权力主体的国家就会存在滥用教材话语权的风险,在权力行使中会出现"一竿子插到底"的可能,形成垄断式的教材管理模式。在教材使用者眼中,三科统编教材等同政治文本或权力文本,成为符号权力的象征,消解了教材自身的学科育人、知识育人价值。三是国家势必成为统编教材建设的"所有"责任者,而非"主要"责任者,教材责任过度积压到国家级教材行政机构,国家往往成为各级各类教材行政机构的责任兜底者,地方教材行政机构更多是权力享受者而非责任履行者。值得注意的是,我国各级行政组织历来具有职责同构的特征,"除了诸如外交、国防等少数事关国家主权的事权专属于中央的职责之外,地方的事权几乎是中央的翻版,省、地(市)、县、乡(镇)的机构和职能设置基本上就是中央的镜像"[3],由此一旦出现问题或下级教材行政主体无法解决问题时,相关教材责任就会层层上移,最终造成教材行政主体间的权责失衡。

(二)权责分离下教材监管事项的社会性负担

统编教材建设并非一个简单的行政事件,准确来说它是由国家主导多主体参与三科教材活动的社会事件或行为,如乔尔·S.米格代尔所指出的,国家是"社会中的国家"[4],国家与社会力量在互动中互构[5],国家如何将带有自身意志的统编教材更好地提供给社会,满足公众教材需求或利益才是统编教材建设

---

[1] 周霓羽.行政负担的理解溯源与转化路径[J].江南论坛,2023(4):61-65.
[2] 马亮.国家治理、行政负担与公民幸福感——以"互联网+政务服务"为例[J].华南理工大学学报(社会科学版),2019,21(1):77-84.
[3] 黄韬.中央与地方事权分配机制:历史、现状及法治化路径[M].上海:格致出版社,2015:17.
[4] 乔尔·S.米格代尔.社会中的国家:国家与社会如何相互改变与相互构成[M].李杨,郭一聪,译.南京:江苏人民出版社,2022:3.
[5] 叶敏.稳定焦虑、风险转嫁与官员不作为——基于"社会中的国家"视角的透视[J].浙江社会科学,2015(4):33-37.

的重中之重,也就是国家要承担更多的责任或义务,所有教材权责是相辅相成的。较之其他教材,国家虽是统编教材领域中的最大权责主体,但并不意味其可随心所欲地进行教材决策和开展教材活动,国家仅是复杂社会网络中的一个具体节点,国家权力的行使和责任的履行始终是受公众监督的,这根源于国家同广大社会主体一样,是一个具有特定利益诉求或价值偏好的个体,教材建设过程实际是不同主体分割利益或重构利益分配格局的过程,此时确保教材权、责、利的对等就变得尤为紧迫。

囿于统编教材领域权力的向上收缩,教材监管领域势必面临权责分离的风险。一是客观层面上具体表现在,国家统编教材治理任务的超载,即国家既要承担三科教材统编、统审、统用的规定性任务,还要接受社会各方力量对统编教材编写、审核、出版、发行、使用等各阶段的质询,以确保统编教材建设过程的公开、透明。三科教材编写设计需衡量各方需求,如社会多元文化或价值形态在教材知识中的占比,教材图文搭配、排版布局、装帧设计是否符合公众审美等。响应教育改革行动,国家课程方案、学科课程标准等课程文件的编修要求,三科教材也需实时更新与完善。二是主观层面上具体表现在,国家统编教材治理能力的不足,面对琐碎且繁多的统编教材治理事务,作为管理机构的国家"对上"需完善教材制度体系,为统编教材建设提供合法性依据,同时优化教材组织机构和部门设计,为统编教材建设提供组织支持;"对下"需衔接好基层教材行政组织、社会组织,准确把握教材市场动态与需求,以确保国家教材方案的有效落地。这就对国家统编教材设计能力、基层社会关系调节能力、市场运营能力、社会资源分配能力等提出了较高要求。

正是国家同社会主体间多元复杂的关系给统编教材建设带来诸多不确定性或风险挑战,增加了国家教材治理的社会性负担。第一,社会主体同国家争夺教材市场话语权。虽然国家凭借自身制度权威、权力权威、文化权威掌握最多的教材资本,在教材市场占据绝对有利地位,但社会主体也会积极参与国家统编教材建设,通过获得国家的合法性认同来不断积累自身文化资本,最终左右统编教材的市场份额。第二,社会主体误识国家教育意志。统编教材建设就是促进国家教育意志下沉的过程,在此过程中每一主体都会基于各自立场重新认识与解读教材,经过层层转化与加工,教材使用者并非能准确理解国家所传递的核心意志。

(三)职能不符下教材督导事项的执行性负担

在统编教材建设落实国家事权的权力传导链条上,处于权力末端的教材使用者是最关键,也是最容易被忽略的一环。通常处于权力顶端的国家,在统编教材编写、审核、出版、发行等环节处于绝对支配地位,能决定"谁来建设教材""建设什么样的教材""怎样建设教材",但事实上国家更多是对统编教材所有事宜进行方向性的价值引领,完成相关方案设计和制度安排,无法确保"教材实施或使用效果如何",这根源于处于权力末端的广大社会主体和教育主体才是落实国家统编教材方案、执行教材决策的行动者,当这些教材行动者同国家意志保持高度一致,认同国家所提教材方案或决定时,就能确保国家所设统编教材建设目标与实施结果的一致,就能提高统编教材建设效果,反之则无法实现预期目标。换言之,统编教材建设落实国家事权既依赖于国家在统编教材领域的事、权、责安排,又取决于其他教材主体对国家事、权、责安排的落实,主体教材治理能力和治理水平直接决定了我国统编教材建设效果。

我国加快教材治理体系和治理能力的现代化,即聚焦教材制度体系和制度执行能力。教材治理体系和治理能力是一个有机整体,推进教材治理体系的现代化和增强国家教材治理能力,是落实国家事权相辅相成的两个方面。拥有良好的教材治理体系或体制,才能提高主体教材治理能力。[1]当前我国已初步构建出具有中国特色的社会主义教材治理体系,但在统编教材建设的实践场域,还存在着职能不符的问题,导致广大教材建设主体难以达到国家关于统编教材建设的相关要求,具体表现在参与教材建设的各主体未建立科学的课程教材观,教师习惯于"教教材"和学生"学教材",落入学科主义的泥淖或走入应试教育的漩涡;缺乏教材研究和创新运用能力,难以将文本经验与自身实践经验结合,帮助学生掌握背后隐藏的知识规律和思维方式等。在此过程中,伴生了不少风险挑战。一方面是统编教材实施过

---

[1] 俞可平.推进国家治理体系和治理能力现代化[J].前线,2014(1):3-8.

程中面临教育主体对教材内容的二次解构和重构问题,即统编教材编写审核是一种国家行为,体现国家意志,但其终极价值体现在教材使用环节,依赖于师生对教材内容的二次加工与表达,学生所接受的价值观念会受教师政治素养和文化立场的影响,同时学生也会基于个人需要选择性接受教材所传递的价值观念。另一方面,开放的教、学文化氛围暗藏意识漏洞,特别是网络媒体的无孔不入,师生接收的信息更加丰富多样,对于心智发育未健全、批判性意识缺乏的学生而言,遭受意识荼毒的危险系数更高,甚至影响国家意识形态安全。

二、三科统编教材工具属性强化中育人矛盾的激化

作为一种具体的教材类别,统编教材有着明确的学科指向,特别是在我国本土语境下,统编教材指的是义务教育或基础教育阶段的道德与法治、语文、历史三科教材,涵盖小学和中学两个阶段,主要由人民教育出版社负责出版发行,《全国大中小学教材建设规划(2019—2022年)》中就明确要求全面完成中小学道德与法治(思想政治)、语文、历史三科教材统编统审统用,明确三科教材是承载国家意志的核心载体。当前党和国家对统编教材的高度关注,并非对其他学科的弃置,只不过在各历史阶段或时期,不同教材对国家意志或事权的反映会有强弱之别,但作为国家级、高权威、高水平的统编教材,始终是我国教材建设的重点领域。从统编教材性质来看,当前我国教材建设存在两条逻辑,一条是以"培养什么样的人"为核心的"育人逻辑",强调了统编教材的价值属性。如道德与法治学科育人要求是具有政治认同、道德修养、法治观念、健全人格、责任意识等,语文学科育人标准涉及文化自信、语言运用、思维能力、审美创造,历史学科育人标准包括唯物史观、时空观念、史料实证、历史解释、家国情怀,无疑三科统编教材育人指向是有差异的。另一条是以"为谁培养什么样的人"为核心的"育才逻辑",强调统编教材的工具属性。一个国家实施什么样的课程、用什么样的教材,体现的是党和国家对培养什么人、如何培养人等问题的思考,也就是说在"教材是什么"的背后始终贯穿着"谁的教材"问题,因为"为谁建设教材、建设什么教材、怎样建设教材,决定下一代学什么、信什

么、干什么,直接关系到学生精神发育、社会安定团结、国家赓续发展、中华民族伟大复兴"[1]。

　　随着教材建设作为国家事权理念的深入,我国已明晰"培养什么人、怎样培养人、为谁培养人"的教育思路,并通过统编教材有意凸显"为谁培养什么样的人""谁的知识最有育人价值"等问题,旨在实现为党育人、为国育才的目标。这就充分发挥了统编教材的工具价值,增强了三科统编教材内容的道德性、思想性和政治性,但势必会削弱教材本身的学科性、知识性,激化统编教材建设中的矛盾。具体表现在:第一,统编教材"育人与育才"的矛盾,即要解决先育人还是先育才的问题。事实上,统编教材建设的育人逻辑是以个体的人为起点,强调教材内容要符合学生身心发展规律、知识规律、学习规律等;育才逻辑则是以国家为统编教材建设的起点,教材内容筛选组织的首要标准是政治立场。正是教材建设主体即个人和国家之间起点差异的存在,造成统编教材建设中问题的往复。第二,统编教材知识"稳定性与开放性"的矛盾。保持教材的相对稳定有利于学校教学的稳步推进,确保国家意识形态的安全,并且修订一次课程标准、重编一套教材的周期大概要十年[2],统编教材的系统性、长效性限制了不允许对其随意修改或更替,不过如今技术赋能下知识生产规模不断壮大,知识更新周期变短。联合国教科文组织一项研究结果显示,18世纪知识更新周期为80—90年,到20世纪60—70年代知识更新周期变为5—10年,进入21世纪,则缩至2—3年。为培养适应时代与社会发展的人,就需要不断更新与完善教材知识体系,如何维护教材稳定性同时开放教材知识体系就变得尤为重要。第三,统编教材学科"主与次"的矛盾。为保证教育公平、公正与平等,我国早就取消了重点非重点、主次学科之分,但如今为三科统编教材的划界,会让广大教育教学实践者误认为国家为学科知识排序,认为道德与法治、语文、历史三门学科知识最有价值,会忽略各学科所独有的育人价值或特色。

---

[1] 余宏亮.统编教材是体现国家事权的核心载体[J].中小学教材教学,2021(7):1.
[2] 申继亮.新时代教材建设面临的挑战、问题和趋势[J].课程·教材·教法,2019,39(9):7-9.

三、学校"权力运行场"中国家意志转化的实践落差

国家"事权"并非一家独享、他人不可染指之"权",准确来说,事权是行事之"责",即哪些事务应该由哪级政府负责[①]。对统编教材事权主体身份的确认,指明统编教材建设是由国家级教材行政机构主导的体现国家权力结构化运行的活动,这似乎将学校、师生等教育教学实践主体隔绝于事权关系外。事实上,首先,学校本质是作为国家权力运行场而存在的。学校同其他主体一样深嵌于国家构筑的权力关系网中,只不过它处于国家权力链条末端,国家关于统编教材的安排需要通过各主体层层转化才能落实到学校场域。其次,统编教材是一种"外部性"极大的公共产品。即成本的负担与收益的获得不会被限定在特定区域内[②],它同国防和外交一样,事关国家意识形态、权力结构和社会秩序的稳定,国家占据了统编教材"生产场",学校占据了"消费场",统编教材只有投放到学校中供全体师生使用,才能促进统编教材的消费、流通和再生产。最后,教师是落实国家事权的责任主体。统编教材是在一套课程方案或学科课程标准指导下,由国家和政府统一组织编写和审定、全国统一出版和使用的教材,即统编教材需要统一编写和审定,更需要统一使用。"教材使用是在科学的课程教材理念指导下,为满足教育教学需要而开展的一种实践活动"[③],较之统编统写是国家对"教什么"问题的解决,统一使用解决的是"如何教"的问题,涉及"用什么材料教、用什么方法教、怎样教得有效"等问题时,主要教材责任就落到了教师身上。

阿普尔指出,"关于什么样的知识应该写入教科书,学者们可以有多种选择,而教师们对知识的选择更少一些,但至少还有一些选择。而学生,特别是低年级的学生,面对特定的知识,他们别无选择"[④]。可以发现较之国家的统编教材主导地位,专家学者、师生等主体始终处于被动地位,并且不同主体在统

---

① 侯一麟.政府职能、事权事责与财权财力:1978年以来我国财政体制改革中财权事权划分的理论分析[J].公共行政评论,2009(2):36-72.
② 黄韬.中央与地方事权分配机制:历史、现状及法治化路径[M].上海:格致出版社,2015:44.
③ 张莉,王晓丽.中小学教师教材使用的问题与对策[J].天津师范大学学报(基础教育版),2019,20(4):8-11.
④ 阿普尔,等.教科书政治学[M].侯定凯,译.上海:华东师范大学出版社,2005:95.

编教材建设过程中的介入程度是有差异的。从国家到地方再到学校,各教材主体逐渐远离国家权力中心,国家权力的直接作用程度会相应减弱,这就赋予了教师这一教材实践主体较大的能动空间,却也增加了国家统编教材建设的难度或风险。具体表现在,一方面,国家统一要求和教师灵活教学之间的落差。在真实教学场域中,教师要么盲目崇拜和简单遵从国家统编教材要求,要么自顾自开展课堂教学,不利于国家教材意志和育人要求的下行。这源于统编教材编写和使用之间的差异,即国家关注统编教材的普遍性、科学性,学校或教师关注可教性、实践性。作为统编教材建设主体的国家,既不能罔顾区域或师生差异需求降低教材统一标准,也不能因个体实践差异弱化国家统一育人标准,而是要在坚持统编教材建设基本精神的前提下,充分考量区情、校情、学情。另一方面,教材知识完整性和教学内容选择性之间的差异。统编教材编写除需遵循国家权力逻辑,还需遵循学科逻辑,但并非所有知识都能进入教材,只有那些符合国家意志的中华优秀传统文化知识、革命知识、新时代中国特色社会主义文化知识、具体学科知识等才能选入教材,形成一个完整的学科教材知识体系,但在具体教育教学过程中,教师会因地制宜重新拆分、组织和再加工这些知识,构成新的学科教学知识体系进行教授,那么国家在统编教材编写中确保教材知识完整性,同时为教师教学留有发挥空间就变得尤为迫切。

第三节 统编教材建设落实国家事权的系统优化

基于我国统编教材系统内蕴的事权特征以及统编教材建设过程中存在的可能风险,还需不断优化我国统编教材体系和运行过程,具体从构建具有中国特色的统编教材管理体系、权责分配体系和实践转化体系等出发,以提高统编教材系统的事权运行效率,真正提高我国统编教材建设质量与水平。

一、完善"统—分"融合的统编教材管理体系

从我国统编教材演进路径来看,一方面始终强调以国家为轴心,以国家为教材治理主体统筹其他治理主体力量,谋划教材治理发展全局,坚持教材治理的"统"思维。国家主要依托自身权力或主体权威,通过制定相关教材政策律令或制度规范,特别是早期将教材建设要求附载于各类教学计划,如教育部颁发的《中学暂行教学计划(草案)》《中等学校暂行校历(草案)》《中学暂行规程(草案)》,21世纪后直接出台各类教材管理文件,如《全国大中小学教材建设规划(2019—2022年)》《中小学教材管理办法》《职业院校教材管理办法》等,充分发挥自身在教材领域的政治影响力。另一方面,调动教材实践主体如地方、学校、师生等力量,形成统编教材治理的"分"思维。特别是我国三级课程管理体制的建立,推动国家教材、地方教材、校本教材的出现,凸显了国家教材规划和地方、学校等教材建设方案之间的关系。总体上,从最初"通用教材"的话语表述就可发现人们关注的是教材普遍性,体现为一种全科、全员的管理,极易陷入统得过多、过僵,或是统而无效,如今则逐渐走向一种分类别、分层次的治理,最终形成了"统—分"融合的统编教材治理策略。所谓统分是对国家和其他教材治理主体关系的确认,"统"指统一建设、统一管理,"分"指分层管理、分类治理[1]。当前坚持"统筹为主",既非排除多样性,也非由多样性走向绝对统一性,而是要"统分结合、分类指导",旨在构建出具有中国特色的、能彰显社会主义制度优越性的统编教材管理体系。

这就需要,第一,坚持落实"党管教材"的核心旨要。"领导核心是全国政治的总轴心和终极权威中心,是各级政府和各个政治权力机构权力的最终来源和权力运作的原始动力"[2],我国实行"党管教材是培养党的接班人的政治保证,显示出党的教材建设的政治智慧"[3],如2017年国家教材委员会和教育部教材局的成立,依托人民教育出版社和重点高校设立的国家教材建设重点研究

---

[1] 刘学智,王馨若.基于立德树人的大中小学教材一体化建设[J].课程·教材·教法,2019,39(8):12-19.
[2] 周振超.当代中国政府"条块关系"研究[M].天津:天津人民出版社,2009:135.
[3] 石鸥,刘艳琳.中国共产党百年中小学教材建设的中国智慧[J].教育学报,2021,17(5):73-86.

基地,皖滇闽甘等省级教材机构的相继成立,体现了党管教材的重要制度设计。事实上,党管教材并非一种形式领导,本质是以马克思主义为指导的全面领导,马克思主义是被实践证明的科学理论,其立场、观点和方法是我国哲学社会科学研究的重要依据。我国历史发展经验和国家现实也表明坚持马克思主义是正确的,指向党对统编教材的政治引领,关涉政治方向、政治原则、重大决策的领导,集中体现在党的路线、方针、政策等在统编教材中的落实;指向党对统编教材的思想引领,涉及理论观点、思想方法、精神状态等,如在统编教材内容或知识的选择、组织、加工时,始终坚持以马克思列宁主义、毛泽东思想、邓小平理论、"三个代表"重要思想、习近平新时代中国特色社会主义思想等作为党和国家的指导思想,通过统编教材向师生等群体宣传党的路线、方针、政策,把党的主张变成师生等群体的自觉行动和选择;指向党对统编教材的组织领导,党和国家通过各级组织、党员干部等开展教材管理、出版、发行等工作,从而更好带领广大人民群众为实现党的任务而奋斗。然而在统编教材建设过程中并不存在对任一领导方式的偏向,党的政治领导是原则、思想领导是前提、组织领导是保障,三者相辅相成。第二,凸显国家统编教材建设的"元治理"地位。所谓"元治理"是指对"治理"的"治理"[1]。国家在统编教材建设中的元治理就是要对参与统编教材建设的各方力量及参与模式的调配进行宏观指导与安排,有且只有国家才能充当"元治理"的唯一主体[2],由于国家的权力主导地位有合法性作保,使其能凭借强力意志统一编写、审核、出版、发行三科教材,突出国家在统编教材内容设计和管理过程中的意识形态引领,因而践行统编教材落实国家事权的要求,就是以党和国家为核心,协同多方教材建设主体,形成"上下一条线、左右一盘棋"的教材发展格局[3]。

---

[1] 罗建河.论高等教育的元治理[J].高等教育研究,2017(12):12-20.
[2] 熊节春,陶学荣.公共事务管理中政府"元治理"的内涵及其启示[J].江西社会科学,2011(8):232-236.
[3] 郝志军,王鑫.加快形成中国特色高质量教材体系——习近平总书记关于教育的重要论述学习研究之三[J].教育研究,2022(3):4-14.

二、构建"责—权—利"对等的统编教材权责分配体系

当前国家主导的统编教材建设并非高高在上的顶层设计和规划,更多体现的是国家治理的"触角"延伸到统编教材系统运行的各个环节和事项上,统编教材建设本质上是对中央与地方、国家与社会等权力博弈和互动过程的反映。深层来说,国家对统编教材的管理或领导是有层次的,在全国范围内存在中国共产党—党中央—国务院—国家教材委员会的"总领导核心序列",是全国统编教材政治建设的总轴心和终极权威中心,亦是各级政府、教材机构权力的最终来源和权力运作的原始动力,当然在向下延伸的统编教材层级体系中,也存在相应的"次级领导核心"[1],形成了多层级核心的统编教材建设政治体制,此时国家对主体间教材权力和责任分配的合理程度将事关整个教材体系的正常运转。

(一)创设法治化的统编教材权责分配环境

当前我国教材建设统分结合的事权机制主要建立在政策意义上,缺乏法律制度对主体权力和责任的合理划分,近年虽相继印发了全国教材建设规划和四个教材管理办法,系统描绘出我国大中小学教材发展蓝图,开创了教材建设新局面,但整体仍未构成法律化、制度化的教材建设事权分配关系,我国统编教材建设仍具有不确定性和随意性,为避免主体教材责任转移及伴生的教材建设负担或风险,有必要构建法治化的统编教材建设制度环境,以共建、共享、共担统编教材权力和责任。

具体言之,第一,形塑法治化的统编教材建设理念。如果说法制是对法律制度的事实性强调,法治呈现的是一种依法治理的状态,这就需要统编教材建设的行政主体、社会主体、教育主体等提高法理意识,将所有教材活动限定在法律框架内;凸显自身权利意识,利用法律制度来规范学校教材建设过程,将有违主流意识形态或国家意志的教材内容删去。第二,丰富教材制度供给,明晰主体权责范畴和限度。当下我国统编教材建设是有事权划分而无清晰界定,各级政府或学校凭借国家赋予的权力资本和制度权威,将理应承

---

[1] 张雪霖.多层级核心政治体制与"统分结合"双层治理[J].教学与研究,2020(6):74-83.

担的事权责任委托给他人,模糊了各级各类主体间的教材建设权限,导致"事"在下"权"在上[①]、"中央请客,地方买单"、学校主体"缺位"、职责同构或推诿等现象出现。事实上国家扩大自身在教材领域的话语权、主导权,以公民基本权利的保障为原则,需要通过法律或规章制度界定政府、社会、市场或学校的权力参与度,确定各自责任范畴,为各统编教材主体自主权、参与权提供充分保障。第三,将法治用作统编教材建设的基本手段。在我国法治化的教材建设体系下,统编教材主体的法治能力变得尤为重要,包括依法治理的思维、能力、信念、专业品质等,由此应加强统编教材管理团队建设,成立教材局,指导和统筹全国教材事项;调整和壮大教材编写队伍,特别是国家级、高水平、权威性的统编教材,以一批一流的、专业化的编写队伍来保证;严格教材审核机构和人员构成,实行教材编审分离制度,遵循回避原则等,全力促进教材体系的正常运转。

(二)导向国家利益的统编教材事权分配结构

基于我国既有的统编教材权责分配格局,国家掌握了统编教材编写、审核、出版、发行、使用等环节的"所有权",而在"使用权"的配置上还不够明晰,即各主体间的权责边界较模糊,此外统编教材建设的行政权力在纵向配置上呈现逐级变小的形态,且对应的行政责任也在层层向下转移,导致越往下或越接近社会或教育主体,统编教材建设主体间的权责分配不对称程度越高。追根溯源,造成统编教材建设主体间权责失衡或权责分配不对称的主要原因是利益,如作为统编教材建设行政主体核心的国家,重在维护党和国家的政治利益;社会主体重在维护通过统编教材创获的经济利益;以师生等为代表的教育主体则重在维护自身受教育的权益或实践利益。国家所构筑的统编教材权责分配网络本质是个多主体利益交叉的关系网络。

为将我国统编教材事权分配合理化、科学化,有必要促进统编教材事权分配体系中责、权、利统一的实现。具体来看,一是确立以国家权力为核心的统编教材权责分配结构。坚持国家权力核心目的始终是贯彻党管教材的要求,

---

① 黄韬.中央与地方事权分配机制:历史、现状及法治化路径[M].上海:格致出版社,2015:15.

国家掌握统编教材领域的"所有权",在此基础上细分统编教材主体构成和角色职能。基于教材建设的权力属性,将我国统编教材建设主体划分为决策系统和行动系统两部分,其中决策系统由国家级、省级、地市级、区县级的行政主体构成,负责统筹规划统编教材管理、方案设计、方向引领等事项,成为统编教材建设决策者、指导者、规划者;行动系统由出版机构、专家学者等代表的社会主体,以及学校或师生等为代表的教育主体共同构成,主要负责将国家关于统编教材建设的相关要求落到实处,形成具体的统编教材行动方案,监督反馈统编教材建设效果等,该系统主体定位是统编教材行动的实践者、教材方案制度的执行者等。二是确立以国家利益为核心的统编教材利益分配格局。即以维护国家利益为我国统编教材的具体建设指向,我国属于人民民主专政的社会主义国家,国家权力根本上是由人民赋予的,国家一切权力当属人民,这就使得国家利益与人民利益具有高度一致性。如今坚持统编教材建设的国家立场,加快统编教材领域国家事权框架的置入,就是要确保维护以人民利益为核心的国家利益,将维护国家利益也就是人民利益作为统编教材利益分配的原则,在此基础上为统编教材行动主体赋权,满足多元发展的利益需求,最终使参与统编教材建设的各主体实现责、权、利的统一。

三、构建高素质专业化的统编教材实践转化体系

国家治理制度需要在每一个组织和个人身上予以反映,国家治理能力也需要自下而上地增强和持续[1],这不是说国家治理需要碎片化和原子化,而是意味着要使国家治理表里如一和名实相符。无疑统编教材作为为党育人、为国育才的培元工程,由谁来建设、谁有资格参与建设、应具备怎样的素养等,关乎整个统编教材建设质量与水平。当前我国的"教材质量之所以整体上还不能算高,还达不到国家的要求,一个重要的原因就是教材建设的队伍整体上还显得比较薄弱。这里讲的教材建设队伍包括编写、审查、研究、使用、管理五支队伍"[2],因此推动统编教材建设队伍的转型发展,培育高素

---

[1] 马亮.国家治理、行政负担与公民幸福感——以"互联网+政务服务"为例[J].华南理工大学学报(社会科学版),2019,21(1):77-84.

[2] 田慧生.新时代教材建设的若干思考[J].课程·教材·教法,2019,39(9):4-6.

质专业化创新型的教材建设人才,构筑统编教材建设的人才高地就变得尤为迫切。

第一,组建职业化的统编教材管理队伍。"管教材的一定要懂教材,要懂这个专业。如果管理队伍的水平提高了,整个工作状态就会大大改进"[1],教材管理并非只是针对统编教材内容而言,也就是说统编教材建设并非一项单一的教育事件,它还具有鲜明的政治性、经济性、社会性等,即统编教材建设是个复杂的社会事件,统编教材管理牵涉权责的分配、政策的适配、资源的调配、力量的均衡等,这就对教材管理人员提出了较高要求,在统筹岗位设置、编制配比、薪资分类等前提下,通过引智引人实现统编教材管理队伍的专职专能迫在眉睫。

第二,组建具有一流水平的统编教材研究队伍。统编教材建设并非一蹴而就,这是一个长期攻坚过程,伴随教育改革行动的推进、政策制度的颁布、教育教学理念的更新等,教材也会作出适时的应答,此时就凸显了统编教材研究者的责任担当,建立一支政治立场坚定、教材业务精湛、人员结构合理、作风优良的教材研究队伍就变得尤为重要。特别是置身现代化背景下,随着国际融通趋势的加强,我们亟须在中华大地和国际社会中讲述属于自己的"教材故事",这就要求统编教材研究者既要向下扎根,又要向上生长、向外输出,要具有世界眼光和本土情怀、能继承发展和改革创新,紧抓我国统编教材建设中的重大理论和现实问题;在基础研究和应用研究的基础上,着眼于交叉研究、边缘研究、比较研究、混合研究等,为统编教材建设和管理提供针对性的决策咨询。

第三,组建高素质专业化的统编教材编写队伍。作为一个专业标准明确、业务边界清晰、受众群体特殊、能够独立运行的体系,归根究底,教材代表的是专业,教材编写是门学问,教材建设有其自身特点和规律,特别是国家级、高水平、权威性的统编教材[2],非得有一批一流的、专业化的编写队伍来保证。这就需要丰富的统编教材编写队伍来源,包括专家学者、教育行政人员、教育教学人员、教科研人员、第三方人员、编辑、家长等,形成统编教材编写专家库,集聚

---

[1] 田慧生.新时代教材建设的若干思考[J].课程·教材·教法,2019,39(9):4-6.
[2] 郭戈.我国统编教材的历史沿革和基本经验[J].课程·教材·教法,2019,39(5):4-14.

教材智慧；及时补充和培养一批年轻且有发展潜力的人员，以期为统编教材编写队伍注入新鲜血液，盘活整个教材队伍系统。

第四，组建一专多能的统编教材培训队伍。统编教材是国家意志、中华优秀传统文化、社会主义先进文化等的重要载体，教材所承载的知识文化或价值理念能否准确传达给学生、能否转化为促进学生学习发展所需要的资源，首要取决于教师的教材观，即教师对教材及其教材所承载知识的认识或理解，因此，有必要健全教材培训制度或计划，依托国培、省培、市培等将国家教材意志落实到位；开展统编教材专题培训、项目培训、线上培训等，打破培训时间与空间的限制；从各专业领域遴选一批政治立场坚定、专业化水准高、深谙教育教学和教材规律，同时具有突出的组织管理能力、学科领导力的多学科或交叉学科领域人才，以此为统编教材落实国家事权提供专业、优质的培训服务。

第五，组建独立外设的统编教材督导队伍。从行政法角度来看，"上级教育行政部门与下级人民政府之间无隶属关系，只有公务协助关系，作为隶属于上级教育行政部门的教育督导机构无权监督、指导下级政府的工作"[①]，当前我国并无独立的教材督导或监管部门，教材监管事宜多收归教育行政组织机构，这就造成统编教材建设有管理、有行动，而无监管、无反馈，无法脉准我国统编教材建设的真正难点或"痛点"，因此有必要加强统编教材督导队伍建设。首先，优化我国教材督导结构或关系，强化其独立性，即建立专门的统编教材督导机构或部门，将其从行政部门的上下隶属关系中剥离出来，直接改为国家教材委员会的监督机构，直接向其汇报相关督导事宜。其次，扩大教材督导与评估主体，使其由单一走向多元，即扩大教材督导队伍中的社会主体和教育主体成员占比，以利于全面获取被督导对象相关信息。再次，提高教材督导队伍整体素质，改进教材督导工作方法或模式，具体研制教材督导人员任职资格条例，严格教材督导人员招聘过程和条件；打造教材督导人员的教育培训基地，使相关人员能接受专业培训，提高教材督导实效。最后，增强教材督导评估结果的公正性、透明性，发挥督导检查实效，形成定期的督导报告或反馈，将督导结果向社会公布。

---

① 孙玉洁.我国教育督导制度存在的问题与改进建议[J].教育研究,2004(10):64-68.

总而言之，应在统编教材管理队伍、统编教材研究队伍、统编教材编写队伍、统编教材培训队伍和统编教材督导队伍的多方助力下，以国家治理统合多主体治理，充分发挥不同主体的教育治理智慧和治理能力，提高统编教材系统运行效率。

第八章 统管教材建设落实国家事权的现实样态与系统优化

在当前我国教材的建设与发展进程中，统管教材是相对于统编教材、自编教材的一种教材存在样态。统管教材落实教材建设国家事权有其特定的权责特征，面临着特殊的风险挑战，并需要相应的系统优化。

第一节
统管教材建设落实国家事权的权责特征

基于我国教材建设的发展历程以及统编教材的特殊性，统管教材主要指向非国家统编，但由国家统一审核、统一使用的教材。因统管教材自身的特殊性，在统管教材建设进程中，其对国家事权的落实具有特定的权责特征。统管教材建设有其特定的权力主体、相应的权责关系与权责机制。

一、统管教材建设国家事权的权力主体

自1949年新中国成立，我国就开启了统管教材的建设进程；当前迈入"统编"+"统管"的教材建设新格局。从广义上来看，统管教材即由国家统一管理、全国通用的教材。但在我国统管教材的建设进程中，伴随着教材编写与审查的分离，在基础教育领域，统管教材历经了"一纲多本"、"三科统编"+"其它统管"的教材建设历程。为进一步强化国家意志，深入贯彻党的教育方针，有效落实社会主义核心价值观，统编教材由此被凸显。统编教材作为统管教材中的特殊一类指向由国家统编、统审、统用的语文、历史、道德与法治三科教材。与其他非统编的统管教材相比，统编教材在落实国家事权方面有其自身特殊的规律特征与风险挑战。因此，基于我国教材建设的发展历程以及统编教材的特殊性，本书将统编教材建设落实国家事权的内容单独为一章进行阐释；为进一步探讨非统编但由国家统管的教材建设国家事权落实样态，本书使用统管教材的狭义概念。狭义的统管教材指向由国家统一管理、非国家统编但全

国通用的教材。由此,本书的统管教材主要指向非国家统编,但由国家统一审核、统一使用的教材。

(一)统管教材建设国家事权的权力主体及关系

因教材建设国家事权的权力属性差异,统管教材建设落实国家事权的权力主体主要有三大类:行政主体、社会主体以及教育主体,三类主体相互作用,共同落实统管教材建设国家事权。

在统管教材落实国家事权的建设进程中,行政主体自上而下具体包括国家级教材行政主体、省级教材行政主体,以及地市、县级教材行政主体。国家级教材行政主体主要包括国务院教育行政部门、国家教材委员会及其专家委员会以及其他部委相关部门。省级、地市级和区县级教材行政主体主要包括省、市、区县的相关教材管理单位与部门。行政主体经由国家整体规划基于三级行政权力推进统管教材建设国家事权的实然落地。

在统管教材落实国家事权的建设进程中,社会主体主要指向官方委托的专业机构、专家与技术人员以及其他社会人士。官方委托的专业机构包括教材的编写单位、教材的审定单位以及教材的出版发行单位等。专家与技术人员主要包括官方委托的教材编写专家、教材插图绘制专家、教材内容审核专家等。其他社会人士主要指向对统管教材编写、审核、出版、发行以及使用等较为关注的相关社会人员。社会主体经由国家行政权力的分级传导基于专业权力的发挥推进统管教材建设国家事权的实然落地。

在统管教材落实国家事权的建设进程中,教育主体主要指向各学校的领导、教师、学生以及各区域的教研员等。各学校领导主要负责学校教师、学生对统管教材的有效使用与反馈。各学校教师是统管教材的理解者与使用者,经由教师统管教材得以被解读、被运作。学生是统管教材能否发挥教育功用的最终体验者,经由学生对统管教材的积极性直接体验,统管教材落实国家事权的建设目的得以达成。教育主体基于教育教学专业权力践行推进统管教材建设国家事权实然落地。

(二)统管教材建设国家事权权力主体的权责事项

在统管教材建设进程中,为有效落实国家事权,其权力主体非单一主体,而是诸多主体的汇聚。为有效推进统管教材建设质量提高及其对国家事权的落实,各权力主体因其差异化任务而指向不同的权责事项。在统管教材建设进程中,国家级教材行政主体主要拥有决策权、组织权、指导权、执行权、审核权、监督权、解释权等。2017年7月《国务院办公厅关于成立国家教材委员会的通知》印发,宣布成立国家教材委员会;其主要职责是"指导和统筹全国教材工作,贯彻党和国家关于教材工作的重大方针政策,研究审议教材建设规划和年度工作计划,研究解决教材建设中的重大问题,指导、组织、协调各地区各部门有关教材工作"[①]。统管教材的编写审定、出版发行、选用使用都要接受国家教材委员会的领导、监督与管理。2019年教育部印发《中小学教材管理办法》《职业院校教材管理办法》和《普通高等学校教材管理办法》的通知中指出,"国务院教育行政部门牵头负责全国中小学教材建设的整体规划和统筹管理,制定基本制度规范,组织制定国家课程方案和课程标准,组织开展国家课程教材的编写指导和审核"。省级和市、县级教材行政主体主要包括省、市、县的相关教材管理单位与部门,其在统管教材建设进程中主要拥有教材选用、规划等具体执行权。通知指出,"省级教育行政部门牵头负责本地区中小学教材管理,指导监督市、县和学校课程教材工作。组织好国家课程教材的选用、使用工作,确保全面有效实施"[②]。因此,统管教材建设国家事权的落实不仅仅体现在国家级教材行政主体对统管教材的直接领导、监督与管理上,还体现在省、市、县级教材行政主体对统管教材的监督、管理与具体执行上。

在统管教材建设进程中,社会主体主要指官方委托的专业机构、专家与技术人员以及其他社会人士。官方委托的教材编写单位、专家、技术人员等拥有教材的设计、编写等权力与责任。在学科课程标准的引领之下,教材编写单位

---

① 中华人民共和国中央人民政府.国务院办公厅关于成立国家教材委员会的通知[EB/OL].(2022-07-03)[2022-10-05].https://www.gov.cn/zhengce/zhengceku/2017-07/06/content_5208390.htm.

② 中华人民共和国教育部.教育部关于印发《中小学教材管理办法》《职业院校教材管理办法》和《普通高等学校教材管理办法》的通知[EB/OL].(2019-12-16)[2023-06-18].http://www.moe.gov.cn/srcsite/A26/moe_714/202001/t20200107_414578.html.

与编写者具体确定教材内容的编写、插图的绘制、插图与文字的配合、编写形式的丰富度及其配合,以及具体版式的设计等。而在教材的具体编写进程中,编写者需要确定教材的编写目标,即预设的学生经由教材学习应该达到的目标,不仅指向学生知识与技能的获得,情感、态度、价值观的养成,更指向学生相应学科核心素养的发展。编写者需深入分析教材的内容特性,关注教材内容的深层结构要素,注重知识要素、技能要素、社会规范以及价值要素等的选择和组织。编写者还需特别关注教材的功能模块设计,思考教材如何引导学生的学习、如何引导教师的教学和评价,以及如何在教材中明确呈现。统管教材经审定后方可出版、发行;教材出版部门成立专门政治把关机构,建强工作队伍和专家队伍,在所编修教材正式送审前,以外聘专家为主,进行专题自查,把好政治关。外聘专家作为教材的重要外审专家,其在统管教材建设进程中具有重要的审定权。经由外聘专家把关,基于专业视域,得以更好地提升统管教材的建设质量。统管教材出版、发行单位必须取得国家出版主管部门批准的教材出版、发行资质[①]。统管教材的正规化出版关乎统管教材的呈现质量,如果经由不具备资质的出版社歪曲内容或不规范出版,那么统管教材的严格编写、审核就完全失去其意义,统管教材落实国家事权就难以实现。因此,在统管教材建设进程中,统管教材出版单位拥有出版权。教材出版单位严格按照审定通过的出版稿印刷,并严格规范统管教材的编辑、审稿与校对等,从而保证统管教材的编校质量并确保其印制质量。

在统管教材建设进程中,教育主体主要指向各学校的领导、教师、学生以及各区域的教研员等。统管教材要发挥其育人功用,最终要经由学校这个育人主场域。统管教材从编写、审核到出版、发行的过程,只是统管教材建设进程的一半;统管教材最终能否有效发挥其育人功用还在于统管教材的被选用以及被使用。而统管教材的选用与使用主要依托教育权力主体来完成。因此,在统管教材建设进程中,各学校领导、教师、学生以及区域教研员都是统管教材建设进程中的重要教育权力主体,各自拥有重要的教育权力与责任。学

[①] 中华人民共和国教育部.教育部关于印发《中小学教材管理办法》《职业院校教材管理办法》和《普通高等学校教材管理办法》的通知[EB/OL].(2019-12-16)[2023-06-18].http://www.moe.gov.cn/srcsite/A26/moe_714/202001/t20200107_414578.html.

校领导主要拥有统管教材选用的决策权以及使用进程中的管理权。基于自身学校的发展特色,应选用哪一个版本、哪一个出版社的统管教材,学校领导拥有一定的选择权。而在统管教材的使用进程中,一线教师应该基于什么样的流程、如何展开对统管教材的有效使用,学校领导拥有统管教材使用的管理权。学校教师作为统管教材的重要直接使用者,对于统管教材拥有绝对的使用权,还伴随拥有相应的诠释权和评价权。作为深入的教材使用者,学校教师对于统管教材的编写质量拥有专业的评价权。哪些内容迎合学生发展需求,哪些内容不适合学生发展阶段,学校教师拥有相应的话语权。部分教师还拥有统管教材的编写权,但这一权限主要来自于教材编写团队的邀约,属于附加权限。学生作为统管教材的最终功用指向者,是统管教材建设质量的直接利益相关者,因此学生拥有统管教材的使用权与评价权。但因中小学生处于不成熟的发展阶段,其评价权不能完全落地实施,而大学生作为成熟个体,其评价权应当得到有效回应。区域教研员作为中小学教育质量的保驾护航者,不仅拥有对于统管教材的使用权,还拥有针对统管教材使用的指导权。一线教师应如何使用统管教材,统管教材使用进程中存在哪些问题,区域教研员有权力也有义务就现状进行探究与指导。"教材管理工作接受相关部门、教师、学生、家长及社会监督。"[①]因此,在统管教材使用进程中,学校领导、教师、学生以及区域教研员对于统管教材的编写质量,如内容的科学性、插图是否符合主流审美等还有相应的监督权与反馈权。

二、统管教材建设国家事权的权责关系

因权力属性差异,统管教材建设拥有三层级的权力主体:行政主体、社会主体以及教育主体。但在不同层级的权力主体之间、在同一层级的不同权力主体之间,因其在统管教材建设中的不同事情指向而有明确的责任边界。每一层级权力主体在拥有相应权力的同时,也必须肩负相应责任;同一层级权力

---

① 中华人民共和国教育部.教育部关于印发《中小学教材管理办法》《职业院校教材管理办法》和《普通高等学校教材管理办法》的通知[EB/OL].(2019-12-16)[2023-06-18].http://www.moe.gov.cn/srcsite/A26/moe_714/202001/t20200107_414578.html.

主体因其所做事情的不同指向,也肩负不同的责任体系;不同层级权力主体围绕统管教材建设这一核心事项,也肩负不同的责任体系。

(一)统管教材建设国家事权的权责结构

由于国家行政主体的逐级分权,以及社会主体、教育主体相应于国家行政权力的被赋权和自身专业权力、教育权力的践行,统管教材建设国家事权具有其特定的权责结构分布。具体如图8-1所示:

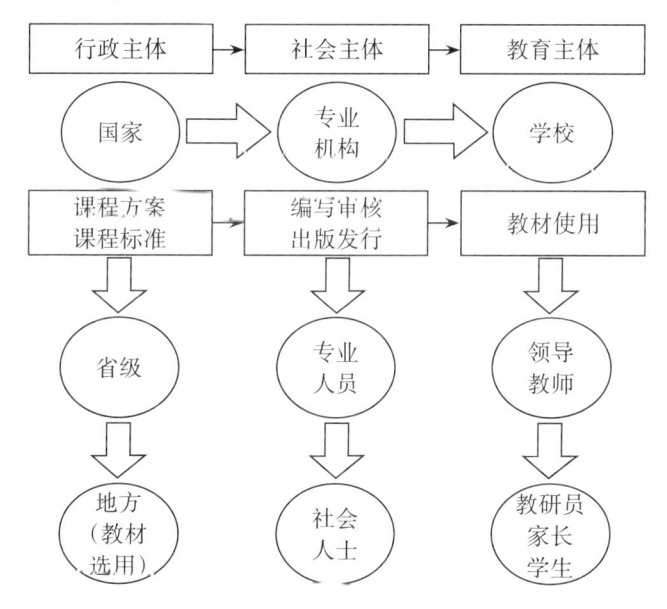

图8-1 统管教材建设国家事权的权责结构图

不同于统编教材由国家统一组织编写、审核、出版、发行与选用,统管教材在遵循统一课程方案与课程标准的基础之上,伴随国家行政主体的逐级分权,社会主体全面参与统管教材的编写、审核、出版、发行等多个建设环节,地方行政主体具体负责统筹各学校相关教材的选择与使用。国家行政主体的行政权力逐级分权给社会主体以及地方行政主体。由此统管教材建设国家事权的权责由国家行政主体统一肩负逐渐分化为由国家行政主体、社会主体、地方行政主体以及教育主体等共同担负。

经由国家行政主体赋权,社会主体不仅拥有自身的专业权力,还拥有被赋予的一定行政权力,从而能够全面参与统管教材的编写、审核、出版与发行等建设进程。官方委托的教材编写单位、专家、技术人员等拥有统管教材的设计、编写等权力;外聘专家作为统管教材的重要外审专家,在统管教材建设进程中拥有重要的审定权;统管教材出版单位拥有出版与发行权。因权力的被赋予与践行,相应的社会主体也必须肩负各自的责任,确保统管教材每一建设环节对国家事权的有效落实。

在统管教材建设进程中,基于国家行政主体赋权,地方行政主体肩负统管教材的选择职责。因统管教材自身"一纲多本"的特殊性,各地方学校统管教材的选择具有较大的自主权限。统管教材的选择不仅应再次关注、评估统管教材本身的编写质量与出版质量,更需要考量不同版本统管教材与地方学情、各学校办学特色之间的内在适切与匹配。只有选择适合本地方、本校教育教学发展的统管教材才能更好地促进学生的全面发展,才能以教材建设促推本地教育发展,从而具体落实统管教材建设的国家事权。

在统管教材建设进程中,经由国家行政主体赋权,教育主体最终负责统管教材的教育性使用。学校领导负责基于统管教材的学校课程开发与建设,教师负责基于统管教材的具体教育教学工作展开,学生作为统管教材最终受益者负责基于统管教材展开学习,教研员负责基于统管教材展开相应的教育教学研究、改进等工作。经由教育主体的教育权力践行,统管教材建设国家事权得以最终落地。

(二)统管教材建设国家事权的平等协作权责关系

因权力属性差异,统管教材建设拥有行政主体、社会主体以及教育主体三大不同的权力层级,每一层级的权力主体拥有不同的权力与责任体系。而在同一层级权力主体之间,不同权力主体之间也拥有相应的责任边界与责任体系。在厘清责任边界与责任体系的基础之上,各主体之间应建立平等协作的主体间关系,从而有效落实统管教材建设的国家事权。在统管教材建设进程中,国家级教材行政主体统筹、统领省、市、县级统管教材行政主体。"国务院和省级教育行政部门根据国家课程方案合理规划教材,重视教材质量,突出教材特色";"国家实行中小学教材审定制度,未经审定的教材,不得出版、选用";"在国家教材委员会指导和统筹下,中小学教材实行国家、地方和学校分级管理"。[①]

在统管教材建设进程中,官方委托的专业机构包括统管教材的编写单位、统管教材的审定单位以及出版发行单位等。统管教材审定单位主要对统管教材编写单位的编写内容进行再次的质量审核与意识形态审定;统管教材出版发行单位对审定后的教材予以出版发行,当前"国家实行中小学教材审定制度,未经审定的教材,不得出版、选用"[②]。由此统管教材编写、审定与出版发行之间具有并列、协同关系。只有基于统管教材编写,才能有统管教材审定责任的履行;只有经由统管教材的审定,才能有最终相应统管教材的出版与发行。因此为确保统管教材的编写、审定与出版发行质量,统管教材编写、审定与出版发行单位之间应各司其职,明确各自的责任范畴。

在统管教材建设进程中,因学校行政权力划分,学校领导相对于学校教师、学生具有上位的领导权限。但在统管教材的使用进程中,学校领导与教师、学生之间处于同一教育主体范畴,因此三者之间应具有平等、协同的责任关系。学校领导对统管教材的管理与使用需要经由教师具体落实,需要经由学生使用与习得予以显现。而教师对统管教材使用的有效展开不仅需要学校领导层给予支持和指导,还需要学校领导给予教师一定的统管教材使用空间,以便教师能够充分发挥其专业性,展现其专业自主权。但因区域教研员属于各区域教育科学研究院,因此其与学校领导之间不存在上下位的领导关系,区域教研员得以更客观、公正地监督学校领导的教材选用与管理责任的履行。基于区域教研员对学校教师教学、学生学习的监督、探究与指导,其与学校教师、学生之间在统管教材使用中处于同一权力主体范畴,三者之间保持协同的责任关系。基于区域教研员对统管教材使用的探究引领,统管教材的育人功用得以在学校场域中实然发挥。

[①] 中华人民共和国教育部.教育部关于印发《中小学教材管理办法》《职业院校教材管理办法》和《普通高等学校教材管理办法》的通知[EB/OL].(2019-12-16)[2023-06-18].http://www.moe.gov.cn/srcsite/A26/moe_714/202001/t20200107_414578.html.

[②] 同上。

(三)统管教材建设国家事权的动态共生权责关系

统管教材建设的行政主体、社会主体以及教育主体等不同层级权力主体之间并非泾渭分明的权责关系,而是具有动态共生的责任关联关系。为促进统管教材建设质量及其对国家事权的有效落实,不同层级权力主体之间既有自上而下的督导责任关系,也有不同层级权力主体间自下而上的反馈责任关系。

在统管教材建设进程中,不同层级权力主体之间具有自上而下的督导责任关系。为促进统管教材建设各主体之间权力的有效发挥与责任的有效落实,从行政主体到社会主体到教育主体之间具有自上而下的督导责任关系。国家以及地方各级行政主体主要统筹规划统管教材的编写、审定、出版、发行、使用以及反馈等框架性引领工作。社会主体要基于行政主体的任命与委托展开相应统管教材的具体编写工作、审定工作以及出版、发行等工作。学校领导、教师、教研员等教育主体主要基于选用的统管教材展开相应的统管教材教学、使用、评价等工作。"国务院教育行政部门牵头负责全国中小学教材建设的整体规划和统筹管理,制定基本制度规范,组织制定国家课程方案和课程标准,组织开展国家课程教材的编写指导和审核,组织编写国家统编教材,指导监督各省(区、市)教材管理工作";"学校要严格执行国家和地方关于教材管理的政策规定,健全内部管理制度,选好用好教材"。[①]

在统管教材建设进程中,不同层级权力主体之间具有自下而上的反馈责任关系。各教育主体对统管教材使用过程中发现的编写内容、插图审美、学生接受度等问题应及时反馈给上一级教育行政主体或相关社会主体。"教材管理工作接受相关部门、教师、学生、家长及社会监督。国务院教育行政部门对各地教材管理工作进行检查和督导。各级教育行政管理部门对本区域内的教材使用进行检查和监督。"这一检查、督导工作的有效展开有赖于教育主体的及时、真实反馈。社会主体接受行政委托在展开统管教材的编写、审定进程中,关于统管教材自身的教学适切性等问题也有赖于教育主体的试用性使用反

---

① 中华人民共和国教育部.教育部关于印发《中小学教材管理办法》《职业院校教材管理办法》和《普通高等学校教材管理办法》的通知[EB/OL].(2019-12-16)[2023-06-18].http://www.moe.gov.cn/srcsite/A26/moe_714/202001/t20200107_414578.html.

馈。"新编教材和根据课程标准变化修订的教材,在初审通过后,须进行试教试用,并选聘一线优秀教师进行审读,在教学环节对教材进行全面检验。试教试用的范围、方式等要求由负责组织教材审核的教育行政部门具体规定,原则上应覆盖不同教育发展水平的地区和学校。编写单位应根据试教试用情况和一线教师审读意见对教材进行修改完善。"经由一线教师的审读与试用反馈,统管教材是否适合当前学生的身心发展特征、是否有利于学校教师以此展开教学工作等结果得以直接反馈给社会编写与审定主体,从而社会编写与审定主体可以基于反馈提升统管教材的编写质量。教育部明确规定,"教材编写、出版单位须建立教材使用跟踪机制,通过多种途径和方式收集教材使用意见,形成教材使用跟踪报告,在教材进行修订审核时作为必备的送审材料"[①]。

三、统管教材建设国家事权的权责机制

因统管教材建设国家事权的特定权力主体与其权责关系,统管教材建设国家事权也有其相应的权责机制,具体表征为分级传导内生机制、双通道监督机制以及双向度运作机制。

(一)统管教材建设国家事权的分级传导内生机制

因统管教材自身"一纲多本"的特殊性存在,统管教材建设国家事权的权责机制不仅源于国家行政权力,更源于国家行政权力分级传导的内生机制。在统管教材建设进程中,因国家行政权力的分级传导,统管教材国家事权的落地不仅在于国家行政权力的发挥,更在于国家行政权力的向下传导以及国家意志的相应贯彻。由此,统管教材建设国家事权的落地在于社会主体的被赋权与专业权力践行,在于地方行政主体的被赋权与相应行政权力的践行,在于教育主体的被赋权与教育权力的践行。

一方面,统管教材建设国家事权的分级传导内生机制确保国家行政权力得以下放至社会主体、地方行政主体、教育主体等。如统管教材编写单位

---

① 中华人民共和国教育部.教育部关于印发《中小学教材管理办法》《职业院校教材管理办法》和《普通高等学校教材管理办法》的通知[EB/OL].(2019-12-16)[2023-06-18].http://www.moe.gov.cn/srcsite/A26/moe_714/202001/t20200107_414578.html.

一被赋权,就拥有自主的教材设计、编写权限;审核单位一被赋权,就拥有相应的统管教材审核权限;出版发行单位一被赋权,就得以自主践行统管教材排版、发行等权限。如地方行政主体得以结合地方教育实际、各学校发展情况以及学生基础选择适切的统管教材版本。如教育主体得以结合本校特色、学情展开基于统管教材的课程开发、实施与评价等。由此统管教材建设国家事权的落实就被分化至社会主体的统管教材编写、审核、出版与发行,地方行政主体的统管教材选用以及教育主体的统管教材使用。另一方面,统管教材建设国家事权的分级传导内生机制还应当确保各主体对国家行政主体所赋予权力的正当与有效使用。因国家行政主体的相应赋权,统管教材建设国家事权被分化,由此统管教材建设国家事权的落地需要各主体对自身拥有权力的有效与正当使用。社会主体应在遵循课程方案与课程标准的基础之上按照国家规定的统管教材编写、审核、出版、发行等流程规定展开统管教材建设工作,地方行政主体应在课程方案与课程标准的引领之下展开统管教材的选用工作,各教育主体更应在课程方案、课程标准的指引之下展开对统管教材的解读与教育性使用。由此,经由分级传导内生机制,统管教材建设国家事权得以落实。

(二)统管教材建设国家事权的双通道监督机制

统管教材建设国家事权的权责机制还表征为双通道监督机制。在统管教材建设进程中,为促进国家事权的有效落地,因国家行政主体权力的分级下放,为确保社会主体、地方行政主体、教育主体对国家意志的全面贯彻,双通道监督机制伴随而生。由于统管教材自身的建设特殊性,国家行政主体的权力被下放至相应主体;但各主体权力的拥有并不意味着其相应职责的承担。只有各主体在实施其权力的基础之上认真履行其相应职责才能确保统管教材建设国家事权的实然落地。因此,统管教材建设国家事权的权责显现伴生着双通道监督机制。

统管教材建设国家事权的双通道监督机制一方面源于国家行政主体的上位性监督实施。即由国务院教育行政部门负责统管教材的整体规划和统筹管理,制定统管教材建设的基本制度规范,组织制定国家课程方案和课程标准,组织开展统管教材的编写指导和审核,指导监督各省(区、市)的统管教材管理工作。经由国家行政主体的上位监督,各统管教材建设主体得以遵循相应的制度、标准展开自身的统管教材建设工作。但国家行政主体的上位性监督主要停留于宏大的方向引领与政策制定,具体落实还需要基于建设进程展开细致的监督实施。由此,相对于上位监督,另一方面,统管教材建设国家事权的双通道监督机制还源于社会主体、地方行政主体、教育主体之间各自的下位性监督实施。统管教材的编写质量保证不仅源于其自身对国家课程方案、课程标准的认真贯彻,以及审核机构对其编写质量的评估,还应源于接受来自地方行政主体、一线教育主体的质量评价与反馈。学校领导、教师、学生以及教研员都是直接使用和研究统管教材的主要参与者,他们能够深入了解并发现统管教材在教育教学实践中存在的问题。因此,他们在统管教材的编写质量和出版质量等方面具有重要的下位监督作用。基于这一监督,上位引领与下位实践得以有效统整,统管教材建设国家事权得以实然落地。

(三)统管教材建设国家事权的双向度运作机制

统管教材建设国家事权的权责机制还表征为双向度运作机制。基于统管教材建设进程中国家行政权力的逐级下放,社会主体、地方行政主体、教育主体对统管教材建设国家事权的落实不仅源于外在的强制要求,更源于各主体自身的自觉践行,经由外在强制与内在自主的双向度运作,统管教材建设国家事权得以有效落地。可以说,统管教材建设国家事权的双向度运作机制表现为国家行政主体的外在强制推进和各建设主体自身的自觉践行。

一方面,统管教材建设国家事权的双向度运作机制表现为国家行政主体的外在强制推进。基于国家行政主体对社会主体、地方行政主体、教育主体等的赋权,各主体在统管教材建设进程中行使相应权力的同时必须肩负相应职责,贯彻国家意志。如社会主体在统管教材编写、审核等进程中必须严格遵循国家课程方案、课程标准的国家意志引领,"必须坚持马克思主义的指导地位,体现马克思主义中国化最新成果,体现中国和中华民族风格,体现党和国家对教育的基本要求,体现国家和民族基本价值观,体现人类文化知识积累和创新成果"①。社会主体要秉持正确的政治方向与立场,要避免错误话语表达的出现,基于统管教材引领学生树立正确的世界观、人生观与价值观。另一方面,统管教材建设国家事权的双向度运作机制还表现为各建设主体的自觉践行。仅仅只是源于外在的行政要求而展开的统管教材建设对国家事权的落实只能停留于浅表,其对国家意识形态的反映也只是强硬附加。统管教材建设国家事权的深入落实有赖于各建设主体自身主观能动性的积极发挥。如社会主体基于自身专业权力的主动践行,在统管教材内容选择与编写、教材插图设计与绘制的进程中注重国家意识形态的有机渗透,注重社会主义核心价值观、中华优秀传统文化等的有机融入。这一有机渗透与融入不仅仅只是反映国家意志,更为重要的是能够基于不同学段学生身心发展特征,在迎合学生发展需求的基础之上适切性贯彻国家意志,从而使统管教材建设国家事权有效落地。

第二节
统管教材建设落实国家事权的风险挑战

基于统管教材建设国家事权的权责特征,在当前统管教材建设进程中,统管建材建设落实国家事权面临着相应风险。其具体表征为国家行政权力分级传导下国家意志贯彻递减风险,统管教材建设主体间的差序化权责关系风险,以及统管教材建设进程中的虚空化权责机制风险。

一、国家行政权力分级传导下国家意志贯彻递减风险

因统管教材建设自身的特殊性,统管教材建设国家事权落实首先面临着国家行政权力分级传导下国家意志贯彻递减风险。其主要表现为统管教材编写主体的个人意识与国家意志的差异,统管教材审核的权力代理与制度失范,

---

① 中华人民共和国教育部.义务教育课程方案:2022年版[M].北京:北京师范大学出版社,2022:前言1.

统管教材出版发行的权力"寻租"与过度自由化,以及统管教材选用的权力"代差"与意识分化。

(一)统管教材编写主体的个人意识与国家意志的差异

统管教材编写主体的个人意识与国家意志的差异引发国家意志贯彻递减风险。"中小学教材编写类型是教材编写者的教育观、知识观、学生观以及社会观的反映。"[1]在统管教材的建设进程中,统管教材编写主体的个人意识与国家意志存在一定程度的差异,由此存在国家意志贯彻不到位的风险。当前统管教材是由"具备相应条件和资质的单位组织编写。编写单位负责组建编写团队,审核编写人员条件并进行社会公示,对教材编写修订工作给予协调和保障";"教材编写实行主编负责制。一套教材原则上设一位主编,特殊情况可设两位主编。主编主要负责组织编制教材编写大纲、统稿和定稿,对教材编写质量负总责";"鼓励国内高校和科研机构的知名专家、学术领军人物与中小学优秀教师共同编写教材"。[2]

在理想层面,在国家课程方案与课程标准的引领下,以及编写主体当下专业地位与素养的保障下,为充分落实统管教材建设的国家事权,统管教材的编写应当凸显教材内容的中国文化特色与中国式现代化发展特色,以习近平新时代中国特色社会主义思想来引领和指导统管教材的内容选择与组织。但在实际的统管教材编写进程中,基于"一纲多本"的多元化编写,统管教材编写主体群囿于不同的个人政治认识与身份认同,还是存在一定的国家意志贯彻不到位风险。在遴选流程专业性的保障下,统管教材编写主体在其相应的专业领域拥有无可置疑的专业素养,能够充分考虑学科知识逻辑与学生发展逻辑,展开相应教材的编写。但鉴于统管教材建设的国家事权,统管教材编写主体不仅需要从学科、学生出发展开相应教材编写,更需要从社会发展、国家意识形态出发展开教材编写。因此,统管教材编写主体的个人意识与国家意志的一致性尤为重要。如果出现偏差,就会人为导致国家意志的偏离或使国家意

---

[1] 刘启迪.改革开放以来中小学教材编写的反思与展望[J].当代教育科学,2018(8):15-20.
[2] 中华人民共和国教育部.教育部关于印发《中小学教材管理办法》《职业院校教材管理办法》和《普通高等学校教材管理办法》的通知[EB/OL].(2019-12-16)[2023-06-18].http://www.moe.gov.cn/srcsite/A26/moe_714/202001/t20200107_414578.html.

志在统管教材中的体现过于表面,从而导致国家意志无法贯彻于统管教材编写进程。

(二)统管教材审核的权力代理与制度失范

统管教材审核的权力代理与制度失范引发国家意志贯彻递减风险。为提升统管教材的编写质量,当前统管教材建设实施编写、审核以及选用的分离制度。"教材完成编写修订后,须按规定提交相应机构进行审核";"实行教材编审分离制度,遵循回避原则。"① 在理想层面,统管教材的编写、审核分离使得审核成为提升统管教材建设质量,确保其切实落实国家意志的又一重要保障环节。但相应的,编、审分离也意味着国家行政主体权力的进一步被代理,这需要规范的制度来保障。

在实际的统管教材审定过程中,统管教材编写质量审核制度存在一定程度的失范。第一,当前统管教材审查存在制度性漏洞,导致其难以全面贯彻国家意志。基于统管教材审定的权力代理,"教材审定和审查委员会经常成为出版社'公关'的目标"②。这一道德风险导致统管教材审查沦落为"人情世故"而非科学的编写评估,从而直接影响统管教材的编写创新与质量提升,也影响其对国家意志的有效贯彻。第二,当前统管教材审查标准不完善,拉低统管教材编写质量,影响国家意志的全面凸显。在当前统管教材的审查进程中,虽然已有两级教材审定委员会、四个审查制度、一系列的具体标准以及完备的教材审查环节,但"缺少对意识形态属性较强的内容的审查标准"③,导致教材编写中的意识形态渗透缺乏外在筛选与评估,从而影响统管教材建设国家事权的有效贯彻。

---

① 中华人民共和国教育部.教育部关于印发《中小学教材管理办法》《职业院校教材管理办法》和《普通高等学校教材管理办法》的通知[EB/OL].(2019-12-16)[2023-06-18].http://www.moe.gov.cn/srcsite/A26/moe_714/202001/t20200107_414578.html.
② 张学鹏,周美云.改革开放40年教材建设的回顾、成就与问题[J].教学与管理,2018(33):84-87.
③ 丁浩然,刘学智.改革开放40年义务教育教材制度建设的回顾与展望[J].教育科学,2018,34(5):27-32.

(三)统管教材出版发行的权力"寻租"与过度自由化

统管教材出版发行的权力"寻租"与过度自由化导致国家意志贯彻递减。"教材出版、发行单位必须取得国家出版主管部门批准的教材出版、发行资质。"当前统管教材必须经由国家审定才能获得出版、发行资格,且出版发行单位需具备国家认可的相应资质。统管教材出版单位严格按照审定通过的出版稿印刷,并严格规范统管教材的编辑、审稿与校对等,从而保证统管教材的编校质量并确保其印制质量。"教材定价应严格遵守'保本微利'原则";"教材发行应确保'课前到书、人手一册'。"[①]因此统管教材的出版发行也必须贯彻相应原则,确保每一位学生能及时获得相应教材。

在理想层面,遵循出版发行流程的统管教材可以确保国家事权的相应落地。但在实际的建设进程中,统管教材出版发行存在权力"寻租"与过度自由化的风险,导致国家意志贯彻递减。因统管教材出版发行单位被赋权,其拥有的出版发行权也成为谋求自身利益的重要资本,从而可能导致国家意志在此权力"寻租"进程中的偏离。同时,在统管教材的出版发行进程中,相应出版发行单位是否严格按照规范展开统管教材的审稿、编辑与校对,也因相应具体标准的缺失而停留于表面。因此,统管教材出版发行单位的过度自由,也会导致国家意志的全面贯彻存在偏离风险。

(四)统管教材选用的权力"代差"与意识分化

统管教材选用的权力"代差"与意识分化导致国家意志贯彻递减。当前,"省级教育行政部门负责本地区中小学教材选用使用工作的统筹管理,领导和监督中小学教材选用工作","教材选用单位应当组建由多方代表参与的教材选用委员会,具体负责教材的选用工作"。[②]统管教材选用是使用的重要前提,是国家意志得以全面贯彻的重要环节。在理想层面,选择适合各地方学

---

① 中华人民共和国教育部.教育部关于印发《中小学教材管理办法》《职业院校教材管理办法》和《普通高等学校教材管理办法》的通知[EB/OL].(2019-12-16)[2023-06-18].http://www.moe.gov.cn/srcsite/A26/moe_714/202001/t20200107_414578.html.

② 中华人民共和国教育部.教育部关于印发《中小学教材管理办法》《职业院校教材管理办法》和《普通高等学校教材管理办法》的通知[EB/OL].(2019-12-16)[2023-06-18].http://www.moe.gov.cn/srcsite/A26/moe_714/202001/t20200107_414578.html.

校的教材能更好地促进学校、学生、教师发展,从而确保国家意志的全面贯彻。

但在实际的统管教材选用进程中,出现权力"代差"与意识分化的现象,"政府信息不够公开、监督缺失、地方行政干预教材招标和选用、地方保护主义等现象还比较普遍","地方教育行政部门干预教材选用的事例还时有发生"。[①]统管教材的最终使用者(学校与教师)没有相应的话语权,"教材选用程序不够完备,导致选用的教材难以满足教学需求"[②]。当前的教材选用程序主要包括选择、公示两个环节。教育部印发的《中小学教材管理办法》《职业院校教材管理办法》《普通高等学校教材管理办法》中明确指出,"教材选用应遵循公开、公平、公正的原则,保证选用过程规范、有序,确保选出适合本地区中小学使用的优质教材"[③]。但究竟基于什么标准去选择统管教材,如何确保统管教材选择进程的公平性、公开性以及公正性,以及如何确保统管教材选择的优质性,都缺乏明确细致的规引。因统管教材选用环节与实际使用环节之间的分离,国家意志的全面贯彻存在相应风险。

二、统管教材建设主体间的差序化权责关系风险

当前统管教材建设国家事权的落实还面临着统管教材建设主体间的差序化权责关系风险。其主要表现为行政主体与社会主体之间的行政权力与专业自主博弈,行政主体与教育主体之间的"话语权"与教育实践隔阂,以及社会主体与教育主体之间的专家应然与教育实然隔离。

(一)行政主体与社会主体之间的行政权力与专业自主博弈

统管教材建设主体间的差序化权责关系风险首先表现为行政主体与社会主体之间的行政权力与专业自主博弈。统管教材是由"具备相应条件和资质

[①] 张学鹏,周美云.改革开放40年教材建设的回顾、成就与问题[J].教学与管理,2018(33):84-87.
[②] 丁浩然,刘学智.改革开放40年义务教育教材制度建设的回顾与展望[J].教育科学,2018,34(5):27-32.
[③] 中华人民共和国教育部.教育部关于印发《中小学教材管理办法》《职业院校教材管理办法》和《普通高等学校教材管理办法》的通知[EB/OL].(2019-12-16)[2023-06-18].http://www.moe.gov.cn/srcsite/A26/moe_714/202001/t20200107_414578.html.

的单位组织编写。编写单位负责组建编写团队,审核编写人员条件并进行社会公示,对教材编写修订工作给予协调和保障"。统管教材的"出版、发行单位必须取得国家出版主管部门批准的教材出版、发行资质"。[①]社会主体拥有的统管教材编写权、审核权、出版发行权等源于国家行政主体的赋权。即哪些单位、人员能够参与统管教材的相应建设工作源于国家行政主体基于相应流程规范的赋能。在应然层面,作为统管教材的重要建设者,国家行政主体、社会主体共同肩负着统管教材建设国家事权有效落实的责任。但在实然建设进程中,基于行政权力与专业自主之间的本源性冲突,行政主体与社会主体之间的行政权力与专业自主博弈导致统管教材建设国家事权的落实风险。

统管教材建设进程中行政主体与社会主体之间的行政权力与专业自主博弈引发的国家意志差序化风险主要体现在以下两个方面。第一,社会主体是否能够被遴选受制于行政权力。即在统管教材的建设进程中,哪些社会主体能够参与教材建设工作不仅仅取决于其自身的专业能力高低,还取决于行政主体的认可与认同。社会主体的专业能力高低受制于行政权力,由此导致社会主体的专业自主权限被漠视。这一漠视的潜在风险即某些被遴选社会主体的专业能力难以胜任相应教材建设工作,尤其某些意识形态存在问题的个体可能进入统管教材建设主体群,导致国家意志的错误贯彻。第二,社会主体专业工作的展开受制于行政权力。在进行具体的统管教材编写和审核等工作时,教材编写者和审定者等专业人员的工作并不仅仅依赖于他们个人的专业自主性,还依赖于行政主体的监督和指导。在应然层面,行政引领能够确保专业实践朝向正确的政治方向。只是实然中,这一自主权限与行政指引之间的度难以把控,导致两大主体存在博弈。社会主体与行政主体的博弈存在走向极端的风险,也存在统管教材建设国家事权的落实风险。

[①] 中华人民共和国教育部 教育部关于印发《中小学教材管理办法》《职业院校教材管理办法》和《普通高等学校教材管理办法》的通知[EB/OL].(2019-12-16)[2023-06-18].http://www.moe.gov.cn/srcsite/A26/moe_714/202001/t20200107_414578.html.

(二)行政主体与教育主体之间的"话语权"与教育实践隔阂

统管教材建设主体间的差序化权责关系风险其次表现为行政主体与教育主体之间的"话语权"与教育实践隔阂。在编写、审核、出版发行等环节之后,统管教材建设进入选用、使用环节。当前,"省级教育行政部门负责本地区中小学教材选用使用工作的统筹管理,领导和监督中小学教材选用工作";"教材选用单位应当组建由多方代表参与的教材选用委员会,具体负责教材的选用工作"。[①]在应然层面,在严格遵循统管教材选择规范与程序的基础之上,基于地方行政主体的统管教材选用统筹,由教材选用委员会具体展开选用工作,各地学校应基于自身学校的办学特色、学生的学情发展实际选择适切的统管教材。2010年《国家中长期教育改革和发展规划纲要(2010—2020年)》发布,明确提出"树立以提高质量为核心的教育发展观,注重教育内涵发展,鼓励学校办出特色"[②],特色化办学成为我国社会发展转型对教育发展的诉求,只有与学校特色化发展相适应的统管教材选用建设才能够全面贯彻国家意志。

但在实际的统管教材选用进程中,行政主体与教育主体之间的"话语权"与教育实践隔阂导致国家意志的贯彻偏离风险。统管教材的选择具有形式上的程序公平,是由教材选用委员会展开具体选用工作。但因教育主体在选择中的失声以及行政主体的过多干预,当前中小学统管教材的选用存在一定的偏失。"地方行政干预教材招标和选用、地方保护主义等现象还比较普遍","地方教育行政部门干预教材选用的事例还时有发生"[③]。地方行政主体出于政治考量、地方保护等因素行使选用权,以其权力本位理念凌驾于统管教材的适切化选用之上,可能忽略各学校领导、教师、教研员作为统管教材使用者的选择权,导致统管教材选择过程中的学校、教师等失声。地方行政主体主要从社会、政治发展等因素考量统管教材选用,缺乏一线学校统管教材使用经验。如

---

① 中华人民共和国教育部.教育部关于印发《中小学教材管理办法》《职业院校教材管理办法》和《普通高等学校教材管理办法》的通知[EB/OL].(2019-12-16)[2023-06-18].http://www.moe.gov.cn/srcsite/A26/moe_714/202001/t20200107_414578.html.
② 中华人民共和国中央人民政府.中共中央 国务院印发《国家中长期教育改革和发展规划纲要(2010-2020年)》[EB/OL].(2010-07-29)[2023-01-05].http://www.gov.cn/jrzg/2010-07/29/content_1666937.htm.
③ 张学鹏,周美云.改革开放40年教材建设的回顾、成就与问题[J].教学与管理,2018(33):84-87.

果没有深入一线教育实践展开统管教材使用调研,其对统管教材选用的"话语霸凌"就会严重影响统管教材的选用质量,使统管教材的选择偏离地方学校、学生发展实际,由此影响国家意志的全面有效贯彻。

(三)社会主体与教育主体之间的专家应然与教育实然隔离

统管教材建设主体间的差序化权责关系风险最后表现为社会主体与教育主体之间的专家应然与教育实然隔离。统管教材建设国家事权不仅体现在社会主体的相关教材内容编写上,更体现在教育主体对相应教材内容的解读与教育实践应用上,只有当专家理想转变为学生发展实际,国家意志才能得以有效贯彻。由此社会主体与教育主体之间的专家应然与教育实然隔离主要体现在以下两个方面:

一方面,社会主体主要从教育理想出发关注国家意志在统管教材编写中的全面渗透,但忽略了一线学校教育教学实际中学生实然的国家意志领会特质与差异。在统管教材编写进程中,社会主体主要基于各阶段学生普遍性的身心发展特征展开社会主义核心价值观、中华优秀传统文化、革命文化等的融入与渗透。但囿于我国长期的城乡二元化对立性发展,城市学校与乡村学校成为我国教育现代化进程中的两大特色分明的学校主体。城市学校因其所在城市的物理环境与文化环境差异而不同于乡村学校特定的环境建设。对于城市学校与乡村学校的学生而言,他们不同的成长环境,使得他们各自拥有不同的原初个体经验,从而具有差异化的个体知识结构建构。为基于每一位学生自身特有的经验促进其对国家意识形态的认同,社会主体在其相应统管教材编写进程中应注重差异化的意识形态渗透设计。

另一方面,教育主体对社会主体相关内容设计的应然领悟与教育实践因个人专业素养差异而存在偏差,由此导致教育实然与专家应然的差距。不同专业发展阶段的教师对统管教材国家事权功用具有不同层级水平的认识与践行。基于教师专业发展进程,初任教职教师的职业关注点在于熟悉工作环境,获得领导、学生以及家长认可,站稳讲台。因此其难以深入领会、挖掘统管教材中的国家意识形态,更难以将其统整进教育教学进程之中。而对于骨干教师而言,其具有娴熟的教育教学技巧,具有较高的课程思政意识,有能力、有精力充分挖掘教材背后的国家意志,从而将其有机融入教育教学进程之中。然而,对于那些处于职业倦怠期的教师来说,他们可能会墨守成规,不愿花费精力进行深入的课程解读和设计工作。这会导致他们对统管教材在国家教育中的重要性和作用缺乏深刻的认知和践行。由此可见,不同阶段教师对于统管教材国家事权功用的不同认识与凸显是统管教材落实国家事权的重要现实环境。不同性质学校教师(公立、私立)对统管教材意识形态渗透具有不同践行能力。伴随着教育市场化的不断推进,学校背后的资本融入使私立学校成为公立学校发展的重要陪伴物与补充。但因私立学校背后的资本驱动与牟利动机,私立学校教师侧重于学生考试分数、学业成绩的提升,注重迎合家长、市场需求,其对统管教材中的意识形态渗透较为淡然。相比较而言,公立学校教师基于自身的公共性定位具有较为积极的统管教材国家事权探究与践行态度。

三、统管教材建设进程中的虚空化权责机制风险

当前统管教材建设国家事权的落实还面临着虚空化权责机制下国家意志的低质量反映风险。其主要表现为标准细目缺位的分级传导机制,反馈响应虚化的监督机制,以及主体性弱化的运作机制。

(一)标准细目缺位的分级传导机制

因统管教材"一纲多本"的建设特性,统管教材建设国家事权落实的权责机制主要表征为分级传导内生机制。经由社会主体的被赋权与专业权力践行,地方行政主体的被赋权与相应行政权力的践行,以及教育主体的被赋权与教育权力的践行,国家意志得以贯彻。但在当前统管教材建设进程中,国家行政权力传导标准细目缺失,导致社会主体、地方行政主体以及教育主体对国家意志的贯彻存在空无化反映风险。

教育部印发的《中小学教材管理办法》《职业院校教材管理办法》和《普通高等学校教材管理办法》从宏观上明确要求"中小学教材必须体现党和国家意志",编写修订要"以马克思列宁主义、毛泽东思想、邓小平理论、'三个代表'重

要思想、科学发展观、习近平新时代中国特色社会主义思想为指导","意识形态属性较强的教材编写团队中,应有在马克思主义理论、中华优秀传统文化、革命文化、社会主义先进文化等方面有较高造诣的专家";教材审核中要求"实行政治审核,重点审核教材的政治方向和价值导向";在检查监督中如果出现"教材内容的政治方向和价值导向存在问题",则该教材将退出使用。这些由国家行政主体颁发的权威性统管教材建设文件,从宏观层面确立了国家意志在统管教材建设过程中各环节的落实标准。但对于究竟各主体在各建设环节如何具体落实国家意志的贯彻缺乏细节化引领与指导。

教育部制定的《义务教育课程方案(2022年版)》在课程目标导向中要求"准确理解和把握党中央、国务院关于教育改革的各项要求,全面落实习近平新时代中国特色社会主义思想",在课程标准建设中要求"各课程标准基于义务教育培养目标,将党的教育方针具体化细化为本课程应着力培养的核心素养,体现正确价值观、必备品格和关键能力的培养要求"。[①]作为统管教材编写的重要参照依据,该课程方案对于国家意志在统管教材中的融入与反映明确给出了方向引领,但对于具体如何落实缺乏细目化指导。与统管教材编写直接相对应的引领源于各学科课程标准。以教育部制定的《义务教育数学课程标准(2022年版)》为例,在该学科课程标准的课程理念阐释中明确提出"义务教育数学课程以习近平新时代中国特色社会主义思想为指导,落实立德树人根本任务"[②]。该标准从整体出发指出数学课程对国家意志贯彻的重要性,但究竟如何在各学段结合学生发展特征与学科内容特性展开相应国家意志的融入却缺乏细目化的具体指导。细目化指导的缺位导致国家意志贯彻存在空无化风险。

(二)反馈响应虚化的监督机制

在统管教材建设进程中,社会主体主要肩负统管教材的编写、审核、出版、发行等建设工作,地方行政主体主要肩负统管教材的选用工作,而教育主体负责落实统管教材的具体使用。统管教材编审质量不仅仅要接受国家行政主

[①] 中华人民共和国教育部.义务教育课程方案:2022年版[M].北京:北京师范大学出版社,2022:2-3.
[②] 中华人民共和国教育部.义务教育数学课程标准:2022年版[M].北京:北京师范大学出版社,2022:2.

体、社会主体的质量审核,还应当接受来自地方行政主体、教育主体的相应质量反馈。地方行政主体作为统管教材的选用者有其理想的统管教材选用标准,教育主体作为统管教材的使用者在其具体教育实践中更容易发现统管教材的切实问题所在。因此,为有效落实统管教材建设国家事权,社会主体更应当畅听来自地方行政主体、教育主体的统管教材质量反馈。地方行政主体组织的统管教材选用工作质量也应当接受来自一线教育主体的相应监督与反馈。统管教材选用的目的是有效实践,一线教师、教研员基于统管教材开展的教育实践更能够发现统管教材编审中的问题所在及其与当地学校特色化发展、学生全面发展之间的适切性。但在实际的统管教材建设进程中,社会主体对源自地方行政主体、教育主体的反馈响应虚化,地方行政主体对源自教育主体的质量反馈响应虚化,从而导致统管教材建设国家意志的反馈弱。

在统管教材建设进程中,社会主体未能及时基于地方行政主体、教育主体的有效反馈调整、修正统管教材的编写、审定与出版等。当前社会主体的统管教材编写、审核、出版自成闭环,只存在统管教材审定对统管教材编写的评价,但缺乏统管教材选用者与使用者对统管教材选用质量的反馈性评价,缺乏源自地方行政主体、教育主体对统管教材编写、审定、出版、发行等的质量评价反馈,社会主体与教育主体之间没能建构渠道通畅的自下而上评价反馈机制,也没能建立第三方评价机构。在统管教材建设进程中,地方行政主体也不能及时基于教育主体的质量反馈调整统管教材的选用质量。由此,导致统管教材建设国家事权的反馈响应没能有效落实。作为统管教材建设的重要教育主体,各地方学校领导、教师、学生、教研员等在统管教材建设的各环节缺乏强有力的声音,而在使用环节也缺乏通畅的向上反馈渠道。基于统管教材的具体实践性使用,尤其是从学生视角出发,学生对哪些教材内容的理解容易出现意识形态偏差,哪些插图的设计容易诱发学生对国家意志的错误领会甚至扭曲学生的健康审美养成等具体实践应用问题只能依赖于一线教师和教研员的教育经验与研究获得。但如果这些问题不能向上反馈并得到相应修正,那么统管教材建设国家事权的落实则只能停留于应然层面,统管教材建设国家事权最终难以得到落实。

(三)主体性弱化的运作机制

统管教材建设国家事权的有效落实当前还面临着主体性弱化运作机制导致的国家意志浅表化反映问题。"主体是改造和认识客体的活动者","主体性是人在对象性活动中本质力量的外化,是能动地改造客体、影响客体、控制客体,使客体为主体服务的特性"[①]。社会主体肩负的统管教材编写、审核、出版、发行等工作,地方行政主体肩负的统管教材选用工作,教育主体主导的统管教材使用等对国家意志的深度化反映不仅有赖于外部督导机制的约束,还需要各主体自身主体性作用的发挥,需要各主体基于各自的统管教材建设工作特性展开深入的国家意志融入设计与实践。但在当前统管教材建设进程中,统管教材建设国家意志融入主要基于外在推动,从而导致国家意志在统管教材建设进程中的反映浅表化,阻碍了统管教材建设国家事权的全面有效落实。

统管教材编写质量是统管教材建设工作得以开展的根基,统管教材编写人员主体地位的确立与主体性作用的发挥是国家意志得以在统管教材中深入反映的重要保障。但当前因"一纲多本"的统管教材编写特质,统管教材编写队伍人员构成多元,"教材编写质量良莠不齐"[②]。低质量的统管教材也难以全面融入国家意志,从而难以确保统管教材建设的国家事权特质,潜在危害着国家意识形态安全。同时,因统管教材编写人员的主体性作用发挥弱化,对于统管教材编写如何有机、深度融入国家意志缺乏系统深入的科学研究,这影响了统管教材的创新性设计,导致当前统管教材编写创新性不足。因国家课程方案与课程标准的规约,统管教材内容本身就存在趋同特质。但基于不同地域、不同阶段学生的身心发展特质,统管教材的内容组织与实施设计应具有创新性发展空间,社会主义核心价值观、中华优秀传统文化等在统管教材知识模块、实施阶段应具有多元化的融入设计与方式。但因编写人员的主体性弱化,统管教材"同质化现象较多",如各"数学教材模块知识和知识点排列"趋同[③]。统管教材建设国家事权的有效落实有赖于统管教材与时俱进的创新性发展,

---

[①] 陶富源.论主体及主体性[J].安徽师范大学学报(人文社会科学版),2003,31(5):549-554.
[②] 丁浩然,刘学智.改革开放40年义务教育教材制度建设的回顾与展望[J].教育科学,2018,34(5):27-32.
[③] 张学鹏,周美云.改革开放40年教材建设的回顾、成就与问题[J].教学与管理,2018(33):84-87.

而统管教材编写中的材料选择、组织趋同不利于不同区域学校、学生多样化需求的满足,从而不利于国家意志的深度反映。当前地方行政主体组织的统管教材选择、教育主体主导的统管教材使用因主体性弱化在国家意志贯彻过程中也存在墨守成规、照章办事的风险。

第三节
统管教材建设落实国家事权的系统优化

为应对统管教材建设落实国家事权面临的风险挑战,应进一步系统优化统管教材建设国家事权的有效落实机制。系统优化策略主要表现在统管教材建设国家事权的整体化有效赋权,建构促进统管教材高质量反映国家意志的权责关系,以及多向度完善统管教材建设国家事权的权责机制。

一、统管教材建设国家事权的整体化有效赋权

为应对统管教材建设落实国家事权面临的国家意志贯彻递减风险,统管教材建设落实国家事权的系统优化首先应当加强统管教材建设国家事权的整体化有效赋权。整体化有效赋权需要整体架构对统管教材建设主体的合理赋权,系统建立国家—地方—学校三级统管教材管理体系,以及全面规划全进程的统管教材建设国家意志融入。

(一)整体架构对统管教材建设主体的合理赋权

国家行政主体对统管教材建设主体的合理赋权不仅体现在明确各社会主体、地方行政主体、教育主体的权责事项上,还应进一步加强各主体间的权责反馈交互。首先,国家行政主体应基于相应规范的建构明确各社会主体的建设赋权,加强统管教材编写、审核、出版、发行单位之间的权责关系建构规范

性。统管教材编写、审核、出版、发行单位在统一的统管建材建设进程中应紧密联系。即统管教材审核单位应以其编写质量批判权的履行反推统管教材编写质量的提升而非仅仅只是停留在打分与批判。而统管教材编写单位也应当基于统管教材审核单位的评判意见不断修正、提升自身统管教材的编写质量，并能及时接纳来自统管教材出版、发行单位的反馈意见。同时统管教材编写审核单位还应参考地方行政主体的选用反馈意见、教育主体的使用反馈意见编写审核意见。从而基于社会主体、地方行政主体以及教育主体的权责关系反馈交互加强各主体对国家意志的全面有效贯彻。

其次，国家行政主体应厘清地方行政主体的权限关系，加强社会主体、教育主体与地方行政主体之间的权责关系建构。地方行政主体在统管教材管理体系中居于核心的中轴位置，其肩负着重要的承上启下统管教材管理的工作。一方面，地方行政主体要能够正确把握国家教育方针、政策以及统管教材建设政策与操作原则，能够按照国家相关要求具体执行和协调监督统管教材建设进程。另一方面，地方行政主体还要能够代表教育主体发声，不仅将国家统管教材建设政策、文件下达至学校，更能够将教师、学生以及教研员的统管教材使用反馈向上传达。地方行政主体的统管教材选择权实施前提在于其对各统管教材编写、审查以及出版、发行等各建设环节的细致掌握与了解。只有行政主体基于对统管教材建设进程的详细掌握才能有相应选择权的有效实施。否则行政主体的选择只是基于自身主观判断的形式化选择。

最后，国家行政主体还应当明确各教育主体的统管教材建设权限，加强教育主体与地方行政主体、社会主体的权责关系建构。教育主体是统管教材的重要使用者以及统管教材建设质量的重要反馈者。教育主体具体包括各学校领导、教师、学生、教研员以及家长等。在统管教材建设进程中各教育主体应肩负怎样的职责、相互之间应有怎样的权责关系应有明确的规范引领。学校领导应从政策层面执行和落实国家、地方对统管教材的相应建设要求，基于学校特色化发展选择适切性的统管教材并推进统管教材的深度有效使用，并定期向地方行政主体、社会主体反馈统管教材使用情况。教师应特别关注学校统管教材的使用效应与国家意志贯彻,切实做好统管教材使用的自评工作,并及时向学校领导反馈统管教材使用中出现的问题。教研员应从外部评价、探究统管教材使用进程中的国家意志贯彻实效与困境,并及时向学校领导、相关教师反馈研究进展。学生与家长应积极参与统管教材的有效使用,及时向教师反馈学生统管教材学习中的困境与问题。

(二)系统建立国家—地方—学校三级统管教材管理体系

国家—地方—学校三级统管教材管理体系建构不仅是自上而下从国家到地方到学校的三级统管教材管理体系,更是自下而上从学校到地方到国家通达的三级统管教材管理体系,基于自上而下的传达与自下而上的通达确保三级管理体系的纵向衔接与横向配合。在这一个三级统管教材管理体系建构中,自上而下的传达自然通畅,但自下而上的学校—地方—国家管理体系建构需要进一步加强学校统管教材管理团队的建设以及自下而上评价反馈机制的有效建构。

学校统管教材管理团队建设主要体现在团队成员的筛选、组织以及各成员之间权责关系的确立。统管教材管理团队的首要成员是学校主管教学的相关校长、主任等。经由相关领导的组织,统管教材使用团队的建设才能落到实处。统管教材使用团队的核心成员是使用各学科统管教材的教师。基于教师的教学使用,统管教材自身的国家意志与意识形态才得以有效显现。而在统管教材管理团队的教师队伍构成中,各学科骨干教师尤为重要。基于学科骨干教师的引领,新晋教师、年轻教师以及年长教师等都能有效使用统管教材。统管教材管理团队建设应注重学校领导与各学科教师之间的权责关系建构。即在该团队建设进程中,在团队的资源供给、组织管理以及后勤保障方面,学校相关领导是组织者;但在统管教材的教学使用方面,各学科教师是该团队的核心成员,学校领导应遵从学科教师的统管教材使用建议。只有权责清晰的统管教材管理团队建立了,才能更好地激发学校对统管教材的有效使用,从而全面贯彻国家意志。同时,还应建构权责清晰的统管教材使用教研机制。教研机制是中国教育教学改革得以高效推进的重要特色与保障。统管教材使用教研机制建设主要体现在各学科教师统管教材使用进程中国家意志贯彻的问题解决以及相关课题的申报与研究。如果使用进程中国家意志贯彻的问题解决了，各学科教师得以直面统管教材使用进程中的国家意志融入困境，那么提升教育主体对国家意志的贯彻质量就是必然。只有基于学校统管教材管理团队的专业化建设，学校—地方—国家三级管理体系才能拥有扎实的建设根基。

同时，在当前统管教材建设进程中，为促进自下而上的学校—地方—国家三级管理体系建构，国家行政主体应积极建构自下而上的统管教材建设反馈评价机制。学校统管教材管理团队不仅肩负统管教材的使用质量监控的重任，还应能够及时将使用意见反馈给地方统管教材选用部门。而地方统管教材选用部门又应当建立相应的反馈机制，及时收集各学校的统管教材使用意见，并能将其汇总反馈给统管教材审查单位。统管教材审查单位也应建立相应的反馈机制，及时汇总地方各教育主管部门的统管教材选用、使用意见，并结合自身的审定标准及时将相关意见汇总反馈给统管教材编写单位。基于这一自下而上的统管教材建设反馈机制的建构与运行，统管教材建设国家事权得到有效保障，自下而上的学校—地方—国家三级管理体系得以通达，国家—地方—学校三级统管教材管理体系得以实然形成。

（三）全面规划全进程的统管教材建设国家意志融入

统管教材建设作为国家事权还体现在国家意志的全面和全进程融入。即这一融入不能仅仅体现在教材准入环节，还必须融入教材使用环节以及评价环节。只有全进程的国家意志融入，才能更有力地促进统管教材建设国家事权的落实。

首先在统管教材准入环节应加强国家意志的深度融入。统管教材准入主要体现在统管教材的编写、审核、出版、发行以及选用等环节。每一环节中的国家意志融入都关乎统管教材建设的国家事权落实。在统管教材编写环节，社会主义核心价值观、中华优秀传统文化、革命文化等的深度融入已经得到大家共识，但统管教材审核环节的国家意志融入也非常重要。如果只有编写环节的强调，缺乏审核环节的国家意志加强，则审核的有效性难以保障，难以评估编写中国家意志融入的质量。经审定后的统管教材直接进入具有相应资质的出版社进行出版、发行。因此审核环节的国家意志融入尤为重要。而在统管教材的选用环节,选用准则、标准中的国家意志融入也至关重要,其关乎统管教材的最终准入,直接决定进入一线学校的统管教材国家意志融入质量。

其次在统管教材使用环节应加强国家意志的有机融入。统管教材建设国家意志的融入不仅体现在统管教材的全面进入阶段,其作为国家事权的落实实效更体现在统管教材的学校使用环节。体现在学校领导对于统管教材中国家意志的充分发掘与深入解读,体现在教师对于统管教材中国家意志的全面理解与有效教学,体现在教研员基于国家意志融入的统管教材使用探究与相应问题解决。只有这样,学生才能全面感知来自统管教材的意识形态渲染,国家意志才能有机内化为学生的价值观、人生观以及世界观。由此,在学校领导层面,学校应在借力高校专家团队、教研员的基础之上着力加强统管教材使用进程中的国家意志融入探究与实践,从而使各学科教师基于学校引领明确自身应在统管教材使用的哪些环节如何设计、加强国家意志的有机融入。

最后在统管教材建设评价环节应加强国家意志的全面融入。统管教材建设评价环节虽然不在统管教材直接建设之列,但却是推进统管教材高质量建设与发展的重要一环。因此在统管教材建设的评价环节也应加强国家意志的全面融入。只有基于国家意志的融入与引领,才能精确评价统管教材建设进程中意识形态融入现状与问题,才能有效地分析其背后问题从而提升统管教材建设进程中的国家意志融入质量。因此,统管教材建设进程中国家意志在各环节的融入方式、程度等应细化为相应的评价标准,以有效促进统管教材建设国家事权的实然落地。

二、建构促进统管教材高质量反映国家意志的权责关系

统管教材建设落实国家事权的系统优化需要建构促进统管教材高质量反映国家意志的权责关系。该权责关系应从"相互冲突"走向"平等协作",由"权力本位"转向"责任本位",从而得以从"各自为营"走向"动态共生"。

(一)统管教材建设主体的权责关系从"相互冲突"走向"平等协作"

社会主体、地方行政主体以及教育主体基于国家行政主体的赋权协同完成统管教材建设工作,统管教材建设国家事权的有效落实源于几大主体的协同。因此,为建构促进统管教材高质量反映国家意志的权责关系,国家行政主体应促进各建设主体的权责关系从"相互冲突"走向"平等协作"。因各建设主体之间的权力方向与力量存在差异,各主体之间存在相应的冲突。在一般的冲突范畴内积极的冲突是促进事物向上发展的动力,但如果仅剩下冲突而缺乏内在的协作,那么冲突就会演变为阻碍事物发展的力量。所以统管教材建设进程中各主体权责关系从冲突走向平等协作尤为重要。

为促进统管教材建设进程中各主体权责关系从冲突走向平等协作,国家行政主体应积极促进各主体之间的沟通与交流。首先,应积极促进统管教材建设进程中国家行政主体与地方行政主体之间的平等沟通与民主交流。国家行政主体整体上引领地方行政主体的统管教材建设工作,但国家行政主体只是在宏大规划与大方向上进行引领,地方行政主体才是各地统管教材得以有效推进的重要动力。因此,在遵循国家行政主体引领的基础之上,地方行政主体必须充分考虑地方差异和特殊化发展的因素,同时基于地方需求与国家行政主体展开对话和协商,以有效推进统一管理教材的建设进程。其次,应积极促进统管教材建设进程中各社会主体之间的沟通与交流。统管教材编写者的统管教材内容选择、组织等权力建立在统管教材质量提升的基础之上,统管教材审定者的统管教材质量批判权也建立在统管教材编写质量提升的基础之上。即统管教材编写者与审定者之间具有共同的权力出发点与责任点,二者之间不仅仅存在权力冲突,而是存在内在的链接,应建立积极的合作关系。在统管教材编写、审定过程中,国家应制定相应的沟通程序,促使统管教材编写者与审定者之间能够基于统管教材编写标准与质量展开多次的沟通与合作,从而有助于二者合作关系的建构,也利于统管教材编写质量的提升。再次,应积极推进统管教材建设进程中各教育主体之间的沟通与交流。学校领导、教师、学生以及区域教研员之间应成立统管教材使用共同体。学校领导因其特定行政权力居于领导地位,可以更好地组织区域教研员、教师、学生甚至学生家长之间就统管教材使用中的问题展开探讨,集结各方力量共同提升统管教材的使用效率。最后,国家行政主体还应基于各种平台的架设以及规范的引领加强社会主体、地方行政主体以及教育主体之间的沟通与交流。经由各主体间的沟通与交流,围绕统管教材建设国家事权落实,自上而下、自下而上的沟通才顺畅,从而得以有效促进各主体之间平等协作关系的建构。

(二)统管教材建设主体的权责关系由"权力本位"转向"责任本位"

权力得以存在的根源在于其背后的责任所在。权力得以发挥功用的实质在于相应责任的落实与肩负。因此,在当前统管教材建设进程中,为推进统管教材建设国家事权的有效落实,统管教材建设主体的权责关系应从"权力本位"转向"责任本位"。只有基于责任本位的权责关系才能更好地促进统管教材管理的规范化与高效化,才得以高质量地反映国家意志,促进统管教材建设国家事权的有效落地。为促进统管教材建设主体权责关系由"权力本位"转向"责任本位",国家行政主体应进一步提升各建设主体的责任意识,明确各建设主体的责任事项并着力提升各建设主体的责任能力。

首先,国家行政主体应进一步提升各建设主体的责任意识。统管教材建设国家事权的落实不仅仅在于各层级主体的权力应用,更在于其背后相应责任的肩负与任务的完成。因此,各层级主体的责任意识拥有与提升成为重要的支持举措。只有当各层级主体具备相应的责任意识而非权力意识时,才能看到权力背后的责任所在,才能积极履行其相应责任。由此,国家应通过建立健全奖励机制与惩罚机制激发各层级主体的责任意识与责任担当。奖励机制从正面激发各建设主体的责任意识,而惩罚机制可以从反面激发各建设主体的责任意识,从而得以经由双向机制的监督与激励促使各层级主体相应责任意识的形成与不断加强。其次,国家行政主体应进一步详细明确各建设主体的责任事项。基于责任事项的清晰化,各建设主体在享有相应建设权力的同时更能明晰自身肩负的建设责任。由此,国家行政主体可以经由各建设主体责任清单的厘定或相应责任履行规范的制定帮助各建设主体明确自身的责任事项。这一责任清单或履责规范应当由国家行政主体与相关建设主体共同商定完成,以明确各建设主体的责任事项,并加强其对自身责任事项的认同,从而激发各建设主体的责任担当。最后,国家行政主体应着力提升各建设主体的责任能力。统管教材各建设主体落实教材建设国家事权的高效化不能仅仅依赖其责任意识的树立与责任事项的明确,更在于其相应专业素养的拥有与专业能力的过硬。因此,为提升统管教材各建设主体的专业能力,国家、地方等教育相关部门应积极提供各种学习、培训资源,从而不断提升统管教材建设进程中行政主体、社会主体以及教育主体的专业能力与素养,在其专业能力提升的基础上推进统管教材建设国家事权的高效化落实。

(三)统管教材建设主体的权责关系从"各自为营"走向"动态共生"

统管教材建设国家事权的有效落实源于国家行政主体的整体设计与分级赋权,社会主体的专业性参与以及教育主体的有效践行,各主体应处于"动态共生"的存在状态。而在统管教材建设进程中,因行政主体与社会主体之间的行政权力与专业自主博弈,行政主体与教育主体之间的"话语权"与教育实践隔阂,以及社会主体与教育主体之间的专家应然与教育实然隔离,统管教材建设主体间的权责关系存在"各自为营"的风险。这一风险严重影响各建设主体对国家意志的一致性、高质量反映。因此,在统管教材建设进程中,为促进各主体对国家意志的高质量反映,各建设主体的权责关系应从"各自为营"走向"动态共生"。只有基于"动态共生",各主体才能一致性地有效反映国家意志。

为促进统管教材建设主体权责关系从"各自为营"走向"动态共生",国家行政主体首先应加强自身与社会主体、教育主体之间的对话与交流,着力打破行政主体与社会主体之间的行政权力与专业自主博弈状态,行政主体与教育主体之间的"话语权"与教育实践隔阂。基于国家行政主体赋权,社会主体被赋权参与统管教材的编写、审核、出版以及发行等工作。为避免行政权力与专业自主之间的"各自为营",围绕统管教材建设具体事项以及国家意志融入的关键要素,国家行政主体与社会主体之间应该建构基于协商的对话机制,从而保证行政指令的有效传达与社会主体专业权限的有力发挥。为避免"话语权"与教育实践的隔阂,促进国家意志在统管教材使用环节的有机深度融入,国家行政主体应走进学校一线展开调研,充分给予各教育主体话语权限,从而基于统管教材的具体实践性应用展开国家意志融入的方向引领与困境解决。其次,国家行政主体还应促进社会主体与教育主体之间的对话与交流,积极解决社会主体与教育主体之间的专家应然与教育实然隔离问题。在统管教材建设进程中,社会主体肩负统管教材的入场重任,教育主体肩负统管教材的实践应用重任。而统管教材建设国家事权的有效落实,不仅体现在入场环节,还体现在应用阶段,这两大主体间的对话与交流尤为重要。因此,国家行政主体应积极搭建交流平台并规范引领,加强社会主体与教育主体之间的对话,经由对话,统管教材使用进程中的国家意志融入问题与困境得以直接反馈给统管教材编写、审定者,从而使统管教材建设质量得到有效提升。经由各主体间的有效对话与交流,各建设主体的权责关系得以走向"动态共生",国家意志也得以高质量地被反映。

三、多向度完善统管教材建设国家事权的权责机制

统管教材建设落实国家事权的系统优化还需要多项度完善统管教材建设国家事权的权责机制。应建构标准细目规范下统管教材建设国家事权的分级传导机制,以强反馈完善统管教材建设国家事权的监督机制,以及基于主体性功用深化统管教材建设国家事权的运作机制。

(一)建构标准细目规范下统管教材建设国家事权的分级传导机制

为促进统管教材建设国家事权落实的分级传导内生机制建构,国家行政主体应注重国家意志贯彻的细目化标准设计与实施,从而基于具体的规范引领促进社会主体、地方行政主体以及教育主体在相应统管教材建设环节对国家意志的全面贯彻。

在社会主体的统管教材建设进程中,统管教材编写单位、审核单位、出版单位、发行单位应如何有效、深入贯彻国家意志应有细目化的标准规范引领。因此国家行政主体应加强统管教材编写、审核、出版、发行等环节国家意志贯彻的细目化融入标准建设,从而避免社会主体对国家意志贯彻递减的负面风险。国家行政主体应经由相应文件的出台具体指导"社会主义先进文化、革命文化和中华优秀传统文化,以及法治、国家安全、民族团结、生态文明、生命安

全与健康等教育内容,反映科技进步新成果、经济社会发展新成就,特别是马克思主义中国化最新成果"[①]等内容在各统管教材中的有机渗透。如为促进数学学科教材编审、出版、发行对国家意志的全面有效贯彻,国家行政主体可以进一步完善数学学科课程标准对于国家意志融入的细目化呈现,在哪些学段、哪些知识模块可以融入哪些社会主义先进文化、中华优秀传统文化等应给予具体的设计指导,由此才能切实指导一线教师基于统管教材的国家意志领会与传达,也才能有效落实统管教材建设的国家事权。

在地方行政主体与教育主体的统管教材建设进程中,统管教材选用、使用应特别注意重大国家意志的贯彻与实践,对此也应有细目化的规范引领。在地方行政主体组织的统管教材选用环节,除了关注统管教材与地方学校、学情的适切性之外,统管教材对国家意志的全面贯彻与有效凸显也非常重要。但地方行政主体应主要基于哪些细目关注统管教材对国家意志的全面贯彻则需要国家行政主体相应的细目化规范引领。在教育主体主导的统管教材使用环节,在具体的教育教学实践中,结合不同阶段、不同地域学生的学情差异,一线教师、教研员应特别注意国家意志在教育实践中的有机融入,应以何种有效方式融入也需要国家行政主体的细目化规范指引。因此国家行政主体还应基于统管教材的地方性选用、教育实践应用,详细设计并建构国家意志在选用、使用环节的贯彻标准,从而基于细目化的标准规范促进统管教材建设国家事权在选用、使用环节的有效落实。

(二)以强反馈完善统管教材建设国家事权的监督机制

为应对统管教材建设进程中反馈响应虚化监督机制导致的国家意志弱反馈,国家行政主体应整体建构基于有效反馈的监督机制,以强反馈完善统管教材建设国家事权的监督机制。这一强反馈监督机制的建构不仅要加强社会主体、地方行政主体、教育主体对源自国家行政主体的统管教材建设质量反馈的积极响应,还要进一步加强社会主体、地方行政主体、教育主体之间的有效交互与反馈。社会主体要积极响应源自地方行政主体、教育主体的统管教材建设质量反馈;行政主体也要接受源自教育主体的统管教材建设质量反馈。只

[①] 中华人民共和国教育部.义务教育课程方案:2022年版[M].北京:北京师范大学出版社,2022:11.

有通过畅通的向下和向上双向反馈通道，才能确保统管教材建设国家事权的强反馈监督机制建设成功。

由此，为有效建构基于强反馈的统管教材建设国家事权监督机制，国家行政主体不仅要赋权各建设主体反馈权限，还要指导其反馈内容，更要确保反馈路径的通畅。首先，国家行政主体应以政策文件的形式明确各建设主体自下向上的反馈权限。基于政策文件的明确规定与赋权，地方行政主体、教育主体得以合法地向社会主体反馈统管教材建设质量，教育主体得以有力地向地方行政主体表达统管教材选用的适切性等问题。在政策文件的赋权下，社会主体必须接受并积极处理来自其他建设主体的质量反馈意见，地方行政主体也必须基于教育主体的质量反馈提升统管教材选用质量。其次，国家行政主体应注重相应规范的制定与实施，明晰自下向上的反馈内容。地方行政主体、教育主体应当反馈哪些有效内容也需要相应规范的具体引领。即地方行政主体、教育主体基于自身的统管教材建设权限与事项，应当特别统管教材建设国家事权的哪些维度与内容，应特别向上反馈统管教材建设中的哪些优点与问题，也需要相应规范的建构予以指引，从而确保强反馈的高质量。最后，国家行政主体应开辟自下向上的反馈路径并确保其畅通性。自上向下的反馈路径具有天然的通畅性，但自下向上的反馈通道往往不畅通。仅有反馈权限还不够，反馈内容也要非常明确，但如果缺乏反馈路径或者反馈路径不畅通，强有力的反馈机制建设最终将难以实现。因此，国家行政主体应基于行政权力通过多种方式开辟自下向上的多反馈通道，设置专门的反馈机构，经由专业反馈人员收集、传达源自各建设主体的统管教材建设质量反馈，确保反馈内容的顺利传达，确保反馈响应的积极发生。

（三）基于主体性功用深化统管教材建设国家事权的运作机制

为应对统管教材建设进程中主体性弱化运作机制导致国家意志的浅表化反映风险，国家行政主体应经过多种途径激发统管教材建设主体的主体性功用从而深化统管教材建设国家事权的运作机制。主体性主要指向"主体的'为我性'、能动性、创造性、自主性等四个方面的内容"，"为我性"即"主体从'我'出发，使客体为主体服务的特性"，"能动性根本的方面是实践能动性"，创造性

"一是对外在事物的超越……二是对自身的超越",自主性即"主体对自己的活动所具有的支配和控制的权利和能力"[①]。为促进各建设主体对统管教材建设国家事权的深入落实,激发各建设主体的主体性,使其不仅能依法行使、依规展开统管教材建设工作,更能基于自身专业素养主动、有效展开统管教材建设工作,并深入展开国家意志融入的设计与实施工作亟须提上议事日程。

　　首先,国家行政主体应建立明确的奖惩评价机制,从外在激发统管教材建设主体的主体性。社会主体统编教材编写、审核、出版、发行进程中的国家意志融入质量或问题、地方行政主体的统管教材选用以及教育主体的统管教材实践应用应有明确的激励或惩罚规范引领,从而使外在监督激发统管教材建设主体的能动性与创造性等。其次,国家行政主体还应组织精准化培训,提升各建设主体统管教材建设进程中国家意志融入的专业素养。只有经过专业素养的培养和不断提升,各建设主体才能发挥统管教材建设的能动性和创新性。如在统管教材编写主体的教材编写进程中,要基于各学段学生身心发展特质及其当前兴趣关注点、学科特质以及当下社会发展背景设计、融入国家意志,不仅需要编写主体的主观能动性发挥,更需要扎实专业素养的有效支持。而在实际的编写进程中,不同编写团队也处于不同的国家意志融入困境。因此,为有效发挥主体性作用,国家行政主体应组织序列化培训精准培育社会主义核心价值观、革命文化、中华优秀传统文化等在各统管教材中的有机融入要点与方式、困境以及应对策略等相关内容。最后,国家行政主体也可以经由相关课题申报与开展激发各建设主体的主观能动性。基于统管教材建设进程中面临的国家意志融入与反映问题开展相应课题申报,不仅有助于提升各主体的专业素养,更能有效激发其主体性,从而使他们有自主性、创造性地促进国家意志融入。因此,国家行政主体应明确社会主义核心价值观等在各学科统管教材中的深度融入要点、创新性方式、面临的问题与解决策略等,提高选题的比例与加强支持力度,从而激发主体性功用的发挥。

[①] 陶富源.论主体及主体性[J].安徽师范大学学报(人文社会科学版),2003,31(5):549-554.

第九章 自编教材建设落实国家事权的现实样态与系统优化

教材建设的事权内涵明确了我国秉持的是国家意志先行、国家权力主导的教材建设思路,但这并非对学校等主体参与资格或权利的否定。说到底,国家关于教材系统建设的所有规划或安排最终是由学校落实和验证的,学校的教材理解、教材治理能力、教材活动参与度等会影响国家事权运行效果,学校对教给谁、教什么、怎样教的思考将直接决定教材育人效果。进言之,学校是集教材的生产、实施、使用等功能于一体的机构组织,可以通过办学质量或教育教学水平来反映国家事权在教材领域的践行效果。因此,对教材建设国家事权的考察不能脱离学校这一重要场域和主体,学校同其他教材建设主体一样深嵌于国家搭建的权力关系网之中,只不过处于权力链条末端。在中央或地方教材权力的转让或授予之下,学校对上级所作教材决策或安排进行层层转化而拥有一定的学校教材开发权、管理权、使用权、监督权等权力事项。[①]其中,教材开发权是学校在三级课程管理体制下行使其办学自主权的重要内容,为自编教材建设提供了存续的价值依凭。

自编教材是新课改下传承人类知识经验、丰富教育教学形式与拓展学生学习视域的重要载体,是国家事权下考察中国特色高质量教材体系建设不可忽视的重要一环。当下学界尚未对自编教材的概念内涵形成统一认识,多将其视作广泛应用于学校日常教学且由学校自行编写的教材类别。出于研究需要,本书将自编教材限定在基础教育阶段,指学校教师基于特定教育教学需要而开发的具有补充性与公益性的教材内容形式。而对教材的理解本就有广义与狭义之分,狭义的教材多指教科书,广义的教材则将课堂内外一切适合学生使用的教学资源纳入其中[②]。因此,本章使用教材的广义概念,自编教材指由学校教师占主导而编制的教材,包括教师用以教学的材料、学生用以学习的资料,以及学校用以满足全校学生个性化发展而编制的校本教材。其中,用以教学的材料主要指学校教师独立自主编制或团队协作集体编制的用以更好地进行班级教学的讲义、教案、图片、视频等,具有一定的针对性与可操作性;用以学习的材料主要指学校教师针对学生群体的学习情况与个性化发展需求,以

---

① 赵佳丽,罗生全.教材建设国家事权的学校落点、向度与发展愿景[J].中国教育学刊,2023(5):77-82.

② 王郢.教材研究导论[M].北京:人民出版社,2016:2.

期实现学生德智体美劳全面发展而编制的教学材料,主要包括导学单、习题集、课外读物等,具有鲜明的个体性与适应性;校本教材主要是指学校以国家制定的课程纲要和课程标准为指导,依据学校自身的性质、特点及可利用的资源等条件,由学校成员自愿、自主、独立或与校外团体或个人合作开展编制的,旨在满足本校全体学生学习需求的教学材料,如多种专题、主题的课程文本汇编,具有一定的系统性与创造性。

自编教材建设在教育高质量发展背景下有其特有的价值表征:一是有利于凸显教材育人的初心使命,促进学生德智体美劳全面发展;二是有利于调动教师教材编制的积极性,全面提高教师专业发展水平;三是有利于系统优化学校教材体系,沉淀学校办学智慧与特色;四是有利于深化基础教育课程教材改革,构建中国特色高质量教材体系。作为落实"为党育人、为国育才"目标的重要教材形态,自编教材的建设质量与管理效能直接关系到国家事权的落实情况。为此,有必要基于自编教材建设的环境与特征,去澄清其落实国家事权的权责特征,以及所面临的风险挑战,继而通过优化策略去重构自编教材建设生态。

第一节 自编教材建设落实国家事权的权责特征

教材不仅是文化传承、创新与发展的"关键载体",更是反映国家主流意识形态与社会价值观的重要媒介。将教材建设作为国家事权,"是对教材之于国家发展与社会稳定重要性的精准判断,也是对新时代如何更好地开发优质教材以满足人民对高质量教材体系需求的理性回应"[①]。自编教材作为中国特色高质量教材体系的重要内容,在建设过程中如何协同统编教材、统管教材与自选教材,如何处处时时体现国家意志、落实国家事权、服务国家战略、维护国家

---

① 罗生全,杨柳.论教材建设国家事权的法理逻辑[J].湖南师范大学教育科学学报,2021,20(5):35-43.

安全备受瞩目。为此,有必要澄明自编教材落实国家事权的权责主体、权责内容和权责关系,并探析落实过程中的权责运行逻辑。

一、自编教材落实国家事权的权责主体

为有效落实教材建设国家事权,推进自编教材建设治理现代化,有必要厘清自编教材的权力主体与内容,从而澄明自编教材建设过程中各主体的权责边界。结合相关政策文件中对自编教材建设的具体规定以及自编教材特有的教材属性可知,自编教材建设的权责主体主要包括行政主体、教育主体与社会主体三部分。各主体的权力事项与责任清单同其内嵌的权力属性密切相关,共同构成了国家事权下自编教材建设的权责谱系。

(一)自编教材落实国家事权的权责主体

2019年12月,教育部颁发的《中小学教材管理办法》第六条指出:"在国家教材委员会指导和统筹下,中小学教材实行国家、地方和学校分级管理。"[①]显然,这为新时代自编教材建设提供了合法性依据,即学校拥有编制与管理含校本教材在内的自编教材的权力与责任。第八条强调:"省级教育行政部门牵头负责本地区中小学教材管理,指导监督市、县和学校课程教材工作……学校要严格执行国家和地方关于教材管理的政策规定,健全内部管理制度,选好用好教材。校本课程由学校开发,要立足学校特色教学资源,以多种呈现方式服务学生个性化学习需求,原则上不编写出版教材,确需编写出版的应报主管部门备案,按照国家和地方有关规定进行严格审核。"无疑,这为国家事权下自编教材的编制审核、出版发行、选用使用等作了明确要求。其中,作为自编教材重要构成的校本教材是校本课程开发的重要劳动成果,其出版发行应主动报上级主管部门备案,经过相关审核后方可面向市场。由此可见,地方教育行政部门、学校和出版发行机构是自编教材建设落实国家事权过程中的重要权责主体。具体而言:

---

① 中华人民共和国教育部.教育部关于印发《中小学教材管理办法》《职业院校教材管理办法》和《普通高等学校教材管理办法》的通知[EB/OL].(2019-12-16)[2023-06-18].http://www.moe.gov.cn/srcsite/A26/moe_714/202001/t20200107_414578.html.

其一,以地方教育行政部门为抓手的行政权力主体。按照行政隶属层级划分,自编教材建设的行政权力主体可分为国家级、省级、地市级、区县级。其中,国家级行政主体主要表征为国务院办公厅、国家教材委员会及其专家委员会、教育部教材局等部门,通过颁发相关政策文件等对我国自编教材建设的基本要求与方向进行整体统筹与战略部署;省级自编教材行政主体主要表征为省级教育行政部门,如四川省教育厅的"语言文字与教材管理处(省语言文字工作委员会办公室)""基础教育处",通过制定相关的实施意见来统筹本地区自编教材建设的管理工作;地市、区县级自编教材行政主体主要是相应级别的教育局,如成都市教育局的"教育督导委员会办公室",负责指导监督县(市、区)和学校课程教材工作,开展教学指导、骨干培训、监测反馈等工作[1]。结合《中小学教材管理办法》等教材文件可知,地方教育行政部门对自编教材建设质量的干预管理有更为直接的权力与责任,是稳固地方自编教材建设生态秩序的"先手棋"。

其二,以学校为主导的教育权力主体。《义务教育课程标准(2022年版)》中对课程实施进行了科学规划——"学校依据省级义务教育课程实施办法,立足本校办学理念,分析资源条件,制定学校课程实施方案,注重整体规划,有效实施国家课程,规范开设地方课程,合理开发校本课程"[2]。由此可以推断,教育主体应是践行学校办学理念、提高自编教材建设质量、落实立德树人根本任务的权责主体。从主体构成来看,自编教材建设的教育权力主体主要包括学校领导、教师、教研员、学生等。其中,领导负责自编教材建设的统筹设计,教师是自编教材编制的主力,教研员是提高自编教材质量的重要辅助,而学生是提供自编教材使用效果信息的关键来源。总体而言,学校是自编教材建设质量的直接责任人,是落实国家事权的"制胜棋"。

其三,以出版发行单位为重点的社会权力主体。自编教材对主题与内容的选择与组织不仅要顺应学科发展的基本规律,还要兼顾社会发展的相应诉

---

[1] 四川省教育厅.四川省教育厅关于印发《四川省中小学教材管理实施细则》《四川省职业院校教材管理实施细则》和《四川省普通高等学校教材管理实施细则》的通知[EB/OL].(2022-07-28)[2023-08-26].http://edu.sc.gov.cn/scedu/xzgfxwj/2022/7/30/5b9463985ab14d79babb363b84bcad9e.shtml.

[2] 中华人民共和国教育部.义务教育课程方案:2022年版[M].北京:北京师范大学出版社,2022:13.

求,积极吸纳全社会的力量参与到自编教材建设之中,以此弥补学校教师编制教材时的主客观局限带来的不足,共同推进自编教材的治理现代化。有研究指出,当前我国教材治理存在过程控制不够精准的质量问题,其根源在于受到编者、编辑、发行等人员的学识、能力及所处群体、机构和环境的影响,导致教材产生过程事实上处于"黑箱式"的内部质量控制过程,缺乏领导机构、外部专家、教育实践者及全社会的过程参与和监测。[1]总的来看,自编教材建设的社会权力主体主要由外部专家、社会公众、出版发行单位三部分构成。其中,外部专家是推进自编教材高质量建设的专业力量,包括家长在内的社会公众是参与自编教材建设不可忽视的社会力量,而出版发行单位则是国家事权下规范自编教材建设生态秩序的重要主体。总而言之,社会权力主体,尤其是出版发行单位,是否严格遵从国家相关政策文件对自编教材管理的具体要求,直接关乎地方教育行政部门对自编教材建设的督导成效,这是落实国家事权的"关键棋"。

(二)自编教材落实国家事权的权力事项

其一,同质性与差异性并行的行政权力事项。相较于统编、统管教材,自编教材作为一种具有补充性质的学校教育教学材料,主要用于学校教师更好地教与学生更好地学,其编写审核、规划设计、出版发行的权责边界较为模糊,尤为需要地方教育行政部门的督导。《中小学教材管理办法》第八条规定:"省级教育行政部门牵头负责本地区中小学教材管理,指导监督市、县和学校课程教材工作……组织开展教学指导、骨干培训、监测反馈等工作,加强教材编写、审核、出版、管理、研究队伍建设,并建立相应的工作机制。"[2]作为国家事权落实的重要主体,国家级行政主体在自编教材建设过程中享有决策权、指导权、解释权等权力,省级行政主体拥有监督权、审核权、解释权、培训权、管理权等权力,地市以及区县级行政主体具有决策权、管理权、解释权、监督权、审核权、执行权等权力。不难发现,自编教材建设过程中不同层级行政主体的权力事

---

[1] 薛二勇,李健.教材治理体系和能力现代化的政策分析[J].中国电化教育,2022(7):16-22.
[2] 中华人民共和国教育部.教育部关于印发《中小学教材管理办法》《职业院校教材管理办法》和《普通高等学校教材管理办法》的通知[EB/OL].(2019-12-16)[2023-06-18].http://www.moe.gov.cn/srcsite/A26/moe_714/202001/t20200107_414578.html.

项具有一定的同质性,这也从侧面反映出当前我国自编教材建设与管理所存在的权力重复配置问题。需要注意的是,以上对行政主体权力内容的阐释是立足于当下相关教材政策文本之上的,自编教材落实国家事权的效率要提升,还需进一步优化各行政主体的教材建设权力事项配置。

其二,张力与限度兼具的教育权力事项。《中小学教材管理办法》规定,学校有权依据教育教学需要和学生身心发展规律,组织学校教师开展相应的自编教材建设工作,继而通过优化教材服务供给满足学生个性化发展诉求。但开发辅助教学的校本教材,需主动向相关教育行政部门报备,确保教材内容与形式符合党和国家对基础教育立德树人的根本要求。可见,教育主体在自编教材建设过程中的权力事项有着张力与限度并存的特点。其中,张力主要体现在学校教育领导对于自编教材具有一定的决策权、培训权、管理权、选用权、编辑权等权力,科学规划与管理自编教材,使自编教材成为学校特色办学的重要抓手,是考验学校管理层领导力的重要指标;学校教师是自编教材编制的主要群体,对自编教材享有编辑权、使用权、建议权等权力,充分发挥学校教师主人翁意识并使其积极参与到学校自编教材建设之中,是新时代学校教育高质量发展的重要任务;教研员对自编教材建设享有指导权、建议权等权力,在当前的教育教学改革进程中,教研员的有效融入能为用于课堂教学的教辅材料编制,以及实现学生自由全面发展的校本教材开发提供诸多建设性意见,如学科专业知识的供给;学生对于自编教材具有建议权与评价权。尽管各教育主体拥有不同的权力事项,但其建设自编教材的出发点和落脚点均在于打造能够满足学生成长及发展需要的高质量教材知识体系。从这个意义出发,教学材料编制与校本教材的研发都应尊重学生的身心发展规律与学生个性化学习体验,积极倾听学生对教材内容编制与改进的建议。与此同时,还应清楚认识到以学校为主导的教育权力主体,其权力边界是有限度的,尤其是在审核、出版、发行、推广自编教材时,要严格遵守地方教材建设管理条例的具体要求。

其三,参与度与边界感并存的社会权力事项。2019年,经济合作与发展组织(Organization for Economic Co-operation and Development, OECD)发布了《学习罗盘2030》,将学生的学习与发展进一步扩展至同伴、教师、父母、社区等多个社会支持体系,认为家庭、学校与社会应对学生的学习与发展共同负责。[1] 从自编教材建设的实践诉求来看,社会主体对权力的有效行使是提高自编教材建设质量的重要途径。因为,意识形态安全是党和国家关心的重点工作,对自编教材建设主体的身份确认以及权力事项的拟定不能违背"为党育人、为国育才"的教材建设立场。唯有如此,才能精准锚定自编教材的建设方向,为中华民族伟大复兴培育具有中国文化烙印的时代新人。具体来说,首先,由高校教材专家、学科专家、社会行业杰出代表等组成的专家团队要合理行使指导权、建议权乃至参与审核决策的权力,携手学校为自编教材质量提升提供智力支持;其次,以家长为代表的社会公众是自编教材有序开展的重要力量,因而要对自编教材的建设效果合理使用监督权、质询权、建议权等权力,以确保自编教材的建设质量;最后,出版发行单位应主动接受国家与地方的审核监督,严格按照规定正确行使审核权、编辑权、发行权等权力。《中小学教材管理办法》指出,"教材出版发行不得夹带任何商业广告或变相商业广告,不得搭售教辅材料或其他商品"[2],因而社会主体要自觉肩负起维护自编教材建设良好生态的责任与担当。可以说,社会主体的参与,能使自编教材建设进一步坚持"科学内容与思想价值的统一、生动活泼与审美价值的统一、社会需要与个人发展的统一、多元呈现与核心价值的统一"[3]。

(三)自编教材落实国家事权的责任体系

第七版《现代汉语词典》中对"责任"进行了阐释,主要包含两方面:一是指分内应做的事;二是指没有做好分内应做的事,因而应当承担的过失。可见,责任可被理解为分内应做之事以及由于个体没有履行职责、完成任务等而应承担的不利后果。[4]教材建设国家事权中的责任表征为一种价值行为、客观任

---

[1] 舒越,盛群力.聚焦核心素养 创造幸福生活——OECD学习框架2030研究述要[J].中国电化教育,2019(3):9-15.

[2] 中华人民共和国教育部.教育部关于印发《中小学教材管理办法》《职业院校教材管理办法》和《普通高等学校教材管理办法》的通知[EB/OL].(2019-12-16)[2023-06-18].http://www.moe.gov.cn/srcsite/A26/moe_714/202001/t20200107_414578.html.

[3] 薛二勇,李健.教材治理体系和能力现代化的政策分析[J].中国电化教育,2022(7):16-22.

[4] 苟明俐,苗壮.责任概念的语义与特质疏解及其公共性价值[J].学术交流,2016(3):55-59.

务形式与心理状态。权力与责任是相伴而生的,没有无权力的责任,也没有无责任的权力。权力与责任的统一是自编教材建设的内在规定性表现之一。2022年,教育部、国家新闻出版署、中央网信办、文化和旅游部、市场监管总局联合印发了《关于教材工作责任追究的指导意见》,明确了大中小学教材编写、审核、出版、印制发行、选用使用等环节的追责情形和处理方式,意在实行全覆盖、全链条、规范化的责任管理。① 这为国家事权下自编教材建设的追责情形判定以及责任清单制定指明了方向。依据责任承担的要求来看,自编教材落实国家事权的责任范畴由个体责任与共担责任构成。

一是个体责任。结合自编教材建设的特殊要求以及对权责主体的分析来看,学校领导、教师、教研员、地方教育行政部门以及出版发行单位是自编教材建设落实国家事权的责任主体。学校领导对自编教材的建设质量与管理绩效问题负有直接的督导管理责任;教师是自编教材编制、使用与改进的直接责任人,对自编教材内容是否符合国家意识形态安全与学科知识逻辑负有专业责任;教研员是"教育教学的研究者""课程实施与开发的引领者和服务者""教师专业发展的指导者与合作者""优秀教育教学经验与成果的提炼者和推广者"②,对自编教材背离国家课程标准与教材规划下的知识选择、主题遴选与内容架构等要求具有一定的指导责任;地方教育行政部门是出台相关政策法规、管理条例、实施指南等文件,进而具体规范与引导学校进行自编教材建设的重要行政主体,其对区域内学校自编教材的建设失序现象负有直接的督导责任;出版发行单位是把控自编教材质量的重要关口,对因违背党的教育方针政策、危害意识形态安全而流入市场的自编教材应承担相应的法律责任。

二是共担责任。自编教材建设是一个牵涉多主体、环境动态交互的复杂过程,是多要素共同作用的结果。因此,对自编教材落实国家事权过程中的责任归属要予以科学划定。加之,在自编教材落实国家事权的过程中,获得权力的某一主体(代理方)必然对授予权力的主体(授权方)负责,以保证责任的充

---

① 中华人民共和国教育部.教育部等五部门印发《关于教材工作责任追究的指导意见》[EB/OL].(2022-05-23)[2023-08-26].http://www.moe.gov.cn/jyb_xwfb/gzdt_gzdt/s598//202205/t20220523_629463.html.
② 张家军,蒲凡.教研员角色的迷失与回归[J].教学研究,2018,41(6):112-117.

分承担和权力的不被滥用。责任的承担意味着,作为权力代理方的主体要忠实地履行授权方交付的任务,既不能推卸责任,也不能使责任"缩水"。这说明,代理方承担责任同授权方配置权力有着密切联系。因此,当自编教材建设价值偏离、质量低下、管理无序等问题出现时,对教材事故的追责不能仅仅只针对某一主体。如依循权力授受的上下级关系来看,地方教育行政部门与学校需就自编教材的审核、管理、评价等出现的教材问题共同承担一定的行政责任与法律责任;学校与教师需就自编教材的规划、设计、编写、管理等出现的教材质量问题共同担负一定的专业责任与道德责任;学校与出版发行单位则需就自编教材的审核、出版、发行、推广等暴露出的教材安全问题共同承担一定的法律责任与道德责任。

二、自编教材落实国家事权的权责关系

基于现行统分结合的教材事权框架,国家、社会、学校等教材建设主体间的权责边界还较模糊,学校教材建设带有一定随意性和不确定性。为避免教材建设过程中主体间责任转移、权力滥用以及伴生的教材治理负担和风险,有必要澄清自编教材落实国家事权的权责关系,筑牢自编教材权力分配和责任划分的法治化基础[①]。基于自编教材的特有属性,依据权责一体的基本原则,自编教材落实国家事权的权责关系突出表现为权责一体的教材编写权、学校自主的教材管理权、学生为中心的教材评价权和地方主导的教材督导权。

(一)权责一体的教材编写权

国家事权下自编教材建设的权力属性是一种公共权力,源自人民群众权力的让渡与委托,以及社会契约的订立与落实。从主属关系来看,现代民主政治语境下公共权力的"所属主体"必当是其主导作用的存在,而"行使主体"则主要发挥保护前者"私权力"的从属作用。然而,公共权力所属主体与行使主体间的关系却不是社会契约论者理论阐述的那般简单,即权力的存在与使

---

① 赵佳丽,罗生全.教材建设国家事权的学校落点、向度与发展愿景[J].中国教育学刊,2023(5):77-82.

用能向理想的方向发展。进言之,从权力性质的双重性来看,公共权力既可在"公属"下兑现其"善"的价值承诺,也有可能被"私掌"从而生发"恶"的现实可能[1]。正如亚里士多德所言:"人们要是其权力足以攫取私利,往往就不惜违反正义。"[2]对自编教材的公共权力"私掌"所带来的可能的"恶"进行必要的限制与约束,最大程度地实现公共权力"善"的目的,需对自编教材的权力事项确立相应的责任规定与设计,并建立权责统一的自编教材建设权责运行机制。

这是因为,教材内容的意识形态属性决定了教材建设的国家立场,即教材建设要"从国家利益和国家层面出发,去建构教材内容、取舍知识属性、实施教材治理"[3]。而主体参与的多元化、内容选择的开放性、编订方式的灵活性等在给自编教材带来区别于其他类别教材特有价值与理解空间的同时,也易引发因缺乏教材编写制度管理而导致的意识形态安全风险与内容信息低质量问题。究其根源,在于教材编写主体的权责一体关系观的建设缺位。无论是教育权力主体,还是社会权力主体,参与自编教材建设的全过程都应顺应权责统一观——"掌其权必负责、未尽责必担责、问其责必从严"[4]的基本要求,正视国家赋予其编写自编教材的权力边界与行权限度,切实规范自身的教材编制思想与行为,从而以优质的自编教材满足学校师生的发展需求。

(二)学校自主的教材管理权

《中小学教材管理办法》明确规定,在国家教材委员会指导和统筹下,中小学教材实行国家、地方和学校分级管理[5]。自编教材建设是党和国家赋予学校办学的公共权力之一,学校有权依据具体情况开展相应的教材建设工作。并且,就功能定位而言,自编教材建设本就是诠释学校教育哲学、落实学校办学

---

[1] 刘祖云.权责统一——行政的理论逻辑[J].行政与法,2003(10):6-8.
[2] 亚里士多德.政治学[M].吴寿彭,译.北京:商务印书馆,1965:317.
[3] 罗建河,康翠萍.论新时代教材建设的国家立场[J].课程·教材·教法,2021,41(7):55-62.
[4] 刘泾.试论习近平权责统一观的基本内涵与实践要求[J].新疆社会科学,2021(4):19-26.
[5] 中华人民共和国教育部.教育部关于印发《中小学教材管理办法》《职业院校教材管理办法》和《普通高等学校教材管理办法》的通知[EB/OL].(2019-12-16)[2023-06-18].http://www.moe.gov.cn/srcsite/A26/moe_714/202001/t20200107_414578.html.

理念、打造学校育人品牌的重要载体与路径。具言之,学校可以在统编、统管教材的基础上,依据学生的身心发展特征、教师的专业发展能力以及学校现有的教育教学资源编订相应的教学产品,以此丰富学校的教材体系,使原本结构单一、内容散乱的教材体系逐步走向系统多元,为学生的自由全面发展提供优质的学习内容支持;同时,更可以帮助学校去进一步澄清与修正自己的教材管理理念,以校本化优质自编教材去服务教师更有效的"教"与学生更有收获的"学"。因此,无论从政策文件规定,还是从自编教材建设实际来看,学校应具有充分的教材自主管理权。

从权责一体与权责对等的角度出发,学校自主的教材管理权是学校所具有的合法性、合目的性与合道德性的重要事权内容以及不可推卸的教材建设责任。首先,学校需要深刻认识以及切实担任自编教材建设质量把关的"第一责任人",严格遵守《关于教材工作责任追究的指导意见》对作为教材使用讲义、教案、教参等,或是对校本教材编写的管理规定,以更优质的自编教材供给满足师生的多重诉求;其次,学校应构筑相应的自编教材管理机制,以及拟定具有规范性与操作性的自编教材编写指南,对自编教材的设计编写、审核修订、选用使用、评价退出等予以校本化的统筹规划与要求;最后,学校应积极完善涵括教师综合能力素质提升与教师编制教材积极性增强的保障激励机制,提高自编教材建设管理效能,为自编教材高质量建设创造有利环境。

(三)学生为中心的教材评价权

自编教材存在的核心价值在于促进学生全面而有个性地发展,为学生的终身发展奠基。在传统应试教育下,学生的课业负担重,合理的学习需求往往也难以得到满足。新课改则通过转变课程功能、优化课程结构、更新课程内容、变革学习方式、改变评价理念与方式以及深化课程管理制度等方式优化中国素质教育,其中,教材建设是践行上述理念与目标的重要载体与路径。任何一项教育改革,最重要的使命就是要帮助学生找到一条能最大程度发挥个人创造性和个性才能的生活道路,自编教材建设可为此目标达成提供巨大可能性。因为自编教材的基本出发点,便是在弥补统编、统管等教材类别不足的前提下,尽可能满足绝大多数学生的个性化需求而编制的具有学校特色的教学材料。事实上，无论是教材目标的制定，还是教材内容的组织，抑或教材评价的设计，都是以学生的个性化发展作为立论前提的。其中，学生的教材评价权是其作为教育权力主体的重要权力内容，对其予以保障是国家事权下尊重学生自由意志以及生命尊严的重要体现。

尽管参与自编教材评价的权力主体不局限于学生，如地方教育行政部门、学校领导、教师、教研员、家长、教材专家等都具有一定的教材评价反馈权，但自编教材的本质属性与功能定位决定了学生在自编教材评价体系中应当占据重要的地位且具有实质性意义的评价权力。为此，学校应尊重学生对自编教材的评价反馈权，积极创设相应的评价反馈渠道与评价激励机制，让学生得以真实、有效地表达其对自编教材建设的多元诉求，尤其是在对自编教材主题选择、内容编排、插图设计、实施方式等方面的主观感受以及对某一自编教材产品是否继续存续的真实想法，从而为自编教材编写质量改进、服务水平提升以及淘汰退出机制完善提供重要的数据支撑。

（四）地方主导的教材督导权

与统编、统管等教材类别不同，地方教育行政部门在行政权力主体中对自编教材建设与管理承担着更为直接的权力与责任。2019年，中共中央、国务院颁发的《关于深化教育教学改革全面提高义务教育质量的意见》对地方教育行政部门的课程教材督导权予以了说明，即"省级教育部门制定地方课程和校本课程开发与实施指南，并建立审议评估和质量监测制度。县级教育部门要加强校本课程监管，构建学校间共建共享机制"[①]。2022年，教育部颁布的《义务教育课程方案（2022年版）》强调要"开展课程实施督导，对地方各级人民政府实施义务教育课程保障情况、学校课程开设和教材使用情况进行督查……强化反馈指导，确保课程开齐开足开好"[②]。此次新方案提出的课程实施督导将其范畴扩展到了包括课程实施保障、课程开设、教材使用在内的整个课程实施系统[③]，其中自然也包含对自编教材的督导管理。2023年，教育部印发的《关于

---

① 中共中央 国务院关于深化教育教学改革全面提高义务教育质量的意见[N].人民日报,2019-07-09(1).
② 中华人民共和国教育部.义务教育课程方案:2022年版[M].北京:北京师范大学出版社,2022:16.
③ 罗生全.开展课程实施督导 全面落实国家事权[J].课程·教材·教法,2022,42(9):62-64.

加强中小学地方课程和校本课程建设与管理的意见》进一步强调要规范对课程教材的审议审核行为，即"省级教育行政部门负责完成相应审议审核任务，指导和督查地市、县区相关工作。地市级、县区级教育行政部门分别对普通高中、义务教育学校校本课程建设相关文本、学习材料进行抽查和指导"[①]。无疑，地方教育行政部门对学校自编教材建设行使主导性教材督导权是其落实国家事权的重要体现。

为切实行使教材督导权，地方教育行政部门首先要在严格遵守国家关于自编教材建设相关政策总体要求的基础上出台能统摄本地区自编教材建设工作的实施条例或指南，明确自身的管理职责，为国家事权下自编教材建设的权责落实提供合法性依据；其次，从思想性、科学性、时代性、规范性、协同性等方面对学校自编教材建设的过程进行切实有效的审核监督，确保自编教材内容不危害意识形态安全、不偏离学科知识育人要求、不消解学校立德树人成效；最后，不仅要完善自编教材管理机制，全方位提升教材督导能力，还要开展相应的教学指导、骨干培训、监测反馈等工作，帮助学校教师明确自身在自编教材建设过程中落实国家事权的责任与义务以及提升自编教材编制能力的路径与平台。

三、自编教材落实国家事权的权责运行逻辑

为深化对中小学自编教材落实国家事权的权责运行规律认识，有必要在揭示运行系统中权责主体、权责关系的基础上，进一步探析与澄明权责系统运行的基本逻辑。依据行政隶属下"中央—地方—学校"的垂直化权责运行规律，中小学自编教材落实国家事权依循自上而下与自下而上相结合的立体化权责运行逻辑理路。不仅注重国家对自编教材建设进行顶层设计以及地方对自编教材建设的监督管理，也重视学校在自编教材管理过程中有关权责运行的创造性开拓与真实性反馈，以此达成中央—地方—学校的信息融通与机制改革突破。在此过程中，权责运行的效能高低则有赖于学生受教育权、学校办学自主权和教师教育教学权的正确认识实践与否。实则，也正是这三项权力事项确证了自编教材存在的理论意义与发展空间。

---

① 教育部关于加强中小学地方课程和校本课程建设与管理的意见[J].中华人民共和国国务院公报，2023(19)：30-33.

(一)学生受教育权是自编教材落实国家事权的基本前提

受教育权指的是为确保公民健全人格及健康幸福的符合人性尊严的生活[1],而通过宪法与教育法对此进行确认,保障公民能在学校这一特定场域接受教育的权利。我国宪法第四十六条明确规定,"中华人民共和国公民有受教育的权利和义务"[2]。受教育权直接影响人之为人的个性发展权、对社会成果的享受权以及对社会发展的参与权[3]。对学生受教育权的尊重与维护是学校一切教育教学活动开展的合法性说明、合目的性阐释与合道德性演绎。依据《中华人民共和国教育法》对受教育者权利的阐释可知,学生有权被学校平等录取、参与学校各项教学活动与社会活动,通过学校规定的学习和考试并达到一定标准而取得相应的毕业证书[4]。其中,享用学校提供的旨在满足学生个性化发展诉求的自编教材无疑也是学生受教育权的重要内容之一。说到底,学校教育教学活动的开展正是在对学生受教育权予以保护之基础上对学生自由全面发展所作的科学设计与规划。因此,教材建设作为国家事权,对自编教材建设过程中诸项权责运行的认识与实践当以对学生受教育权的尊重与保护为逻辑起点。具体而言,基于自编教材的特有属性与功能定位,对自编教材的规划设计、编写审核等不仅要充分尊重学生的身心发展规律,还要切实维护学生在自编教材选用使用与评价管理等过程中的参与表决权利。可以说,对学生受教育权的尊重与保护是自编教材落实国家事权的基本前提,对学校办学自主权与教师教育教学权的依法行使具有重要意义。

(二)学校办学自主权是自编教材落实国家事权的重要保障

从其权力主体构成与权力内容属性来看,自编教材建设是学校落实其办学自主权的重要体现,对办学自主权的维护是依法治教下自编教材落实国家事权的重要保障。自中共中央 1985 年颁发的《关于教育体制改革的决定》提出"实行简政放权,扩大学校的办学自主权"以来,我国在推进教育体制改革、政

---

[1] 高武平.论大学惩戒权与学生受教育权的冲突与平衡[J].甘肃政法学院学报,2004(4):71-76.
[2] 中华人民共和国宪法[N].人民日报,2018-03-22(1).
[3] 秦惠民.高等学校法律纠纷若干问题的思考[J].法学家,2001(5):105-114.
[4] 钟飞.高校管理权和学生受教育权张力平衡再探析:新制度主义视角[J].现代教育管理,2016(10):113-117.

府简政放权、落实和扩大学校办学自主权以及促进学校依法自主办学等方面取得了诸多宝贵经验。①2010年,国务院常务会议审议并通过的《国家中长期教育改革和发展规划纲要(2010—2020年)》对学校办学自主权的内涵边界予以了新的阐释,即"推进政校分开、管办分离。适应中国国情和时代要求,建设依法办学、自主管理、民主监督、社会参与的现代学校制度,构建政府、学校、社会之间新型关系"②。学校有权立足学校办学实际,合理吸纳教育、社会与行政等多方权力主体,携手共建满足教师高效能教学与学生个性化学习的自编教材产品。2021年,《中华人民共和国国民经济和社会发展第十四个五年规划和2035年远景目标纲要》进一步将"落实和扩大学校办学自主权,完善学校内部治理结构,有序引导社会参与学校治理"③作为建设高质量教育体系的重要内容。实则,对学校办学自主权的落实不仅是从学校出发构建高质量教育体系的重要抓手,更是国家事权下构建中国特色高质量教材体系的根本保障。因为自编教材建设成效不仅是学校办学自主权落实情况的重要表征,更关乎学校长远发展以及中国特色高质量教材体系建设整体进程。

(三)教师教育教学权是自编教材落实国家事权的关键抓手

参与自编教材建设是教师行使其教育教学权的重要形式。教育教学权指教师在教育教学活动及其他相关活动中所享有的自主性权利,是教师职业特定的权利,具有不可替代性。《中华人民共和国教师法》对教师的专业权利予以规定,概括起来主要有教育教学权、科学研究权、管理学生权、获取报酬待遇权、民主管理权、进修培训权等。其中,教师教育教学权无疑是教师作为一个专业工作者最基本的权利,包括:(1)教师可依据其所在学校的教学计划、教学工作量等具体要求,结合自身的教学特点,自主地组织课堂教学;(2)按照教学大纲的要求确定其教学内容和速度,并不断完善教学内容;(3)针对不同的教育对象,在教育教学的形式、方法、具体内容等方面进行改革、实验和完善。④

---

① 蒲蕊,高新发.中小学办学自主权:落实现状与政策需求[J].教育科学研究,2023(2):33-40.
② 国家中长期教育改革和发展规划纲要(2010—2020年)[N].人民日报,2010-07-30(13).
③ 中华人民共和国国民经济和社会发展第十四个五年规划和2035年远景目标纲要[N].人民日报,2021-03-13(1).
④ 于静.论教育教学权的法律保障[J].山西青年管理干部学院学报,2013,26(1):57-60.

可见,教师教育教学权是国家赋予学校在聘教师的合法权利,任何组织和个人不得非法剥夺。因此,学校应尊重教师在自编教材建设过程中的设计编写权、选用使用权、评价建议权等,引导教师积极参与到自编教材建设全过程,携手共建用于教与学的校本化教学材料。与此同时,《中华人民共和国教师法》第八条也明确规定教师有"贯彻国家的教育方针,遵守规章制度,执行学校的教学计划,履行教师聘约,完成教育教学工作任务"的义务。因此,教师应当自觉接受教材建设国家事权对其进行自编教材建设的法制规约,正视自编教材建设的权责边界,规范自编教材建设的实践尺度,从而充分行使其教育教学权。

第二节 自编教材建设落实国家事权的风险挑战

基础教育质量事关亿万儿童的健康成长,事关国家发展与民族未来。从近年来颁发的相关教育政策文件来看,我国对包含校本教材在内的自编教材建设进行了较为明确而严格的监督与管理。究其根本,这是因为在经济全球化、信息技术高速发展的时代背景下,自编教材建设落实国家事权的权责事项、权责关系以及权责运行机制还有待进一步澄清与完善,致使自编教材建设在特殊现实环境中还面临诸多风险挑战,自编教材质量还难以满足新时代社会公众的多重需求。

一、权力自觉意识缺乏降低教师参与自编教材建设的实践效能

百年大计,教育为本;教育大计,教师为本。在实现中国特色社会主义伟大胜利和中华民族伟大复兴中国梦的历史征程中,"教师承担着传播知识、传播思想、传播真理的历史使命,肩负着塑造灵魂、塑造生命、塑造人的时代重

任"[1]。随着我国教师队伍体制机制改革的完善,教师的专业发展权利日益受到重视与落实,成为推进其在职业生涯中不断获取支撑与发展的内生性力量。其中,教师专业自主权作为衡量教师专业化的重要标准之一,指教师在其专业领域里,依其专业伦理与智慧执行专业任务,以维持其专业品质不受外界非专业力量干预的基本权利。它是法律赋予教师的基本权利。《中华人民共和国教师法》明确指出,我国教师具有教育教学、管理学生、科学研究、进修培训、获取工资报酬、参与学校管理等方面的权利[2]。其中,"学校管理"的权利自然也包括参与自编教材建设的权利,并在学校的授权与委托之下形成一种具有实质性的权力内容。说到底,自编教材是以学校教师为主体而编制的用于学校教师"教"与学生"学"的教学材料,对教师自编教材建设权力的澄明,是保障教师积极参与自编教材建设的前提。

就在自编教材建设中的参与形式来看,教师无疑是参与自编教材编制、使用与改进的具体执行者。行使其自编教材建设权力时,教师可以通过各种校本研修培训以及教材开发实践去有意识地规范其教材建设思路、提升其教材编制能力以及实现其职业生涯规划。具言之,首先,在《中小学教材管理办法》《中小学生课外读物进校园管理办法》《学校选用境外教材管理办法》《"党的领导"相关内容进大中小学课程教材指南》《关于教材工作责任追究的指导意见》等政策文件的具体要求下,教师可以依据课程标准、教学大纲、地方教材管理条例等去正确认识自身在自编教材建设过程的权力事项与行为尺度,从而以科学的教材建设观去规范自身教材编制的思维路径与行动尺度。其次,自编教材建设涉及对教师专业发展多种能力的考察,诸如对教材政策的了解洞察,对课程标准的研究考察,对学生学情的精准分析,对教材编制技术的全方位掌握,对教材编制理念的跨学科融合转化,对教材内容意识形态安全的准确把握,对自编教材边界地位的理性省察等,教师可以通过自编教材这一重要媒介去实现教育目的。最后,自编教材建设过程,还能帮助教师去积极发现新的"问题域"与"研究域",主动探寻以教研与科研并行促进教学变革的乐趣,从而在不断尝试、反思与改进的过程中去践行

---

[1] 中共中央国务院关于全面深化新时代教师队伍建设改革的意见[N].人民日报,2018-02-01(1).
[2] 罗生全.为教师专业自主成长赋权[J].教育家,2022(38):18-19.

终身学习的理念、全方位提升自我综合素质,最终稳步推进其职业生涯规划目标阶段性向前发展。

2018年,中共中央、国务院印发的《关于全面深化新时代教师队伍建设改革的意见》明确指出:要凸显教师职业的公共属性,强化教师承担的国家使命和公共教育服务的职责,确立公办中小学教师作为国家公职人员特殊的法律地位,明确中小学教师的权利和义务,强化保障和管理。公办中小学教师要切实履行作为国家公职人员的义务,强化国家责任、政治责任、社会责任和教育责任。没有无权利的义务,亦没有无义务的权利。同理推之,没有无权力的责任,亦没有无责任的权力。进言之,教材建设国家事权下学校教师参与自编教材建设的权力当与责任相统一。纵使新时代教师具有一定的专业成长自主权,教师有权选择教育教学、科学研究、参与学校管理等的方式方法与行动限度。但依据权责一体以及权责对等的基本原则,这绝不等于教师可以凭借行政考核指标、教学任务安排等理由逃避参与自编教材建设的责任与义务。甚至,部分教师将新课改对学生主体地位的肯定简单解读为尊重学生且不使用权力,进而对其放任自流,以为其在制度上获取了权力"不作为"的合法性[①]。显然,这是对新时代教师专业发展权的误解,本质上是教师推脱其教书育人责任的重要体现。因为,教师作为自编教材建设的主要承担者,其权力的本质应当是为学生自由全面发展而储蓄的指导性力量。实则,诸种教材建设实践的回避或应付背后都反映了教师自编教材建设权力自觉意识的缺乏的客观现实。从教师在自编教材建设过程中所扮演的重要角色来看,教师低意愿、低配合、低效能的教材建设实践必然会影响自编教材建设的整体进程,致使教材建设团队难以凝聚共识、形成合力,最终反映到自编教材质量与服务不如人意的现实结果上。无疑,这不仅会严重消解自编教材建设的育人初衷,还会恶化学校教师队伍建设的整体生态,是国家事权下自编教材建设有效开展过程中亟须解决的现实难题。

---

① 陈振.教师权力异化的场域理论分析及其矫正路径[J].中国教育学刊,2021(7):83-89.

二、权责运行机制不健全阻滞学校深入开展自编教材建设工作

新中国成立以来,党和国家高度重视教材建设事业,对教材建设体制机制的权力边界进行了多次调整,近年来初步确立了决策、执行、研究三位一体的教材工作格局,形成了统筹为主、统分结合、分类指导的教材制度安排,实现了国家教材制度统一性与多样性的有机结合[①]。2019年,中共中央、国务院印发《中国教育现代化2035》,指出我国要加强教材建设管理,要"提高学校自主管理能力,完善学校治理结构"。其中,教材建设管理无疑是学校管理范畴的重要内容,不仅影响学校教育教学的顺利推进,更关乎学校师生的生活品质。相比统编、统管教材在编写、使用、管理等方面的统一规定与要求,学校在自编教材建设管理方面拥有更多实施的空间,得以使之成为校本特色打造的重要途径。然而,自编教材作为在学校场域内由教师主导而编制的校本化教学资料,其质量水平深受学校自编教材权责运行机制的影响。因为学校自编教材权责运行机制可以对自编教材建设所需的教师资源、环境条件、基础设施、社会支持、质量标准等予以统筹规划与监督管理,确保教材建设主体在教材建设政策文件的规制下有序参与。正如《中小学教材管理办法》明确指出,中小学原则上不编制校本教材,如若确有需要,应报上级教育行政管理部门备案。究其根本,教材建设事关国家利益,是国家事权,自编教材在知识信息爆炸的大数据时代能否肩负起培根铸魂、启智增慧、培育新人的时代重任备受考验。

省察我国教材建设实践不难发现,教材编排理念陈旧落后、教材内容选择脱离实践、教材学科特色包容度低、教材形态呈现单一等是自编教材建设实践过程中较为普遍的问题,这背后反映出学校自编教材权责运行机制规划不科学、内容不健全、运行不到位等客观现实。无疑,自编教材权责运行机制的不完善势必会反映在教材质量上。由此引发的自编教材的质量问题不仅会体现在知识层面,还会体现在价值观层面。因为市场主体逐利本性和资本逻辑易导致"公益缺失",致使一些政治把关不严、意识形态错误、教育导向异化的教材出现在学生的课堂上。现下,"教材西化"现象已引起国家和社会各界的重

---

① 黄强,张廷凯,任长松,等.中国共产党领导教材建设事业的百年历程与基本经验[J].课程·教材·教法,2021,41(6):4-12.

视与警觉。诚然,诸类教材事故的出现不是一方之责,但学校作为自编教材建设的"第一责任人",必然将为教材建设权责运行机制的不完善买单。毋庸置疑,这类问题教材,不仅会消解自编教材本体性育人价值、阻碍学校系统化教材体系建设,更会阻碍教材治理现代化与中国特色社会主义教育强国的建设进程。

《中国教育现代化2035》指出,加强课程体系建设需要健全国家教材制度,统筹为主、统分结合、分类指导,增强教材的思想性、科学性、民族性、时代性、系统性,完善教材编写、修订、审查、选用、退出机制。为切实保障教育主体的自编教材建设权益、顺利推进自编教材计划有效推行,学校需在遵从国家和地方教材管理规定的基础上,广泛吸纳教师、学生、家长、社会代表、地方教育行政部门等主体对改进自编教材建设权责运行事项的建设性意见基础上,系统构筑编审选用评一体的自编教材建设权责运行机制,辅之以相应的自编教材建设指南,明晰各环节教材建设主体的权力事项以及教材事故出现的追责情形。唯有如此,方能确保国家事权下自编教材建设各环节有章可循、有例可依,人人都是教材建设的参与者与责任人,共同为教材质量提升与服务改进贡献智慧。其中,由学校把关审查与报上级教育主管部门备案审查的双审查制度将会是上述教材建设权责运行机制的重要内容,该制度能对自编教材的内容选择与组织编排进行必要的政治把关与质量监控。

三、权责监督管理细则不完善妨碍地方有效实施自编教材督导

教材作为教育教学的基本依据,是上层建筑的组成部分,承载和凝聚着国家发展和人才培养的知识、思想、观念、价值和行为方式,具有鲜明的意识形态属性。意识形态属于上层建筑,是特定时空场域下某一统治阶级的政治思想文化及其活动方式的集中反映,对教材建设的知识属性与价值导向具有高度的统摄性。深刻理解教材建设作为国家事权的内涵,需正确把握教材本身鲜明的意识形态属性。一方面,教材建设事关国家利益,国家利益是最高利益,集中体现国家的权力意志。自编教材是三级课程管理模式下体现国家意志的重要物化课程形态,当自觉肩负起为中华民族赓续发展培养具有中国文化

烙印的时代新人的历史使命。另一方面,教材建设属于国家社会文化事务,须由国家进行统筹管理,确保教材权责运行得顺畅有序。由于自编教材编制主体的多元性、内容选择的开放性、评价监管的困难性等,自编教材建设尤为需要地方教育行政部门的介入与监管,确保自编教材建设权责运行的规范性与有效性,切实发挥其作为学校教育教学重要辅助教材形态的功能和作用。

《中国教育现代化2035》明确指出要"提升政府管理服务水平,提升政府综合运用法律、标准、信息服务等现代治理手段的能力和水平。健全教育督导体制机制,提高教育督导的权威性和实效性"。同年,教育部印发的《中小学教材管理办法》也明确指出,地方教育行政部门要建立相应的工作机制以切实肩负起对学校自编教材的规划、开发、审核与管理责任。可见,地方教育管理部门处于三级教育管理的中间层,对上要坚持国家教育政策,对下要引导学校高质量发展,处于决策层和普通行政层,对学校自编教材建设能行使较大程度的自由裁量权和管理权。然而,纵使国家在教材编写、审核、出版发行、选用使用等环节已经建立了基本的政策、管理的办法和有关的标准等,但各地对此进行反应与落实仍有一个渐进过程,尤其是要将对自编教材的管理具体落实到市区县级别的行政权力主体层面。可想而知,缺乏针对性、指导性与操作性的地方教材管理办法或细则,不仅会悬置国家对高质量教材体系建设的顶层设计,更会阻滞地方教材建设生态的系统改善。加之,在教材建设实践过程中,学校和出版机构对自编教材的编辑、审核、出版和发行多为内部过程,再加上标准的原则化、专业资质体系的缺乏、外部监督力量的缺位等,形成内部控制的"黑箱"和质量管理上的漏洞,[①]由此引发系列教材建设事故。实则,诸类因学校及地方教育行政管理部门监管漏洞而导致的自编教材事故并不少见,尤其是在民族地区受国家分裂分子控制的教材事故(含自编教材在内的教材类别)有碍民族团结与国家长治久安,着实令人忧心与警觉。说到底,这正是地方教育行政部门尚未建立相应的自编教材管理机构以及尚未制定系统的自编教材权责管理细则造成的严重后果。

---

① 薛二勇,李健.教材治理体系和能力现代化的政策分析[J].中国电化教育,2022(7):16-22.

从自编教材建设的特殊性出发,当前我国自编教材建设在教材治理现代化背景下,价值信念导向不准、公序良俗把握失衡、过程控制不够精准、监测预警机制缺失等问题也是较为普遍的[①]。正因如此,国家才会通过颁发相应的教材管理办法对校本教材的报备审核与出版发行予以一定的规制。不过,应予以澄明的是,自编教材的内容构成绝不仅限于校本教材这单一教材形态,还有供教师与学生使用的其他教材样态,如教案、导学单等。因此,省级地方教育行政部门不仅要设立相应的教材管理机构以及拟定地方性教材管理办法对自编教材整体建设进行统筹管理,更要鼓励以及帮助市(区)级地方教育行政部门编制要素齐全的自编教材管理细则对自编教材的编写审核、选用使用、出版发行、保障机制、检查监督等予以系统说明,为提升地方教材管理工作效能扫清体制和机制障碍。

第三节
自编教材建设落实国家事权的系统优化

马克思主义是党和国家的指导思想,也是教材工作的指导思想[②]。马克思主义的矛盾观强调,在事物发展过程中存在诸多矛盾,在其中处于支配地位且对事物发展起决定作用的矛盾是主要矛盾,实现矛盾的对立统一要聚焦事物发展主要矛盾的解决。有鉴于此,在明晰自编教材落实国家事权的权责特征以及其风险挑战之后,对其进行系统优化的逻辑进路也得以廓清,即从教师、学校与地方教育行政部门这三大权力主体出发,有针对性地探讨落实国家事权与提升工作效能的具体策略。

---

① 薛二勇,李健.教材治理体系和能力现代化的政策分析[J].中国电化教育,2022(7):16-22.
② 郑富芝.尺寸教材 悠悠国事——全面落实教材建设国家事权[J].人民教育,2020(Z1):6-9.

一、多维赋能教师落实国家事权的素质能力建设

教师不仅是自编教材建设的编制主体,更是自编教材建设的受益主体。因此,教师不仅要珍惜国家赋予其的自编教材建设权力,更要自觉履行其落实国家事权的自编教材建设责任,在思想引领、行动支撑、技术赋能下全方位提升自编教材建设的能力素质,实现教师专业成长与学生全面发展、学校特色打造的和谐统一。

(一)思想引领:明确自身在自编教材建设过程中落实国家事权的责任担当

将教材建设作为国家事权是对我国教材建设经验作出的重大创新,是在国家价值判断基础上作出的价值选择与定位。在这个过程中,教师应正视自身在自编教材建设过程中的权责边界,积极投入自编教材建设全过程,自觉肩负起落实国家事权的责任担当。首先,明确教材建设作为国家事权的政治属性,紧紧围绕"为党育人、为国育才"的教材立场,以"一坚持五体现"作为自编教材建设的根本遵循,把准学校自编教材建设的价值导向与政治方向。具言之,教师要深刻认识到自编教材作为中国高质量教材体系建设的重要一环,不仅要使其满足学生个性化的成长需求,也要使其服务于国家战略发展诉求,使自编教材承担起"为人民服务、为中国共产党治国理政服务、为巩固和发展中国特色社会主义制度服务、为改革开放和社会主义现代化建设服务的国家使命"[①]。其次,通晓教材建设作为国家事权的法理逻辑,依循中国特色社会主义法治理论下相关教材建设政策文件对教师参与自编教材建设的具体要求。详言之,在依法治教背景下,教师不仅要自觉践行《中华人民共和国教育法》等法律法规对教师教书育人的权责规定,还要依据"权责一致"以及"权责对等"的基本原则,理性认识其教材编写权、选用权、建议权、评价权等的权力边界,主动肩负起自编教材编写质量把关、自编教材实施效能把控等的责任。最后,明晰教材建设作为国家事权的文化品格,在自编教材建设全过程中站在文化自觉与自

[①] 陈淑清.新时代教材治理现代化的十年探索:基本逻辑、实践路径和未来走向[J].课程·教材·教法,2023,43(1):20-28.

信的基本立场,以高质量自编教材培育具有中国文化烙印的时代新人。具体来说,教师在自编教材建设过程中要正确看待传统文化、时代文化、区域文化、校园文化以及域外文化间的关系,实现各文化要素间的有效整合与动态耦合。

(二)行动支撑:规范自身教材编制行为以回应国家事权对教材质量的要求

教材不仅是文化传承、创新和发展的关键载体,更是内在反映与传播弘扬国家主流意识形态和社会主义核心价值观的重要媒介。将教材建设作为国家事权是党和国家对新时代教材建设"知识有何价值""什么知识最有价值""谁的知识最有价值"等一系列问题的理性回应。自编教材作为学校教育场域内用以辅助教师"教"与学生"学"的教材内容形式,当以落实教材建设国家事权为己任,彰显中国特色高质量教材体系建设的应有立场。对此,教师首先当在编制自编教材过程中,遵循国家、地方与学校的自编教材管理办法,坚持"谁编写谁负责"的基本原则,自觉履行教师参与自编教材建设的责任与义务,使自己的教材编制行为有法可依、有例可循、有理可据;其次,依据课程标准的相关要求,在自编教材建设过程中达成"科学内容与思想价值的统一、生动活泼与审美价值的统一、社会需要与个人发展的统一、多元呈现与核心价值的统一"[①],全方位丰富自编教材建设的内容与形式,力使自编教材成为践行学校办学理念、凸显教师自由意志以及落实立德树人根本任务的重要途径;再次,顺应学生的身心发展规律与个性化发展诉求,结合学校具体的自编教材建设规划,积极拓展自编教材的学科边界,有效整合区域内的教材建设资源,在主题遴选、内容编排、插图设计等过程中弘扬社会主义核心价值观,积极响应国家重大主题教育进课程的号召,在教材编制过程中适时吸纳习近平新时代中国特色社会主义思想、中华优秀传统文化、革命传统教育、国家安全观等内容,打造一系列能切实发挥培根铸魂与启智增慧作用的精品教材;最后,在人类命运共同体视域下有选择地吸纳域外其他民族的优秀教材建设经验,以此增强自编教材内容的吸引力与形式的趣味性,在此基础上实现自编教材建设的文化自知、文化认同与文化创造。

---

① 薛二勇,李健.教材治理体系和能力现代化的政策分析[J].中国电化教育,2022(7):16-22.

（三）技术赋能：运用新兴技术提升自编教材落实国家事权的教学效能

在全球教育日趋信息化、数字化与智能化的背景下，人类知识的生产方式、呈现形态、传播渠道、认知环境等无疑都发生了巨大变化。各国的教育理念、教育方式、教育环境以及教材形态面临巨大考验。"互联网+"与新兴技术融合下的项目学习、混合学习、泛在学习、网络课程学习等不断发展，单一的纸质印刷类教材已不能完全满足新时代教育教学的多重需求[1]。作为教育、出版和信息技术三大领域的综合产物，融合了文字、图片、音频、视频及动画等元素的数字教材及数字化教学与学习资源应运而生且迅速发展，已成为学生学习和教师教学的重要资源和课程实施必要载体[2]。其核心特征除了科学性、教学性，还具有易获取性、全媒体性、深交互性和体验性。由此，在教育信息技术高速发展的背景下，自编教材也衍生出数字教材形态，与纸质教材一同成为改进学校教育教学的重要媒介。对此，学校教师如何利用新兴的教育技术进行高质量的自编教材建设备受瞩目。第一，教师应根据相应教材建设管理办法，如《数字教材管理办法》，结合日常教育教学需要以及学生自由全面发展之需要，灵活确立自编教材的表征样态；第二，教师应践行终身学习理念，积极感知、体验与学习新兴教育技术，将人工智能、虚拟现实、全息技术、扩展现实以及云计算技术、移动终端技术、语言技术、3D打印技术、传感器技术、录播技术等有选择地融入自编教材开发中，延展自编教材的时空边界，增强教材使用的沉浸感、交互性与科技感，有效提升自编教材落实国家事权的教学效能。另外，注意对教育技术使用的伦理性，在依托新兴数智技术开发自编教材的同时，教师要自觉接受国家事权下地方与学校对自编教材建设编写管理的相关规定，保护学生的个人隐私，防止相关信息泄露，不断提升个人的数字素养，全心全意做学生锤炼品格、学习知识、创新思维、奉献祖国的引路人。

---

[1] 胡军.外察与内省：数字教材与资源评价标准研究[J].课程·教材·教法，2021，41(5)：32-39.
[2] 王志刚，余宏亮.基础教育数字教学资源体系架构研究[J].数字教育，2016(7)：1-7.

二、全面提升学校自编教材管理体系的组织运行效率

如前所述,正因为学校自编教材建设权责运行机制不健全,致使自编教材难以充分发挥其培根铸魂、启智增慧的教材育人价值。就教材管理实际而言,学校自编教材建设权责运行机制的完善迫切需要革新培训教研制度、完善准入管理制度、优化退出考评制度,以此统摄学校自编教材建设编审选用评的全过程,有效提升自编教材管理体系的组织运行效率。

(一)革新自编教材培训教研制度,增进教师教材建设国家事权理性认识

处于世界百年未有之大变局的历史交汇点对各级各类教育带来种种挑战,中国教师如何立足于教育发展的新方位、新征程、新使命,充分利用自编教材建设这一重要的教育宣传平台培育堪当民族复兴大任的时代新人备受瞩目。然而,自编教材建设过程中教师价值信念导向不准、公序良俗把握失衡、权力自觉意识缺乏等问题的出现都昭示着,学校自编教材建设的高质量发展需要从学校的角度对教师的自编教材建设意识与能力予以有针对性的干预与提升。一方面,从权力内容来看,《中华人民共和国教师法》明确指出教师有权利参加进修或者其他方式的培训[1],这进修培训的内容少不了对新时代课程教材开发能力的提升。另一方面,从责任范畴来看,造就党和人民满意的高素质专业化创新型教师队伍本就是新时代学校落实国家事权的重要体现,是学校改进自编教材建设管理的重要切入点。因此,学校应自觉履行对教师进行职后培训的责任与义务,持续革新有关自编教材的培训教研制度,让教师得以在制度化、专业化、系统化的教研培训中明确其在自编教材落实国家事权过程中的"可为"与"何为"。具体来说,学校可在以人为本的发展理念、多元主体参与的关系结构、互动协商的过程机制、共建共享的行动共识下[2],结合学校自身的实际情况以及地方教育行政部门对区域教师专业培训的具体安排,去灵活革新自编教材的专业培训以及校本教研制度。无论教研培训制度的形式如何,

---

[1] 中华人民共和国教师法[J].中华人民共和国最高人民法院公报,1993(4):134-138.
[2] 许环环.从管理到治理:中小学教师培训制度建构的转向[J].当代教育科学,2022(8):88-95.

其价值取向与内容设计,不仅要注重使用技术对自编教材编制进行针对性的训练与提升,让教师掌握必要的教材编制技巧,尤其是在智慧教育背景下对数字教材编制的理念与方法。同时,通过对相应教材建设法规文件的普及以及对教材建设国家事权的理论学习,让教师清楚获悉到底何为教材建设国家事权,以及自身在自编教材建设过程中的具体权责边界,从而端正自编教材建设的政治立场,增强自编教材建设的专业自律,积极参与自编教材建设全过程,自觉肩负起自身在自编教材编写使用方面的责任和担当。说到底,教师作为自编教材编制、使用的主体,唯有其专业能力素质的全面提升,才能真正保证提升自编教材建设质量、落实教材建设国家事权。

(二)完善自编教材准入管理制度,明确自编教材建设过程各主体权责关系

纵使国家通过相应的政策管理办法对自编教材的编写审核、出版发行、选用使用等环节予以了一定的说明,但学校自编教材建设管理实践多受多种主客观因素的影响与制约而处于一种内部控制的"黑箱"状态。正因如此,学校自编教材的准入管理多处于"灰色地带",是否有明确的管理条例与评价体系不得而知,在这种情况下,对自编教材的编写审核与选用使用就更多被某部分人的主观意愿所控制。这种情况下编制的低质量自编教材产品,不仅会消解学校的教书育人成效,也有违教材治理现代化背景下教材建设"共治格局""精治格局""善治格局"[1]目标的达成。对此,学校应建立以及完善相应的自编教材准入管理机制,明确自编教材建设过程中各主体的权责关系,严把自编教材准入前的编写关、审核关与选用关。一是严把自编教材编写关。不仅要提高教材编写人员的资质门槛,突出参编教师的思想政治素质与学科专业水平,还要突出自编教材编写的正确政治方向与价值导向,即自编教材建设要在党的先进思想体系指引下着眼学生的自由全面发展,注重教材的科学性与系统性,以及符合知识产权保护的相关规定。二是严把自编教材审核关。坚持自编教材"凡编必审"的基本原则,组建自编教材审核队伍,严格自编教材质量审核标

---

[1] 陈淑清.新时代教材治理现代化的十年探索:基本逻辑、实践路径和未来走向[J].课程·教材·教法,2023,43(1):20-28.

准与程序,规范自编教材"谁来审""怎么审"的问题。在审核队伍构成上,学校可邀请相关学科专家、课程专家、教研专家、学校教师、家长代表、行业代表等共同参与到自编教材审核队伍中来,共同为自编教材质量监督出谋划策。在具体审核方式上,在课程标准、教材规划、课程方案等标准要求指引下,通过建立自编教材政治审核、专业审核、综合审核、专题审核、对比审核的"五审制度"对自编教材的意识形态与内容质量进行监督管理。三是严把自编教材选用关。坚持"凡选必审"的基本原则,在学校自编教材准入管理制度中明确自编教材选用主体、选用原则、选用程序,规范"谁来选、怎么选"的问题①,明确参与自编教材选用管理的主体权责,确保进入课堂与学校流通的自编教材文本都经过严格的选用审核。

(三)优化自编教材考评退出制度,维护自编教材建设国家事权的规制效力

自编教材建设是学校内部高质量教材体系建设的重要组成部分,对学校立德树人根本任务的实现具有重要意义。然而,要想真正凸显自编教材在新时代学校育人体系中的独特价值,自编教材的质量就得经得起实践的检验。正所谓,实践是检验真理的唯一标准。《中小学教材管理办法》明确指出我国中小学教材建设存在以下情形之一的,应退出使用,不再列入教学用书目录:一是教材内容的政治方向和价值导向存在问题;二是教材内容出现严重的科学性错误;三是教材内容植入商业广告或变相商业广告;四是用不正当手段影响教材审核、选用等工作;五是发生教材应退出使用的其他情况。②对此,为遵循国家对教材使用退出的统一管理,有效提升教材建设国家事权对自编教材建设的规制效力,切实改进学校教材建设生态,学校应建立以及优化相应的自编教材考评退出制度。首先,明确学校自编教材考评退出标准,不仅要以自编教材意识形态错误与否、内容质量低劣与否、知识信息过时与否、商业广告融入

---

① 王家源,赵秀红.教育部:"凡编必审""凡选必审"拧紧教材进入课堂、书包的安全阀[EB/OL].(2020-12-24)[2023-08-26].https://baijiahao.baidu.com/s?id=1686931258429225209&wfr=spider&for=pc.
② 中华人民共和国教育部.教育部关于印发《中小学教材管理办法》《职业院校教材管理办法》和《普通高等学校教材管理办法》的通知[EB/OL].(2019-12-16)[2023-06-18].http://www.moe.gov.cn/srcsite/A26/moe_714/202001/t20200107_414578.html.

与否作为自编教材质量考评的客观依据,还要将师生的教材使用体验反馈与家长社会的教材监督意见反馈等作为自编教材质量考评的重要补充。其次,学校应拓宽自编教材退出渠道,规范自编教材退出程序。为确保自编教材的政治性、科学性与适宜性,对自编教材的退出进行管理,不仅可以依据学校的自编教材退出管理条例,建立自编教材使用跟踪机制,还可以通过多途径收集自编教材使用意见,形成自编教材使用跟踪报告,从而对学校自编教材产品进行统一督察管理,强制性退出不合格的自编教材产品。最后,创设多种自编教材质量反馈路径与平台,鼓励学校教师以自行检举或主动提议的方式通过学校官网端口、校长信箱等路径行使自编教材的监督权、建议权。

三、系统完善地方教育行政部门对自编教材督导的权责内容框架

尺寸教材,悠悠国事。地方教育行政部门是我国教材建设三级管理体系的重要组成部分,对上要坚持国家教育政策,对下要引导学校高质量发展。为确保自编教材的编写修订、审核、出版发行、选用使用等能在国家事权下依据相关教材政策文件要求有序开展,地方教育行政部门可通过细化自编教材管理实施细则、加强自编教材建设质量督导、完善优质自编教材激励机制等方式来进一步优化自编教材督导的权责内容框架,尽可能消除自编教材质量管理的体制机制障碍。

(一)制定自编教材管理实施细则,明确自编教材建设各主体的权责事项

截至2023年4月,为贯彻落实党中央、国务院关于加强和改进新形势下大中小学教材建设的意见,深入落实全国教材工作会议精神,建立健全地方大中小学教材管理制度,切实提高教材建设水平,北京市教育委员会、四川省教育厅等地方教育行政部门根据教育部《中小学教材管理办法》的有关规定,在广泛向社会征集意见之后统一制定了地方性的中小学教材管理办法或细则。总体来看,这些地方教材管理文件在方向把握、实施要求等方面得到进一步明确

与细化,具有较强的统摄性与指导性。正如《北京市中小学教材管理办法》对自编教材管理予以规定:"本市中小学教材实行国家、市、区和学校分级管理。""校本课程由学校开发,要立足学校特色教学资源,以多种呈现方式服务学生个性化学习需求,原则上不编写出版教材,确需编写出版的应报所属区教育行政部门备案,由区教育行政部门按照国家和本市有关规定进行严格审核和使用管理。校本课程教材原则上不得跨校使用。区级教育行政部门要严格控制校本课程教材数量,对数量过多、质量不高的及时清理。"[1]《四川省中小学教材管理实施细则》则对各级地方教育行政部门自编教材管理的权责内容予以了进一步明确:"确需编写、出版校本课程教材,须向市(州)教育主管部门申报课程规划方案、教学大纲和编写提纲,经审核同意报教育厅批准后方可组织编写。编写完成的校本课程教材须按照规定由市(州)教育主管部门严格审核,审核通过后报教育厅审定。"[2]对此,市(区)教育行政部门应在此基础上进一步编制要素齐全的自编教材监督管理细则,不仅要澄明教材建设国家事权背景下自编教材建设过程中行政权力主体、教育权力主体、社会权力主体的权责事项,更要科学拟定地方自编教材建设的政治标准、选材标准、技术标准、编制标准、审核标准、专业标准、质量标准、评估标准、出版标准、监督标准等内容,严把自编教材建设的编写关、审核关与选用使用关,确保自编教材建设坚持"为党育人、为国育才"的初心立场。

(二)加强自编教材建设质量督导,提升自编教材建设过程权责运行效率

对自编教材实行质量督导是落实教材建设国家事权的重要途径。然而,在缺乏系统有力的自编教材管理办法或细则的背景下,地方教育行政部门在自编教材的督导工作机制、督导队伍建设、督导工作内容、督导工作方式等方

---

[1] 北京市教育委员会.北京市教育委员会关于印发《北京市中小学教材管理办法》《北京市职业院校教材管理办法》《北京市普通高等学校教材管理办法》的通知[EB/OL].(2021-07-12)[2023-08-26].https://jw.beijing.gov.cn/kyc/gzwj 15525/202111/t20211122_2542205.html.

[2] 四川省教育厅.四川省教育厅关于印发《四川省中小学教材管理实施细则》《四川省职业院校教材管理实施细则》和《四川省普通高等学校教材管理实施细则》的通知[EB/OL].(2022-07-28)[2023-08-26].http://edu.sc.gov.cn/scedu/xzgfxwj/2022/7/30/5b9463985ab14d79babb363b84bcad9e.shtml.

面难以避免存在诸多缺陷与不足,更是致使督导效果难尽如人意。为有效提升自编教材建设全过程的权责运行效率,地方教育行政部门对自编教材建设的质量督导可从以下几个方面着手[①]。一是建立健全协同有力的自编教材督导工作机制。在地方自编教材管理细则基础上,成立相应的自编教材督导组织机构,明确省市两级教材督导机构的职责和职权,即市区级教育行政部门的初步审核权与省市教育行政部门的最终审定权,由此实现二者在自编教材管理上的纵向衔接、信息共享与分工协作,避免自编教材事故督导追责的无对象、无依据与无效力。二是组建专业多元自编教材督导队伍建设。基于自编教材的学科取向与类型特征,邀请地区乃至全国范围内知名的学科专家、教研专家、课程专家、一线教师等共同组成自编教材质量督导队伍,对自编教材建设的编写审核、出版发行、选用使用等关键环节进行针对性的考察。三是拟定精准全面的自编教材督导工作内容。对自编教材督导效果的实现,需要在地方教育行政部门牵头下依据地方教材管理细则对自编教材的政治立场、价值导向、知识内容、商业植入以及自编教材建设过程中的非法干预等予以严格考察与判定,对违背相应标准而造成恶劣影响的教材建设权责主体予以相应追责与惩罚。四是形成齐抓共管的自编教材督导工作方式。不仅要以具有强制力的自编教材督导工作机制去规制教材建设权力主体的行为尺度,更要营造一种人人参与、人人尽责、人人共享的社会督导氛围,让自编教材建设受到全社会各主体的监督与支持。

(三)完善优质自编教材激励机制,优化自编教材落实国家事权的制度环境

美国现代管理学家波特(Lyman W.Poter)和劳勒(Edward E.Laret)于1968年在充分考察了内容型需求激励理论、过程型需求激励理论等的固有优势以及理论局限性之基础上,形成了"综合激励模式",即"员工的努力程度取决于员工对内在的和外在奖酬价值的认识和对努力导致奖酬概率的估计,努力程度的大小影响其工作绩效,而工作绩效将使员工获得组织给予的内在和外在

[①] 白解红,袁俏.创新教学督导机制为提升高校人才培养质量注入新活力[J].中国大学教学,2014(4):70-72.

奖酬,各种奖酬影响员工的满足感"[①]。因此,可以说激励是一个由外部刺激诱因、个体内在因素以及行为表现与结果所组成的相关统一过程。承上所述,对自编教材的质量督导不仅要寻求制度性的维护,也要创设文化性的氤氲。某种程度上来说,对优质自编教材的激励机制的完善,正是一种竭力达成制度性的维护与文化性的氤氲相融合的客观产物。自编教材作为学校教育场域内对统编教材、统管教材在内容功能上的重要补充,其产品质量与服务力度受制于学校、教师、出版发行机构等权力主体的能动性发挥与教材实践张力。为此,地方教育行政部门应充分认识教育权力主体、社会权力主体乃至行政权力主体在优质自编教材建设中的重要作用,去有意识地完善地方优质自编教材建设激励的机制,充分发挥该激励机制的引导功能、调节功能、控制功能与维系功能,系统优化自编教材落实国家事权的制度环境。具体来说,在原则把握上,明确方向性原则、系统性原则与激励相容原则对优质自编教材激励机制内容结构的导向作用;在内容呈现上,构筑激励主客体的信息交流机制、激励过程控制机制、激励效益评估机制、激励信息反馈机制"四位一体"的优质自编教材激励机制体系[②],充分释放激励机制的制度活力,有效激发教材建设主体的优质自编教材建设积极性。

[①] 黄桂琴.大学生思想政治教育激励机制构建[D].芜湖:安徽工程大学,2010:12.
[②] 黄桂琴.大学生思想政治教育激励机制构建[D].芜湖:安徽工程大学,2010:摘1.

第十章 自选教材建设落实国家事权的现实样态与系统优化

2016年,习近平总书记在全国高校思想政治工作会议上明确指出:"教材建设是育人育才的重要依托。建设什么样的教材体系,核心教材传授什么内容、倡导什么价值,体现国家意志,是国家事权。"[①]国家从治国理政的高度强调教材建设作为国家事权的重要性,是立足新发展阶段、贯彻新发展理论、构建新发展格局之下的精准研判与理性回应。新中国成立以来,国家颁发的一系列教材相关的政策文件,彰显了教材建设落实国家事权的根本要求。1988年,国家教委颁发了《九年制义务教育教材编写规划方案》(以下简称《方案》),明确指出,"鼓励各个地方,以及高等学校,科研单位,有条件的专家、学者、教师个人按照国家规定的教育方针和教学大纲的基本要求编写教材"。《方案》颁发后,在全国教育界引起了强烈的反响。各个机构和单位、个人踊跃投身到教材编写出版的浪潮中,一时形成了我国教材史上具有重要历史价值意义的"八套半"教材。而后,教材市场呈现出百花齐放的盛况,国家在统一基本要求、统一审定的前提下,鼓励教材的多样化开发与建设。作为实现学生培养目标重要抓手之一的自选教材也在这一浪潮中不断发展。所谓自选教材,主要指未经审定但仍被教师选用和学生使用的教学材料。自选教材作为一种特殊的教材,体现国家意志、落实国家事权是题中应有之义。基于此,本章首先弄清自选教材究竟是何种样态的教材,其次探明自选教材建设的权责特征,在此基础上探析自选教材建设落实国家事权的风险与归因,最后提出自选教材落实国家事权的优化建议。

第一节
自选教材建设落实国家事权的权责特征

自选教材不仅是教师开展教学活动的重要资源,更是传递社会主义核心价值观和宣传意识形态的重要媒介。更好地理解自选教材建设与管理的学理

[①] 刘博智.擦亮"中国底色"的统编三科教材[N].中国教育报,2018-01-13(4).

意义和现实价值,厘清自选教材的概念内涵、探明自选教材的价值功能以及落实自选教材国家事权的权责主体及内容是自选教材落实教材建设国家事权这一命题中的应有之义。

一、自选教材的内涵特征及价值确证

(一)自选教材的内涵探赜

1.自选教材的概念内涵

当前,我国实行中小学教材审定制度,未经审定不得选择、使用。教材审定作为教材管理制度的重要组成部分,是教材流向市场和学校的最后一道屏障。目前,学术界普遍认为教材是指以教科书为中心的各种利教助学的基本材料,如课程标准或教学大纲、教辅用书、物化或虚拟的教具和学具,以及其他辅助教与学的知识资料。[①]然而,在国家、地方教材管理政策中,只要求把教科书、各级各类专题教育教材、各类读本等纳入监管范围,而其他辅助教学的知识材料却成为了监管空白,长期处于治理的"真空地带"。由于这些材料同样发挥着为党育人、为国育才的使命作用,应该而且必须被纳入监管和治理的范畴。有鉴于此,本书把这部分未经审定但仍被教师选用和学生使用的教学材料称为自选教材。为更好地理解自选教材的内涵与外延,从反向着手追问自选教材不是什么,或许能为我们廓清这一概念范畴打开思路。首先,自选教材不是经过审定的教材,因此自选教材一定不包括出现在教育部公布的中小学教学用书目录与省级教育行政部门公布的中小学教学用书目录中的教科书(以及作为教科书内容组成部分的教学材料,主要包括教材配套的音视频、图册和活动手册等),以及向主管部门备案的校本课程教材和经过审定的数字化课程资源(主要指数字教材)。其次,自选教材不是教育部组织相关研究机构研制发布的课外读物和专题教育教材、读本,因此入围教育部公布的中小学生课外阅读推荐目录中的读物,以及印发的各类专题教育教材、读本也不在自选

[①] 余宏亮.通向根脉与面向未来:建构教材学的基础、逻辑与方略[J].华东师范大学学报(教育科学版),2021,39(2):30-39.

教材的范围内。有鉴于此,本书认为,自选教材是指未经审定但仍被教师选用和学生使用的且能够助力学生发展的教学材料,作为教材的重要补充,同样发挥着培根铸魂、启智增慧的作用。具体包括:一是学校教研组自主研发和编写的内部教学材料(主要包括自编读本、课程教案、自制教具学具等);二是因学校特色课程开发或者延时服务需要而引进的由教育公司、民间机构等开发的课程资源(主要包括课程方案与教学材料);三是数字化课程资源(不包括数字教材);四是不可预估的教学资源,属于自选教材的未来形态。这类教材游离于国家政策法规之外,缺乏制度保障,存在教育风险。

2.自选教材的特征分析

自选教材不仅具有一般教材的育人性,还兼具多元性与不确定性等特征。其一,育人性。自选教材作为学校课程资源的重要补充,可以增长学生的知识经验、开阔学生的视野以及丰富学生的体验。其二,多元性是指自选教材所具有的多样性和生成性,体现学校教学的自由、民主、平等和开放。比如,一些学校为了推动非遗普及教育,与非遗展示馆进行深度合作并引进了剪纸非遗、木雕非遗、织染绣非遗等资源,体现了自选教材的多样性。再如,一些学校教研组依据国家课程标准并结合学生的身心发展特点,利用学校优势资源自主开发了独具特色的课程资源,这类课程在实际运行过程中还会根据学生的兴趣和需要进行动态调整,生成新的课程内容与资源,体现了自选教材的生成性。其三,不确定性。在人工智能、大数据、区块链、5G、元宇宙等新型技术快速发展的浪潮下,教学形式、教学环境、教学资源的不确定性和变化性,决定了自选教材的形态和风格在未来教育教学中也将具有复杂性与灵活性。

(二)自选教材的价值确证

1.满足学生成长的需要

教材是课堂教学的核心载体,发挥着铸魂育人的关键作用。自选教材作为一种广义的教材,渗透于学生的整个生活场域,对学生的成长发展起着不可低估的作用。由于自选教材是多元的、丰富的且不确定的,因而对学生成长的影响是不一致的。具体而言,一方面是由于学生之间身心发展特点的差异以及个人兴趣需要的不同,他们对自选教材的识别、选择与使用方式是不同的,但自选教材的核心价值在于满足学生的成长需求。比如,在学习小学语文课文之后,一部分学生对中国四大名著非常感兴趣,并根据教师的推荐选择了《西游记》《三国演义》等著作进行全面阅读,既拓宽了学生的视野、丰富了学生的精神世界,也提升了学生的文化素养,更提高了学生的思想境界。然而,也有个别学生为了便捷及视觉冲击选择相关的视听资源,同样也实现了对自我知识面的扩充和视野的丰富。另一方面,处于不同政治、经济以及文化社会环境场域下的学生对自选教材的需求也是迥然不同的。在经济发展快速的地区,学生能获得到的技术、信息等资源更加丰富,随之而来的是可以从不同渠道获得的自选教材,体现出自选教材的多元化,更指向不同学生的个性发展需求。然而,位于经济发展较差、交通不发达的偏远山区的孩子们能够获得的自选教材种类就相对较少,但是在特定的场域下他们也能结合自身的发展要求去寻找和获取有利于自身发展的自选教材。

2.满足学校特色化发展的需要

学生的成长离不开教育的引导与环境的影响,而学校被视为学生成长最重要的场域之一。有研究者指出,"学校在中国是一种重要的社会存在,学校已发展成为我们这个时代最重要的、也是最普遍的社会制度之一(像经济制度、政治制度、家庭制度、宗教制度等一样)"[1]。课程教材是学校教育教学的关键载体,自21世纪基础教育课程改革以来,在三级课程管理体系下学校的课程开发与管理权力逐渐凸显,增强了学校的课程主体意识和课程研发能力,其核心在于给予学校更多的办学自主权,这也将有利于激发学校办学活力,促进学校内涵式发展。2022年10月16日,习近平总书记在中国共产党第二十次全国代表大会的报告中明确指出:"坚持以人民为中心发展教育,加快建设高质量教育体系,发展素质教育,促进教育公平。"[2]然而,高质量教育体系的核心在于每一所学校的高质量发展。自选教材的开发与利用是赋权学校自主办学的重要彰显,其价值就在于能够充分激发学校的课程教材管理的内生动力,进而促

---

[1] 庄西真.学校自主性与学校能力[J].中国教育学刊,2007(1):38-42.
[2] 习近平.高举中国特色社会主义伟大旗帜 为全面建设社会主义现代化国家而团结奋斗——在中国共产党第二十次全国代表大会上的报告[N].人民日报,2022-10-26(1).

进学校内涵式发展、特色化发展,以培养全面发展且富有个性的学生为核心旨归。

3. 满足家庭教育资本的供给需要

满足家庭教育资本的供给需要是自选教材发挥效用的核心功能之一。所谓家庭教育资本,是指"在内外部约束要素允许的条件下,家庭通过购买、置换等方式有目的地从外部获得的用于子女教育以取得预期教育收益的家庭教育资源"[①]。家庭教育资本有三个本质属性,包括明确的教育目的性、内含着清晰的"投入—产出"关系以及教育投资有风险。可见,家庭教育投资不仅要思考教育投资风险问题,更应该从教育规律出发考量教育投资带来的可能风险以及对子女发展是否有促进作用。然而,学生的教育获得或教育成就与父母教育行为的投入有关,家庭教育投入包括经济、时间和精力的投入。自选教材作为家庭教育投资的重要载体,能有效满足家庭教育资本的供给需要。具体而言,既包括家长出资让子女参加线下学科类考试提高班和各式各样的特长发展班中的教育教学材料,还包括通过网上平台购买的各式各样的课程教学资源等。2021年,中共中央办公厅、国务院办公厅印发了《关于进一步减轻义务教育阶段学生作业负担和校外培训负担的意见》(以下简称《意见》),其中明确要求家长要引导学生放学回家后开展适宜的阅读活动和文艺活动,学校要开展丰富多彩的科普、文体、艺术、劳动、阅读、兴趣小组等课后服务活动。这也从侧面反映了家庭背景是影响学生发展和教育获得的重要因素,而满足家庭教育资本的供给需要就成为了当前迫切需要解决的问题。由此,自选教材的开发与利用能很好地满足不同阶层家庭教育的诉求与教育投入,进而帮助子女提高学业成绩。

4. 满足社会群体参与教育事业的需要

早在2010年,《国家中长期教育改革和发展规划纲要(2010—2020年)》就明确提出:"完善教育中介组织的准入、资助、监管和行业自律制度。积极发挥行业协会、专业学会、基金会等各类社会组织在教育公共治理中的作用。"而后,《中国教育现代化2035》指出要推动社会参与教育治理常态化,"建立健全

---

① 傅维利.家庭教育资本的本质属性及投资风险管控[J].教育学报,2021,17(6):134-145.

社会公众参与教育决策制度,提高公众参与教育决策的广度和深度。健全社会参与教育评价与监管机制"。然而,在教育领域,社会组织是游离于政府、管理客体外的第三方,通过接受政府等机构委托开展评估活动,并提供指导改进服务。①在政策的推动下,国家对于教育社会组织的态度由"积极吸纳参与"到委托开展"扩大参与"再到"健全参与机制",一批能够参与教育评估、决策咨询、资格评审等教育事务的社会组织形成,部分承担了从政府剥离出来的评估咨询职能。社会组织具有独立性、公开性和社会性,能够弥补行政部门在自选教材监管中存在的信息不对称问题。2022年,《教育部基础教育司2022年工作要点》明确强调"推动各地各校进一步挖掘校内潜力,统筹利用科普、文化、体育等方面社会资源,增强课后服务吸引力有效性"。可见,让社会组织参与学校课后服务,特别是自选教材的建设、管理与评估监测等事务,有助于发挥社会群体的积极性,让他们共同参与教育事业并贡献力量和智慧。

二、自选教材落实国家事权的权责主体及内容

如前所述,教材建设国家事权是指在党的统一领导之下,通过合理授权、系统科学的权力分配及有效的责任体系的建立,进而构建的以满足人民群众对优质教材建设的需求为前提,以统筹为主、统分结合、分类指导为纲领的新型教材建设权责划分模式及其关系。自选教材落实教材建设国家事权即要厘清自选教材建设权力主体的权力与责任、明晰权责关系与权责边界、建立权责制衡机制,只有这样才能更好地落实国家事权。我们将自选教材的权力主体划分为行政权力主体、社会权力主体以及教育权力主体,在明确权力主体的同时进一步探明权力与责任的范畴、边界及关系。

第一,行政权力主体。在教育领域,教育行政主体的管理权来自国家权力机关的授权,但这一权力从根本上说是人民赋予的。在自选教材治理过程中,行政权力主体占据着主导地位,发挥把关定向的核心作用。具体而言,自选教材治理的教育行政主体包括中央教育行政部门、省级教育行政部门以及地市级、区县级教育行政部门。其一,中央教育行政部门不仅享有统筹规划、协调

---

① 张茂聪,尹光奇,杜文静."双减"背景下社会组织参与校外培训机构治理的机制研究[J].天津师范大学学报(社会科学版),2022(2):31-37.

管理的权力,也享有制定自选教材的编审选用制度等规章制度的权力。由于中央教育行政部门直接把督导权赋予省级教育行政部门,因此还享有对省级教育行政部门的问责权。其二,省级教育行政部门不仅享有对地市级、区县级教育行政部门自选教材管理工作的指导和督查权,还拥有制定自选教材审查细则、自选教材实施办法等规章制度的权力。由于省级教育行政部门是统筹本地区自选教材管理工作的责任主体,因此必须承担对学校自选教材使用的督导以及实施情况的监测。其三,地市级、区县级教育行政部门要严格审查各级各类学校上报的自选教材使用方案和清单,同时畅通监督举报通道,不定期下沉学校抽查并清除不合格的自选教材。

第二,社会权力主体。社会权力主体是自选教材建设过程中公众利益的诉求者。社会主体拥有的教材建设权力与行政主体拥有的教材建设权力具有不同的权力形态,尽管社会主体的教材建设权力不具有强制性和法定的制裁能力,但"它实际上构成了国家权力膨胀的一种有效的防御机制"[1],也就是说,对国家教材建设具有干预和制约作用。自选教材治理的社会权力主体包括大众传媒(如杂志社、出版社、报纸、网络、电视、广播等)、社会组织(如高校教育研究机构、民间教育研究机构等)、企业、社会人士等。社会主体拥有研发、编写自选教材的权力,但要严格遵守《中小学教材管理办法》中的要求,秉承"谁编写,谁负责""谁开发,谁负责"的根本原则,将责任压实到开发与编写主体身上。同时,各社会主体要树立强烈的责任意识。

第三,教育权力主体。教育权力主体是自选教材的直接选用者和受益者,主要包括学校领导、教师和家长等。学校领导、教师不仅拥有自选教材开发的权力,还拥有选择使用自选教材的权力,要强化责任意识,为学生选用有质量的自选教材。中小学要严格执行中央和地方各级关于自选教材管理的政策规定,结合实际情况健全学校自选教材的开发、审查、选用、评价制度,还要引导家长科学理性选用自选教材。家长作为自选教材的间接受益者,有权监督学校自选教材的选择和使用情况。此外,学生是自选教材使用的主体和直接受益者,因此,要赋予学生选用、评价自选教材的权力和表达机会。

---

[1] 郭晓明.论中国课程知识供应制度的调整[J].华东师范大学学报(教育科学版),2005,23(2):10-19.

第二节
自选教材建设落实国家事权的风险挑战

2020年,教育部出台了《全国大中小学教材建设规划(2019—2022年)》等一系列文件,为大中小学教材管理工作指明了方向,也为教材质量监管提出了更高的要求。然而,由于自选教材的市场竞争环境不佳、自选教材选用不当等问题,自选教材落实国家事权的预期成效受到影响。因此,深入分析自选教材落实国家事权的现实环境与可能风险及其归因,有助于自选教材建设的各主体更好行使权力与履行责任。

一、自选教材落实国家事权的现实环境

(一)自选教材的市场竞争秩序混乱

自选教材事关亿万青少年学生的健康成长,必须对其进行严格审查把关,确保教材坚持正确政治方向和价值导向,弘扬中华优秀文化,符合大众审美习惯。目前来看,自选教材存在行政权力插手市场,利益干预竞争的现象,这就打击和削弱了自选教材市场经济竞争机制应有的活力和作用。特别是一些校外培训机构、教育公司等存在打"价格战",还有"混脸熟""裙带关系"等严重现象。但教材选用必须要以保证教学质量和师生权益为前提。如果因利益驱使指定教材,破坏了"优胜劣汰"和质量竞争法则,对教材和教学质量无疑会产生消极影响。因此,自选教材必须把社会效益放在首要位置,不能被利益牵着鼻子走,要纠正片面的市场化。进言之,自选教材本质上是国家权力支配下的充分市场化的教材实践行为,只是在具体的运作形式上,自选教材的国家权力授予或委托给了行政、社会和教育主体,实质上,行政、社会和教育主体只是国家权力的"代言人",这种"代言人"所享有的权力能够充分适应市场竞争的需要。因此,在自选教材的权力运作时,应先强调国家利益、国家意志这一重要前提,再充分发挥自选教材各权力主体的自主性,充分参与市场竞争。

(二)自选教材的选用反映社会需求逻辑

动机由多种不同性质的需要所组成,各种需要之间,有先后顺序与高低层次之分。马斯洛曾把人的需要分为高低不同的五个层次:第一层次,生理需求,如衣、食、住、行等;第二层次,安全需求,如人身安全、职业安全等;第三层次,感情和归宿需求,如友谊、情感归属等;第四层次,社会需求,如尊重、权威、地位等;第五层次,自我实现需求,如胜任感、成就感等。[①]自选教材作为一种公共产品,是满足个人情感需要的精神给养,可以认为是实现个人自我价值的高级需要层次,因此在这里把自选教材作为一种更高层次的精神需求。然而,由于自选教材满足成长成才要求通道的多样性,虽然不同的学生对自选教材的需求是不一致的,但是在现实生活中自选教材的选用主要来源于学校、家庭以及社会的影响,直观地反映了社会需求的逻辑。比如,一些学校在打造校本特色课程或者引进课后服务课程时,并未组织相关部门及一线教师对合作方的资质情况、既往业绩、教师专业情况等方面联合审议和严格把关,主要依据校领导的兴趣和主观想法选择自选教材。在家庭中,迫于教育和社会的竞争压力,在找不到"替代品"的焦虑情况下,大部分家长还是盲目为子女购买课外辅导服务,在课外辅导服务背后也就渗透了大量自选教材。可见,自选教材的选用反映了不同社会群体的需求逻辑,这是当前自选教材存在的客观事实。

(三)自选教材建设主体思想意识形态的差异性

一个社会、一个国家的教育制度,核心是教育指导思想、教育指导方针。[②]教科书是政治的产物,它必须按照国家制定的课程标准、教学大纲进行编写,除了传授专门知识和技能外,还负责传递甚至是塑造国家意识形态。"教材建设可以概括为两个方面:一是教材本体建设。主要包括教材内容的选择、组织结构、呈现方式等方面。二是教材制度建设。主要包括教材的编写、审定、出版和选用等方面。"[③]自选教材作为一种特殊的教材,其建设应包括教学的本体

---

① 胡万钟.从马斯洛的需求理论谈人的价值和自我价值[J].南京社会科学,2000(6):25-29.
② 李国钧,王炳照.中国教育制度通史 第8卷[M].济南:山东教育出版社,2000:2.
③ 胡宪锋,张振.以习近平新时代中国特色社会主义思想引领中小学教材建设[J].现代教育科学,2019(10):117-121.

建设与制度建设。虽然它不像一般教科书那样需要严格的审定制度与审定程序、原则,但仍需要建立监管审查机制。具体而言,自选教材在建设过程中,其本体建设(内容选择、组织架构以及呈现方式等)需要遵循科学性、适宜性以及思想性原则,特别是意识形态方面必须以习近平新时代中国特色社会主义思想为引领,反映国家主流意识形态,彰显国家意志。另外,自选教材的制度建设(审查机制、原则等)更要注重意识形态引领。然而,在自选教材的建设与实践中,不同主体的思想意识形态水平不一,在自选教材的思想意识形态传递上会有很大的差异。

二、自选教材落实国家事权的可能风险

(一)自选教材的国家意识规避

国家意识是人们在历史进程中形成的对国家的态度、情感、认知,也是人们的信念、习俗、价值认同的复合存在形式。[①]教育部在《教育部2022年工作要点》中明确指出要加强学校铸牢中华民族共同体意识教育。以增进共同性为方向,推动铸牢中华民族共同体意识教育与中小学德育和高校思想政治工作紧密融合。学校教育阶段是个体形成自我认同、民族认同与国家认同的启蒙期、发展期、敏感期与关键期,要播下各民族铸牢中华民族共同体意识的第一粒种子。自选教材建设是国家事权,必须体现国家意志。自选教材知识承载的价值信念、政治权利、文化属性等与中华民族共同体意识有着千丝万缕的联系。因此,自选教材中的国家意识建构,是塑造学生人格与培养价值观念的重要渠道,也是培养学生国家责任感、认同感的途径之一。自选教材建设必须体现国家意志,决不能有私人的非政府观点。然而,当前自选教材在建设与实践中仅仅关注市场和经济利益,忽略了自选教材本身蕴含着的鲜明国家属性。自选教材的市场导向机制给自选教材的国家属性带来了很大的风险可能,淡化了自选教材的国家意识,尤其是在当前社会发展中,国际国内

[①] 班红娟.国家意识建构与地域文化传承——河南乡土教材的文化意义阐释[J].河南大学学报(社会科学版),2011,51(4):130-136.

不同思潮、不同思想的激荡、汇聚与碰撞之下,自选教材如何紧跟党和国家的教育思想、彰显国家意志、明确国家的核心价值导向,成为自选教材必须解决的核心问题。

(二)自选教材的质量无法得到保障

质量是教材建设的生命线,提高质量是当前自选教材建设与管理的核心任务。自选教材的开发与利用主要反映社会需求的逻辑,同时自选教材的选用也没有统一的质量标准,致使自选教材的质量难以得到有效保障。虽然2021年教育部组织专家遴选推荐了一批幼儿图画书和课外读物,为幼儿园、小学和家长有针对性地选择符合各阶段儿童年龄特点和认知水平的读物提供了参考,也对引导图书出版单位出版更多优质的中国原创图画书,带动图画书市场健康繁荣发展具有重要意义。但是在实践中幼儿园选择的绘本,既不是校(园)或教育管理部门指定的,也不是教师与相关专家共同协商讨论确定的,大多是出于教师个人的偏爱和喜好,简单地拿过来,并不一定符合儿童的特点。[①]又比如一些学校在选用课后服务资源或者打造特色课程时,并未对自选教材进行严格审查,绝大多数学校更在意这些课程资源是否有益于学校特色课程的打造,教师在选择网络资源时也更多考虑其对本次活动目标达成的帮助,并未对其背后的价值观与政治思想进行充分的解读与考察。在家庭中,一些家长不顾子女的兴趣爱好和学习意愿,强行把孩子放进自己认为有价值的教育项目中学习,不顾学生身心发展特点私自为孩子报名参加培训班以及购买大量质量无法得到保证的在线课程或者学习资料,这不仅花费了钱财,还为学生的成长带来了很大的风险。

(三)自选教材的育人功能异化及消解

教育中的以人为本是尊重和关爱学生的生命本性,是培养学生丰富多彩的社会属性与个性,是关注学生的全面持续发展。[②]教材建设是育人育才的关键环节,要坚持将育人为本作为教材建设的基本原则,即教材建设要遵循教育

[①] 林涛,潘多灵.绘本教学的价值、问题与优化[J].当代教育科学,2018(10):12-16.
[②] 姚姿如,杨兆山."以人为本"教育理念的意蕴[J].教育研究,2011(3):17-20.

教学规律、人才成长规律，注重发展学生核心素养，促进学生全面发展。鉴于此，自选教材建设各环节要以育人为逻辑起点，坚持以学生为中心的管理思路，要把学生的发展放在第一位，始终把学生发展作为自选教材建设的逻辑起点。进言之，自选教材的编写、审查、选用等环节均要以让学生增长科学知识、开阔视野、增强综合素质等为价值导向。然而，在实践中自选教材的本体建设与制度建设中的主体思想意识与能力水平不高，导致自选教材的育人功能异化，甚至核心的育人价值也将消减，无法真正发挥自选教材满足成长成才的规律，那么自选教材就将成为学生全面发展道路上的"绊脚石"，不仅危害个人的发展，还影响着"为党育人、为国育才"这一根本价值目标的实现。

三、自选教材落实国家事权的风险归因

（一）自选教材成为资本逐利的新兴产业

2022年，习近平总书记在主持中共中央政治局第三十八次集体学习时的重要讲话中指出："必须认识到，资本具有逐利本性，如不加以规范和约束，就会给经济社会发展带来不可估量的危害。我们要立足新发展阶段、贯彻新发展理念、构建新发展格局、推动高质量发展，正确处理不同形态资本之间的关系，在性质上要区分，在定位上要明确，规范和引导各类资本健康发展。"在市场经济条件下，资本作为一种生产要素，体现为一种经济权力。作为一种经济权力，资本首先体现为对他人社会劳动的支配权。其次，资本作为一种经济权力体现为对社会经济过程的统摄。最后，资本必然表现为"支配一切的经济权力"。随着资本的成长壮大，资本与国家权力之间产生了一种持续强化的张力。一方面，资本的扩张需要国家权力为其背书并提供保障；另一方面，资本的扩张又带来自身权力的扩张并会侵蚀国家权力的作用及范围。随着资本的经济权力、政治权力和社会权力的不断扩张，资本也会生产出自己的"文化霸权"，资本的内在追求和价值标准由于"潜移默化"地被人们广泛认同与接受而成为普通大众虚幻的"共同意识"。当前，文、教、卫成为资本逐利的新领域。教育中资本的不断扩张使得学生身心健康、家庭幸福度、学校教学秩序、社会

的教育价值观以及教育公平和教育质量受到严重危害。[①]如今,自选教材已然成为资本谋取利益、抢占蛋糕的突破口。其一,资本通过经济资本撬动社会资本、专业资本甚至文化资本,进而获得自选教材建设的权力,或者通过资本的扩张直接渗透购买自选教材建设权力,进而组织团队开发自选教材,再通过市场经营运作从而谋取更大的经济回报。其二,"权力不是实体,而是一种关系性的力量,或者'力量关系'。本质上,权力是人与人的社会关系或社会性力量"[②]。一部分掌握公权者通过权力寻租获得经济利益,所谓权力寻租是指握有公权者以权力为筹码谋求自身经济利益的一种非生产性活动的经济学术语。权力寻租把权力商品化,或以权力为资本,去参与商品交换和市场竞争,谋取金钱和物质利益,即通常所说的权物交易、权钱交易、权权交易等(见图10-1资本获得自选教材建设权力的运作逻辑)。这就意味着把自选教材作为一种商品进行交易,忽略了自选教材作为一种公共产品,应该把社会效益放在首位的原则。

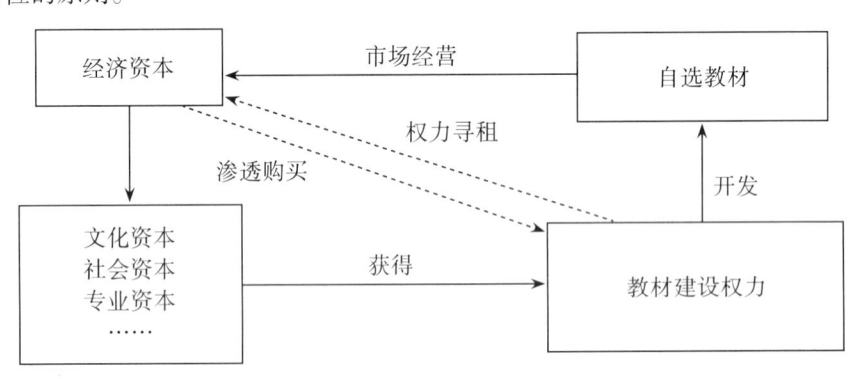

图10-1 资本获得自选教材建设权力的运作逻辑

(二)自选教材建设缺乏质量监控和评价机制

随着我国教材市场的不断繁荣,自选教材无论是在种类上还是数量上都在不断地增加,这对于我国教育的发展无疑是有极大好处的,特别是对学生、家长以及学校来讲,选择自选教材的范围更大了。然而,伴随着自选教材的不断市场化,学校、家庭以及教育培训机构在选择自选教材的时候不仅要考虑教

---

① 马健生,刘云华.教育中的资本扩张:危害与治理[J].清华大学教育研究,2021,42(4):50-61.
② 刘志洪.资本权力的运作逻辑——在马克思的视野中[J].现代哲学,2022(3):50-55.

材的价格问题,更要考虑自选教材的质量问题。一些自选教材的生产商或者经销商则主要追求自选教材的最大利润,通过各种手段打价格战,导致一些内容陈旧、思想意识有问题、价值观偏颇的自选教材混入市场,并通过选用进入学校课堂,进入家庭以及学生的视野,这不仅影响了学生的个人成长,也成为了培养担当中华民族伟大复兴责任的时代新人道路上的"拦路虎"。鉴于目前自选教材选用和自选教材质量评价中存在的各种问题,要提高自选教材的选用质量、推动高质量自选教材建设,必须加强对选用自选教材质量的全程监控和评价。只有这样才能保证自选教材坚持为党育人、为国育才这一核心要旨,进而全面提高人才自主培养质量,着力造就拔尖创新人才。

(三)自选教材的工具性价值僭越终极性价值

种权力受到其他权力的掣肘与制约。资本同其权力构成一个有机的"总体",一个共荣俱损的"命运共同体"。所以,一旦资本再生出来,这种权力也会再生出来。而只要资本没有被根本性地扬弃,它就会作为主导的生产关系持续不断地再生出来。在这个意义上,资本的再生,也就是资本权力的再生。二者是同一过程。[①]如果资本卷入自选教材市场,那么自选教材会成为资本营利的手段与工具,这将僭越自选教材促进学生身心全面发展的终极价值。教育的目的是培养"完整的人",以营利和功利为核心目的的资本卷入自选教材市场深刻地影响了教育的目的。也就是说,自选教材从内容到形式都必须坚持把社会效益放在首位,坚决纠正片面市场化。然而,在当前自选教材的市场坏境中,自选教材的内容选取、组织方式与呈现形式是否严格贯彻立德树人方针,它的一字一句、一图一画等内容是否科学、严谨还需要进一步审查,当前自选教材简单依靠市场机制来运作,很大一部分人把自选教材建设当作赚钱的生意,层层"分包",使责任层层衰减。在教材领域,到底什么样的市场主体能够参与到教材建设中来,参与进来后可以承担什么工作,必须负哪些责任,都是涉及教育大计的大事,必须严肃慎重对待。出版商不能被"营利性"商业目的所支配,应以社会效益作为根本价值准则。因此,自选教材建设要回归公共理性,把促进学生全面发展和社会发展作为根本追求。

---

① 刘志洪.资本权力的运作逻辑——在马克思的视野中[J].现代哲学,2022(3):50-55.

第三节
自选教材建设落实国家事权的系统优化

2020年,为切实加强党对教材工作的全面领导,提高教材建设科学化、规范化水平,国家教材委员会印发了《全国大中小学教材建设规划(2019—2022年)》(以下简称《规划》),教育部印发了《中小学教材管理办法》《职业院校教材管理办法》《普通高等学校教材管理办法》《学校选用境外教材管理办法》(以下简称"四个教材管理办法")。各类教材在国家教材委员会的指导和统筹下,确立了国家、地方和学校三级管理制度。加之,在不断加强中国特色社会主义法治理论体系的背景下,新时代的教材建设联合了国家、地方、学校、市场和个人等主体共担国家事权,凸显了教材建设国家事权落实主体的"多元共生"和"人人有责"。[1]有鉴于此,结合自选教材的载体属性与开放性、多元性等特征,在管理机制上要有效划分权力主体和责任分担,即凸显国家元治理主体地位、明晰地方治理权益、放权赋能教育机构和社会组织、发挥市场监督职能、强化个人权责意识等,通过多方协力,确保自选教材建设落实国家事权,发挥自选教材独特作用,提升育人价值。

一、统筹构建自选教材落实国家事权的制度体系

(一)建立统一规范的自选教材法律制度

当前,我国实行教材审定制度,未经审定的教材不得出版、选用。厘清"教材"和"教科书"、"审定"和"审查"这两对概念范畴是理解教材审定制度的逻辑前提。"教材"和"教科书"的概念区别涉及审定的核心和范围问题,而"审定"和

---

[1] 罗生全,杨柳.论教材建设国家事权的法理逻辑[J].湖南师范大学教育科学学报,2021,20(5):35-43.

"审查"的概念区别则关涉教材审定的概念、任务和特点。[1]众所周知,"教材"不同于"教科书","教科书"是"教材"的下位概念。"审查"与"审核"意义大致相同,而"审定"除了含有"审查""审核"之意以外,还需要对"审查"或"审核"结果予以核定,可见"审定"是"审查"或"审核"通过之后的附随程序。在很长一段时间里,我国教科书审定的标准依照1987年由国家教委发布的《全国中小学教材审定委员会工作章程》(已于2011年废止)和2001年由教育部制定的《中小学教材编写审定管理暂行办法》(已于2021年废止)执行。我国现行的中小学教材审定的法律制度包括2018年12月29日第十三届全国人民代表大会常务委员会第七次会议修订的《中华人民共和国义务教育法》(以下简称《义务教育法》),1995年5月3日国家教委颁布的《中小学教材编写、审查和选用的规定》(以下简称《编审选用规定》)以及2019年12月教育部颁发的《中小学教材管理办法》(以下简称《管理办法》)。一直以来,我国实行的是教材审定制度,而不是教科书审定制度。自选教材是一种特殊的教材,尽管国家出台了一些政策,例如《中小学教材管理办法》《中小学生校外培训材料管理办法(试行)》等,对其有所监管和治理,但是绝大部分自选教材仍然处于无审核、无检查、无管理的境地。换言之,这部分教材是国家教材监管治理的盲区,亦可称为教材治理的"真空地带"。鉴于此,要高度重视国家统筹规划自选教材的角色担当,加强顶层设计,建立统一规范的自选教材法律制度。第一,要健全教材审查的法律体系,对教材审查事项作出法律授权,对教材审查机构的审查范围作出具体的条款授权,并启动立法程序,由《中华人民共和国立法法》规定建立自选教材的审查制度,确保自选教材的审查有法可依、违法必究。第二,要从审查主体、审查原则、审查标准、审查程序等方面建立科学规范的自选教材审查制度。需要特别注意的是,在审查制度中不仅要厘清自选教材的所指范围、妥善处理自选教材审查制度与既有教材审定制度的衔接问题,还要"确立以学为本的审查标准"[2],从而建构出科学、规范、可供操作的审查细则,确保审查客观公正。

---

[1] 张奂奂,张增田.中小学教材审定制度研究:国际经验与中国路径[J].课程·教材·教法,2021,41(10):51-58.
[2] 唐智松,唐一山,杨婕.教育学教材体例的反思与重构——基于"学习"的视角[J].教师教育学报,2021,8(5):43-48.

(二)建立科学严格的自选教材监管制度

科学严格的自选教材监管制度需要从整体出发设计和规范,必须清晰划分自选教材建设各权力主体的职能权责,严格审查地方、学校、市场甚至个人对自选教材的编写、选用等环节,一以贯之做好各环节的指导监督工作。第一,教育行政部门要建立严格的审查制度,并不定期抽查学校自选教材的使用,一般按一个学期或者半个学期甚至更短的时间为周期,让自选教材一直处于动态监管、严肃监管、阳光监管与持续监管中。第二,大数据、人工智能、物联网、5G、元宇宙等高新技术的迅猛发展,催生了"技术治理"的新格局,进而衍生出"大数据治教""网络思维优化教育管理服务流程""教育管理信息化""智能教育""教育现代化""互联网+教育"等全新的教育治理范式。鉴于此,自选教材监管要借助新型技术和网络资源,创新治理监督方式与手段。治理方式的创新一方面体现在从自选教材管理到自选教材治理的转变,涉及政府、教育机构、市场、社会组织、家长、学生等多元主体和涵盖中央政府、地方政府、学校等多个管理层级,调动不同治理主体主动参与自选教材治理;另一方面要加强大数据、人工智能等新一代信息技术在自选教材管理全过程中的应用,搭建地方性的自选教材管理信息化平台,促进自选教材建设的信息化和智能化,提升自选教材建设的工作质量和工作效率。比如,为便于学校甄别培训机构,深圳市南山区在2019年创建"四点半活动"管理信息平台,教育局借助该平台,全方位监管全区各校课后服务活动项目设置情况、学生参与情况等。

(三)建立自选教材使用质量的信息反馈制度

建立选用质量的信息反馈制度,不仅可以提高自选教材的育人质量,还可为自选教材的管理及政策的制定提供科学依据。其一,为了提升学校自选教材的选用质量,校长要统筹安排自选教材选用工作,并成立自选教材监管处,主要负责两个方面的工作。一方面,收集自选教材的日常信息。除了登记自选教材的选用情况,还要记录学校内外部关于自选教材质量的沟通、交流与反馈信息。另一方面,调查自选教材信息材料的真实性以及动态监测实施情况。由于学生、教师、学校领导、教研员、社会组织、家长等都是自选教材质量的信息反馈源,要从多维度、全方位比较不同来源的自选教材评价信息,以此确定它们是否相互证实,进而反映评价信息的真实性。可以采用定期年检、与其他部门联动重点检查、日常覆盖巡查以及选用主体自查等方式开展动态监测,确保自选教材质量得到保障。其二,为了确保自选教材选用质量信息反馈的迅速、及时和准确,要建立健全自选教材质量信息反馈网,并保证反馈网的有效运转,分工到人、责任到人。同时,可以借助现代信息技术更新评价手段和方法,建立自选教材信息反馈系统,及时将评价结果反馈给开发者、选用者与社会,保证社会公众了解和知晓自选教材的质量,以监督自选教材建设,为自选教材评价提供丰富多元的反馈信息。

二、完善自选教材落实国家事权的实现机制

(一)建立严格的准入机制

建立严格的准入机制是提高自选教材质量、促进学生身心健康全面发展的需要。一是对开发者严格把关。教材开发人员的学科背景、理论功底与实践经验是影响自选教材开发质量的重要因素。目前,在市场上众多的自选教材的开发者在学界影响很小,或者根本没有什么学术贡献。然而,自选教材的开发商出于经济利益的考虑,尽管自选教材的开发者素质不高,但是在经济利益的驱动下仍然屡禁不止。鉴于此,国家教育主管部门需要在自选教材编写与开发方面树立责任意识,加强对自选教材开发人员的把关,不仅要对其知识能力和相关课程性质方面的深度认识进行把关,更要严格审查自选教材开发者的思想水平、政治意识等,确保自选教材开发人员具有较高的专业素养。二是对自选教材质量严格把关。当前,中小学在自选教材的选用上要求不一,对自选教材的质量把关不严,致使大部分质量低劣的自选教材涌入学校,极大地损害了学生的身心发展。为保障自选教材发挥让学生增长科学知识、开阔视野、增强综合素质等作用,必须对自选教材质量严格把关。具体而言,对其把关要坚持思想性、文化性、科学性、适宜性等原则。思想性是指自选教材在思想政治上是否与党和国家保持一致,是否充分反映中国精神风貌和国家主流

意识形态,融入社会主义核心价值观,体现正确的世界观、价值观和人生观。文化性是指自选教材是否体现中国文化和中华民族风格,以及反映世界现代文明成果。科学性是指传递的知识是否正确,是否揭示事物的客观规律。适宜性是指自选教材是否尊重教育规律和学生身心发展规律,是否满足该学段学生的兴趣需要,是否结合学生已有生活经验和知识水平。

(二)建立健全意识形态引领机制

当下,在全球化大背景下世界各国的文化、思想、精神等汇聚融合逐渐形成了全球文化共同发展、世界政治格局嬗变的局面,必须"强化社会主义意识形态对各种思想观念和社会思潮的统摄能力"[①]。自选教材作为承载和传播国家主流意识形态的重要媒介,必须守住守好教材意识形态主阵地。因此,健全自选教材的意识形态引领机制势在必行。其一,构建全方位的意识形态传播体系。既要发挥课堂、杂志、影视、广播等传统意识形态传播功能,还要开发更多信息网络等新兴媒体作用,全力营造安全稳定的意识形态环境,让主流意识形态渗透至自选教材建设各环节。其二,强化自选教材意识形态引领作用。在学校自选教材的使用中,教师的意识形态能力和课程教材观是决定自选教材能否有效发挥意识形态引领作用的关键。一方面,要从党组织引领、落实意识形态责任和安全制度、严肃政治纪律和约束机制、激发内在学习动力等方面培养和提高教师意识形态能力,从而守牢政治底线、法律底线和道德底线。另一方面,要从知识内容、价值观念、文化传统等方面深度解读自选教材,从而有助于意识形态传播与教育教学目的契合统一。

(三)构建风险预警机制

目前来看,自选教材开发与使用的一些环节存在官商腐败勾结现象。因此,为了保障公权力在阳光下健康运行,必须构建自选教材腐败风险预警机制。一是要从立法上确立自选教材权力腐败风险预警的地位,促使各级地方政府建立严格规范的权力腐败风险预警机制。二是制定腐败风险预警工作规范,要确定自选教材在开发、审查、选择、使用、评价中腐败风险的发生机理以

---

① 邱源泉,粟迎春.论主流意识形态凝聚力和引领力的生成逻辑[J].新疆社会科学,2020(5):11-20.

及识别判定,进而设置自选教材腐败风险预警风险点的排查制度、警报设置和反馈制度,把自选教材腐败风险预警纳入一个制度化的发展轨道。三是调动自选教材权力主体共同参与腐败风险预警机制,建立起党内监督与党外监督、上级监督与下级监督、组织监督与群众监督相结合的全方位、多层次、纵横交叉的腐败风险预警体系,使自选教材腐败风险预警机制更具全面性、科学性和精准性。四是紧跟时代发展不断完善自选教材腐败风险预警机制,面对复杂多元、快速多变的社会环境,未来自选教材的形态是不确定的,腐败手段的隐蔽性和复杂性将不断增加,要注重对新形势、新问题的深度研究分析,注重学习国内外预防腐败的成功经验,进而把自选教材腐败风险预警机制建设成为一个创新的机制、开放的机制和不断发展的机制。

(四)形成完善的社会组织监管机制

早在2010年,《国家中长期教育改革和发展规划纲要(2010—2020年)》就明确提出:"完善教育中介组织的准入、资助、监管和行业自律制度。积极发挥行业协会、专业学会、基金会等各类社会组织在教育公共治理中的作用。"当前,在政策的推动下,国家对于教育社会组织的态度由"积极吸纳参与"到委托开展"扩大参与"再到"健全参与机制",一批能够参与教育评估、决策咨询、资格评审等教育事务的社会组织形成,部分承担了从政府剥离出来的评估咨询职能。由于社会组织具有独立性、公开性、专业性、客观性和情怀性,能够化解行政部门在自选教材监管中出现的多头管理和无管理的矛盾,也可适当解决学校自我监管的自主性和专业性不足等问题。可见,对于自选教材的监管不仅仅是政府的事务,还是一个政府行政监管、学校自治和社会组织参与监管相结合的多元监管体系。揆诸当下,社会组织参与自选教材治理的合法地位还有待加强,其本身在专业性与独立性上也显现出不强、不足等问题。鉴于此,不仅要赋予社会组织参与自选教材治理的权力,还要增强社会组织的专业能力,更要建立社会组织参与自选教材治理的体制机制。其一,合理划分政府与社会组织的职能边界,强调政府对于自选教材的宏观管理,也要让渡社会组织参与监测评估各级各类学校编写、选用自选教材的权力。其二,健全政府购买社会组织服务机制，对政府职能如何转移、社会组织能否和如何承接等问题进行规范，逐步形成社会组织参与自选教材治理的制度环境。其三，社会组织要借助大数据、云计算等数字化技术提升参与自选教材治理的能力，进而提升自身的专业服务水平。

(五)健全学校—家庭—社会协同育人机制

2023年，教育部等十三个部门发布《关于健全学校家庭社会协同育人机制的意见》，明确强调要坚持协同共育，明确学校家庭社会协同育人责任，完善工作机制，促进各展优势、密切配合、相互支持，切实增强育人合力，共同担负起学生成长成才的重要责任。新形势下的家、校、社协同育人必须从无序合作转向有序协调一致。自选教材的监管关涉学校、家庭、社会等主体，必须充分发挥各主体的主动性，建立健全学校—家庭—社会协同育人机制，以更好地促进自选教材的优质有序健康发展。具体而言，由于自选教材是三级教材管理制度下的产物，学校是编写、审核、选用、评价、管理自选教材的绝对主体，不是自选教材治理的观众，而是治理舞台上的局内人，要加强自身自治体系和能力，敢于接权、善于用权、勇于担当。基于此，中小学要以办出特色、办出水平为目标，结合本地本校的育人诉求制定学校章程，发挥教代会、家长委员会、社会团体的监督功能，建立由学校把关审查、报上级教育主管部门备案审查的双审查制度，严格遵循"凡编必审""凡选必审""凡用必审"等原则。另外，要加强社会资源的供给，也就是说要有效支持服务全面育人，要将家庭教育指导作为城乡社区公共服务重要内容，积极构建普惠性家庭教育公共服务体系，既需要净化自选教材的市场环境，还要能提高家庭人员的自选教材选用水平。作为学生成长的重要影响者——家庭成员，要切实履行家庭教育主体责任，强化自选教材选用的责任意识，注重家庭环境建设，树立家庭教育科学观念，掌握家庭教育正确方法，为子女健康成长创造良好家庭环境。只有学校—家庭—社会形成协同育人共同体，才能为学生提供优质的自选教材，也才能真正为学生提供一个良好的成长环境。

(六)规范资本参与自选教材建设机制

资本有序发展有助于发挥公有资本在服务国计民生、提供公共产品方面的重要作用,是保障人民群众利益的重要举措。[①]当前,自选教材不能完全按照市场机制来开发与编写,更不能被当作赚钱的工具。但是在社会主义市场经济条件下,可以合理使用资本,规范和引导资本在自选教材市场中的健康发展,以保障学生的根本利益。具体而言,一是深入认识和推进马克思主义在资本理论上的中国化,建立资本在自选教材市场中健康运作的共识,特别是在自选教材建设与管理上的实践运用;二是国家要从顶层考量自选教材市场的属性,进而设定资本在自选教材市场中的行动边界和运作方式,即要立足自选教材的特殊性,为资本设置"红绿灯",以此规范资本在自选教材市场中的无序扩张,监督和杜绝资本对教材建设公权力的渗透。然而,在预防资本对权力腐蚀、围猎的同时,也要加强反腐败斗争以切断权力寻租链条,进而营造公平竞争的市场环境。

---

① 刘伟.规范和引导社会主义市场经济资本健康发展[J].经济学动态,2022(8):3-12.

第十一章 职业教育教材建设落实国家事权的现实样态与系统优化

职业教育与普通教育虽是两种不同的教育类型,但具有同等重要的地位。就职业教育而言,它是国民教育体系和人力资源开发的重要组成部分,亦是促进就业创业最高效、最基础的途径,职业教育的高质量发展直接关系到经济提质增效升级和社会主义现代化强国建设。职业教育是国之大计,职业教育教材又是事关职业教育发展的战略性、基础性工程[①]。党的十八大以来,为加快构建现代化职业教育体系,职业教育教学改革持续深化,职业教育教材建设力度也不断加大。2019年2月,国务院印发《国家职业教育改革实施方案》,提出建立健全职业教育教材标准,重视教材编写和修订等工作。[②]2019年12月,教育部印发《职业院校教材管理办法》,以贯彻落实党中央、国务院关于加强和改进新形势下大中小学教材建设的意见为目标,"规范和加强职业院校教材管理,打造精品教材,切实提高教材建设水平"[③]。2021年10月,中共中央办公厅、国务院办公厅印发《关于推动现代职业教育高质量发展的意见》,聚焦职业教育高质量发展,提出"强化教材建设国家事权,分层规划,完善职业教育教材的编写、审核、选用、使用、更新、评价监管机制"[④]。随着相关政策的颁布和施行,职业教育教材建设工作的受重视程度日渐提高,职业教育教材建设落实国家事权的政策环境也更为有利。在此情形下,考察职业教育教材建设的现实样态极为重要,因其能够最直观地检视职业教育教材建设落实国家事权的程度和效果,从而洞悉职业教育教材建设的未来方向。因此,有必要深刻剖析职业教育教材建设主体及其权责内容,明确其权责特征,并揭示当前职业教育教材建设落实国家事权面临的风险挑战,继而提出相应的优化对策,推动职业教育教材高质量建设。

---

① 杜德昌.教材改革:新时代职业院校高质量发展的基本保障[J].中国职业技术教育,2019(29):11-14.
② 中华人民共和国中央人民政府.国务院关于印发国家职业教育改革实施方案的通知[EB/OL].(2019-01-14)[2023-05-18].https://www.gov.cn/zhengce/content/2019-02/13/content_5365341.htm.
③ 中华人民共和国教育部.教育部关于印发《中小学教材管理办法》《职业院校教材管理办法》和《普通高等学校教材管理办法》的通知[EB/OL].(2019-12-16)[2023-06-18].http://www.moe.gov.cn/srcsite/A26/moe_714/202001/t20200107_414578.html.
④ 中华人民共和国中央人民政府.中共中央办公厅 国务院办公厅印发《关于推动现代职业教育高质量发展的意见》[EB/OL].(2021-10-12)[2023-05-18].https://www.gov.cn/zhengce/2021/10/12/content_5642120.htm.

第一节
职业教育教材建设落实国家事权的权责特征

党的二十大对加强教材建设和管理提出明确要求,再次表明了教材建设国家事权的重要属性。以此为引领,我国职业教育教材建设以服务学生成长成才和就业创业为目标,对教材编写、审定、出版、发行、选用、使用、评价与督导等环节进行了权力配置工作,展现出贯彻落实教材建设国家事权的坚定决心。出于进一步规范和加强职业教育教材建设的考虑,有必要明确职业教育教材的现有形态、类别和价值功能,从而为揭示职业教育教材建设落实国家事权的权责特征提供知识基础。

一、职业教育教材的分类及价值功能

职业教育教材不同于普通教材,兼具教育性和职业性,是培养经济社会发展所需的高素质和高技能职业人才的重要基石。教材建设国家事权的提出,将教材工作摆在了党和国家事业发展全局中至关重要的位置。随着职业教育改革工作的推进,职业教育教材如何落好、落细国家事权的问题也备受关注。充分落实教材建设国家事权,加快构建中国特色高质量职业教育教材体系,必须要先廓清职业教育教材的类别范畴和价值功能。

(一)职业教育教材的现有形态

按照《职业院校教材管理办法》的规定,职业教育教材是指"供中等职业学校和高等职业学校课堂和实习实训使用的教学用书,以及作为教材内容组成部分的教学材料(如教材的配套音视频资源、图册等)"[1]。从我国职业教育教材建设现状来看,职业教育教材的现有形态包括公共基础课教材和专业课教材两种。

---

[1] 中华人民共和国教育部.教育部关于印发《中小学教材管理办法》《职业院校教材管理办法》和《普通高等学校教材管理办法》的通知[EB/OL].(2019-12-16)[2023-06-18].http://www.moe.gov.cn/srcsite/A26/moe_714/202001/t20200107_414578.html.

职业教育公共基础课教材,既包括中等职业学校必须开设的思想政治、语文、历史、外语(英语)、数学、信息技术、艺术、体育与健康、物理、化学等课程所使用的教学材料,也包括高等职业学校语文、数学、外语、思想政治理论教育、中华优秀传统文化教育、军事理论教育、心理健康教育、职业发展与就业指导、创新创业教育、信息技术、美育、体育、安全教育、职业素养教育等公共课的教学用书。

职业教育专业课教材,是指职业院校在专业(技能)课程的课堂教学和实习实训中使用的教材,涵盖了农林牧渔、资源环境与安全、能源动力与材料、土木建筑、水利、装备制造、生物与化工、轻工纺织、食品药品与粮食、交通运输、电子与信息、医药卫生、财经商贸、旅游、文化艺术、新闻传播、教育与体育、公安与司法、公共管理与服务等19个专业大类。

(二)职业教育教材的分类体系

步入新时代,党和国家高度重视教材建设工作,提出了"教材建设作为国家事权"这一重大命题,为我国教材建设提供了价值指引和根本遵循。在国家事权视域下审视我国职业教育教材的现有形态,可以对职业教育公共基础课教材和专业课教材在建设过程中的权力结构关系形成深刻认知。如若按照其中内含的权力配置方式来理解,职业教育教材又可分为统权调控类教材、统放结合类教材和放权分责类教材。

1.统权调控类教材

统权调控类教材,一般是由国家统一编写、统一审核、统一使用的教材,通常是指职业教育公共基础课教材中意识形态属性较强的那一类,包括中职院校的思想政治、语文和历史教材,以及高职专科和职业本科的思想政治理论课教材,比如《思想道德与法治》《毛泽东思想和中国特色社会主义理论体系概论》等。统权调控类教材的建设由国家全权负责,采用直接编写、统一审定和全域使用的方式,即由国家主管部门在遵从党的教育方针的基础上,直接组建专家团队和专门的教材审查委员会,负责教材的编写、审定、出版和修订工作,并规定在全国各级各类职业院校中推广使用。可以说,这一类教材是国家意志的直接产物,也是职业教育教材建设落实国家事权的最鲜明体现。

2.统放结合类教材

统放结合类教材,主要是指归属于国家规划教材和省级规划教材的精品教材,其中既涉及职业院校公共基础课教材(除国家统一编审用的统权调控类教材之外),也包括服务国家战略和民生需求的专业课教材,尤其是紧缺领域专业、新兴专业、薄弱专业和区域特色专业的教材。这类教材一般通过申报遴选的方式产生,是由各教材编写单位按照国家和省级职业教育规划教材建设实施方案的要求,向国家和省级教育行政部门申报立项,然后由行政主管部门组织审查,经过专家评审、社会公示等程序,形成职业教育规划教材目录,各级各类各地职业院校需要根据本校的课程开设情况,优先选用规划书目中的教材,以确保优质教材进学校。从上述流程可以看出,统放结合类教材的建设秉持着"统分结合、分级规划"的原则,国家将教材编写、修订和出版的权力适当下放给职业院校、行业专家和出版机构等,但仍然掌握着教材审查和选用的话语权,彰显出统分结合的权力配置特征。

3.放权分责类教材

放权分责类教材,是指以职业院校、教师、行业企业等为主导力量自主编写的教材。这类教材是丰富学校教育教学、拓展学生学习视域的重要媒介,是服务职业院校特色化办学需求和学生个性化发展需求的有效补充材料,是职业教育教材体系的重要组成部分。从放权分责类教材的建设过程来看,教材从编写到选用的权力均被赋予职业院校的教师、行业企业的专家和社会出版机构,教育行政部门不干涉教材建设的具体事宜,只是从整体上把控方向、约束边界和督导检查。换言之,放权分责类教材是将教材建设的主要权力和责任授予职业教育领域的专业化群体,即职业院校、社会企业和行业组织等,让它们依托专业知识和能力,享有国家委托的教材建设自主权,并对教材建设质量负责任。

(三)职业教育教材的价值功能

职业教育教材的价值功能问题,实际上是对职业教育"培养什么人"的回应。职业教育作为我国国民经济和社会发展的重要基础,所要培养的是能够适应和服务社会主义国家战略发展需要的建设者和接班人。在此价值指引下,职业教育教材肩负起了立德树人、提质培优、增技赋能、求实创新的重大使命,充分发挥着在培养有德性情怀、善技术技能、能自主创新的人才等方面的价值功能。

1.培养具有家国情怀的建设者

教材是意识形态和社会文化的载体,教材存在的核心价值是传递国家意志和主流文化。作为中国特色社会主义教材体系中不可或缺的一部分,职业教育教材自然也承载着一定的国家意志和主流文化,能够引导职业院校学生树立内蕴中国特色社会主义属性的价值观,培养一代又一代具有家国情怀、拥护中国共产党领导和我国社会主义制度、立志为中国特色社会主义事业奋斗终身的劳动者。自党的十八大提出将立德树人作为教育的根本任务以来,我国职业教育逐渐超越对"器物"层面的追求,更加强调"立德",即通过人生价值教育培养学生为个体、社会和国家谋福祉的道德担当。[1]职业教育教材,尤其是统权调控类教材,是职业教育"立德"的主要媒介,内蕴鲜明的国家教育意志和社会主义核心价值观,能够引导职业院校学生充分吸收和践行中国特色社会主义之德,从而培养学生高尚的道德品质、良好的职业精神和正确的价值观念,使学生不仅能心怀中华民族共同体,以主人翁的意识为国家和社会服务,而且能认同自身的职业,愿意投身于生产实践活动,[2]最终成为具有伟大家国情怀的社会主义建设者。

2.培养高质量技术技能人才

与普通教育不同,职业教育"就其特性来说是致能教育"[3]。也就是说,职业教育是一种指向应用和实践、着重培养技术技能的教育。随着我国经济发

---

[1] 谢立敏.新时代职业教育价值的三重维度探析[J].成人教育,2022(11):67-72.
[2] 肖凤翔,王棒.职业教育高质量发展质的规定性[J].高校教育管理,2023,17(1):83-91.
[3] 谢立敏.新时代职业教育价值的三重维度探析[J].成人教育,2022(11):67-72.

展进入新阶段,高素质技术技能人才对于国家转型的重要性愈加凸显,职业教育在传承技术技能、开发人力资源方面的价值也愈加突出。2021年,习近平总书记对职业教育工作作出重要指示,明确提出新时代职业教育的育人目标是培养更多高素质技术技能人才。[1]职业教育教材作为职业教育育人的重要载体,其价值功能也集中体现在培养高素质技术技能型人才。职业教育教材,尤其是以统放结合的权力运作方式建设的职业教育专业课精品教材,集结国家、市场和职业院校等多方力量,致力于打造反映国家发展动态、社会需要和劳动力市场需求的教材体系。由此可见,职业教育教材建设是围绕真实的职业岗位群选取相应的、恰当的知识点和技能点,使教材及时且充分地体现行业新标准、新工艺、新技术等,以帮助职业院校学生掌握先进的技术理念和娴熟的技术能力,最终培养以社会生产、建设、管理和服务为工作取向,进而承担支撑中国经济社会发展重任的高质量应用型技术技能人才。

3. 培养自主创新型时代新人

职业教育就其根源来说,产生于个人从业、生计的需求,其意向是"把人类从自然界的强制中解放出来"[2],让人摆脱物质现实和受动性的制约。从这一意义上理解,职业教育也是一种养成创造与奋斗精神、激励个体自主创新和自我实现的教育。与普通教育相比,职业教育是内嵌技术因素且带有明确职业指向的教育活动,能为激发人的创新创造活力提供更为具体的途径,而职业教育教材正是培养创新意识、发展创新能力、培育创新人才的现实载体。职业教育教材为职业院校学生打开了掌握某一职业领域专业知识、技能和方法的窗口,但这并不是教材的终极价值指向。在此基础上,职业教育教材建设引入了市场机制,借助行业企业的市场敏锐度,在教材中融合最新的生产项目、工作情境和问题案例,帮助学生在了解与掌握特定的知识、技术和方法之后,将自身的技术知识、技术能力与生产力中物的要素相结合,[3]从而实现整全育人的目的。在理论联系实际的职业教育教材建设逻辑指引下,学生将从教材中所

---

[1] 习近平对职业教育工作作出重要指示强调 加快构建现代职业教育体系 培养更多高素质技术技能人才能工巧匠大国工匠 李克强作出批示[J].教育科学论坛,2021(15):3.
[2] 哈贝马斯.认识与兴趣[M].郭官义,李黎,译.上海:学林出版社,1999:12.
[3] 谢立敏.新时代职业教育价值的三重维度探析[J].成人教育,2022(11):67-72.

学的知识转化为实践所需,在这一过程中,学生的创造性思维和创新性能力将会得到较大程度的开发和提高,有助于他们成长为国家建设所需的自主创新型时代新人。

二、职业教育教材建设的权力主体及权力内容

通过分析职业教育教材的分类和价值功能可知,不同类型的教材在建设过程中需要形成不同的权力分配结构和权力主体关系,而职业教育教材体系建设的有序开展有赖于不同主体的各司其职和相互配合。基于教材建设国家事权的权力来源和权力属性差异,当前参与我国职业教育教材建设的权力主体主要有三大类:行政主体、教育主体和社会主体。

(一)行政主体及其权力内容

教材建设作为国家事权,揭示了教材建设权力直接来源于国家行政委托或政府权力运作,也表明了行政权力属性是教材建设国家事权的基本属性。对于职业教育教材建设而言,其行政权力属性主要表现为行政主体对职业教育教材建设发挥的领导、决策、协调和监管等作用。具体而言,参与职业教育教材建设的行政权力主体包括国家和省级教材委员会、教育部教材局、各级教育行政部门等。其中,国家和省级教材委员会是为贯彻党和国家关于教材建设重大方针政策而设立的决策机构,享有对职业教育教材建设的指导权、决策权、统筹权和审查权。具体权力内容包括指导、统筹、协调全国各地区各部门的职业教育教材建设工作,研究审议职业教育教材建设规划,研究解决职业教育教材建设中的重大问题,审查意识形态属性较强的职业教育国家级和省级规划教材等。教育部教材局是负责国家教材委员会办公室工作的具体实施机关,在职业教育教材建设过程中享有指导权、组织权、管理权,具体包括拟订全国职业教育教材建设规划方案和年度工作计划,组织专家研制和完善职业教育教材建设基本制度规范,指导并管理各地各职业院校的职业教育教材建设。各级教育行政部门享有职业教育教材建设的直接管理权、协调权和监督权。其中,国务院教育行政部门能够对全国职业院校的教材建设工作进行宏观管

理、综合协调、检查督导,具有制定教材建设基本制度规范、组织教材的编审用评、督促检查相关政策落实等权力;省级和市级教育行政部门主要负责牵头制定本地区职业教育教材建设和管理制度,监督市、县和职业院校的教材建设等工作。①

(二)教育主体及其权力内容

教材建设作为服务于学生自由全面发展的重要环节,必须秉持鲜明的教育立场,从这个意义上看,教育权力属性是教材建设国家事权的价值属性。对于职业教育教材建设而言,其内附的教育权力属性主要表现为,国家教育权、学校教育权和教师教育权在职业教育教材建设过程中的运作和配合,即国家层面的课程教材研究所、学校层面的各级各类职业院校和职业院校教师共同参与职业教育教材建设相关工作。具而言之,课程教材研究所是专门从事课程教材理论研究、决策咨询、监测评估和交流合作的国家级、高水平专业研究平台,具有组织开展职业教育课程教材建设重大理论和实践问题研究,参与研制、修订和审议职业教育教材规划,参与职业院校统编教材及精品教材的编写审查、使用培训和监测评估工作等权力,②能够为我国教材建设提供专业性指导和实践经验支撑。职业院校享有对职业教育放权分责类教材的编写权、选用权和管理权。这意味着,职业院校能够在不背离党和国家建设教材的方针与政策要求、不违反相关法律法规和管理办法的前提下,根据本校人才培养实际自主编写和选用能够反映本校专业特色的教材,并依据上级相关制度建立健全本校的教材管理制度。③职业院校教师作为职业教育教材建设的基层教育主体,则享有教材的编写权、选择权和建议权。他们能够凭借自身深厚的专业理论基础和丰富的教育教学经验,胜任教材编写工作;能够根据国家职业教

---

① 中华人民共和国教育部.教育部关于印发《中小学教材管理办法》《职业院校教材管理办法》和《普通高等学校教材管理办法》的通知[EB/OL].(2019-12-16)[2023-06-18].http://www.moe.gov.cn/srcsite/A26/moe_714/202001/t20200107_414578.html.
② 中华人民共和国教育部.教育部关于设立课程教材研究所的通知[EB/OL].(2017-12-26)[2023-05-18].http://www.moe.gov.cn/srcsite/A04/s7051/201801/t20180123_325313.html.
③ 中华人民共和国教育部.教育部关于印发《中小学教材管理办法》《职业院校教材管理办法》和《普通高等学校教材管理办法》的通知[EB/OL].(2019-12-16)[2023-06-18].http://www.moe.gov.cn/srcsite/A26/moe_714/202001/t20200107_414578.html.

育方针、地区职业教育发展规划和本校培养目标,自主选择恰当的、能够满足发展需求的教材;同时也能够通过仔细阅读、反复领会、细致斟酌而对所使用的教材作出科学、全面的评价,并对教材质量提升提出优化建议。

(三)社会主体及其权力内容

从教材建设过程来看,除了国家和省级教材委员会、教育部教材局、各级教育行政部门等行政主体对教材建设的领导、决策、协调和监管,课程教材研究所、各级各类职业院校以及教师等教育主体对教材的研究、编写、选用和管理,一些企业、机构、组织和相关人士等社会主体也会参与教材建设。对于职业教育教材建设而言,参与其中的社会权力主体主要包括社会企业、行业组织和出版社等。其中,社会企业和行业组织是职业教育教材建设的重要参与者和辅助者,其凭借独有的技术优势、资源优势和人才优势,指导并参与职业教育教材开发工作,成为我国职业教育专业特色教材建设的坚实力量和重要保证。[①]在这一过程中,社会企业和行业组织主要享有职业教育教材的编写权和建议权,其通过从企业工作实际中提炼工作知识和岗位能力,并将之融入职业教育教材之中,促使教材内容囊括岗位所需要的新工艺、新技术和新规范等,推动教材建设紧跟产业发展最新进展,对接科技发展趋势和市场需求,从而提升职业教育教材的科学性和创新性。出版社作为专业出版单位,是规范教材建设的重要社会力量,享有着职业教育教材的审核权和出版权。一方面,出版社能够选派学科知识功底扎实和经验丰富的编辑对职业教育教材进行审核,检查教材有无政治性和政策性问题、知识内容是否具有科学性和学术性等,把好教材质量的最后一道关卡;另一方面,出版社也对教材的编辑、排版、设计、配图、印制等工作拥有充分的话语权,通过审查教材的各组成要素是否齐全、相关图表是否符合要求、写作格式是否符合国家出版标准等,从而决定教材能否出版、发行。

---

① 王新华.关于企业助力职业教育教材开发的思考[J].当代职业教育,2021(4):10-11.

三、职业教育教材建设主体的责任体系

权力与责任总是相伴而生。教材建设国家事权的落实,是在明确主体责任的基础上对权力的合理有效利用。从教材建设国家事权的责任范畴来看,职业教育教材建设落实国家事权需要各主体自觉履行政治责任、法律责任、行政责任、专业责任与道德责任。

(一)职业教育教材建设主体的政治责任及内容体系

教材建设国家事权是对国家意志融入教材建设过程的高度凝练,不仅赋予了教材建设鲜明的政治色彩和政治属性,而且表明了全面落实教材建设国家事权是一种政治性要求。这意味着,在职业教育教材建设过程中,参与教材编、审、选、用、评各环节的主体在行使各自权力的同时,也必须合乎教材建设体现国家意志的目的性,自觉履行教材建设国家事权的政治责任。具体来说,履行政治责任的主体既包括行政主体,也包括教育主体和社会主体。其中,行政主体所肩负的政治责任主要表现为,各级行政部门必须在职业教育教材建设过程中发挥好精准决策和科学引航的作用,自觉坚持中国特色社会主义政治方向和价值导向,将构建能够充分体现中国立场、中国智慧、中国价值的职业教育教材体系作为目标,确保职业教育教材真正成为为职业院校学生打好中国底色、厚植红色基因的重要载体。教育主体应履行的政治责任主要表现为,必须在职业教育教材的管理、研制、编写、选用、评价等过程中积极响应党和国家的号召,坚守"为党育人、为国育才"的初心使命,不背离党和国家的大政方针与教育政策,不违反职业教育发展和职业教育教材建设的规章制度。社会主体则应该在参与职业教育教材建设的过程中坚定政治立场,把准政治方向,坚持正确的国家观、民族观、历史观、文化观和职业观,自觉践行社会主义核心价值观,为职业教育教材建设体现党和国家的意志提供必要支持和保障。

(二)职业教育教材建设主体的法律责任及内容体系

教材建设国家事权是依法治国的具象化体现,反映出把教材建设纳入法治轨道的美好愿望。为推动教材建设走向法治化和规范化,各教材建设主体

切实履行法律责任是一项基本要求。在职业教育教材建设过程中,行政主体、教育主体和社会主体均承担着一定的法律责任。就行政主体而言,其在领导职业教育教材建设时必须遵从母法宪法及其衍生的部门法、领域法等,不做任何与法律法规要求相抵触的行为,必须遵照《职业院校教材管理办法》中对职业教育教材编、审、选、用、督等环节的规定与说明,明确自身的权力尺度和责任边界,在法律、制度和规定的允许范围内从事职业教育教材管理工作。就教育主体而言,其参与教材建设,特别是在开发满足职业院校特色化发展需要的放权分责类教材时,应自觉遵守《中华人民共和国教育法》《中华人民共和国职业教育法》等法律法规和《职业院校教材管理办法》中的具体要求,按法律规定和制度规范主动向主管部门备案并接受审核,规范教材建设程序。就社会主体而言,不论是社会企业、行业组织,还是出版机构,都应自觉遵守相关的法律法规和管理办法,坚持教育服务的公益性原则,不违规收取费用或侵占公共资源。出版机构还应严格遵守《中华人民共和国著作权法》《出版管理条例》等,合理行使编辑权、出版权等权力,助力构建职业教育教材建设的良好生态。

(三)职业教育教材建设主体的行政责任及内容体系

行政主体是推进职业教育教材建设落实国家事权的关键力量,对职业教育教材建设享有广泛的领导权、决策权、审核权、协调权和监管权。与此同时,行政主体也负有相应的行政责任。当然,必须在权限范围内行使权力,并切实承担起自身义务,既不越权行事,也不玩忽职守。由于不同层级的行政主体所享有的职业教育教材建设权力内容与限度有所不同,其在教材建设过程中肩负的行政责任也有所差异。作为指导和统筹全国职业教育教材建设工作的最高行政机构,国家教材委员会必须承担起贯通上下、联通内外的责任,通过加强顶层设计、科学规划管理和综合协调督导,提高职业教育教材建设工作效率。省级教材委员会则需要配合国家教材委员会的总体安排,负责在各自省份落实国家关于职业院校教材建设的相关政策,牵头制定本省职业教育教材管理制度和本地区职业教育教材规划,指导并监督省、市、县各级职业院校的课程教材建设和管理工作。而其他各级教育行政部门,既有对上服从的义务,也有对下监督的责任,需要充分结合区域产业发展和职业院校教材建设实际,基于《职业院校教材管理办法》制定一系列与之相配套的规章制度,并配备专门工作人员,配置相关工作经费,有序推进各级各类职业院校的教材建设和管理工作。

(四)职业教育教材建设主体的专业责任及内容体系

从教材的性质和价值功能出发,教材建设不能被简单定义为一项完全的行政行为,它还是一项极具实践性的专业行为。也就是说,教材建设需要具备专业知识和专业能力的人员参与其中,以全面提高教材质量。而这些人员在凭借自身专业性获得专业权力的同时,也应该承担相应的专业责任。职业教育教材建设中享有专业权力的主体包括教育主体和社会主体,他们在教材建设过程中发挥的专业作用有所不同,所承担的专业责任也有所差异。其中,教育主体是以知识逻辑和教学逻辑为主导参与职业教育教材建设,因此其在教材开发时必须从知识的科学性和系统性、教学的连贯性和教育性等属性出发,保证教材内容的选择、组织与设计尊重并适应知识的内在逻辑、学生的认知规律和学校的教育目标。社会主体,主要是社会企业和行业组织,它们是以工作逻辑为主导参与职业教育教材建设,因此必须以岗位工作需求为出发点,在工作情境中寻找和挖掘工作知识,从工作实际中总结和提炼工作技巧,然后将之作为职业教育教材建设不可或缺的资料、素材和信息,不断丰富教材内容,增强教材对行业动态和企业需求的适应性。

(五)职业教育教材建设主体的道德责任及内容体系

职业教育教材建设主体的道德责任,是指所有参与落实教材建设国家事权的行为主体,在依法行使公共权力时必须承担道义上的责任,也就是与社会公德和公序良俗等密切联系的伦理层面的责任。换言之,道德责任是在教材建设主体内在心理品质的支配下产生的,是该主体道德实践精神的内在要求。在职业教育教材建设过程中,各主体所承担的道德责任表现为,行政主体不论参与何种类型的职业教育教材建设,必须在行使行政权力时避免出现一言堂的情况,要尊重其他主体在教材建设各环节的基本权益与诉求,主动联合各方力量,力促职业教育教材建设既能够落实国家立德树人的根本任务,也能够满足学生自由全面发展、教师专业化成长和学校特色化办学的需要。教育主体必须以教书育人为根本性目的,不断提升自己的思想道德品质,树立良好的师德师风,肃清职业教育教材建设的不正之风。同时,职业院校内部还应形成民主开放的主体关系,积极倾听和采纳教师和学生对教材建设的合理建议,营造充满人文关怀的教材建设氛围。社会主体则应该尊重职业院校教育教学的边界与需求,处理好营利性和社会责任之间的关系,在职业教育教材建设过程中最大限度地彰显社会担当。

第二节
职业教育教材建设落实国家事权的风险挑战

《国家职业教育改革实施方案》提出,职业教育应该"由追求规模扩张向提高质量转变,由参照普通教育办学模式向企业社会参与、专业特色鲜明的类型教育转变,大幅提升新时代职业教育现代化水平,为促进经济社会发展和提高国家竞争力提供优质人才资源支撑"[①]。这为深化职业教育改革指引了方向,也对职业教育教材建设落实国家事权提出了新的要求。然而,受到工具理性制约、行业标准限制和权责制度运行不畅等现实因素的影响,职业教育教材建设出现了价值偏颇、质量博弈和主体裂解等问题,一定程度上消解了职业教育教材建设成效,也使全面落实教材建设国家事权陷入了危机。

一、工具理性支配下职业教育教材建设的价值偏颇

中国最早的职业教育,是在实业救国的背景下诞生的,主要是为了传授技艺技能,培养实用人才。新中国成立之后,经过较长时间的调整和改革,职业教育逐渐走出"职业技能培训"的误区,但是仍然受到技术主义和功利主义的

---

① 中华人民共和国中央人民政府.国务院关于印发国家职业教育改革实施方案的通知[EB/OL].(2019-01-24)[2023-05-18].https://www.gov.cn/zhengce/content/2019-02/13/content_5365341.htm.

影响,表现出明显的工具理性特征。在工具理性支配下,职业教育教材建设出现了价值偏颇风险,背离了教材作为传递国家意志载体的价值选择。

(一)职业教育教材编写审查的思想把关疏懈

作为为党育人、为国育才的重要载体,教材承载着国家的教育意志,具有鲜明的意识形态属性。职业教育教材建设落实国家事权,就是要正确认识职业教育教材的意识形态属性,把好教材思想关,让教材成为贯彻党的教育方针、强化国家教育意志的重要依托。然而,受到工具理性的制约,我国职业教育教材建设重工具而轻价值的倾向比较显著,进而导致教材编写审查出现了思想把关疏懈的问题。具体表现在:其一,在教材编写方面,虽然《职业院校教材管理办法》对教材编写人员的资质作了一定规定,但尚未形成职业教育教材编写人员资质认定机制。职业教育教材不同于中小学教材,因受到地域和行业等因素的影响而呈现出种类繁多、类型丰富、层次多样、岗位面向各异等特点,这也使得参与教材建设的主体变得更加多元,甚至在职业教育教材市场出现了"谁都可以编教材"[1]的乱局。而缺失教材编写人员资质认定机制,特别是欠缺对教材编写者政治立场的考察,极有可能造成职业教育教材编写的政治方向错误和思想偏差,威胁国家意识形态安全。其二,在教材审查方面,对部分职业教育教材的审查力度严重不足。按照《职业院校教材管理办法》的规定,我国职业教育教材按照"二级审核"的原则进行建设。其中,统权调控类教材由国家教材委员会统一审核,统放结合类教材由国务院及各省教育行政部门组建的职业院校教材审核机构负责审核,放权分责类教材由教材编写单位相关主管部门委托熟悉职业教育和产业人才培养需求的专业机构或专家团队进行审核认定。[2]然而,通过研究发现,对部分统放结合类教材和放权分责类教材的审核或从未执行,或流于形式,更是缺乏在审查环节对教材进行严格的思想把关。

---

① 王启龙,兰小云.中等职业学校教材管理的现状、问题与建议——基于三个省市的教师调查[J].职教论坛,2020(4):43-48.
② 中华人民共和国教育部.教育部关于印发《中小学教材管理办法》《职业院校教材管理办法》和《普通高等学校教材管理办法》的通知[EB/OL].(2019-12-16)[2023-06-18].http://www.moe.gov.cn/srcsite/A26/moe_714/202001/t20200107_414578.html.

(二)职业教育教材出版发行的资本积累驱动

通过分析政府和市场在职业教育教材管理过程中的参与度,发现我国职业教育教材采用的是一种"规划型"管理模式,即由政府部门通过制定规章制度对职业院校教材建设各管理主体提出要求、对各环节作出规范,在确保职业院校教材建设方向的基础上,推动职业院校、行业企业参与教材建设。[①]如此一来,既能够通过国家规制保障职业教育教材建设的社会主义方向,又能够通过市场良性竞争提升职业教育教材建设质量。在这种教材管理模式下,我国职业教育教材的出版发行也在寻求政府主导和市场自由之间的平衡,形成了统权调控类教材由国家统一出版发行,统放结合类教材和放权分责类教材则由编著团队、出版机构和发行部门共同管理的新局面。事实上,从我国职业教育教材出版发行的实际情况来看,除意识形态属性较强的统权调控类教材由国家规制之外,其他教材为了紧跟职业发展趋势、匹配社会需求、迎合市场偏好,在出版发行时引入了市场调节机制。然而,市场调节是以经济利益为导向的,在巨大的资本诱惑下,一些教材出版单位出现了最大化追求经济效益和短期利益的行为。具体表现为部分职业教育教材出版机构为在出版市场占据较大份额,获得较大利润,将取悦市场作为核心事项,过分关注教材的商业价值而侵蚀其教育价值;还有一些出版社、发行商甚至决策者,在利益驱使下构成了利益共同体,将本不具备教材出版发行专业资质和能力的人员纳入其中,随意降低教材出版发行门槛。[②]这些由经济效益驱动造成的教材出版发行乱象,严重偏离了职业教育教材"规划型"管理模式的目标,而教材出版发行市场的恶性竞争和无序管理,也将威胁教材建设国家事权的落实。

(三)职业教育教材选用使用的利益至上逻辑

基于新时代职业教育多元人才培养的需要,选择高质量、多样化、宽领域的职业教育教材进课堂成为一项愈来愈重要的工作。当前,我国职业教育教材选用使用制度如下:中等职业学校的思想政治、语文、历史三科和高等职业学校的思想政治理论类等意识形态属性较强的教材,必须使用国家统编教材,

---

① 范竹君,徐国庆.在规制与市场之间:职业院校教材管理体系的构建[J].职教论坛,2020(4):27-32.
② 薛二勇,李健.教材治理体系和能力现代化的政策分析[J].中国电化教育,2022(7):16-22.

内含国家强干预的鲜明特征;而其他文化课和专业课教材,既可以从国家和省级规划教材目录中选择,也可以根据教学需要在行政主体规划和推荐的书目之外自主选用,其选择权更多集中于学校教务部门和各专业的教研室、教学团队及教师等,选用使用呈现出灵活性和自主性的特征。[1]这种教材选用制度背后呈现的是国家对教材决定权和选用权的下放,以及学校和教师话语权的增长,同时也意味着职业院校和教师在一定程度上掌握了教材选用使用的主动权。然而,在极端个人主义和功利主义的诱导下,这种话语权和主动权反而威胁到了职业教育教材建设国家事权的落实。从实践情况来看,多数职业院校及教师能够以本区域和本校的实际需求为出发点,选择最适合本地区教师教学和学生学习的教材。但遗憾的是,仍有个别职业院校和教师奉行地方保护主义,为满足提升自我知名度、扩大影响力等欲望,忽视学生需求和教材建设质量要求,盲目选用和使用本校自主编写、出版的教材。这种个人利益至上的教材选用使用逻辑,极大损害了教材选用使用的规范性,扰乱了教材选用使用秩序,为职业教育教材建设落实国家事权的效度埋下了隐患。

二、行业标准主导下职业教育教材建设的质量博弈

教材质量是教材建设的生命线。职业教育教材建设是强化教材建设国家事权属性的关键举措,对打造中国特色高质量职业教育教材体系具有重要的推动作用。然而,目前我国职业教育教材建设只有行业标准而无国家标准,不同行业领域从各自需求出发,产生了对教材价值定位和功能作用的不同认知,也随之产生对教材质量的不同看法。这些认知或看法之间的潜在矛盾,将导致各行业领域秉持人不相同甚至截然相反的教材质量观念,引发职业教育教材建设的质量博弈问题。

(一)育应用之才与育全面之人的冲突

职业教育教材建设就其目标旨归而言,主要体现在服务党和国家铸魂育人需要、服务技术技能人才成长需要两个方面。简言之,高质量的职业教育教

---

[1] 王启龙,兰小云.中等职业学校教材管理的现状、问题与建议——基于三个省市的教师调查[J].职教论坛,2020(4):43-48.

材必须"坚持立德树人、德技并修,推动思想政治教育与技术技能培养融合统一"[1]。将职业教育教材建设作为国家事权,最为根本的要求是在传授职业知识和能力的同时,把高尚的职业道德精神,如工匠精神、劳模精神等深嵌在教材之中,充分发挥职业精神的模范引领作用,加强对职业院校学生价值观念的塑造,既用当代适应劳动力市场需求的科学知识武装学生的头脑,又用中国特色社会主义思想丰富学生的内在精神世界。有鉴于此,我们不能把职业教育教材简单地理解为是专业知识和职业技能的集合,而是应该在教材建设中融入和释放技能强国理想、中华技能自信和社会主义核心价值观等思政元素,认识到职业教育教材是技德融合体系。[2]但是,受到行业标准的制约,当前我国职业教育教材建设更多是以技术、技能、技艺为逻辑起点,目的在于向学生传递行业领域的变革态势和职业岗位(群)的能力要求等信息,培养具备生产、建设、管理和服务等职业技术技能技艺,能够应对我国新型工业化、产业基础高级化、产业链现代化以及传统产业改造升级和新兴产业突飞猛进发展的新时代应用人才。显然,这与教材建设国家事权所期待和要求的将思政教育与技能培育相结合,培育既能立志服务社会主义现代化建设又具有职业情怀和高水平技术技能的全面之人之间有一定的差距,这不仅会影响职业教育教材建设的质量,而且还会影响国家事权落实的现实成效。

(二)社会权力对国家权力的僭越

教材建设国家事权的落实程度,在某种程度上取决于国家权力的作用力度和影响范围。随着我国职业教育教材分级分类管理制度的确定,教材管理的主体日益多元,不再局限于党和政府,而是扩展到了职业院校和其他社会性力量。这意味着,在职业教育教材建设过程中,国家权力会随着社会权力的加入被削弱甚至僭越,继而成为教材建设有效落实国家事权的重要阻碍。事实上,从建设高质量职业教育教材体系的立场出发,职业教育教材建设工作的有序推进离不开社会性力量的配合与支持。如以职业教育的本质属性为出发点

---

[1] 中华人民共和国中央人民政府.中共中央办公厅 国务院办公厅印发《关于推动现代职业教育高质量发展的意见》[EB/OL].(2021-10-12)[2023-05-18].https://www.gov.cn/zhengce/2021/10/12/content_5642120.htm.

[2] 龙庆,赵文平.高质量发展导向下的职教教材建设定位与路径探析[J].职教论坛,2022(7):68-73.

进行审视，职业教育是"受教育者获得生产劳动或职业发展所需要的职业知识、职业技能与职业道德的统称"①，是一种与行业进步、产业转型和区域经济发展等密切联系的教育类型。为了保证职业教育教材积极主动地对接行业动态、产业升级、职业需求和经济社会发展，社会性力量必须积极参与到教材建设之中，且其重要性需要不断凸显，并逐步成为增强我国职业教育教材建设针对性和特色性的坚实力量和重要保证。诉诸现实，由于我国职业教育教材建设尚未形成全面性、体系化的国家标准和质量管理制度，国家对职业教育教材的管理权力和管理能力就受到了限制；相反的，这些社会性力量因为熟知市场行情和企业需求，并且掌握了相关职业领域最新的工艺技术、最全的案例资源和最能干的专家人才，便可以利用自身优势和便利条件获得职业教育教材建设的主导权。而在这一过程中，国家权力逐渐式微，职业教育教材建设落实国家事权的效果也将大打折扣。

（三）社会责任对国家责任的替代

教材建设国家事权视域下，教材成为国家主权的无形边界，国家必须把教材建设视为维护国家主权和安全的重要防线，避免教材传递与国家主流价值不相一致的内容，损害国家利益，破坏国家稳定。②职业教育教材建设落实国家事权，要求国家将职业教育教材建设视为一项与国家前途命运高度关联的事业，肩负起对职业教育教材的建设和管理责任。但随着社会权力对国家权力的僭越，国家责任也有被社会责任替代的趋势。具体表现为，国家对职业教育教材核心价值的引领性不足，导致职业教育教材建设出现意识形态薄弱化和马克思主义边缘化等问题。③意识形态薄弱化，是指随着职业教育领域的国际交流日益增多，不同文化和不同价值观念在职业教育教材建设过程中相互碰撞，在带来教材建设新思路的同时，也导致一些教材出现意识形态错误和教育导向异化，削弱了国家意志和主流价值的地位。马克思主义边缘化，是指在职业教育专业课教材建设时，过分注重教材的专业性和职业性，从而导致马克

---

① 万卫,龙靓怡.浅谈职业教育与产业协同发展[EB/OL].(2022-05-05)[2023-05-18].https://m.gmw.cn/baijia/2022-05/05/35710306.html.
② 米博华,王梓.国家事权视域下的教材建设.[N].光明日报,2021-11-19(11).
③ 张振,刘学智.教材制度建设的困境与超越:国家治理视角[J].中国教育学刊,2020(10):53-57.

思主义在教材中"失踪",逐渐标签化和空泛化。而这些问题大都是在职业教育教材投入使用之后暴露出来的,这恰恰反映出社会监管责任正在逐渐替代国家监管责任,影响了国家意识形态的领导地位。

三、权责失衡影响下职业教育教材建设的主体裂解

在国家事权视域下,我国职业教育教材建设主体多元,不同主体各自承担着相应的权责,共同为建设职业教育精品教材而努力。但是,在各主体行权履责的过程中,由于权责制度运行效力不足等,又会衍生权责失衡、缺乏配合等问题,导致教材建设各主体裂解及其结构性错位,影响教材建设国家事权的全面落实。

(一)行政主体参与职业教育教材建设的不完全作为

职业教育教材承载和凝聚着国家经济社会发展和职业人才培养的知识、思想、观念、价值和行为方式,是国家上层建筑的重要组成部分。因此,职业教育教材建设必须受到国家的调控和干预,即行政主体必须在职业教育教材建设中有所作为并有效作为。按照全面落实教材建设国家事权的新使命和新要求,我国职业教育教材建设应该由行政主体牵头负责,发挥领导管理、统筹决策、规划协调和督导监管等作用。不过在现实中,行政主体失位缺位、失职失责、不完全作为等情况并不少见。具体表现在:第一,对教材的政治审核是贯彻教材建设国家事权的基础性环节[1],也是行政主体参与职业教育教材建设的首要职责。但在职业教育教材尤其是专业课教材的具体审核过程中,由于审核标准不明确和审核程序不完善,行政主体并没有严格落实政治审核要求,审核职能流于形式。第二,国家层面的行政主体在对职业教育教材进行规划时,缺少对教材建设现实情况的观照和与下级行政单位的沟通,容易出现宏观规划与现实需要冲突,顶层设计与基层实践脱节等问题,导致规划方案因缺乏执行力而陷入"泡沫化"。[2]第三,地方层面的行政主体在对职业教育教材进行管

---

[1] 潘信林,杨若楠,虢啸虎.新时代加强教材政治审核的几个基本问题[J].课程·教材·教法,2021,41(3):31-37.

[2] 李叶峰.高校教材治理的价值诉求、现实困境与实践对策[J].黑龙江高教研究,2020(8):6-10.

理时,尚未成立专门的管理机构和配备专门的工作人员,而是将教材管理工作交由教育厅或教育委员会的相关职能部门负责,但是这些部门的专业性有限,并不能对所在区域职业院校的教材建设工作进行有效的指导,因此也很难保证管理职能的充分发挥。①

(二)职业院校参与职业教育教材建设的过度自由化

在行政主体之外,职业院校也是职业教育教材建设的有生力量。职业院校在严格执行各级教育行政部门制定的教材管理规章制度的基础上,不仅有权依据上级相关制度建立健全本校的教材管理制度,选好用好教材,而且当国家和省级规划教材不能满足本校职业教育需要时,还可以根据本校人才培养实际自主编写教材,补充编写能够反映自身专业特色的教材。②可见,为了建设更加多样化、高质量和灵活适应需求的职业教育教材,教材的部分管理权、编写权和选用权下放给了职业院校。也就是说,职业院校在职业教育教材建设中获得了较大的自主性。然而,这种自主性却因不当使用演变成了过度自由化,给职业教育教材建设落实国家事权带来了巨大挑战。具体表现在:其一,在教材管理上,职业院校开展教材管理工作的思路不够清晰,缺乏长远规划和制度建设,管理机制和管理队伍也不够健全。其二,在教材编写上,职业院校缺乏对教材内容安排、结构设计等方面的具体规定和科学指导,对教材编写质量缺乏必要把关。③其三,在教材选用上,一些职业院校尚未制定和完善教材选用制度,再加之教材选用程序不规范,导致某些低质量教材能够进入课堂而将高质量教材排斥在外。职业院校的过度自由化,使得职业院校教材建设普遍存在科学性弱、随意性强、利用率低、风险性大等问题,甚至出现质量不高的教材自产自销的现象,为职业教育教材建设落实国家事权埋下了巨大隐患。

---

① 范竹君,徐国庆.在规制与市场之间:职业院校教材管理体系的构建[J].职教论坛,2020(4):27-32.
② 中华人民共和国教育部.教育部关于印发《中小学教材管理办法》《职业院校教材管理办法》和《普通高等学校教材管理办法》的通知[EB/OL].(2019-12-16)[2023-06-18].http://www.moe.gov.cn/srcsite/A26/moe_714/202001/t20200107_414578.html.
③ 李子云,王艳黎.职业教育教材编写质量探讨[J].中国职业技术教育,2016(32):32-35.

(三)社会力量参与职业教育教材建设的无效和无序

教材建设国家事权的运行原则之一,是保障多元主体有效、有序参与教材建设,不仅授予相关主体一定的教材建设权力,而且赋予其一定的教材建设能力,促进各主体平等参与、相互合作。[①]然而,我国职业教育教材建设的实际情况是,社会力量参与教材建设的过程中出现了无效和无序的问题,这既不利于形成多元主体协同治理教材的新局面,也不利于教材建设国家事权的落实和践行。具体来说,这一问题主要表现为行业企业参与职业教育教材建设的无效和无序。一方面,行业企业参与教材建设是使职业教育教材及时反映产业最新发展动态,迅速对接国家产业发展对技术技能人才需求的必要保证。[②]可是,部分行业企业对参与职业教育教材建设的重要性认知不足,未能厘清自身所占据的举足轻重的地位,这直接导致行业企业参与职业教育教材建设的程度不深,甚至存在敷衍应付的行为,行业企业的参与效果和实质作用并不明显。另一方面,行业企业是营利性组织,其参与职业教育教材建设的行为带有明确的目的性,这种目的性往往表现为利益诉求,即行业企业通常是抱着谋求利润或是互换资源的心态参与教材建设。这就导致行业企业参与职业教育教材建设的无序化和随意性——在有利可图时关注并参与其中,一旦利润不足或无利可图时便会选择退出。

第三节
职业教育教材建设落实国家事权的系统优化

坚决落实国家事权,是教材建设的基本准则。职业教育教材建设必须以落实教材建设国家事权为基本思路,通过全面统筹和系统安排,引导教材建设各主体相互协调、高效配合,帮助职业教育教材建设突破当前困境,实现系统优化。

[①] 罗生全,董阳.教材建设国家事权的权力属性及运行原则[J].课程·教材·教法,2022,42(11):74-81.

[②] 范竹君,徐国庆.在规制与市场之间:职业院校教材管理体系的构建[J].职教论坛,2020(4):27-32.

结合教材建设国家事权的运行逻辑,可从明晰职业教育教材建设的权力结构和制度设计、建设职业教育教材建设的运行机制及架构职业教育教材建设的保障体系等方面着手,全面落实国家事权,切实提升职业教育教材建设质量。

一、职业教育教材建设落实国家事权的权力结构与制度设计

自国家颁布与职业教育教材建设相关的政策文件以来,我国职业教育教材建设取得了长足进步,形成了中央—地方—学校三级教材管理体制和国家、省(区、市)两级教材规划制度,搭建了职业教育教材建设落实国家事权的行动逻辑。这既为职业教育教材高质量建设提供了思路,也为澄明职业教育教材建设落实国家事权的权力结构和制度设计指明了方向。

(一)职业教育教材建设的权力分配思路

按照《职业院校教材管理办法》要求,"在国家教材委员会指导和统筹下,职业院校教材实行分级管理,教育行政部门牵头负责,有关部门、行业、学校和企业等多方参与"[1]。这从政策层面明确了职业教育教材建设的基本权力框架,即行政主体、教育主体和社会主体联合行动,协作参与职业教育教材建设工作。自此,国家和省级教材委员会、教育部教材局和各级教育行政部门等行政权力主体,课程教材研究所、各级各类职业院校和教师等教育权力主体,以及社会企业、行业组织和出版社等社会权力主体平等合作、积极参与,形成了整体指导与统筹、分级规划与管理、分类审核与选用、多方联动与配合的职业教育教材建设新局面。面对新局面,从关系思维范式中衍生出的协同治理概念与理论体系[2],在一定程度上为职业教育教材建设的权力分配提供了思路。协同治理是利益相关者为解决共同的社会问题,以良性的互动和决策对结果承担相应责任的一种过程。[3]依循协同治理思维,职业教育教材建设的相关利

---

[1] 中华人民共和国教育部.教育部关于印发《中小学教材管理办法》《职业院校教材管理办法》和《普通高等学校教材管理办法》的通知[EB/OL].(2019-12-16)[2023-06-18].http://www.moe.gov.cn/srcsite/A26/moe_714/202001/t20200107_414578.html.
[2] 杨柳,罗生全.高校教材建设治理现代化的逻辑理路与发展路向[J].教育科学,2023,39(1):21-27.
[3] 田培杰.协同治理概念考辨[J].上海大学学报(社会科学版),2014,31(1):124-140.

益主体应破解封闭的关系模态,建立内外联通的教材建设新样态:一是稳固党中央的意识形态统领地位,确保职业教育教材建设的态度、信念、价值观与行为方式等与国家意志意向融通;二是赋予行政部门、职业院校和社会群体相应权力,将建设职业教育优质教材体系作为一项公共事务,以公共精神的自觉树立为价值引领,发挥各主体在教材自主治理和协同管理等方面的作用,推动多方权力主体深度参与职业教育教材建设。

(二)职业教育教材建设的权力结构

遵循职业教育教材建设的权力分配思路,职业教育教材建设需要形成国家、地方、职业院校和行业企业四位一体的权力结构布局。首先,国家作为对教材建设具有权威引领功能的权力主体,应该处于教材建设的核心地位,这是遵循和维护教材建设国家事权的基本原则的体现。在职业教育教材建设过程中,国家拥有对教材进行整体规划和宏观管理的最高领导权,主要负责职业教育教材建设的统筹、协调、督导等重大工作。其次,地方各级教育主管部门是落实国家教材建设政策的关键主体。保障教材建设有效落实国家事权,需要将教材建设具体业务权力由国家下放到各级教育主管部门,为各级教育主管部门赋权增能。具体到职业教育教材建设,须在充分考虑区域产业发展实际的基础上赋予各级教育主管部门规划和管理本地区职业教育教材的权力,使其主动承担所属区域职业院校教材建设的指导、监督和检查等工作。再次,职业院校是职业教育教材建设的直接参与者,也是践行职业教育教材建设国家事权的基层主体,在指导和管理教材建设工作中扮演着重要角色。因此,需要在保证职业教育教材建设方向的前提下,尊重职业院校参与教材建设的自主性,保证各级各类职业院校参与教材规划、编写、选用、评价等基本权力。最后,行业企业是直接"消费"职业院校培养人才产品的用人主体[1],理应享有职业教育教材建设的权力。行业企业作为行业动态的代言人和企业利益的维护者,不仅可以担任职业教育教材建设工作的顾问,而且能够借助行业资源和专业优势参与职业教育教材的规划、编写、审核和评价等工作。

---

[1] 肖凤翔,王棒.职业教育高质量发展质的规定性[J].高校教育管理,2023,17(1):83-91.

(三)职业教育教材建设的制度设计

职业教育教材建设落实国家事权,需要在国家教材管理办法逐步完善的大背景下,从顶层设计着手推进教材建设制度改革,形成与"四位一体"的权力结构布局相匹配的教材建设制度。首先,建立国家和地方的统分合作制度。国家统一领导是职业教育教材建设的根本原则,能够保证国家意志在教材中得到充分体现,从而保障国家事权在职业教育教材建设中得到有效落实;地方分级管理是职业教育教材建设的运行"中枢",能为从中央到地方的教材建设高效运转奠定坚实基础,形成教材建设合力。其次,建立教育部门与其他职能部门的互动制度。职业教育根植于各行各业,可以为各行各业培养和输送人才,所以职业教育的发展也需要各行各业积极参与和共同努力。[①]教育部门与其他部门的有机互动,可以为各行各业参与职业教育教材建设创造机会。通过制度运转,能够实现教育部、国家发展改革委、财政部、农业农村部等管理单位在职业教育教材建设上的通力合作。最后,建立专业主导和行业引领的优势互补制度。在职业教育教材建设过程中,专业主导旨在发挥职业教育专家的专业性和权威性优势,行业引领意在发挥行业企业的敏锐性和指导性优势,二者以合作研究、互通资源、共建共享等方式进行优势互补,使职业教育教材既合乎职业院校教学规律和学生的认知特点,又合乎市场经济发展需要和职业人才培养方向,最终打造一批国家、学校、市场和人民都满意的职业教育精品教材。

二、职业教育教材建设落实国家事权的运行机制建设

教材建设主体对权力的规范运作和对责任的有效履行,是教材建设科学落实国家事权的关键所在。为积极应对职业教育教材建设落实国家事权的风险挑战,加快构建科学合理的权责运行机制,平衡相关主体行权履责的结构关系至关重要。

---

① 徐国庆.确立职业教育的类型属性是现代职业教育体系建设的根本需要[J].华东师范大学学报(教育科学版),2020(1):1-11.

(一)职业教育教材建设的多主体联动协作机制

职业教育是一种跨越了职业与教育、企业与学校、工作与学习边界的跨界教育。[①]在跨界逻辑的规定下,职业教育成为涉及国家、地方政府、职业学校、行业企业等多主体的教育活动,职业教育教材建设呈现出多方参与的鲜明特征。为确保职业教育教材建设有效落实国家事权,需要建立健全多主体联动协作机制,在厘清各主体权责边界的基础上,增强教材建设各主体协同共治的积极性和参与感。而要建立多主体联动协作机制,又需把握新时代职业教育教材建设的三条主线:第一条主线是党和国家的领导线,即以党和国家为主导力量,发挥其对职业教育教材的宏观统筹作用,确保教材建设的政治方向、价值取向、学术导向和话语体系等始终牢牢掌握在党和国家的手中[②],奠定职业教育教材的社会主义属性。第二条主线是地方教育行政部门承上启下的执行线,即省市教育行政部门发挥上传下达的协调作用,既积极宣传落实党和国家关于职业教育教材建设的方针政策,又依据当地产业发展和教材建设实际牵头制定本地区教材管理规章制度。第三条主线是激活职业院校和行业企业活力的价值线,即各级各类职业院校通过制定本校教材规划或组织教师开发教材,行业企业通过提供最新的技术资源和相关的岗位资料,充分发挥各自在教材编写审定、选用管理和评价反馈等方面的自主性。[③]在这三条主线的配合下,多元主体之间会产生同频共振的合力效应,职业教育教材建设也将呈现出国家统筹、地方为主、校企合作、行业指导的新格局。

(二)职业教育教材建设的规范化审查管理机制

加强对教材工作的审查和管理,是维护教材建设秩序、促进教材质量提升的有力手段,也是落实教材建设国家事权的长远之计。对于职业教育教材建设而言,确保职业教育教材建设权力的正确行使和教材育人作用的充分发挥,亦需要建立规范化的审查管理机制。具体而言,一方面,建立健全职业教育教

[①] 姜大源.职业教育立法的跨界思考——基于德国经验的反思[J].教育发展研究,2009(19):32-35.
[②] 王湛.落实国家事权的重大战略举措[N].中国教育报,2017-07-14(7).
[③] 郭一凡.治理现代化视域下高校教材管理的目标、困境与路径[J].湖北成人教育学院学报,2022,28(1):17-24.

材价值审查机制,杜绝教材出现价值导向问题。职业教育教材是为中国特色社会主义现代化建设育人育才的重要载体,其建设必须把立德树人放在首位,把握好建设的根本旨归。换言之,在职业教育教材建设过程中,必须以社会主义核心价值观为指导,制定科学的审查流程,通过强有力的国家统筹加强对教材政治思想性的把关,正确处理教材建设的育人效益和社会效益与经济效益和商业价值之间的关系,避免出现价值偏颇问题。另一方面,建立健全职业教育教材全过程管理机制,规范职业教育教材编写、出版和选用等重点环节。在教材编写环节,明确教材编写的指导思想、责任主体、人员资质、编写程序、修订周期等,尤其是对意识形态属性较强和涉及国家主权、安全以及民族、宗教等内容的教材,必须坚决实行统一编写。在教材出版发行环节,制定专门的职业教育教材出版发行管理办法和职业教育教材出版机构管理办法,对教材出版发行的基本程序和出版机构的资质条件等作出明确规定,坚决抵御片面市场化运作带来的风险。在教材选用环节,坚持选有责任、用有规矩,严格按照"集体讨论—专家审核—公示备案"的标准流程执行教材选用工作,保证选用过程公开透明,促进职业教育教材优选优用。

(三)职业教育教材建设的全方位追踪监测机制

教材问题具有一定的隐蔽性,有些问题往往不能在当下立马被发现或得到及时反馈,导致问题的发酵或者延迟解决。[①]这不仅会带来巨大的教育隐患和长远危害,也可能影响教材建设落实国家事权的实际成效。对职业教育教材中的隐蔽性问题进行精准研判和及时反馈,实现职业教育教材建设落实国家事权的系统优化,建立全方位、常态化的教材建设追踪监测机制十分必要。具体来说,第一,职业教育教材建设的问题预警机制。该机制主要用于抓取职业教育教材在知识呈现、文字表述、形式美感等方面出现的问题,基于问题的性质、数量、程度、紧急性等启动阈值警示,继而将问题反馈给相应的责任主体,以便他们针对教材建设出现的具体问题采取召回、调整、修正或优化等举措。第二,职业教育教材建设的效果追踪机制。该机制的作用在于实时追踪相关问题的解决进展,并及时向各级各类职业教育教材的主管部门汇报,同时

---

① 薛二勇,李健.教材治理体系和能力现代化的政策分析[J].中国电化教育,2022(7):16-22.

传达主管部门的问题整改要求,确保教材建设问题整改到位。第三,职业教育教材建设的监测评估机制。该机制可以理解为是对职业教育教材建设各主体行权履责进行社会监督的重要关口,主要依托职业院校教师、学生、家长、行业企业专家和第三方机构等力量,对职业教育教材情况进行周期性监测和系统性评估,并根据监测评估结果,对相关责任人实施追责处罚。故此,问题预警、效果追踪和监测评估将综合作用,为职业教育教材问题的及时解决,以及教材建设具体权责的合理配置提供有力支撑。

三、职业教育教材建设落实国家事权的保障体系架构

教材建设是一项系统工程,离不开对教材管理规划、编写审核、出版发行、选用使用、服务保障、评价监督等各环节的整体设计和系统部署。随着《职业院校教材管理办法》的颁布,加大职业教育教材建设的服务和保障力度被摆在了更加突出的位置。鉴于此,深化对教材建设保障工作重要性的认识,架构保基本、稳质量、可持续的职业教育教材建设保障体系,成为职业教育教材建设落实国家事权的应有之义。

(一)完善职业教育教材建设的国家标准

国家标准是适用于全国范围的统一要求,是国家事权的一种外在表现形式。对于职业教育而言,国家标准是职业教育教材建设的基本依据,为提升职业教育教材建设质量、落实教材建设国家事权提供了重要保障。然而,目前我国职业教育的国家标准体系并不完善,不论是保障课程教学基本规范和质量要求的课程标准,还是规制教材建设基本原则和实施细则的教材建设质量标准,均有不足之处。因此,必须加紧出台并完善职业教育国家标准,以专业化标准促进职业教育教材建设落实国家事权。一方面,在职业教育课程标准建设上,截至目前,国家层面颁布的只有公共基础课程标准而无专业核心课程标准,[1]这势必会导致职业教育专业核心课教材建设因无国家标准作为依据和参

---

[1] 黄洋,刘义国.职业教育国家教学标准实施情况调研与启示[J].中国职业技术教育,2020(14):83-88.

照而降低国家事权在其中的意识形态统领地位。为此,需要持续补充、修订和完善职业教育专业目录、专业教学标准等,并加强与专业教材开发配套的专业核心课程标准建设,同时充分发挥标准的指南作用,不断优化职业教育教材建设落实国家事权的现实环境。另一方面,在职业教育教材建设质量标准上,国家并未出台明确的职业教育教材质量要求和检测方法,也就无法为评判职业教育教材建设是否符合国家规范提供法理依据,这在一定程度上也会影响国家事权的落实。为此,需要国家以及相关职能部门明确主体责任,通过颁布法律法规和制定政策文本,对职业教育教材结构、教材内容、建设流程等进行科学、细致、严密的规定,不断完善职业教育教材建设质量标准,为科学有效落实国家事权提供坚实的保障条件。

(二)加强职业教育教材工作的队伍建设

据实而论,当前我国急缺集学科研究、教学经验、编辑素养于一身的教材专家[1],这也是职业教育教材建设亟待解决的重要问题。因此,当务之急是打造一支高素质、高水平、复合型的职业教育教材建设队伍,以强有力的专家队伍推进国家事权的科学落实。第一,打造高素质的职业教育教材研究队伍。深化教材研究,能够为教材建设落实国家事权提供智力支持。为此,需要挑选立场坚定、业务精湛、学风优良、善于创新的专家学者,以经济社会发展、产业转型升级、技术技能积累和文化传承创新为导向,围绕职业教育教材建设的重大理论与实践问题展开研究,提升职业教育教材建设的思想性、发展性、科学性和实践性。第二,打造高水平的职业教育教材编审队伍。教材编写和审核是保障教材质量、落实国家事权的重点工程,教材编审人员的能力素养将直接影响职业教育教材建设水平和职业教育教材建设落实国家事权的效度。为此,需要严格考察职业教育教材编审人员的思想政治意识、知识结构、学科素养、基本能力、现实表现等,打造一支政治过硬、专业精深、善于协同的高水平教材编审队伍。第三,打造复合型的职业教育教材培训队伍。教材建设能否落实国家事权,取决于教材为党育人、为国育才的实效;教材能否真正成为育人育才的素材,取决于教师对教材的理解和运用能力;而教师能否对教材进行

---

[1] 余宏亮.建设教材强国:时代使命、主要标志与基本路径[J].课程·教材·教法,2020,40(3):95-103.

科学理解和合理利用，取决于对教师转化教材能力的精准培训。因此，必须集结行政单位、职业院校、行业企业、技术专家等多方力量，组建一支复合型的职业教育教材培训队伍，为落实国家事权提供专业的、优质的培训服务。

（三）优化职业教育教材建设的平台设计

职业教育教材建设作为国家事权包含两层意蕴：一是在教材建设过程中坚持马克思主义指导地位，体现党和国家的教育意志；二是教材建设须围绕国家重大战略，紧密对接产业升级和技术变革趋势。而要全面落实职业教育教材建设国家事权，除了强化国家意识形态引领之外，在了解我国经济社会发展动态、洞察产业转型需求的基础上优化产教融合平台、推动校企深度合作也至关重要。优化职业教育教材建设平台，需要在职业院校和优秀企业之间建立长期、稳定的合作关系。一方面，赋予行业企业话语权，强化其参与职业教育教材建设的动机和责任感。特别是在职业教育专业课教材的建设上，鼓励行业组织、企业等将新技术、新工艺、新理念加入职业学校教材，加强资源共享和教材共建，引导其将技术发展、技能改进等相关成果以及企业技术标准、操作要求等要素添加到职业教育专业建设、标准开发以及教材建设中来，切实提升教材建设对行业发展和企业需求的适应性，提高教材建设整体水平。另一方面，加强教师培养，着力提升职业院校教师的教材建设能力。职业院校教师是教材开发的重要力量，应发挥教师在教材编写、评定、选用等环节的关键作用，而这对职业院校教师的专业素养又提出了更高要求。对此，可以利用行业企业参与职业学校专业建设和教材开发的契机，有针对性地对职业院校教师进行培训，不断丰富教师的行业认知，帮助其了解工作过程所需的知识与技术技能，进而形成对职业教育更系统、更专业的理解，在高质量职业教育教材建设中发挥好关键作用。

第十二章 高等教育教材建设落实国家事权的现实样态及系统优化

教材是教与学的载体，是育人的重要依托，是承载国家意志的重要文本。教材回答"为谁培养人""培养什么样的人""怎样培养人"等教育根本问题。加强教材建设是提高教育质量的必需手段，教材建设关乎国家教育水平、人才质量，关乎第二个百年奋斗目标能否顺利实现。高等教育是国民教育体系的重要组成部分，高校教材是高等学校教育教学的基本依据，其建设质量直接关系着党的教育方针能否落实、教育目标能否实现。高校教材必须体现党和国家意志，服务国家发展战略。[①]高等教育的内涵式发展离不开高质量的高等教育教材体系做重要支撑，漠视或失去这个前提，高等教育的内涵式发展便为"无米之炊"和"无源之水"。由此可见，助推高等教育的内涵式发展、实现教育现代化与教育强国，必须创建完善、先进、科学且具有时代性的高质量高等教育教材体系。

2016年12月，习近平总书记在全国高校思想政治工作会议上指出："教材建设是育人育才的重要依托。建设什么样的教材体系，核心教材传授什么内容、倡导什么价值，体现国家意志，是国家事权。"[②]将教材建设提升至国家事权地位，是党在新时代审时度势作出的重大战略部署。为实现这一目的，国家出台了针对高等教育领域内的相关主体实践行为的制度规章，以此来规范各相关权力主体的行为。自国家颁布四个教材管理办法以来，我国高等教育教材建设已取得长足进步，形成了中央、地方与学校三级教材管理体制和国家与省（自治区、直辖市）的两级教材审定制度。以制度明确了高等教育教材建设中各主体的权责边界与行动遵循，保障了高等教育教材建设的整体推进趋势，是党充分重视教材建设，将其提高至国家战略地位的彰显，亦是党对"立德树人"任务的顶层指导与统筹规划。对当前高等教育教材建设落实国家事权现实样态的描摹既是检视高等教育教材建设中各权责主体是否充分做到了"权责"统一、是否积极行权履责的手段，又是对国家事权是否在高等教育教材建设中得以完满落实、落实至何种程度的必要分析，还是为进一步优化高等教育教材建

---

① 中华人民共和国教育部.加强高校教材建设 提升高等教育教学质量[EB/OL].(2020-01-08)[2023-05-23].http://www.moe.gov.cn/jyb_xwfb/moe_2082/zl_2020n/2020_zl02/202001/t20200108_414674.html.
② 中华人民共和国教育部.擦亮"中国底色"的统编三科教材[EB/OL].(2018-01-13)[2023-05-23]. http://www.moe.gov.cn/jyb_xwfb/moe_2082/zl_2018n/2018_03/201801/t20180115_324617.html.

设的权责机制提供现实依据、提高高等教育服务能力、使其完全和充分地释放育人潜能的必要举措。

第一节
高等教育教材建设落实国家事权的权责特征

2021年10月,在全国教材工作会议暨首届全国教材建设奖表彰会上时任国务院副总理、国家教材委员会主任孙春兰指出,要深入贯彻习近平总书记关于教材工作的重要指示,落实李克强总理重要批示要求,以促进学生全面发展、增强综合素质为目标,以全面提高教材质量为重点,创新教材建设理念,增强教材育人功能,不断提升管理水平,打造更多培根铸魂、启智增慧、适应时代要求的精品教材。[1]

高等教育教材建设作为落实国家事权的重要环节,关系到我国高等教育现代化发展进程,对于创新型国家建设具有重要战略意义。把好高校教材建设关、提供更多优质的高等教育教材,切实落实国家事权,需要明确高校教材建设落实国家事权的价值目标,以引领高校教材建设实践;需要明确高校教材建设中各权责主体的权责边界,明晰管理职责,以便各主体各行其权、各司其职、协同合作。

一、高等教育教材建设落实国家事权的价值目标

高等教育是中国特色教育体系的重要组成部分,肩负着立德树人根本使命,对推进教育强国建设具有重要意义。教材是育人育才的重要依托,回答着"为谁培养人""培养什么样的人""怎样培养人"的重要命题,教材建设的质量决定着人才的质量。在迈向第二个百年奋斗目标的新征程中,高等教育教材

---
[1] 中华人民共和国中央人民政府.孙春兰强调:加快建设高质量教材体系 服务学生全面发展、健康成长[EB/OL].(2021-10-12)[2023-05-26].https://www.gov.cn/guowuyuan/2021/10/12/content_5642145.htm.

建设要通过落实国家事权提高高等教育的服务水平与服务能力,并以培养全面发展的创新型人才为总目标,全力建成高质量教材体系,构建完善的教材理论研究体系,培养教材建设的高质量人才队伍。通过高效落实国家事权,体现国家意志,提高水平,提升高等教育的育人能力,进而为中国式现代化建设培养更多高质量、复合型的高精尖人才,为中华民族的伟大复兴提供充足的人才智力支撑。

(一)培养心怀"国之大者"的创新拔尖人才

进入21世纪,全球科技革命方兴未艾,以信息技术、生命科学工程为主要标志的科学技术发展日新月异,在新一轮科技革命和产业革命下,世界各国为占领发展先机,展开了激烈的教育、科技、人才角逐。然而,当今世界异常激烈的竞争归根结底是人才的竞争,人才的培养与争夺才是国际竞争的焦点。所以优先发展教育,构建现代教育体系,建设学习型社会,培养大批创新人才,已成为人类共同面临的重大课题和应对诸多复杂挑战、实现可持续发展的关键。[1]习近平总书记在党的二十大报告中指出,教育、科技、人才是全面建设社会主义现代化国家的基础性、战略性支撑。必须坚持科技是第一生产力、人才是第一资源、创新是第一动力,深入实施科教兴国战略、人才强国战略、创新驱动发展战略,开辟发展新领域新赛道,不断塑造发展新动能新优势。[2]党的二十大报告立足国内国际的发展实际,从国家战略层面作出了教育、科技与人才"三位一体"的部署。《国家教育事业发展"十三五"规划》也指出要加强创新人才特别是拔尖创新人才的培养,加大应用型、复合型、技术技能型人才培养比重。[3]可见,新时代是创新的时代,创新型人才的培养是时代进步的内在需求,业已成为当前各国教育战略的重要内容。我国要想在新一轮科技革命竞争中

---

[1] 中华人民共和国中央人民政府.国务院关于印发国家教育事业发展"十三五"规划的通知[EB/OL].(2017-01-10)[2023-05-26].https://www.gov.cn/zhengce/content/2017-01/19/content_5161341.htm.
[2] 新华网.习近平:高举中国特色社会主义伟大旗帜 为全面建设社会主义现代化国家而团结奋斗——在中国共产党第二十次全国代表大会上的报告[EB/OL].(2022-10-25)[2023-01-05].http://www.news.cn/politics/cpc20/2022-10/25/c_1129079429.htm.
[3] 中华人民共和国中央人民政府.国务院关于印发国家教育事业发展"十三五"规划的通知[EB/OL].(2017-01-10)[2023-05-26].https://www.gov.cn/zhengce/content/2017-01/19/content_5161341.htm.

占据有利地位，高等教育就必须要在创新人才培养上实现重大突破，而作为高等教育改革重要组成部分的高等教育教材建设就需要严格落实国家事权，以心怀"国之大者"的拔尖创新人才培养为价值目标，使创新人才驱动科技创新与发展。从而充分发挥教育在现代化建设中的基础性、先导性、战略性支撑作用。

高等院校培养的"拔尖人才"能否成为"国之栋梁"，能否肩负起民族复兴、国家现代化建设的重任，与他们是否具有崇高的理想信念息息相关。有学者曾言"未来的拔尖人才除了具备超常禀赋和能力外，还应怀有为国家需求和为社会服务的初衷，强烈的社会责任感，致力于人类发展重大命题，并愿意为全人类命运共同体和福祉而奋斗的情怀"[①]。只有这样心怀家国天下的"拔尖人才"才能真正将国家发展、人民福祉作为自己的奋斗使命，才能全身心投入现代化建设中。所以高等教育教材建设落实国家事权行动要高瞻远瞩，树立科学的发展观、人才观与质量观，以可持续发展的生态理念指导教材建设、落实国家事权，以培养心怀"国之大者"的拔尖创新人才为目标引领；坚持立德树人，不断提升教材质量，用科学先进、思想内涵丰富的高质量新时代教材提高学生的认知能力，使其成为有能力、能创新的拔尖人才；还要涵养学生的道德品质、文化素养，帮助他们形成正向的价值观及责任意识、使命意识，使其成为具有强大发展潜力的、德才兼备的、身心和谐的、勇于担当的创新型人才。唯有如此，才能建设高质量的高等教育，充分发挥高等教育对现代化建设的人才与智力支撑作用，同时也使得国家意志在高等教育教材中得以充分彰显。

（二）全力建设高质量高等教育教材体系

党的十九大报告明确指出："我国经济已由高速增长阶段转向高质量发展阶段。"这一重大判断将我国社会的发展从注重数量规模的扩张转到聚焦追求内涵质量的提升上，意味着社会发展的底层逻辑发生了深刻变化，要坚持"推动高质量发展为主题""加快建设高质量教育体系""发展素质教育""加强教材建设和管理"。由此可见，教育事业是国家整体布局的重要组成部分，随着高

---

① 阎琨.构建全方位培养体系 培养心怀"国之大者"的拔尖人才[N].光明日报,2021-10-26(15).

质量发展理念的确立,教育事业的发展也应及时跟进,将高质量发展理念渗透进教育改革与发展的各个领域。高等教育作为建设教育强国的龙头,其高质量发展对于国家的繁荣发展、人民幸福感的提升、教育现代化的推进及国家现代化的建设均具有重要意义。同时,教材高质量发展亦是教育高质量发展的重要体现,因此,构建高质量的高等教育教材体系事关高质量教育体系建设,更关乎国家意志能否在教材建设中得以充分体现。

作为一种新时代的理论话语,高质量具有丰富的理论和实践意义,对应到具体的领域也有着更为丰富的内涵。在高等教育教材建设中,高等教育高质量教材体系应具备以下特征:

1.全面性。高质量教材体系是兼具质量与数量的、全方位的、整体性的高质量。我国高等教育教材实行分级分类管理,应全面推进各级各类教材的健全建设,使各级教材能有效衔接,各有侧重,满足不同层次、不同类型学校人才培养和教学的需要。促进各级各类教材一体化高质量建设,为高等教育人才培养提供强大的教材支撑,助推高等教育实现真正的高质量发展。

2.思想性。教材培养国家建设者与接班人的任务与使命奠定了其价值取向性,教材不应也不能是无涉价值观念的。国家通过教材传递其核心价值理念,通过长期思想浸润,使学生形成预期的价值观、人生观与世界观,具备国家奉行的人格品行,成为认同国家主张、维护国家主权、投身国家现代化建设的优秀人才。因而,高等教育教材建设要增强其思想性,教材内容要处理好国外先进思想与中华民族优秀文化的关系,既要敢于引进外部优秀的思想文化成果,博采众长,又要处理好本土化问题,使其为我所用。高等教育教材编写还应面向未来、面向第二个百年奋斗目标、面向中国式现代化,充分恰当融入社会主义核心价值观与党和国家的教育主张,帮助学生坚定"四个自信",以培养自由、理性、敢于创新、勇于担当的中国现代化建设者。

3.科学性。教材凝结着人类智慧,如何将这些文明成果融入教材、转化为学生能够吸收的知识体系,确保人才培养质量,是教材建设者需要思考的重要问题。这个过程既涉及对教育规律的把握,又涉及对学生心理发展规律的掌握,还要厘清什么知识最有价值及谁的知识最有价值的教材建设根本问题。教材建设不是随意行为,它是一种理性的社会实践,有其内在的规律。因而增强教材建设的科学性首先就需要做到"一坚持五体现",即坚持马克思主义指导地位、体现马克思主义中国化要求、体现中国和中华民族风格、体现党和国家对教育的基本要求、体现国家和民族基本价值观以及体现人类文化知识积累和创新成果[①];其次需要其权责主体以辩证唯物主义的价值观与方法论来指导教材的编写、审核、使用等具体事项,保证指导方法的科学性;最后,还要求教材编制过程的科学性。

综上,从高等教育高质量教材体系的特征来看,高等教育教材编制既要遵循学科发展的规律,又要结合教育规律与学生心理发展的规律,将学科最前沿知识与理念以科学的逻辑反映在教材中。同时,要将社会主义核心价值观融入其中,以综合培养学生科学的知识体系、积极的情感态度与正向的价值观念,促进高等教育教材知识性与育人性的高度统一。除此之外,高质量的高等教育教材体系还应彰显时代性,吸取过往高等教育教材建设的经验,继往开来,在继承中改革与创新,体察新时代新要求,努力构建能够适应新时代、引领新时代的高质量高等教育教材体系。

(三)构建完善的高等教育教材理论研究体系

党的二十大报告指出,要深入实施马克思主义理论研究和建设工程,加快构建中国特色哲学社会科学学科体系、学术体系、话语体系。[②]作为中国特色哲学社会科学学科体系的重要组成部分,教材体系建设既具有自身的独特个性,也需要充分注意外部环境的需求。这就对教材建设的理论研究提出了要求。建构中国特色哲学社会科学学科体系、话语体系需要完整的、系统的科学理论做支撑。深厚、科学的基础理论研究聚焦于探索学科相关实践的规律、潜力与前景,能为学科体系的构建提供科学的指导,为学科体系、话语体系的构建肃清认知与方法障碍。高等教育教材理论研究体系的全面构建将为高等教育教材建设落实国家事权带来科学指导,益于事权落实的提质增效,利于高质量高校教材体系建设;强化理论研究也是助推我国高等教育教材话语体系、学

---

① 郑富芝.尺寸教材 悠悠国事——全面落实教材建设国家事权[J].人民教育,2020(3):6-9.
② 新华网.习近平:高举中国特色社会主义伟大旗帜 为全面建设社会主义现代化国家而团结奋斗——在中国共产党第二十次全国代表大会上的报告[EB/OL].(2022-10-25)[2023-05-26].http://www.news.cn/politics/cpc20/2022/10/25/c_1129079429.htm.

科体系高质量构建以及建设教材强国的必然要求。

高等教育教材理论研究是我国教材理论研究的重要组成部分,它们共同构成了我国教材研究的话语体系。当前我国高等教育教材建设已取得喜人的成果,例如,已"出版近八十种质量上乘的教材在高校广泛使用,引领和带动高校哲学社会科学教材建设,推动哲学社会科学学科体系、话语体系、评价体系建设不断创新"[①]。但尚需加强教材理论研究,进一步强化各类教材研究的深度与广度,探寻新时代高等教育教材建设的规律,助力高等教育教材建设有序开展,从而高效落实国家事权,加快实现高等教育教材强国的建设目标。有学者指出,"缺少了理论体系指导,教材体系建设的科学化水平就难以提高,也就更谈不上建设教材强国。所以,无论从理论逻辑上讲,还是从实践需求上看,增强教材研究的基础性、前瞻性、引领性都十分紧要"[②],"教材质量的提升要遵循规律,一定要切实加强基础性研究"[③]。越来越多的专家学者已深刻体会到教材理论研究的重要性,并积极投身其中,为教材建设出谋划策。教材理论研究对于构建完善的教材理论体系与高效的教材建设实践意义深远,应赋予其学术品格,展开积极深入的学术探讨;也应将其纳入高等教育教材建设落实国家事权的目标体系中,鼓励各权责主体在教材建设理论与实践中提升研究意识,深化理论构建。

(四)培养高等教育教材建设的高质量人才队伍

作为一项人类社会实践认识活动,教材建设是由知识选择、知识组织和知识活动三个部分构成的,具体指向教材的编写、审核、出版、发行、选用、使用、评价和研究等事项内容,这些事项内容均需要由相应的专业人员来负责。从价值链的角度看,教材建设还是一个动态的、环环相扣的过程,教材建设工作的良性开展、生态运作离不开价值链上的每一个环节的相互配合与独立分工,过程中任何一环的缺失或者低质运行皆会影响到教材建设有机体的正常运

---

① 中华人民共和国教育部.教育部关于印发《新时代马克思主义理论研究和建设工程教育部重点教材建设推进方案》的通知[EB/OL].(2022-02-19)[2023-05-26].http://www.moe.gov.cn/srcsite/A26/moe_714/202203/t20220308_605562.html.
② 余宏亮.建设教材强国:时代使命、主要标志与基本路径[J].课程·教材·教法,2020,40(3):95-103.
③ 田慧生.新时代教材建设的若干思考[J].课程·教材·教法,2019,39(9):4-6.

转,进而影响到教材建设的质量。既然教材建设是由具体的个体或者团队作为主体负责具体环节的,那么主体的综合素养之于教材高质量建设就具有非凡价值。甚或可言,有何种水平的人才队伍就有何种水平的教材质量,那么建设高质量人才队伍就应是教材建设落实国家事权的预期目标之一。

因此,高等教育教材建设落实国家事权不应仅止步于建设高质量的教材体系、培养全面发展的创新型人才、构建完善的教材理论研究体系,还应彰显时代性,将高质量发展的理念渗透进高等教育教材建设的各个环节,这就使高等教育教材建设的人才队伍建设成为了关键点。高等教育教材建设是国家事权,彰显党和国家的教育理念,承担着为党育人、为国育才的重担,具有政治性、教育性与公共性等性质。这就要求高等教育教材建设各环节的人才队伍需要具备包括政治素养、专业水平、道德作风、权责意识等能力在内的较高的综合素养。例如,于教材编制队伍而言,不仅要有高度的学者自觉、坚定正确的政治立场、强烈的权责意识、高超的专业素养与学术水平,还应知行合一、品德高尚、具备良好的师德师风。这样才能保障教材的高质量编制,保证教材的政治性、思想性、科学性、时代性、多元性与民族性。于教材管理队伍而言,最基本的就是要懂教材。正如有学者所言,"管教材的一定要懂教材,要懂这个专业。如果管理队伍的水平提高了,整个工作状态就会大大改进"[1]。不仅如此,教材管理人员还应具备相关管理知识及其他方面的素养,例如与其他队伍的协调合作能力、权责意识、资源分配能力等。

总之,教材建设是一项繁杂事务,其中涉及各权责主体的协商合作、利益分配、权责分配等,高等教育教材建设高质量人才队伍建设的关键在于凸显"高质量"和"人才队伍"的重要地位。"高质量"要求教材建设主体为复合型人才,要具备较强的包括精湛专业知识、优良学风、高尚思想品格、强沟通能力等素养在内的综合能力。第一,坚定正确的政治立场是每支队伍不可动摇的根本。第二,如前所述,教材建设的过程即国家事权得以落实的过程,是一个环环相扣的系统过程,是教材编写、审核、出版、使用、评价、管理、研究的一体化建设过程,当然也应是各环节人才队伍的一体化建设过程。唯有教材建设队

---

[1] 田慧生.新时代教材建设的若干思考[J].课程·教材·教法,2019,39(9):4-6.

伍质量的整体提高,才能确保国家事权在每个环节的切实执行,才能为编好、管好、用好高等教育教材提供保障,充分释放优质高等教育教材的育人活力。所以高等教育教材的人才队伍建设要协同促进各环节人才队伍结构的优化、人才素养的提升,而这个人才队伍综合素养的增长是一个长期、动态、挑战与潜能并存的过程,需要其中的主体明确权责界限与范畴,各尽其责、协同合作。

二、高等教育教材建设的权力主体及其内容

经过长期的理论与实践探索,我国教材建设当前"已形成上下贯通、多方联动的组织架构,体现了权责统一、科学高效的现代治理理念"[1]。在高等教育教材治理中已形成国务院教育行政部门统筹,省级教育行政部门和校级部门分级管理的多元权力主体治理结构。对高校各类教材进行统筹为主、统分结合、分类指导的建设管理。以多元主体共治理念指导高校教材建设,允许多元主体参与到高等教育教材建设事务中,成为权责主体,行使权力,表达利益诉求,从而形成了多元主体协同共治的高等教育教材治理新格局。

从高等教育教材建设的权力类型来看,高等教育教材建设的权力主体类型可分为核心权力主体、一般权力主体和边缘权力主体,且这些权力主体都有着各自的特征,因而,承担的任务事项也会有所差异。高等教育教材类型多样,涉及主体众多,包括国务院教育行政部门、省级教育行政部门、高等院校、社会机构、出版机构、专家学者、教师、学生与家长等。为更好明确权责主体,明晰权力内容与责任归属,如第五章所述,将高等教育教材建设的权责主体分为行政主体、社会主体及教育主体,以便廓清各类教材中三类主体的权力内容。其中,将国务院教育行政部门和省级教育行政部门视为行政主体;将高等院校、学生、专家学者及一般教师视为教育主体;家长、出版机构及其他社会机构视为社会主体。

---

[1] 刘滋祎,潘信林,李正福.教材建设质量保障体系:结构框架、运行成效与未来展望[J].课程·教材·教法,2022,42(2):60-66.

(一)行政主体及其权力内容

党的十八大以来,党和国家从战略高度对教材建设作出了一系列的部署,出台了一系列针对教材建设质量提升的政策文件。2019年,教育部印发了《中小学教材管理办法》《职业院校教材管理办法》《普通高等学校教材管理办法》,回答了各级教材建设由谁管、如何管以及管什么的问题,明确了各级教材建设的权责主体、权责界限及权责内容,为大中小学教材建设提供了行动纲领。其中,《普通高等学校教材管理办法》(以下简称《管理办法》)指出,在国家教材委员会指导和统筹下,高校教材实行国务院教育行政部门、省级教育部门和高校分级管理,确定了高等学校教材的三级管理体制,形成了统一领导、分级负责的纵向教材建设权力结构。《管理办法》还明确了国务院教育行政部门和省级教育部门的行政主体身份及其各自的权力与责任。

国务院教育行政部门作为高等教育教材建设中的最高级行政部门,统筹规划全国高校教材建设事务,《管理办法》指出,"国务院教育行政部门牵头负责高校教材建设的整体规划和宏观管理,制定基本制度规范,负责组织或参与组织国家统编教材等意识形态属性较强教材的编写、审核和使用,指导、监督省级教育部门和高校教材工作"。赋予了国务院教育行政部门对高校教材建设的统筹规划权、组织权、审核权、指导权、监督权等权力。其中,意识形态属性较强的教材,例如马克思主义理论研究和建设工程重点教材(一般简称"马工程教材")和包括思想道德修养与法律基础、中国近现代史纲要、马克思主义基本原理概论、毛泽东思想和中国特色社会主义理论体系概论及习近平新时代中国特色社会主义思想概论在内的教材由国务院教育行政部门组织统一编写、统一审核、统一使用。彰显国家最高行政主体对以传递国家主流价值为内容的教材的绝对统筹权。

在我国现行的高等教育教材建设权力结构下,省级教育行政部门是连接高校与国务院教育行政部门的"桥梁型"的行政主体。各行政主体的权责内容在《管理办法》中得以明确,就省级行政主体的权力及其内容而言,该办法指出要落实国家关于高校教材建设和管理的政策,指导和统筹本地区高校教材工作,明确教材管理的专门机构和人员,建立健全教材管理相应工作机制,加强对所属高校教材工作的检查监督。现行的教材建设制度赋予了省级教育行政部门对本地区高校教材建设工作的统筹权、组织权、指导权、监督权、检查权、审核权等，以及将本地区高校教材建设工作情况向国务院教育行政部门进行反馈的反馈权。根据我国三级教材规划制度，省级教育行政部门还拥有制定省级教材规划的权力，可根据本地实际，组织制定体现区域学科优势与特色的教材规划。另外，全国高等教育规划教材采取编选结合的方式，省级教育行政部门具有推荐权，可以推荐精品教材参选全国高等教育规划教材。

在当前的行政体制下，省级教育行政部门被赋予教材建设相关权力，不仅具有服从并执行国务院教育行政部门相关教育政策的责任与义务，还要充分提升权责意识、行使教材规划权，制定体现本地区学科优势与特色的教材规划，促进本地区高等教育教材高质量发展，从而促进本地区高等教育学科体系的高质量建设。同时，及时将本地区高校教材建设的实况向国务院教育行政部门进行实时反馈，体现其"上传下达"的枢纽功能。我国高校教材建设工作正是在国家教育主管部门和地方教育行政部门的相互协作中，以国家事权的有效落实为根本指向，科学划分权责关系，明确主体职责，最终确保高等教育教材彰显国家意志。

(二)教育主体及其权力内容

教育主体是高校教材建设中的重要主体，一般认为教育主体包括高等院校、学生、专家学者及一般教师。《管理办法》指出高校落实国家教材建设相关政策，成立教材工作领导机构，明确专门工作部门，健全校内教材管理制度，负责教材规划、编写、审核、选用等。高校党委对本校教材工作负总责。还指出高校须根据人才培养目标和学科优势，制定本校教材建设规划。一般高校以选用教材为主。《管理办法》确定了高校在教材建设中的教育主体地位，同时明晰了高校在教材建设中的校级教材规划权与组织权、教材编写权与选用权。高校教材实行分级分类审核，坚持凡编必审，凡选必审，高校对自行组织编写和选用的教材进行审核。除此之外，高校还拥有对教材的反馈与评价权。高校作为教材建设中的重要主体，是以机构的形式存在的，教材建设国家事权主要通过高校下放至具体的主体，由具体主体负责相关事务，行使相关权力。高校组织校内专家学者与教师落实国家教材建设的相关政策,动员专家学者积极参与教材建设工作。教材编写、审核、选用、使用、反馈与评价等工作均由专家学者、教师或由专家学者及教师组成的团队完成。学生主要行使教材的使用、反馈与评价权,对所选教材进行反馈与评价。教育主体在高等教育教材建设中还具有研究权,高校教材研究为教材建设实践提供学理支持,高校要提高主体意识、权责意识,常态化组织各类教材研究,将教材研究工作纳入日常教材管理事务中。组织、动员高素养的专家学者主动行使教材研究权,积极展开对各类教材的深入研究,投入到教材研究事业中。同时,高校要密切与相关社会主体、行政主体合作交流,促进资源共享,汲取社会主体、行政主体在教材研究中的经验与智慧,凝聚多元主体教材研究的智慧合力,构建多元一体的、协商合作的教材研究新格局。通过高校汇集多元主体参与教材研究的实践,提升高校的教材研究能力,丰富并完善高等教育教材建设的理论体系,为高校教材建设实践提供科学的指导,从而建设高质量教材。

(三)社会主体及其权力内容

教材建设是一项复杂事务,涉及知识选择、知识组织和知识获得等事项,需要多元主体积极参与其中,分工协商合作才能实现高质量精品教材建设的目标。一般认为,高等教育教材建设中的社会主体主要包括出版机构和相关教育学会以及家长。但由于教材建设的专业性,家长在高校教材建设中的话语权较弱,主要由出版机构和相关教育学会参与高校教材建设并行使相关权力。出版机构是高等教育建设的重要社会主体,拥有审核权、推荐权、排版权、校对权、装订权、编辑权、印刷权、设计权等出版权力。出版机构是高等教育建设中不可或缺的重要权责主体,它主要承担教材编辑出版等工作。高质量教材建设能否取得实效,对教材育人性的发挥、高等教育教材建设落实国家事权具有关键作用。所以出版机构应提升主体意识,明确权责边界,正确行使出版权力,科学合理地编排文字、选择纸张,遵循"以学习者为中心"的育人理念,为学生提供更高质量的启智增慧的精品教材。在审核权方面,《管理办法》规定,教材出版部门成立专门政治把关机构,建强工作队伍和专家队伍,在所编修教材正式送审前,以外聘专家为主,进行专题自查,把好政治关。高质量教材的建设依靠高质量的出版机构,尤其是意识形态属性较强的教材更须把好出版关。《新时代马克思主义理论研究和建设工程教育部重点教材建设推进方案》(以下简称《推进方案》)指出要制定教育部马工程重点教材出版准入标准,实行出版机构备案制,凡是出版教育部马工程重点教材的出版机构须在国务院教育行政部门备案。国务院教育行政部门定期组织评估,对不符合出版条件和要求的出版机构将责成相关高校或单位,按有关规定作出处理,及时中止出版资格。由此可见,《推进方案》所提出的对马工程重点教材出版机构的高标准与高要求,为出版社的自查与改进指明了方向。在推荐权方面,相关高质量出版机构拥有对精品教材的推荐权。例如,"十二五"普通高等教育本科国家级规划教材(以下简称"规划教材")第二次推荐遴选工作就指出此次的国家级规划教材主要由中央部门直属高等学校和省级教育行政部门进行教材推荐,出版社补充推荐。

全国出版机构数量众多、质量参差,在教材建设方面的积极性与参与度等均有差异。质量各异的出版社,在教育领域的声誉、地位、影响亦有高低,这实质上形成了一种文化权力,这种权力影响着高校师生对教材的选用,也影响着出版机构在高等教育教材建设中的话语权。

一方面,专业学会是推动学科建立和学科发展的重要力量;另一方面,学科发展是专业学会的思想内核,在绝大多数章程中专业学会都把学科发展作为组织发展的核心目标。因此,专业学会的发展深深打上了学科的烙印,体现了学科特点,优秀的专业学会与一流学科的发展往往同步。[①]在高等教育中,中国高等教育学会是由高等学校、社会团体和教育工作者,以及支持高等教育事业发展的事业单位、行业企业和个人自愿组成的全国性、学术性、非营利性社会组织。其主要业务为理论研究、学术交流、专业培训、展览展示、国际合作、咨询服务、书刊编辑和行业监测等。高等教育学会成立时间长、规模大、影响力大而广,常常为政府宏观决策、高等学校办学治校、高等教育改革发展和国际交流合作建言献策。有时也被教育行政部门授予特殊权力,负责与高等教育相关的特殊事项。例如,"规划教材"就由教育部牵头,委托社会主体——

---

① 杜鹏,洪云,张玮琳,李国飞.我国不同学科类型专业学会差异化研究[J].科学与社会,2023(1):113-129.

中国高等教育学会,由其成立"十二五"普通高等教育本科国家级规划教材第二次遴选工作办公室,负责申报材料受理、资格审查和遴选等工作。可见"十二五"普通高等教育本科国家级规划教材的相关事权由教育部委托给了社会主体中国高等教育学会,高等教育学会因此获得了此次国家级规划教材的材料受理权、资格审查权、遴选权等权力。

教材建设国家事权的权力属性较为复杂,主要包括源于人民的公共权力属性、行政权力的主导属性、教育权力的育人属性、内容建设权力的人文专业属性、资本增值权力的非营利属性,各属性间密切联系,构成层次丰富的教材建设国家事权权力属性体系。[①]教材建设国家事权复杂的权力属性决定了高等教育教材建设的多元权力主体构成,不同的权力主体承担着高等教育教材建设知识选择、知识组织和知识获得的事项任务,其事项任务的完成情况直接反映着国家意志在高等教育教材建设中的落实状况。高校教材建设与人民幸福、民族复兴大业的实现息息相关,行政主体、教育主体与社会主体要坚持人民立场,始终贯彻以人民为中心的发展思想,达成以实现人民对高等教育的美好希冀为奋斗目标的价值共识,提升权责意识,积极完满使用权力,使权力最大化释放其应有成效,推进高等教育教材建设落实国家事权,共创高校教材建设新篇章、新盛景。

三、高等教育教材建设权力主体的责任内容及责任体系

有权必有责、权责统一是马克思主义权力观的基本主张,"权力的授予必然伴随着责任的规定,权力无法脱离责任而单独存在。作为公共权力的载体,公共部门亦必须承担与公共权力相应的公共责任,以保证公共权力的公共性"[②]。高等教育教材建设作为一项满足人民群众精神文化需求的公共事业,其公共权力授予不同主体,一个重要的考量就是高等教育教材建设是一项由知识选择、知识组织和知识获得构成的复杂任务事项,而衡量这一任务事项的标准就是人民群众对于高等教育教材的精神需求满足状况。这就需要由占有

---

① 罗生全,董阳.教材建设国家事权的权力属性及运行原则[J].课程·教材·教法,2022,42(11):74-81.

② 刘雪华.论公共权力与公共责任的构建[J].社会科学辑刊,2004(4):185-187.

不同资源的权力主体共同参与进来,在各种资源要素充分整合的条件下,最终打造出满足人民群众精神需求的高质量高等教育精品教材。此外,权力与责任是一个统一体,各权力主体在获得教材建设权力的同时,也就意味着要承担与权力相匹配的责任,"责任本身具有对公共负责的含义,即权力行使与责任履行必须尊崇对人民负责、对法律负责、对社会负责的原则"[①]。权责对等要求高等教育教材建设中的多元主体要提升权责意识,做到"在其位、谋其政,行其权、尽其责"。

高等教育教材建设遵循着"权由事定"的权力运行逻辑,在高等教育教材建设过程中,教材建设的知识选择、知识组织和知识获得分别对应着教材编写、教材审核、教材选用、教材使用等环节,正是这些具体事项的存在,决定了高等教育教材建设的权力主体,及与之相对应的责任。权力和责任匹配,其真实目的就是使得高等教育教材建设的事项得到真正落实。高等教育教材建设事项的分工不同,教材建设类型所体现的国家意志的要求不同,也就产生了权力和责任的差异。我国高等教育教材实行分类管理,多元主体共同参与教材治理,因此,各类教材建设均涉及行政主体、教育主体与社会主体。按照第五章的权力主体甄别与责任体系厘定,行政主体、教育主体与社会主体在教材建设中均应承担一定的责任,包括政治责任、法律责任、行政责任、专业责任和道德责任。一言以蔽之,这五种责任构成了高等教育教材建设的责任体系。其中行政主体承担政治责任、法律责任、行政责任和道德责任;教育主体与社会主体均应承担一定的政治责任、法律责任、专业责任和道德责任。本部分将对三类权责主体在教材建设中的政治责任、法律责任、行政责任、专业责任和道德责任进行阐释。

(一)高等教育教材建设主体的政治责任及内容体系

高等教育中,从教材的多样性来看,不同类型的教材有其各自的适用范畴。从同一类型或同一专业的教材来看,不同的编写者所编写的教材,其权威性、师生认可度、专业性、科学性及思想性等也是存在差异的。但原则性的要求是每一类、每一本教材的政治立场都必须是坚定明确的。失去这个根本标

---

① 刘泾.试论习近平权责统一观的基本内涵与实践要求[J].新疆社会科学(汉文版),2021(4):19-26.

准,高等教育教材建设落实国家事权,彰显国家意志的实践活动也就偏离了政策的初衷。教材的首要特性就是政治性,教材建设所有环节的出发点应是益于维护国家政治安全。因而,高校教材建设的各类主体在推进教材建设工作时的首要责任就是政治责任,要坚决维护党和国家的领导。在教材的编写、审核、出版、发行、使用、反馈、研究和管理中应紧绷政治责任的"弦",充分履行政治责任。《管理办法》指出高校教材必须体现党和国家意志。坚持马克思主义指导地位,体现马克思主义中国化要求,体现中国和中华民族风格,体现党和国家对教育的基本要求,体现国家和民族基本价值观,体现人类文化知识积累和创新成果。高校教材建设主体履行政治责任要站稳中国立场,在教材中充分体现社会主义核心价值观,加强爱国主义、集体主义、社会主义思想的嵌入,以引导学生坚定道路自信、理论自信、制度自信、文化自信,成为全面发展的、具有创新精神与创新能力的、能担当中华民族伟大复兴大任的时代新人。尤其是在意识形态属性较强的教材和马克思主义理论研究和建设工程重点教材的建设中更要坚定政治立场,积极履行政治责任,以保证国家意识形态的安全、中华民族文化基因的赓续。若各权责主体在高校教材建设中出现了意识形态方面的问题,导致国家文化安全受到损害,那将接受因政治责任失责带来的不良后果,接受相应的法律惩罚。

(二)高等教育教材建设主体的法律责任及内容体系

所谓高等教育教材建设主体的法律责任,是指各权责主体在教材建设中均应恪守法律边界,遵守宪法及相关法律条文,在法律许可范围内从事教材建设工作。在高校教材建设中,所有将教材建设公共权力转化为私权的行为或者其他逾越法律边界的行为都将受到法律的制裁。

例如,于国家教育行政主体而言,应按照《管理办法》的要求将马列教材、马工程教材的编写权、审核权、出版权等权力分配给专业知识与技能有一定造诣、政治立场坚定、拥护中国共产党的领导、认同中国特色社会主义、遵纪守法、思想端正等符合资质的社会主体和教育主体。而非将教材建设权私有化、"据为己有",分配给与其有利益勾连、专业素养低甚至非专业的可能会给国家安全带来威胁的主体。若是后者,国家级教育行政主体中的相关人员将接受因法律责任失责带来的法律惩罚。总之,高校教材建设是国之大计,三类权责主体应深化对教材建设的认识,强化使命担当,坚决抵制任何损害人民利益与国家安全的行为,严格遵守法律,高效使用权力,积极履行责任。使高校教材建设落实国家事权事务在三类主体协同合作下良性开展与推进。

(三)高等教育教材建设主体的行政责任及内容体系

权责统一,有权必有责,行政责任伴随行政权力而生。高校教材建设的行政主体为国家教育行政主体和省级教育行政主体,由这两级行政主体行使行政权力,承担行政责任。这两级行政主体要恰当行使行政权,严格实行国家、省、学校三级教材规划制度,国家和省级行政部门要坚持贯彻、维护统分结合的教材建设权力结构,不过度使用行政权干涉学校主体与社会主体教材建设权的使用,坚决杜绝行政权对教材建设权的垄断或替代,要充分发挥行政权在高校教材建设中的指导、审核、组织与支持作用,以规范、高效的行政权行使为学校及社会主体参与高校教材建设营造良好的生态环境,支持学校及社会主体良序、高质地行使教材建设权,助力高校教材建设落实国家事权提质增效。

在科层制的权力结构下,行政权责不仅具有制约性与监督性,还应保证上级对下级的指导、支持,下级对上级的反馈与服从。因而,在高校教材建设中,国家教育行政主体要对省级教育行政主体进行监督、制约与指导,省级教育行政主体要服从并执行国家教育行政主体颁发的相关教育政策,并就本地区高校的教材建设情况向其进行反馈。总之,两级行政主体行政责任的充分履行、相互协商、监督,才能有效调节行政主体、教育主体及社会主体间的社会关系,为统分结合的权力制度扎实、健康地落地提供有力保障。

若国家教育行政主体和省级教育行政主体在高校教材建设中滥用行政权力,损害人民根本利益,则应受到相应的惩罚。

(四)高等教育教材建设主体的专业责任及内容体系

教材建设具有政治性、科学性、思想性、文化性与时代性,是一项专业属性极强的、烦琐而复杂的系统工程。例如从教材建设的环节而言,在编写层面,不仅涉及对各学科知识的系统科学运用,还涉及对学科最前沿知识动态的掌握;在教材出版层面,需要专业人员具备与印刷、文字排版等相关的专业技术。教材建设的专业性需要专业从业人员在编写、审核、出版等环节充分发挥专长,并对自己所从事的具体事项负责,分工合作才能有序完成教材建设各环节事务。

责任是对权力的规约,对权力主体施以责任能够保证其权力行使的合目的性。在高校教材建设中,教育主体的专业责任体现在其从事的具体事项中,并且要求参与其中的主体在其学科领域具有较高的专业素养、专业眼光,以高超的专业涵养履行其专业责任。例如,在教材的使用中,教师要尊重学生在学习中的主体地位,善于调动学生的积极主动性,有意识培养学生的批判性与创造性思维,并辅助学生创造性地将教材内容转化为他们能够接受的知识,帮助他们体悟、内化教材所蕴含的社会主义核心价值观与国家主流价值观,在掌握专业知识的同时形成民族精神、正确的人生观与价值观,成为心怀"国之大者"的高层次人才。在实现这一育人目的的过程中,教师所发挥的作用不可忽视。当教师在参与教材的编写时,应充分使用自己的编写权、专业权,履行自己的专业责任。在教材编写中要结合知识点本身、学生认知情况及学科发展的规律,将学科基本知识、前沿知识与主流价值观恰当融合,并体现在教材中。若有教师利用专业身份之便,在教材编写或者教材使用过程中私自加入有悖于国家意识形态安全的观点、内容,那么将接受专业责任未能有效履行的相应惩罚。

在高校教材审核中,审核主体要严把政治关、学术关,充分行使教材审核权、完满地履行专业责任。要自觉提高自身政治站位,以高度的学者自觉性指导教材的审核实践,以专家视角来严格对教材的价值取向和内容质量进行把关,特别是审核教材内容是否有机融入了中华优秀传统文化、革命传统思想、法治意识、民族团结思想等,是否自觉运用了具有中国特色的理论范式和话语体系;还要审核教材内容是否科学、是否符合学生心理发展水平、是否反映学科最前沿知识动态、是否符合教育发展的规律。此外还要整体审核教材是否益于学生树立正确的三观,是否益于培养德智体美劳全面发展的社会主义建设者和接班人。

《管理办法》已明确了各管理主体、具体事项执行主体的责任,坚持"谁编写谁负责""谁选用谁负责",使高校教材建设的权责清晰明确。因此,在每一类教材建设中,就专业责任而言,各权责主体,均应在自己负责的具体事项中,尊重教育及教材发展的规律、充分履行专业责任,以构建高质量的高等教育教材体系为价值目标指引,充分发挥专业才能,凝聚主体合力,切实落实国家事权,促进高校教材建设高质量发展。

(五)高等教育教材建设主体的道德责任及内容体系

高等教育教材建设寄托着广大人民群众对高质量精神文化产品需要的美好愿望,各权责主体不仅要做到合目的性、合规律性、合法律性,还要做到合道德性。这也说明了高等教育教材建设不仅需要外部力量的刚性制约,它还需要主体依靠自身内在力量形成自觉的道德规范。高校教材建设中的道德责任是一种源自内心的情感与规约,权责主体的自觉与自律将会促进该类责任的履行。高等教育教材建设是一项人文的、有温度的事业,不能也不应仅由外部的督促来保障其质量,还应激发权责主体的内驱力,激发他们对教育的情感及对育人事业的敬畏,使其将外部的他律与内在的自律相结合,以此来开展教材建设实践。例如,当编写者将他律与自律充分结合,甚至将他律转化为一种完全的自律后,他就能自觉在教材中融入家国情怀与人文情怀,使教材的人文性与科学性得到内在的统整与交融。

对教材建设权责主体道德责任重视,目的就是要强调行政主体、社会主体和教育主体在各级各类教材建设中要主动担负起打造"培根铸魂、启智增慧"的精品教材的道德责任感。通过内在责任感的激发,从而使得教材建设国家事权的权力能够得到有效行使,责任得到有效履行,最终达成落实国家意志的目的。

总之,高校教材建设落实国家事权是包括多项事项,牵涉众多主体利益的复杂事务,要实现共建共享,加快推进建设高等教育教材强国的步伐,就需要充分保障高校教材建设的专业性、科学性、系统性、时代性与思想性。而这需要各部门、各权责主体积极参与其中,各尽其责,进行良性互动、凝聚多元主体的智慧合力、展开协同联动的合作,并积极强化对教材建设治理内外逻辑的认识、提升契约精神、强化使命担当,以共建高质量高等教育教材体系、培养全面发展的创新型人才、构建完善的教材理论研究体系与高校教材建设的高质量人才队伍为目标共识,充分行其权,积极履行政治责任、法律责任、行政责任、专业责任、道德责任。唯有如此,才能真正将以人民为中心、多元主体协同共治的、民主的高等教育教材建设制度运行起来,也才能真正落实国家事权,化教材建设的美好蓝图为现实,并在实践中实现人民对高等教育的美好期望。

第二节 高等教育教材建设落实国家事权的风险挑战

在多年的实践探索下,我国教材建设已形成统分结合、分级管理的制度格局,这为指导我国教材建设提供了基本遵循。作为一项指导教材建设的重要政策文件,《管理办法》明晰了教材建设的权责边界,同时也为国家和地方推进教材建设指明了方向。然而,动态实践中的诸多不确定因素以及各教材建设主体间存在的利益博弈,给高校教材建设落实国家事权带来了一定的风险隐患。具体而言,这些风险隐患主要表现为高等教育教材建设主体的身份失序,高等教育教材建设的非结构化制度与机制,高等教育教材建设的制度执行偏差。

一、高等教育教材建设主体的身份失序

高校教材建设是一项复杂而系统的工程,其建设成效的取得,不仅要求各参与主体具有高度的权责意识、较强的学者身份意识,还要求他们具备相应的专业素养及充裕的时间和精力作为保障。在权责一致的原则下,才能充分行权履责,将制度优势成功转化为实践成效。然而,当前的高校教材建设在实践

中还面临着教材建设权责主体身份失序的风险挑战,其主要表现为:教材建设主体的学者身份失察;教材建设主体的"心余力绌"及责任伦理失范。这些因素都在不同程度上阻碍了高校教材的高质量建设与国家意志的彰显。

(一)高等教育教材建设主体的身份失察

教材建设国家事权的有效落实不仅与权责主体的行动密切相关,更与主体的责任意识密不可分。心理学指出,"意识是人的一种'意识到'的活动,即认识活动","是包括感觉、知觉、记忆、想象、思维在内的一种具有复合结构的最高级的认识活动","它具有自觉性、能动性、创造性等特点;在人的各种心理活动中,它发挥着调节、控制、指导的作用"。[①]由此可以认为,权责主体自身的责任意识越强,其行权履责的动机就越强,也越能督促自己在权责边界内充分地行权履责。反之,则为充分的行权履责带来负面影响。

高等教育教材建设是国之大计,党之大计,关乎"为谁培养人""培养什么样的人"的教育根本问题,关乎中华民族的前途命运与国家的长治久安。因此,这就要求各主体对作为高校教材建设权责主体这一身份要有充分的认识。而对权责主体身份的认识,实质是要对身份背后的责任有所意识。只有权责主体充分觉察、意识到身份所带来的责任,才能助其强化在教材建设中的身份认同、坚定政治立场,从而推动权责主体不断提升自身的责任意识、道德水平与专业素养,使高校教材建设的思想性、科学性与育人性等得到保障。

然而在动态实践中,由于追责机制、奖励机制的不完善以及权责主体自身素养结构失衡等原因,部分高校教材建设的权责主体未能清晰定位自身角色、身份意识不强,而意识又调节实践,这就易导致其政治站位不高,不能站在确保公共利益、维护国家繁荣发展的高度开展教材建设活动;也使其无法将政治性、思想性、育人性、民族性、时代性与科学性的外在要求有效内化为自身的能力素质,从而带来权力行使不足、权力行使随意化以及权力滥用等风险隐患。

---

① 张昱.意识问题杂谈[J].心理学探新,1982(4):13-16.

(二)高等教育教材建设主体教材编写"心余力绌"

高校教材建设事关拔尖创新人才培养,事关高水平科技自立自强目标达成,是建设高等教育强国的重要支撑。高校教材建设必须要回应国家重大战略需求,顺应新时代高校学生的价值观、能力和兴趣爱好等发展需求。教材是育人的载体,要通过教材学习,帮助学生获得适应并引领国家、时代发展的综合能力,还要益于学生的个性化发展需求,充分培养并发展每个学生的潜力,使每个学生均能从高质量教材中获益。这对教材编写者的专业素养提出了严峻的挑战。

为充分发挥教材的育人功能,培养德智体美劳全面发展的时代新人,《管理办法》对编写人员的专业素养作出了如下规定:学术功底扎实,学术水平高,学风严谨,一般应具有高级专业技术职务;熟悉高等教育教学实际,了解人才培养规律;了解教材编写工作,文字表达能力强;有丰富的教学、科研经验,新兴学科、紧缺专业可适当放宽要求。教材编写以提升人才的综合素养为目标引领,是一项知识密集型活动。深厚的专业知识积淀、专业前沿知识的掌握以及对专业前景的高瞻远瞩,是保证高校教材的知识性、科学性、时代性与育人性的基础。这也意味着,唯有在专业领域具有一定造诣并且文字表达能力强的优秀专家学者才能编写出优秀的、专业的精品教材,从而有力提升学生的专业素养。然而,"当前我国教材专业化程度较低、专业机构很少、专业编研人员匮乏,具体到学科教材编审,普遍存在着经验多、研究少,兼职多、专职少,单一型多、复合型少等问题,尤其是急缺集学科研究、教学经验、编辑素养于一身的教材专家"[1]。部分教材编写者"能"不配"权","心余力绌",虽具有教材编写的意愿,但专业性和综合能力尚不足以支撑其编写出高质量教材。这部分教师获得教材编写权之后,往往使编写权不能充分发挥出其应有效力,这是高校教材建设质量不高的根本原因所在。

(三)高等教育教材建设主体的责任伦理失范

高校教材高质量建设是一个权责主体行权履责的动态过程,其根本目的是通过落实国家事权,彰显国家意志。作为一项复杂的社会利益关系调适活

---

[1] 郭戈.加强教材专业化建设 提升教材科学化水平:"中小学教材专业化建设"调研报告[R].人民教育出版社,2019.

动,高等教材建设既需要外部刚性制度规章的约束,还需要各参与主体的内在道德觉醒。事实上,复杂事物的运转正是由主体内部的伦理自觉驱动得来的。正如唯物辩证法所认为的,事物的变化发展是事物内外因共同作用的结果。其中起决定作用的是事物的内因,事物的外因只是起到影响和制约作用。因此,重视高等教育教材建设主体的内在动因具有决定性意义。然而,从当前高等教育教材建设的实际情况来看,高等教育教材建设还存在着责任伦理失范的风险。

责任伦理综合了主体对行动的责任感及对行为过程和后果的责任承担,在吸收了义务伦理和信念伦理等学说的基础上,将信念和结果两种标准作为判断行为好坏的依据。[①]以责任伦理审视高校教材建设中的主体的责任行为可知,权责主体的行为是否合乎教材建设的要求、完满履行了责任,既要考察主体的责任动机又要评判在教材建设过程中其行为表现是否与责任要求一致、教材建设是否取得了预期成效。高校教材建设中主体存在的责任伦理失范主要表现为主体积极参与了教材建设事务,亦显现了较强的为国育人、建设高质量教材的意志与责任动机,但在实际行动中却因各种因素的影响未能付出足够多的时间与精力成本,未能完全表现出符合责任要求的行为。由于教材建设不仅是一项知识密集型活动,还是一项须投入大量时间与精力的事业,主体的责任伦理失范在教材建设过程中会折损教材建设权力的使用度,责任履行亦有所不足,导致教材质量大打折扣,为国家事权的有效落实、高质量教材的建设带来风险。这启示高校教材建设的系统优化既要培养主体的责任动机又要使其行为表现合乎责任要求。

二、高等教育教材建设的非结构化制度与机制

教材制度是指政府有关部门在一定的教育发展战略目标下,制定的有关教材编写、审查、出版、发行、选用和使用等一系列的方针、政策和规则的总称。教材制度完善与否,直接反映国家教育制度发展的水平。[②]完善的教材建设制度与灵活的转换机制是建设高质量教材的重要保障。在社会研究里,结构指

---

① 苏娜.论责任教育的伦理基础[J].教育学报,2018,14(2):73-77.

② 刘学智,张振.推进教材制度创新的着力点[J].教育研究,2019(2):28-32.

的是使社会系统中的时空'束集'(binding)在一起的那些结构化特性,正是这些特性,使得千差万别的时空跨度中存在着相当类似的社会实践,并赋予它们以'系统性'的形式。[①]教材编写、审查、出版、使用等制度同属于教材制度范畴,它们构成了完善的教材制度,维护着、体现着、再生产着教材制度的系统性与结构性,也确保了教材制度整体运行的良性秩序,并以此保障了教材建设事务的有序运行与国家事权的良序落实。当前,非结构化的审核制度,境外教材管理制度细化不足(具体表现为在省、校级教材规划层面未得到体现),追责机制的不完备使教材制度在实践层面呈现非系统化与非结构化,制约了国家事权在高等教育中的完全落实,也制约着精品教材的建设进程。

(一)高等教育教材建设的非结构化审核制度

教材建设是一项系统性的、过程性的、交互性的多元主体分工协作的庞杂工程,涉及教材的编、审、选、用、评、研等工作,其中,教材审核对教材质量的把关具有重要价值。只有拧紧每一环节的安全阀,才能确保教材建设的政治性、思想性、科学性,[②]才能建设出高质量的高校教材。编写审核与选用审核制度是对高校教材的政治性、科学性、思想性、时代性等的重要保障。

教材审核在教材建设中扮演着"守门员"的重要角色,任何一环的审核权使用不足或错位使用,都会导致教材审核的质量"把关"作用难以彰显,从而使劣质教材进入市场、扰乱教材的市场秩序,整体削弱精品教材的育人性,而这也是国家事权在高等教育教材建设中未有效落实的表现。《管理办法》指出:高校教材实行分级分类审核,坚持凡编必审,凡选必审。明确了国家教材委员会、中央有关部门、省级教育部门、高校及教材出版部门的审核职责与责任范畴,及相应教材类型的审核标准。该办法鲜明地将高校教材建设的审核制度以文本形式完整系统地呈现,规定了各级教材审核的要点、原则、注意事项及其审核主体等,为高校教材的审核提供了基本遵循与尺度,规范了高校教材的审核工作。

[①] 吉登斯.社会的构成:结构化理论纲要[M].李康,李猛,译.北京:中国人民大学出版社,2016:16.
[②] 刘浠祎,潘信林,李正福.教材建设质量保障体系:结构框架、运行成效与未来展望[J].课程·教材·教法,2022,42(2):60-66.

然而,当前高校教材的审核制度体系尚未完全确立,主要体现在省级教材、校级教材及自编教材层面,审核制度体系尚不够健全,结构性差,系统性不足,使教材审核权未有效发挥其"守门员"效力。具体表现为编写审核制度和选用审核制度的未完全确立,导致了高校教材审核制度的非结构性特征。在省级与校级教材的编写审核层面,由于省级行政部门与校级部门具有较大自主权,加之这两类教材具有区域特色与学校专业特色,高精尖专家的数量受限,所以省级部门和校级部门大多尚未确立明确的编写审核制度,而是由专家、教师编写完毕后交由出版机构进行出版。这种编写审核的缺位,为教材的思想性、科学性带来了一定的风险隐患,其结果就是大量低质量教材流入市场,对精品教材产生冲击,对高质量教材的育人性产生"抵消"作用。

同时,在选用审核制度层面,"凡选必审"原则要求选用的教材须先经过审核才有资格进入课堂。高校不仅具有教材编写出版发行的权力,同时也具有教材选用使用的权力。权力与责任是相互依存的。高校在享有教材选用权力的同时,也应承担教材选用的责任。然而,当前部分高校尚未建立规范科学的教材选用审核制度,未明确各类教材选用的标准和程序,未创建各专业的教材选用目录表。对选用教材文本的政治性和科学性把关不够严格,这就致使一些具有意识形态风险隐患的境外教材、理念陈旧内容重复的低质量教材进入到学校课堂之中,给高校人才培养带来一定的潜在风险隐患。总之,高校教材建设的结构失衡,一定程度上制约了国家事权在高等教育教材建设领域中的作用发挥,也在一定程度上制约了国家意志的彰显。

(二)境外教材管理制度缺位

加快和扩大新时代教育,对外开放是国家战略,"高等教育是推动高水平对外开放的战略窗口"[1]。《学校选用境外教材管理办法》强调,"既要改革开放,积极借鉴人类优秀文明成果,又要加强管理,坚持'按需选用、为我所用',严格把关"。[2]这意味着,我国高等教育教材建设不是自我封闭式的,而是主张在坚守根

---

[1] 陈飞.高等教育高水平对外开放:立意、要点与路径[J].黑龙江高教研究,2022(11):13-17.
[2] 中华人民共和国教育部.描绘新时代教材建设蓝图《全国大中小学教材建设规划(2019—2022年)》发布[EB/OL].(2020-01-15)[2023-05-26].http://www.moe.gov.cn/jyb_xwfb/xw_zt/moe_357/jyzt_2020n/2020_zt04/baodao/202004/t20200409_441835.html.

本价值立场的基础上,将守正创新与对外开放相结合,积极引荐科学、先进、符合我国国情的境外优质题材与先进理念的教学材料,积极学习借鉴国外发达国家的教材管理经验,以丰富我国高校教材体系、提升教材管理水平。

境外教材的选用,事关我国优秀文化与人类优秀文明成果的互通互鉴,同时是通过借鉴对比,督促我国高等教育教材建设与时俱进的方法。完备的高校境外教材管理制度能明确境外教材的权责主体及权责边界,能促进责任落实,严格把关境外教材的思想性、科学性与适用性等。然而,从现有的政策文件、制度规章内容来看,无论是省级教育主管部门,还是各种类型的高校,都在一定程度上缺少境外教材引进与管理的办法,这为实践带来了很大的制度空隙与风险隐患。有学者指出"教材引进制度不健全,如缺乏国外教材引进标准、内容政治审查、安全审查等,导致存在偏离价值导向和危害国家安全等内容的国外教材流入高校课堂"[①]。一言以蔽之,制度的缺位,导致境外教材管理中对"谁来管""如何管""管什么"的回答并不明确,境外教材的管理处于虚空状态。这直接导致了境外教材的选用审核"失语",管理紊乱,为有意识形态风险的教材在高校大行其道增加了便利,为国家主流价值观的传播带来潜在不利影响,为国家事权在高校教材建设中的落实带来风险,冲击着我国高校教材的整体质量。

当前国际竞争激烈,多元价值观角逐碰撞,别有用心之人妄图通过教材传播其价值观念,企图腐蚀我国下一代青少年的精神世界与价值观念,从思想信念上动摇我国国本。针对当前国内意识形态所面临的严峻形势,应严把境外教材的审核关、管理关,强化培根铸魂、立德树人的使命担当,形塑中国青年的风骨与品格,保卫国家意识形态安全。因此,建立完善健全的境外教材管理制度迫在眉睫。

(三)高等教育教材建设的追责机制不完备

教材机制是指制约教材管理活动系统各要素之间的关系及其运作方式的机构与制度规范。与体制相比,机制具有更加内在、更加深层的决定作用,教

---

① 刘学智,丁浩然.我国高等教育教材制度:沿革、问题与路径[J].东北师大学报(哲学社会科学版),2020(2):140-147.

材机制的完善与否在一定程度上直接决定了一个国家教材制度的优劣。[1]高校教材建设中的机制是将教材制度转化为实践的重要"转换器",对充分释放制度的优越性具有重要意义。高校教材建设的追责机制是追究教材建设主体失职行为的参照与程序,也具有督促权责主体充分行权的作用,是对以追责倒逼行权履职、统一责任与责任感的外在硬性方式的规范与保障。建立完善的追责机制旨在为高校教材建设的失责行为提供制度化、规范化的合法性追责操作依据。

追责机制也是高校教材建设落实国家事权机制的重要组成部分,对维护高校教材建设的良性秩序、建设高质量教材、高效落实国家事权具有重要价值。省级行政部门及高校作为教材建设中的重要主体,应建立完备的追责机制,并以《管理办法》为准则,切实落实好谁编写谁负责、谁审核谁负责、谁选用谁负责的追责要求,以规范引领所辖范围内权责主体的教材建设行动。然而,虽然当前我国已出台了系统的关于高校教材建设的管理办法,但由于我国高校数量众多,发展亦不均衡,大部分省级行政部门及学校的教材建设追责机制尚不完备。这也就易导致教材建设中出现责任推诿现象,以及易催生权责主体在行权履责时产生即使懈怠也不会被追责的侥幸心理,或由于追责机制的不完备,对教材建设中产生的失职行为的追责无章可循,造成追责标准混乱的现象,导致追责结果不足以对失责主体产生惩戒,从而阻碍权责主体在高校教材建设中完满使用权力、积极履行责任,为高校教材建设有效落实国家事权带来风险。

三、高等教育教材建设的制度执行偏差

当前,高校教材治理事务中,"各治理主体之间权力边界相对明晰,从制度设计上实现了高层级政府向低层级政府权力下放以及政府向学校、社会和市场的分权"[2]。这彰显了社会主义制度的人民性、民主性与科学性,形成了高校教材建设多元主体协同共治、以追寻善治为目的教材制度。然而,制度的优势

---

[1] 刘学智,丁浩然.我国高等教育教材制度:沿革、问题与路径[J].东北师大学报(哲学社会科学版),2020(2):140-147.

[2] 李叶峰.高校教材治理的价值诉求、现实困境与实践对策[J].黑龙江高教研究,2020(8):6-10.

归根结底要体现在实践上,要将其转化为实践效能,提升当前的实践成效。唯有如此,制度的优势才能真正得以体现。而实践中由于"责任规避"、认知障碍、经济利益驱使、能力不足等,引发了高校教材建设中的价值失序问题,造成制度与制度效能转化的偏差,权责主体未充分将制度优势落到实处,转化为实践效能,制度执行未达到预期成效。这主要表现为高校教材管理职能的弱化、高校教材编写的功利化倾向及高校教材出版发行片面追求经济效益。

(一)高校教材管理职能弱化

以国家教材委员会统筹为主、省级教育部门和高校分级负责的教材治理体系的构建,在一定程度上解决了长期以来在高校教材管理中存在的政出多门、条块分割问题,有助于明晰教材治理主体的权责关系[1]。这意味着,高校教材建设在党的领导下,成功实现了教材管理职能从中央向高校的延伸。高校既是高校教材建设的重要权责主体,又是教材建设的实践基地与成效"检验场",因此,高校是否充分发挥其教材管理职能对国家事权的落实及教材建设成效的释放具有举足轻重的作用。虽然高校教材建设初步形成了国家主导、省级教育行政部门与高校合理分工的权力结构,但从权力行使情况来看,高校未充分行使教材建设的权力,也未充分发挥教材管理职能。很多高校没有专门的教材委员会,与教材建设相关的业务被放到学校的相近职能部门。这就导致职能部门在实际运作中只有相关政策文件的上传下达,一旦涉及教材规划、咨询、督导等专业性问题,往往显得有心无力。[2]这就导致高校在教材建设各项制度落实、机制完善与教材的分类管理、教材高质量规划等方面存在制度与制度效能转换的偏差问题。有学者认为高校教材管理职能的弱化是由于"高校未能明确自身作为建设主体的责任意识、未能坚定'谁编写谁负责''谁选用谁负责'的责任思维、未能严守教材的政治方向和价值导向密切相关"[3]所致。也有基于历史角度审视的另一观点认为这与高校教材建设长久以来受到"国家统管统建"思维(有学者认为这是一种"依附'国家统管统建'的确定性管

---

① 李叶峰.高校教材治理的价值诉求、现实困境与实践对策[J].黑龙江高教研究,2020(8):6-10.
② 同上.
③ 杨柳,罗生全.高校教材建设治理现代化的逻辑理路与发展路向[J].教育科学,2023,39(1):21-27.

理思维"①)的影响,形成了特定的思维与路径依赖相关。这种依附性的、静态的管理思维打压了高校教材的管理积极性,弱化了高校教材建设的管理职能,未能使教材建设制度释放出其应有成效,阻碍了高校立德树人功能的实施,也阻滞了高校教材治理现代化的进程。

(二)高校教材编写的功利化倾向

高校教材既是一种公共文化产品,又是一种准商品,这对参与其中的相关主体就具有"利益"的诱惑。由于人具有利益追逐的本性,在利益观的选择上,往往会优先考虑个人利益,这就给高等教育教材建设带来了一定的风险挑战。加之,当前高校教材管理制度还不够完善,一些个人素质不够高的教材建设参与者往往会利用制度的"缝隙"来以公权谋私利,导致当前高校教材建设中存在重复出版、理论滞后、版本陈旧等现象。高校教材编写中还存在着"逐利"现象。将教材编写纳入绩效考核与职称晋升指标计量,本是为激励教师踊跃参与高质量教材的编写或嘉奖教师已参与编写高质量教材的行为。但事物的发展往往利弊并存,具有两面性,编写的奖励机制在激发编写主体参与编写的积极性的同时,也诱导了外部利益对教材编写知识性与思想性、育人性的僭越,使部分教师过度追逐外部利益,以功利主义为取向,把赚取稿酬和职称评定作为教材编写的出发点。这就导致部分教师在教材编写中疲于应付,东拼西凑,对学科前沿发展趋势把握不到位,无法体现教材的先进性,导致教材质量不高,②从而消解了教材的育人功能,也异化了高校教材建设这项国家事权应有的功能与目的,不利于高校教材的高质量建设,更有损于国家事权的有效落实与国家意志的彰显。

在高等教育的教材建设中,要充分维护教材建设的公共性,维护人民的公共利益,杜绝以公权谋私利行为的发生,有效落实国家事权,彰显国家意志。在编写层面,就需要编写主体提升理论素养,牢固树立教材建设是落实国家事权、体现国家意志、实现立德树人根本任务、维护国家安全的重要途径的思想,并以此价值导向与政治标准指导教材编写实践。同时,编写主体要自觉提升

---

① 杨柳,罗生全.高校教材建设治理现代化的逻辑理路与发展路向[J].教育科学,2023,39(1):21-27.
② 李叶峰.高校教材治理的价值诉求、现实困境与实践对策[J].黑龙江高教研究,2020(8):6-10.

专业素养,把握学科前沿发展趋势,将学科最权威、最科学、最前沿的知识与党和国家的教育方针有机融入教材。

(三)高校教材出版发行片面追求经济效益

作为一项极具专业性的社会实践活动,高校教材建设是由知识选择、知识组织和知识获得三类专业性主体直接或间接参与构成的,正是不同性质专业性主体的参与,才使得高等教育教材建设的育人目标得以顺利实现。出版机构作为高校教材建设中的重要社会主体,是教材建设专业性的体现,也是建设高质量精品教材的主要依靠力量。虽然出版机构在高校教材建设过程中承担着重要任务,同时,高校教材建设对其寄托着公共利益价值寻求的美好愿望,但一个不容忽视的客观事实是,我国的出版机构并非完全意义上的公共服务机构,无偿向社会提供服务,它还需要通过一定的方式途径获取能够保证自身机构正常运转的经济利益。这就需要出版机构在价值选择上处理好公共利益与个体利益的关系。

但实际上,在市场利益的驱动下,部分出版社会将谋求个体利益作为核心利益追求,这样就会危害到高等教育教材的公共利益,进而虚化高校教材支撑拔尖创新人才培养的功能。具体表现为忽视自身在高等教育教材建设中的重要主体地位与应承担的责任,未处理好"公属"和"私掌"之间的矛盾,罔顾教材建设权力的公共性,将公共权力"私有化",将本应为维护公共利益、为公共利益服务的公共权力转而为自己的私利服务。如部分出版机构片面追求经济效益,在部分自编教材的出版中,明知不可为而为之,滥用审核权、出版权,为编写不科学、适用性差、思想性偏离我国主流思想的教材"开绿灯",未使用审核权对这类教材进行思想层面的把关,或使审核成为形式,无实质性内容。一部分劣质教材得以出版进入市场,冲击了优质教材的地位,出现"劣币驱逐良币"的现象,扰乱了高等教育教材的市场秩序,影响了我国高等教育教材的整体质量,阻碍了国家事权在高等教育教材建设中的有效落实。

第三节
高等教育教材建设落实国家事权的系统优化

高等教育教材建设是落实国家事权的重要体现,是培养心怀"国之大者"的拔尖创新人才、建设科技创新型强国的重要依托,是巩固国家意识形态安全的重要防线,在凸显国家意志方面发挥着至关重要的作用。同时,高等教育教材建设是一项由社会利益和专业知识相互交织的复杂实践活动,我们应秉持发展的眼光看待高校教材建设,既要看到当前高校教材建设面临的问题,积极寻找对策,更要面向未来,察觉高校教材建设可能面临的风险挑战,提前谋划,不断优化高校教材建设落实国家事权的体制机制,避免潜在的风险变为现实的阻碍。为此,高校教材建设权责机制的系统优化可从以下几个方面着手:完善高等教育教材建设主体的能力发展机制;健全高等教育教材建设的制度与机制;建立高等教育教材建设的奖励机制。

一、完善高等教育教材建设主体的能力发展机制

时代更迭,知识与科技加速发展,人们对教育的高质量与多元性需求亦随生产力的提高而不断增强。作为育人育才的重要依托和关键载体,高校教材必须重视质量建设,既要凸显教材的思想性,又要注重教材的科学性、创新性、开放性。唯有如此,才能满足新时代国家和人民对高质量高等教育精品教材的精神文化需求,才能培养心怀"国之大者"的拔尖创新人才,为建设创新型国家服务。而建设高质量的高等教育精品教材的关键在于高水平的教材建设人才,在一定意义上,高等教育教材建设的人才质量和规模决定着其建设的最终成效。

为此,高等教育教材建设需要健全教材建设主体的能力发展机制,推动高校教材建设主体的终身学习与专业素养的良性发展,为高校教材建设队伍持续性提升自身的教材建设能力提供平台与保障。

(一)构建高等教育教材建设主体共同体

党的二十大报告明确提出"深入实施人才强国战略。培养造就大批德才兼备的高素质人才,是国家和民族长远发展大计"[①]。这意味着,培养高素质人才将是我国当前和今后一个时期教育改革和发展的中心任务。作为教育改革和发展的重要组成部分,教材建设质量直接关乎着人才培养的质量。而教材建设质量的提升并非依靠某个人的力量就能完成的,它需要依靠强有力的团队和组织才能实现精品教材建设的目的。高校教材建设的权责主体是建设高质量教材体系、促进高等教育内涵式发展的中坚力量、主要支撑。高质量人才队伍是将优越制度与顶层设计转化为实践效能、培养高素质人才的关键,没有高质量的教材建设人才队伍,高等教育现代化便无从谈起。从教材治理现代化的内在渴求来看,构建主体共同体是提升教材治理能力与水平的关键。所以无论是从外在还是内在需求出发审视,构建协同共治、合作共进、相互理解、综合能力强硬、学风优良、囊括从编写到使用的高校教材建设主体共同体均是必要的。

型构高校教材建设的主体共同体,可由省级教育行政部门或者由具有双一流学科的大学牵头,负责动员组织全国各专业领域的专家学者及一线优秀工作者,以学科为单位建立教材建设相关学会,并成立专家库。跨区域吸纳全国各地相关专业领域的优秀专家学者,博采众长,汇集多元主体教材建设的智慧、兼顾多元主体利益诉求,实现多方主体利益的协调。利于多元主体间平等对话的展开,促进教材建设多元主体间的相互理解与价值共识的达成,形成多元主体共振合力,从而促进高校教材的高质量建设。

在实践中还可创建共建共享共治的机制与平台,助各专家学者就教材建设、教材研究等事项进行常态化的研讨与交流,还可开展结对帮扶活动,让资深专家对口帮扶青年学者,以提升青年学者在教材建设中的综合素养。资深专家亦可在帮扶青年学者的过程中深化高校教材建设的能力、强化对高校教材建设的认知,从而实现共同体的协同共进。亦可以采用其他形式,构建高校

[①] 新华网.习近平:高举中国特色社会主义伟大旗帜 为全面建设社会主义现代化国家而团结奋斗——在中国共产党第二十次全国代表大会上的报告[EB/OL].(2022-10-25)[2023-01-05].http://www.news.cn/politics/cpc20/2022-10/25/c_1129079429.htm.

教材建设主体共同体,宗旨均指向打造出具有高精尖专业能力的高质量教材建设共同体。基于此才能有效增强东中西部高校权责主体的协作合力,促进主体共同体的可持续发展,为高校教材建设提供坚实的人才保障。

(二)构建常态化的高等教育教材建设培训机制

为确保高等教育教材建设主体科学审慎地行使权力,积极主动地履行高等教育教材建设的责任,保障国家事权的有效落实以及确保国家意志在高等教育教材建设的各个环节得到充分全面的体现,有必要构建常态化教材建设培训机制,将教育行政主体、教材编写主体、高校教材使用主体纳入教材建设的一体化培训体系之中,对其进行常态化的价值引导与专业能力培训。

高等教育教材建设应搭建覆盖各专业、各类型教材建设的能力提升平台,完善各专业教材建设委员会的设置。时代日新月异,知识不断迭代发展,作为实践主体的人要与时俱进、终身学习,不断更新自身的知识体系以适应并引领时代的发展。教材建设作为一项知识型实践,亦需要权责主体持续学习。因此,在高等教育教材建设过程中加强培训学习是十分必要的。第一,高等教育教材建设各管理主体应定期聘请各专业领域及各类型教材中的杰出负责人进行教材建设的分享与指导,对各类型教材在编写、审核、出版、选用、使用各环节权力使用的要点、注意事项、如何高效使用权力等作出指导与建议,整体为各类型的教材建设提供科学的方法与指导,以规范各类教材的编写、审核、出版、选用、使用环节中的权力行使,从而帮助各权责主体厘清权力行使迷思,提升他们的理论素养与实践能力。第二,还可常态化组织教师与专家学者参加教材建设培训,以针对性提升教材编写主体的编写能力、审核主体的"守门员"把关能力、出版机构的出版能力与审核能力、教材使用主体的选用及使用能力。其中,教材的高效使用是高校教材建设取得良好成果的关键,因此,要通过常态化的培训,提高教材使用主体的教材理解与转化能力,从而提升教师主体的教材使用能力,充分激发优质教材的育人张力。在教材选用方面,高校具有较大的教材选用权,该权力的正确充分使用决定着精品教材能否进入课堂,对释放精品教材的育人意义具有重要作用,所以,这样的常态化培训,能帮助教材选用主体提升责任意识与教材选用能力,使其能充分使用教材选用权,精准选择精品教材。

只有通过常态化的教材建设培训,全过程、全方位助力权责主体教材建设综合能力的提升,才能保证高校教材建设的质量,真正使国家事权在高等教育教材建设中得以落实,彰显国家意志。

(三)健全高等教育教材建设主体的准入退出机制

党的二十大报告强调:"深化人才发展体制机制改革,真心爱才、悉心育才、倾心引才、精心用才,求贤若渴,不拘一格,把各方面优秀人才集聚到党和人民事业中来。"[1]党的二十大报告将高水平人才放到了一个更加突出的位置。党的事业兴旺关键在人才,建设教育强国、科技强国同样需要依靠高水平的人才作为支撑。由此可见,培养高水平人才是社会各项事业发展的重中之重。高校教材建设以培养心怀"国之大者"的拔尖创新人才为核心目的,而要实现这一核心目的,就需要高水平的高校教材专家学者参与到教材建设中来,同时也需要对高校教材建设队伍实行严格的动态化准入机制,以确保高等教育教材建设的质量,进而确保高等教育教材能够充分彰显国家意志。

为保持人才队伍结构的合理性,保障教材建设人才队伍的合力与优势,高校各专业教材建设的管理部门要充分领会《管理办法》中对教材建设主体的思想、教风学风、专业造诣、教材建设伦理等素养的要求,整体设置标准明确、科学合理的教材建设人才准入退出机制,以全方位吸纳优质的人才,壮大队伍。要建立教材建设主体评价考核机制,将思想品德、师德师风、学术水平、投入时间等纳入考评体系,建立师德失范责任认定和追责机制。对参与高等教育教材建设的各类主体实施常态化的监督考核,将能力和素质较低的教材建设参与主体调离高等教育教材建设队伍,保持人才队伍的活力,督促主体不断深化权责意识、提升专业能力,从而提高他们行权履责的质量。

---

[1] 新华网.习近平:高举中国特色社会主义伟大旗帜 为全面建设社会主义现代化国家而团结奋斗——在中国共产党第二十次全国代表大会上的报告[EB/OL].(2022-10-25)[2023-01-05].http://www.news.cn/politics/cpc20/2022-10/25/c_1129079429.htm.

高等教育教材建设要建立科学、严格的人才准入机制,全面考核准入者的各方面素质,确保人才队伍的质量。在人才选拔上,高校教材建设要突破区域禁锢,积极鼓励年轻教师加入教材建设事务,聚天下英才而用之。要注重为年轻优秀人才提供施展教材建设才能的机会与"舞台",年轻教师往往敢于接受新的教育观念与教育技术,是维持教材建设活力的重要力量。在队伍建设上,高校教材建设应建立结对帮扶机制,以资深专家带领年轻专家参与教材建设,充分释放青年优秀人才的教材建设潜力。通过健全高校教材建设主体的准入退出机制,优化教师队伍结构,优化教师的能力结构,以人才结构的不断完善夯实人才基础,赋予高校教材建设不竭的动力源泉与活力。

二、健全高等教育教材建设的制度与机制

教材制度规定了各权责主体间的关系秩序,厘清了各主体的权责边界,保证了教材建设的正当性与良性运行。拥有一套全方位全过程的可落地可转化的工作制度,是教材建设国家事权在教育系统每个神经末梢生根的重要保障。只有建立良好的制度,才能保证教材工作实起来、活起来。可以说,制度保障是否全面到位,决定着教材建设质量的高低。[1]所以,配套不断优化、完善的教材建设机制,将优越的教材制度转化为实践成效,对于教材建设国家事权在高等教育中的切实落实是至关重要的。新时代高校教材建设落实国家事权的重大任务亟须建立稳固、完善、操作性强的现代教材制度体系与灵活、机动的机制,为高校教材建设提供稳定的秩序环境与强劲的制度保障。

鉴于此,针对当前高校教材建设在制度与机制方面存在的风险,应健全教材审核机制、建立高等教育境外教材管理制度、完善高等教育教材建设监督与追责机制以及落实多方协作的教材治理制度。

(一)健全教材审核机制

《管理办法》指出高校教材建设要处理好规范管理和学术创新的关系,明确高校主体责任,建立编写和选用的审核制度,着力打造精品教材。在教材建

---

[1] 刘湉祎,潘信林,李正福.教材建设质量保障体系:结构框架、运行成效与未来展望[J].课程·教材·教法,2022,42(2):60-66.

设落实国家事权事务中,教材审核对保障教材质量至关重要是共识。近几年,教材审核漏洞给教材质量、教材建设落实国家事权带来重大损害的教训启示我们要严把"审核关",健全高校教材编写审核与选用审核制度与机制,形成结构式的教材审核制度与机制,严格执行"凡编必审""凡选必审",将高校教材建设的审核制度落到实处,严把教材质量关,保障市场流通中教材的质量及进入课堂的教材的质量,保证高质量高校教材体系的稳步构建。

完善教材审核机制,需要省级教育行政部门与高校充分发挥管理职能。组织相关学科专业领域专家和一线教师等主体加入高校教材审核的专家库,负责高校教材编写审核与选用审核。在思想性与专业性层面设置严格合理的审核标准,为评判教材的优劣提供参考依据。审核主体要坚定人民立场,提高政治站位,强化权责意识,勇于承担责任,精准、充分行使审核权,扮演好保障教材质量的"守门员"的角色。在编写审核层面,省级部门与高校要充分发挥管理职能,对本部门组织编写的教材的知识性与思想性等进行切实的审核,高校要对本校教师的自编教材进行审核。贯彻"凡编必审"原则,坚持实施编审分离原则,且保证一定比例的校外专家参加编写审核,提高审核的客观性与全面性。在编写审核方面,作为社会主体的出版机构还应履行政治把关责任,对将要出版的教材进行政治方向和价值导向层面的审核,防止具有意识形态问题的教材流入市场,削弱高校教材的整体质量,阻碍学生社会主义核心价值观的形塑。

在选用审核层面,高校要建立校级、院级、各专业教材委员会三级审核机制,对拟选用教材进行知识与思想层面的层层审核,贯彻"凡选必审","从管理制度、选用信息和选用原则上加强教材选用工作"[①]。严格审查拟选用教材的思想性、专业性、科学性、时代性、政治性,绝不允许逻辑混乱、思想性差、政治立场不正、危害国家安全的教材有可乘之机进入课堂。确保精品教材能顺利进入课堂,提升人才培养质量;劣质教材能被阻挡在课堂之外,以防这类教材腐化学生的思想、阻碍学生对科学知识的学习。

---

① 陈春茹.高校教材建设与创新型人才培养的若干问题[J].宁夏大学学报(人文社会科学版),2006,28(6):135-137.

(二)建立高等教育境外教材管理制度

近年来崛起的新制度经济学派的最核心的思想是"制度是重要的",即制度会影响效率。一种制度会对应一种效率水平,另一种制度会对应另一种效率水平。一种制度优于另一种制度,是因为它对应一种较高的效率水平。[①]也可借鉴此理论理解高校教材建设制度与建设成效的关系。既然制度的优越性体现于更高的效率中,那么现代化建设对高质量人才与教材的渴求就天然地呼应一种更优越、更完善的教材建设制度。境外教材是高等教育教材的重要内容,对人才培养具有重要意义,那么完善高等教育境外教材管理制度就是追求更优越的教材建设制度的应有之义。

中国式现代化的实现,需要强大的精神动力做支撑,这种强大动力就需要14多亿人拥有相似的精神世界与价值信念,紧紧地团结在一起,齐心协力,形成中华民族价值共同体、精神共同体、命运共同体。推进中国式现代化是一种理性的社会实践行为,我们既要对美好未来充满憧憬,也要理性地面对我们当下的发展现实问题。唯有如此,我们的中国式现代化征程才能行稳致远。因此,要从内在呼唤高校教材建设正视当前在教材管理制度方面存在的漏洞与风险,构建完善的境外教材管理制度,明确权责主体,厘清"谁来管""如何管""管什么"的问题。以完善的境外教材管理制度阻止含有分裂祖国统一思想的教材入境,防止"毒教材"腐蚀下一代青少年的精神世界与价值观念,保证人才价值观的"纯净",保卫国家意识形态与文化安全。在制度的保障下,悉心培育出来的人才能全心全意为民族复兴而奋斗不息。同时,境外教材管理制度是高校教材建设制度与国家教育制度的重要组成部分,高质量的人才培养与高校教材的高水平建设及教育制度的现代化均呼求建立完善的境外教材管理制度。

省级教育行政部门与校级部门"既要改革开放,积极借鉴人类优秀文明成果,又要加强管理,坚持'按需选用、为我所用',严格把关"[②],加快境外教材管

---

① 田正平,李江源.教育制度变迁与中国教育现代化进程[J].华东师范大学学报(教育科学版),2002,20(1):39-51.
② 中华人民共和国教育部.国家教材委员会、教育部印发全国教材建设规划和四个教材管理办法 部署推进大中小学教材建设[EB/OL].(2020-01-07)[2023-05-26].http://www.moe.gov.cn/jyb_xwfb/gzdt_gzdt/s5987/202001/t20200107_414564.html.

理制度的构建,健全相关规章制度,明确责任主体及不同主体的权责关系,使境外教材的引进有章可循、有法可依。省级教育行政部门要对本辖区内高校新引进的境外教材进行严格的审核登记;高校要启动校、院、专业教材建设教研室三级审核机制,对拟选用的境外教材进行常态化的逐层审核与报备,要着重对其思想性进行审查并记录在案,以保证境外教材与我国主流价值观的契合,使学生共享人类优秀文明成果,凝聚境外境内精品教材的育人力量,整体提升大学生的现代化素养。以此完善高校教材建设制度,促进高校教材管理职能、治理能力与水平的现代化,使社会主义完善的教育制度充分释放出其在人才培养方面的优越性。

(三)完善高等教育教材建设监督与追责机制

监督与追责机制的完善对权责主体充分行权履责,保障各环节具体事项高质量完成具有重要作用。2022年5月,教育部等五部门印发了《关于教材工作责任追究的指导意见》(以下简称《指导意见》),为高校教材建设全面落实教材编写、审核、出版、印制发行、选用使用等各环节的主体责任提供了参照。

高等教育教材建设落实国家事权要应对与克服所面临的挑战与风险,不仅需要完善教材建设中的行权与履职的监督机制,更需要加强教材建设中的责任追究机制,以规范权责主体的权力行使与尽责履职行为,纠正权力失当与错位使用的失范行为。

在监督机制方面,首先,需要建立并强化自上而下的监督、自下而上的监督、平行监督有机统一的立体式监督机制。因为高等教育教材建设涉及行政权、教育权、专业权等权力的使用,涉及权责主体众多、关系复杂,可以说,高等教育教材建设实践不仅是关于教材建设的行动,更是一场关系的实践、权力的实践。在科层制的权力结构下,自上而下的监督包括政治监督、法律监督、行政监督。在高等教育教材建设国家事权的权责结构中,上级部门要对下级部门的教材建设进行政治监督、法律监督、行政监督。在政治监督方面,国家教育主管部门要监督省级教育行政部门或国家教育行政部门分管的参与教材建设的社会机构;省级教育部门要监督高校或部分省管的教材建设社会机构在教材建设的编审出版选用中是否坚持马克思主义核心指导地位,是否充分反映社会主义政治、经济、文化的精神实质,是否充分践行社会主义核心价值观。高等教育教材建设中的政治监督实质是对意识形态的监督,因此,要严格对马列教材、马工程教材与国家规划教材的编审选用中的国家意识形态进行监督,并就这几类教材的建设加以常态化的全方位指导。法律监督,是指在各类教材建设中,上级要依据相关法律条文,对行政主体、社会主体和教育主体在高等教育教材建设中的行为进行法律层面的切实监督,对"擦边球"行为提出警告与整改意见,对于严重违反国家法律条文的行为,相关部门要采取法律惩罚措施。相关部门要加大对省级规划教材、校级规划教材、自编教材、境外教材中各环节的法律监督,全过程保障教材建设国家事权权责有机体的良性运转。在政治监督和法律监督之上,相关上级部门还应加强对这两者提出的建议和意见的行政监督,保障高等教育教材建设中政治监督和法律监督的意见或建议得到真正落实。

其次,高等教育教材建设还应加强同级部门内部的专业监督和伦理监督。在同级监督的压力下,使各主体严于律己,严格遵守教材建设的伦理秩序,以公共价值观为实践导向,充分将专业知识和能力自觉运用到教材建设国家事权的各个环节,形成全过程监督、全员接受监督、全员主动监督的监督机制。最后,应强化民主监督,充分调动、发挥人民群众的智慧,灵活运用新闻传媒等信息技术建立舆论监督和群众监督机制,丰富舆论监督的形式,促使高等教育教材建设国家事权在"阳光下"行使。从而使多主体、多层级、多方位、多向度的监督相结合,促进各主体自觉严于律己、提升权责意识、履行育人使命,正确且充分行权履责。

在责任追究机制方面,国家教育行政部门,省级、校级部门应依据《指导意见》建立覆盖教材建设全过程的、追责标准具体的、追责程序规范的、追责主体明确的各级各类教材责任追究机制,并将惩罚条例列入章程,纳入绩效评量与晋升考核标准,情节严重的应加大对违法违规行为的查处力度,为高等教育教材建设有序开展营造良好的环境,提供有力保障。相关权责部门必须明确,"掌其权必负责、未尽责必担责、问其责必从严"[①],动员千遍,不如问责一次,使问责倒逼责任落实。

---

① 刘泾.试论习近平权责统一观的基本内涵与实践要求[J].新疆社会科学(汉文版),2021(4):19-26.

在软性监督机制与硬性问责机制的协同运作下,促进各权责主体的责任与责任感的统一、权能统一与权责同构,保证权力的恰当、充分使用,责任的充分积极履行。

(四)落实多方协作的教材治理制度

多方协作的教材治理制度不仅是一种理论话语的创新,更是一种实践活动方式的方法突破。在高等教育教材建设的长期历史探索过程中,主体间的关系一直是人们关注的重要问题,随着社会治理理念的转变,协同治理的理念开始进入人们的视野,这也为教材建设的实践活动提供了新的创新方式。但从高等教育教材建设的实际来看,这一理念尚未得到广泛普及,因此,有必要在高等教育教材建设中落实并深化多方协作的教材治理制度。

在高校教材建设中,多方协作治理益于充分调动三类主体的积极能动性,凝聚主体智慧合力,真正实现多元主体的平等对话与协同联动合作,从而保障、提升教材建设质量,促进国家事权的根本落实。高校作为教材建设的主要阵地,不仅要承担教材建设的专业知识选择与组织任务,还要肩负起各教材建设参与主体权责关系调节与运行机制监管的重要职责。同时,高校教材建设是一项由社会利益和专业知识交织的复杂活动,需要高校充分发挥不同主体的优势特长,并通过一定的方式将各个主体的积极性调动起来,形成多方协作的共治格局。另外,强化高校在教材建设中的重要职能,能激发教材编写主体、审核主体、选用主体、使用主体、管理主体等主体的活力与其在教材建设过程中的智慧,营造良好的教材建设文化氛围。因此,落实多方协作的教材治理制度,建设高质量教材体系,需要各权责主体更新思维、积极参与、沟通协作、充分行权、积极履责。要始终牢记高校才是高校教材建设的主阵地,在多元主体共治格局中,高校职能的充分发挥、权责的充分履行对于高校教材建设良好成效的取得至关重要。

高校教材三级管理制度实现了权力的分配与下放,国家"赋权"于高校,这时就需要高校自觉提升个人及团队能力,以确保国家权力的有效行使。具体而言,高校需要在专业能力和管理能力两个方面做足。前者指向高校中的教材建设参与主体要自觉提升专业知识判断能力与设计规划能力,确保所编写的教材满足国家的需要和学生发展的需要;后者涉及高校教材建设管理者,要求他们要不断更新管理理念,提升统筹规划能力,充分调动高校教材建设人才队伍的积极性。

三、建立高等教育教材建设的奖励机制

"十三五"规划纲要指出为实现2020教育计划,要深化本科教育教学改革,建立支持和奖励机制,激励教师面向经济社会新需求,强化课程研发、教材编写、教学成果推广,及时将最新科研成果、企业先进技术等转化为教学内容。[1]深化教育改革、高效落实教育制度,建立完善的激励机制是重要举措。教育部原副部长郑富芝指出,教材建设要夯实两个基础:编写队伍,教材研究。[2]高校教材建设作为我国教材建设的重要组成部分,更应有强化、巩固这两个重要基础的理论与实践自觉。壮大教材建设人才队伍、全面提升各权责主体的积极性与参与性,就要创新高校教材建设奖励机制,建立覆盖教材建设全过程、各环节的立体奖励机制,整体调动高校教材建设队伍的内外动机。高校教材建设奖励机制的创新,可从教材建设的荣誉机制、教材研究奖励机制以及教材编写奖励机制的立体式、协同式构建着手。

(一)建立高等教育教材建设的荣誉机制

根据马斯洛的需求层次理论,人的发展既需要物质层面的供给,也需要精神层面的满足。社会荣誉制度作为一种精神奖励形式,能够对主体的行为产生积极的作用。因此,在高校教材建设过程中,为各参与主体提供必要的精神激励,能够激发其实践创造的活力。基于此,各级教育部门要建立教材建设的荣誉机制,加大对参与教材建设的主体的表彰力度。定期开展优秀教材评选,设立各类教材建设与研究成果奖项,对精品教材的编写者、出版机构、相关负责部门及优秀教材研究成果进行荣誉表彰,颁发相应的证书、奖章。整体提升

---

[1] 中华人民共和国中央人民政府.国务院关于印发国家教育事业发展"十三五"规划的通知[EB/OL].(2017-01-10)[2023-05-26].https://www.gov.cn/zhengce/content/2017-01/19/content_5161341.htm.
[2] 中华人民共和国教育部.落实"五个体现" 把牢育人方向[EB/OL].(2018-11-16)[2023-05-26].http://www.moe.gov.cn/jyb_xwfb/moe_2082/zl_2018n/2018_zl83/201811/t20181116_354987.html.

社会主体、教育主体与行政主体的教材建设荣誉感,从而激发它们积极参与高质量教材建设的内在动力。

教材建设的荣誉机制,是一种旨在满足主体内在精神需求的奖励形式,是提高主体内驱力的重要方式。与外在的物质奖励相结合,内外联动,能提升高校教材建设队伍的积极性,增强各权责主体的获得感与幸福感;能使它们强化教材建设的使命感与责任感,自觉规约自己的行为,充分行使权力、履行责任;主动提升教材建设的综合能力。

(二)建立高等教育教材建设的教材研究奖励机制

对教材建设的体制机制、教材管理规律、中外教材的比较等进行科学充分的研究能够对高等教育教材质量提升起到积极作用。只有进行系统、深入、细致的基础研究,才能编出高水平、有特色的教材,[①]满足人才培养和高等教育改革发展的需要。高校教材建设的发展离不开对高校教材的科学研究,当前国家成立了首批国家教材建设重点研究基地,挂靠在包括北京师范大学、云南大学、华东师范大学、人民教育出版社、华中师范大学在内的11家综合实力强的单位。其中6家高校教材研究基地主要集中在经济学教材、新闻学教材、思想政治理论相关教材和德育教材方面。由此可见,国家已经将高校教材研究置于高等教育建设的重要地位。但从总体来看,我国的高校教材研究还存在着研究内容范围狭窄、基地数量不足的问题,这反映出当前我国高校教材建设工作存在重建设、轻研究的现象。这种情况的存在将不利于高校教材建设的长远发展,也难以达到整体提升高等教育人才培养质量的目的。有鉴于此,国家和高校主体应重视教材建设理论研究,壮大教材研究队伍,不断提升高校教材建设参与者的理论研究能力。

要实现构筑高校教材建设人才高地的目的,必须要打造一批立场坚定、业务能力出众、善于创新、热爱学术研究、教材研究意愿强、学风优良的教材研究队伍。这些队伍应兼具世界眼光与本土情怀、谙熟知识体系与育人体系、统合继承发展与改革创新,能够围绕教材建设的重大理论与实践问题,统筹推进基

---

① 余慧娟,施久铭.2018:努力开创课程教材建设新局面———访教育部党组成员、部长助理、教材局局长郑富芝[J].人民教育,2018(5):24—28.

础研究、应用研究、交叉研究、比较研究、综合研究和战略研究,为国家教材建设提供决策咨询和智力支持。[①]而这些队伍的建设不能依靠行政命令与动员,还需构建完善的高校教材建设研究奖励机制,细化奖励准则与标准,对研究成果出众的团队与个人加以奖励,激发、鼓励与保持学者们的研究热情。省级教育行政部门与高校要周期性对教材研究成果进行公正、透明的评选,对研究成果获得同行专家与教材使用者肯定的研究者进行实质性奖励。将教材研究作为职务评聘、评优评先、岗位晋升的重要指标。强化对高校教材研究的支撑、保障能力。

(三)完善高等教育教材建设的教材编写奖励机制

教材编写是高校教材建设的重中之重,而高校教材编写的关键在于教材编写人员。因此,高校应通过构建完备的教材编写奖励机制来激发教材编写人员的工作积极性和工作成就感。例如可从以下几个方面着手:其一,确立教材编写奖励的价值愿景;其二,搭建教材编写奖励的组织平台;其三,开展教材编写奖励的实践活动;其四,形成教材编写奖励的反馈制度。总之,一定要将教材编写奖励落到实处,将参与教材编写纳入绩效考核、职称晋升、评优评先等指标。让奖励机制有效运行起来,使教材编写人员切实感受到参与教材编写带来的实质性奖励,这样才能从外部驱动他们积极参与教材编写的内部动机,从而自觉提升教材编写的综合素养。综上所述,完善的编写奖励机制是对教材编写主体高质量行使编写权的保证。

激励机制的有效介入能有效促进教材建设权责主体的自主性与能动性,激励行政主体、教育主体、社会主体在教材的编写、审核、出版、选用、使用环节中不断生成、内化权责意识,促进他们深化对权责关系的辩证理解,强化"权责统一""权责对等""权责同源""有权必有责,有责要担当,失责要追究"的意识,为对应权力的充分使用、责任的完满履行提供保障。

---

① 余宏亮.建设教材强国:时代使命、主要标志与基本路径[J].课程·教材·教法,2020(3):95-103.

第十三章 主要发达国家行使权力建设教材的基本经验

教材建设是体现国家意志、落实国家事权、服务国家战略、维护国家安全的重要举措。全球化背景下，随着各国之间的交流日益频繁，教材已然成为各个国家与民族了解对方文化的重要载体，同时也是各国防范意识形态侵入的关注对象。在保持文化自觉与文化自信的前提下，研究主要发达国家行使权力建设教材的基本经验，有助于我们在激烈的意识形态碰撞中，坚持正确的价值导向，把好育人育才关口，培植青少年一代对党领导的社会主义建设事业的真挚感情，助力中华民族伟大复兴。

第一节 美国行使权力建设教材的基本经验

教材作为一种特定的话语系统，背后隐藏着一定的意识形态。这种意识形态是国家主流价值取向的特定反映，影响着学生对国家的集体认同。作为联邦制国家，美国行使权力建设教材以宣扬其主流意识形态备受世界关注。

一、美国行使权力建设教材的基本逻辑

从19世纪中后期斯宾塞提出"什么知识最有价值"开始，到20世纪下半叶阿普尔提出"谁的知识最有价值"，知识背后始终潜藏着某种意识形态，成为宣扬政治意图的关键媒介。教材作为传播主流意识形态的重要载体，内嵌当权阶级的执政立场和价值观念。美国政府建设教材有其特有的经验，不过这种经验并不是自然生成的，在其背后有着强大的权力作用逻辑。

（一）基于行政制度体系的教材制度建设

教材制度是规范和指导教材建设工作的重要指南，是国家意志的重要体现。教材制度不会凭空产生也不是孤立存在的，作为国家制度的一个重要组成部分，它既是时代发展的必然产物，也与政治、经济、文化等因素有着密切联

系。因此，研究美国政府行权建设教材，同样需要将其放置于更加广阔的社会背景中，从制度层面把握教材建设中的国家意志体现。具体而言：

一是美国地方分权的政治体制深刻影响教材制度体系的构建。美国是一个典型的地方分权制国家。美国宪法明确规定，联邦政府与州政府各有自己的职权范围，并且州政府在自己的职权范围内可独立行使职权，不受联邦政府的任何干预。这种分权制度不仅体现在政治层面，也体现在教育层面。在美国，教育被看成是地方的公共事业，教育权归地方所有，地方政府或公共团体独立自主地经营管理教育事业。按照美国宪法第十条修正案"将宪法未授予联邦政府的权利保留给各州"[①]的规定，联邦教育部没有直接领导和管理各州教育事务的权力，主要是通过增拨教育经费等手段来控制、援助和指导各州，间接地调整和统一全国的教育，而管理中小学教育的具体权力在各州，由州教育委员会负责制定初等和中等教育政策，再由州教育厅负责具体执行。这种分权的教育行政管理制度同样适用于中小学教科书的管理。长期以来，由于历史原因，美国并没有统一的教科书管理制度，各州的教科书管理方式和制度各具特色。每个州都是依据本州的法令法规，就教科书的发放、选定、供应、认可、出版等问题，独立作出规定，如有的州实行教科书选定制，有的州则完全由地方学区或学校自行决定。

二是美国的市场实行较低的政府干预政策。美国号称是自由主义的王国，有着长期的自由主义传统。在市场经济发展过程中，美国政府在大部分时间充当社会守夜人的角色，对经济活动的干预和调节主要通过制定和实行各种法律法规、经济政策来实现。美国的教科书市场同样具有自由竞争性和开放性，教科书的策划、编写、出版和发行一般由出版社根据市场需要自行组织。鉴于教科书的商品属性，教科书的内容直接受市场左右，教科书出版社需要提前做市场调研，调查各州和各学区的需求，然后经过比较和分析，再决定编写事宜。出版商们为了在竞争激烈的市场中最大限度地实现自己的利益追求，会认真分析与研究各州在课程标准和教科书需求上的特殊需要，主动迎合几个教科书大市场的需要，如加利福尼亚州（简称"加州"）、得克萨斯州（简称"得

---

① 李文文.美国地方学区管理机制研究[J].中国人民大学教育学刊,2019(4):159-172.

州")、佛罗里达州(简称"佛州")等,这一过程的实质是各权力主体的利益权衡和妥协,但本质上是为了在教材建设过程中建构其国家意志,培养代表美国国家意志的现代公民。

三是美国的多元文化已经渗透到社会各个领域,成为教材建设不可忽视的意识形态力量。美国宪法第十四条修正案规定,"人人都有平等地获得法律保护的权利"[1],而多元化在根本精神上符合美国"人人生而平等"的价值观。由于美国是一个强调价值多元的国家,不同族裔、性别、年龄、宗教背景、社区的人对教科书都有自己的判断标准,教科书的内容不能违背其意愿。如有的宗教组织信仰创造万物的学说,就会强烈反对以生物进化论为基础的生物教科书。教科书一旦遭到起诉,或者修改,或者撤出该学区,部分出版商就会在新编写或修订的教科书中尽量避开有争议的问题,或是为了权衡各方面的利益而做一些牺牲学术标准的事情。正如美国学者阿特巴赫(Altbach, P.G.)在《美国社会中的教科书》(Textbook in American Society)中指出的:"课程与教学不是纯心理的,更是政治的、社会的,它体现了社会不同阶段、不同种族、不同团体、不同宗教、不同性别相互斗争相互妥协的政治过程。"[2]20世纪20年代至80年代,美国发生了诸多重大的教科书事件,这说明多元文化对教科书建设的影响是巨大的。如1986年美国田纳西州霍金斯县发生了家长控告教科书的事件,起因是当地的基督教徒指控公立学校使用的阅读课本中有提倡反战论而排斥犹太教或基督教的倾向;又如在阿拉巴马州的墨比耳县,有600多名保守派基督教徒控告课本提倡人本主义哲学而排斥传统基督教义。可见,美国社会的多元性导致不同阶层、不同团体与组织之间的利益冲突更加突出,同时也加剧了美国教材建设的复杂性。

(二)基于宪法精神的教材建设总方针

研究美国行使权力建设教材的基本经验,需要考察教材建设的顶层设计,它表征着美国关于教材建设的整体理解、总体设计和根本要求,决定着教材建

---

[1] 李卉君.美国现行中小学教科书制度探究——以加利福尼亚州为例[D].长沙:湖南师范大学,2011:15.
[2] 姜俊和,孙启林.当代美国中小学教科书编选的合法性分析[J].外国教育研究,2012,39(12):46-53.

设的性质和方向,其内涵深刻体现在国家教育法律法规、政策报告的制定议程之中。

首先,联邦宪法统领美国教材建设的总体布局。美国宪法共设有27条修正案,其中第十条修正案规定,"将宪法未授予联邦政府的权力保留给各州"[①]。这一规定表明了美国是少数几个不具备中央集权的教育管理和决策体制的国家,各州和地方政府都有控制和运作学校的权力。其次,尽管宪法没有专门提及学校和教育,但是有通过为教育筹集经费或立法来影响学校教育的运行和教材建设的相关表述。如宪法第一条第八款中规定,国会有权征收直接税、间接税、进口税与货物税,以偿付国债、提供合众国共同防御与公共福利,但所有税款都应全国统一,这一条款也被称为"公共福利条款"。国会可以向公共教育征收和支出税款,这表明了国会可以通过经济和财政手段拥有支配教育的隐性权力。这种权力自20世纪50年代后被广泛使用,关于教育的法案相继颁布,进一步凸显了美国政府对教材建设干预不断强化的事实。最后,根据美国宪法,中小学教育事务由各州自行决定,中央政府原则上不加干预,实行的是地方分权模式。因此,长期以来,美国并没有统一的教科书管理制度。教科书的编写、出版是由出版商根据市场需要组织进行的,而各州政府则拥有批准认可的权力。各州的教科书管理方式和制度也各具特色。一般来说,美国中小学教科书由民间出版社组织编写和发行,经各州政府或学区的教育委员会审查认可,然后公布认定合格的教科书目录,发放给学校,供学校购买使用。总之,宪法虽然并未直接对教材建设进行规定,但其对教育权力和国会经费的强制性阐释,澄明了联邦政府行使权力建设教材的权力基础及属性。

(三)课程标准推动教材建设的繁荣与优化

2010年6月,美国历史上首部《州共同核心课程标准》颁布,这标志着美国教育在各州各自为政局面的终结。该课程标准由全美州长协会最佳实践中

---

① 李文文.美国地方学区管理机制研究[J].中国人民大学教育学刊,2019(4):159-172.

心[1]和州首席教育官员理事会[2]共同制定,要求全美在基础教育领域统一使用。这为美国的教材建设翻开了新的一页。

课程标准是课程的基本规范与质量保障,也是教科书编写的基本依据。1983年4月,美国高质量教育委员会颁布《国家在危机中:教育改革势在必行》(A Nation at Risk: The Imperative for Educational Reform),这标志着美国基于标准的课程改革的启动。该报告在强调美国基础教育课程改革的同时,也对中小学教材改革提出了更高要求。如该报告建议严格规范教材审定制度,以保证新教材内容的时代性、准确性、科学性和通用性。1994年3月,克林顿政府颁布的《2000年目标:美国教育法》(Goals 2000: Educate America Act)中提出,鼓励各州制定符合各州学生发展实际的州立课程标准。2002年1月,小布什政府签署了《不让一个孩子掉队法案》(No Child Left Behind Act,简称 NCLB),建立课程内容标准(academic content standards)和学术进步标准(academic achievement standards),通过标准化的测评来鼓励中小学将教学重心回归到基本的知识和技能,以提高学生的学业成绩。2010年6月,奥巴马政府颁布了《州共同核心课程标准》(The Common Core State Standards),强调建立州共同核心标准的重要性,同时提出要依据标准进行教育改革,以提高学生的学业成绩与学习能力,确保中小学教育教学质量。2015年12月,奥巴马政府签署《每一个学生成功法》(Every Student Succeeds Act,简称 ESSA),强调课程标准的重要性并宣布各州可以根据当地的发展情况和教学特点编制更适合自己州内学生发展的课程标准。可见,美国教材管理制度的改革与创新同美国基于标准的课程改革是密不可分的。课程改革的目的是通过教育的手段更好地培养人,而教材恰恰是沟通学生与教师的重要手段,是连接社会与生活的坚实桥梁,是普及科学与知识的便捷方式,是教育教学有序推进的关键载体,其建设水平直接影响着课程改革的成效。基于标准的课程改革不仅给美国中小学教材制度建设带来了积极变革与有利影响,而且也满足了不同群体对教材的差异化需求。

---

[1] The National Governors Association Center for Best Practices,简称:NGA Center.
[2] The Council of Chief State School Officers,简称:CSSO.

二、美国教材建设的权责体系设计

权责关系是中西诸多领域难以绕开的一个公共性话题。明晰美国教材建设的权责体系设计,可对中国教育行政事项推进及执法体制改革提供经验借鉴。

(一)基于州和联邦政府授权的教材建设多元权责主体

美国的教材建设无疑是在一定意识形态与价值观念的支配下完成的,整个过程处于多个权力主体的权力交互控制之中。也正是因为这些权力主体的结构性构成及其权力的适配性使用,从而使整个教材建设过程获得社会各界的认同与支持,进而实现其"合法性"。

1.州与联邦政府

美国实施的是地方分权的政治制度,但是地方教育权力的行使必然要以国家整体的政治倾向性以及利益为准绳,如在对教科书的权力控制上,国家与各州具有同一性。事实上,以州和国家相结合的决策模式一直是美国社会教育管理与教科书编选所遵循的主要范式。早在1781年生效的《邦联和永久联合条例》和1789年颁布实施的《美利坚合众国宪法》中就已明确规定了教育是保留给各州的权力之一,教育职权在州,州政府有权制定独立的教育政策以及课程政策。作为学校课程知识的直接代言人,各州对教科书有着绝对控制权。

当前,各州的教科书选用委员会(State Textbook Adoption Committee)直接行使对中小学教科书的编选权力。作为中小学教科书编选的最高权力机关,联邦政府对中小学教科书的管理主要通过立法等形式间接控制,不过对于各州的中小学教科书编选工作,联邦政府始终享有绝对的领导权。如从20世纪后期开始,美国"由于学校的教育质量问题使得空前繁荣的经济处于危机之中"[1],联邦政府对中小学教科书的权力控制开始凸显。2002年2月,小布什总统重新核准NCLB,使得小布什政府的主张成为"历史上联邦政府最大规模地干预地方课程管理"的代表。

---

[1] 韦布.美国教育史:一场伟大的美国试验[M].陈露茜,李朝阳,译.合肥:安徽教育出版社,2010:427.

此外，美国州层面的教科书编选政策又分为集权和分权两种形式。其中，有22个州制定了中小学教科书选用的集权政策，剩余的28个州则采取分权政策。可见，作为政府权力的代言人，州或学区享有对中小学教科书选择的主导权力。这一权力的享有与美国的政治境遇、文化传统及整个社会权力结构是相契合的。也正是因为各州的文化、政治、社会结构不一，中小学教材建设才出现"分权与集权"的不同情况。

2. 出版社

在教材建设权力主体中，出版社是直接编写中小学教科书的部门，是中小学教科书的直接生产者。尽管美国实行的是教科书市场化制度，但出版社的编写质量直接影响到教科书的选择。质言之，出版社编写教科书是为了适应市场需求，在技术上遵循有关州的学科课程标准，在政治上考虑各方利益，力图取悦所有人，但教科书选择什么内容，以什么形式编写，采取什么价值观等由出版社具体把握。因此，出版社成为美国中小学教科书编选的关键主体。在美国，有300多家出版公司参与教科书的编写与开发，每年不少于5套新教科书出版发行。尽管参与者甚多，但竞争力较强的只有约10家大的出版公司，它们占据美国85%以上的教科书市场份额。其中，麦克洛-希尔（McGraw-Hill）、霍顿·米夫林·哈考特（Houghton Mifflin Harcourt）和皮尔森（Pearson）公司最具实力，占据着美国70%的教科书市场份额。[①]

作为美国教材建设的主要权力主体之一，出版社在中小学教科书的编选上有着一定的控制权力，不过这种权力的行使不能逾越联邦政府的政治意图，而是要在联邦政府和州的宏观教育意识形态框架下。

3. 社会相关利益集团

当今美国社会极力宣扬多元文化主义以及教育的民主性，因此与教育相关的政策法规出台，社会相关利益群体都有参与的权力。如社会相关利益集团主动介入中小学教科书的编选。作为权力主体之一，社会不同利益集团从各自的利益诉求出发，对教科书内容中容易引起人们争议的意识形态、价值观或信念等问题进行讨论或采取行动（如诉诸法律），来影响教科书的编写设计。

---

① 陈月茹.美国教科书选用制度的弊端及成因[J].全球教育展望，2004(4):13-18.

具体而言,其一,抱怨遗漏了它们认为不该遗漏的内容,如一些团体指责历史、社会教科书中对历史中的女性涉及过少;一些宗教组织反对有些教科书删除了宗教内容及传统观念等。其二,抱怨教科书包含了不该包含的内容,如在得克萨斯州,多个宗教极端组织要求删除有关进化论、奴隶制、职业妇女形象、少数民族、健康教育等方面的内容。[①]总的来看,上述群体影响中小学教科书编选的形式主要包括两方面:一是依据团体自身的利益标准建立教科书审查、选用标准,正式或非正式地评估、选用教科书。如果教科书内容与它们的标准不符合,就反对选用这一类教科书。二是直接向政治机构表明自身利益团体的观点,通过将教科书的选用问题政治化进而达到影响教科书选用的目的。事实上,利益集团参与教科书选用的目的并非出于教科书本身,而是自身利益的驱动。[②]

4.教育精英

教育精英是指主要依靠教育或文凭、考试等成为社会精英的群体,如学科专家、课程专家等。在美国,由于该群体具有教科书制定的相关专业知识,常常成为政府选用教材的代理者。他们主要通过制定教科书选用标准或直接参与教科书选用来发挥影响力。尽管中小学教科书的选用一般通过征询学生、家长、教师、教育管理者等公众意见并通过投票产生,但由于相关人员缺乏专业的教育知识(包括学科知识),因而在中小学教科书选用过程中,教育精英们发挥着关键性作用。如在加州,该州的中小学教科书选用委员会投票选用教科书时,主要是将一部分学科专家推荐的中小学教科书作为投票对象。可见,教育精英在美国中小学教材建设中的影响力同样不可忽视。

(二)立体联动的美国教材建设权责关系

当今美国中小学的教材建设是多元权力主体之间权力分配与利益平衡的过程。正如阿普尔所言:"围绕将什么编入教科书中、将什么排除在教科书之外的'正式知识'(formal knowledge)的争论,事实上蕴涵了更深层次的政治、经

[①] 陈月茹.美国教科书选用制度的弊端及成因[J].全球教育展望,2004(4):13-18.
[②] 姜俊和,孙启林.当代美国中小学教科书编选的合法性分析[J].外国教育研究,2012,39(12):46-53.

济、文化联系和历史。围绕教科书所暴露的冲突,往往反映出权力关系上更深层次的问题。"[1]

一是分权化的教材管理制度使得多元权力主体在教材建设中的嵌入呈现出横向协作关系。首先,在中小学教科书开发过程中,各州地方教育行政人员作为联邦政府的权力代言人可以优先选取出版社。在这一过程中,各州的教育行政人员对出版社的筛选本身就是一个身份合法化的过程。其次,美国的出版社完全是以市场化的形式运作的,因而出版商出版策划、组织编写、出版印刷中小学教科书的直接动机是获得自身经济利益最大化。但出版社必须要很好地履行对联邦政府及州教育行政部门的政治性承诺,保障中小学教科书在维护国家政治利益方面的优越性。如加州从学前教育到中学(K12)年级的教科书都是由出版社自行选择大学教授或中小学教师等专业人员来编写。最后,在追逐经济效益最大化的过程中,出版商会千方百计地去迎合社会各相关群体对中小学教科书的诉求,并将这种迎合嵌入到中小学教科书的编写与出版过程之中。由此,出版社在中小学教科书建设中充当了权力分配与利益平衡的协调者角色。而将中小学教科书视为具有经济价值"商品"的各大出版社争夺开发权的目的并非政治的或种族主义的,而是经济性的。也就是说,强调中小学教科书的政治取向、意识形态诉求等并非出版社的本意,而是其他权力主体意志和利益分配与平衡的结果。即便如此,美国中小学教科书的具体内容、形式及价值观等都是由出版社具体把握的,出版社在各方的权力博弈之中获得了具体的操作权力,但在不违背联邦政府政治意图的前提下,出版社寻求价值利益又是市场运作下的合理产物。

二是教材建设标准实现多元权力主体之间纵向贯通。美国中小学教科书的开发虽然要迎合"市场"的需求,但这种迎合并非"无序"的迎合,而是在一定的法律法规、标准、规则约束之下的迎合。也只有在这种规约之下开发的教科书才具有"合法性",才能为各方所接受。这种规约依据主要包括:第一,美国政府的宪法与各州的相关法律规定。美国联邦宪法规定,教科书不得含有宣扬或倡导暴力、分裂、诋毁民主与平等及信仰自由的内容。各州也有自定的相

---

[1] 阿普尔,史密斯.教科书政治学[M].侯定凯,译.上海:华东师范大学出版社,2005:4.

关法律,如加州教育法规第60044条明确规定:"教科书不得含有因种族、肤色、信仰、国籍、血统、性别、残疾等对人造成不利影响的内容,也不能含有与任何宗派或教派的教义或宣传与法律相抵触的内容。"[1]第二,课程标准。从20世纪90年代开始,美国就开始全面研制国家课程标准,以期对各州的课程标准制定、教科书编写提供依据和方向。国家课程标准的出台直接规定了各州及出版商在中小学教科书编写与出版过程中的"应为"与"可为",这些是不以任何权力主体和利益集团的意志为转移的。各州可根据自身的特点和需要,在国家课程标准的框架下制定自己的课程标准。出版商为了获得更多的经济利益,也会主动参照各州的课程标准来编写教科书,尤其对于加州这样规模较大的教科书市场。第三,多元文化的契约精神。美国中小学教科书内容的呈现要最大限度地契合美国社会不同文化与不同宗教信仰群体的价值意愿,这种契合精神对美国联邦政府及州教育行政部门在教科书编选中的权力带来了巨大的约束与影响。尽管如此,联邦政府及州教育行政部门仍要尊重不同群体的意见,因为只有获得绝大多数公民的认可,中小学教科书的合法性身份才会得到认同。而这为各大出版社对那些存在文化与信仰争议的内容采取规避策略,甚至有时为平衡各方权力与利益而主动牺牲一些学术标准和科学知识的做法提供了解释依据。

三是对中小学教科书的审定是多元权力主体在教材建设中立体联动的具体体现。通过教科书审定,社会主流阶层的价值观以"合法"的形式予以呈现,为社会所接受,也使各权责主体在教材审定的过程中实现了横纵联动。依据美国相关法律,联邦政府不具有直接审定教科书的权力,只能以法律形式间接对教科书进行管理,对教科书的审定是由各州直接执行的。各州情况不同,审查机构也不具有同一性。有的州由州一级的教育机构组织审定,有的州则由学区或学校自己来审定。目前,全美有22个州是由州一级的教育行政部门对本州的公立学校的教科书进行审定,并成立了"全国州立教科书管理者协会"(National Association of State Textbook Administrators)。加州是该协会的成员之一。因加州审定的教材对美国整个教科书市场有着举足轻重的作用,故以加

---

[1] 石鸥,李方君.美国现行中小学教科书制度探究——以加利福尼亚州为例[J].湖南师范大学教育科学学报,2011,10(6):5-9.

州的教材审定程序为例：由州课程委员会组织"课程开发和补充教材委员会"（Curriculum Development and Supplemental Material Commission）对中小学教科书进行全面审查，审查合格后，报请州教育局；州教育局决定以后，再报请州政府，州政府再对已审查合格的教科书进行审定，然后将审查合格的教科书编制成中小学教科书目录予以公布。这种审查机制主要以加州中小学课程标准为依据，通常包括三方面内容：第一，审查教科书内容的科学性。第二，审查教科书内容的社会性。第三，最大限度地征求社会公众及相关群体的意见。[1]通过建立与完善教科书审查机制，行政主体、社会主体、教育主体实现了立体联动，致力总结出教科书开发的规范与准则，共同助力教科书质量的提升。

（三）以分权为核心的教材共建权责特征

教材建设是一个价值判断和选择的过程，不可避免地会受到意识形态的影响，其中对权责体系构建的影响尤为明显。美国教材建设的权责体系受其政治体制的影响呈现出以分权为核心的教材共建权责特征，主要包括行政主体权力的地方化和分权化、评定的标准化和权威化、社会主体操作的市场化和法制化，以及教育主体参与的多元化和公开化等。

一是行政主体权力的地方化和分权化。美国教材建设最大的特点就是分权和自治。教材建设作为一项地方公共事业，其管理权归属州政府、学区或学校，不受联邦政府的直接干预。[2]从教材的选用而言，由于美国教材选用实行分权制，地方州政府有权按照各州的实际情况、历史传统和发展特色等因地制宜地选用教科书，这就使教材选用工作呈现出鲜明的地方化倾向，而教材选用权力的下放同时也让美国教科书的编写和出版变得多样化。此外，美国的教材建设虽强调州权，但这并不意味着其可以完全脱离联邦政府的管控，在实际运行中仍会受到联邦政府的规制。

二是评定的标准化和权威化。美国的教科书审定并不由联邦政府直接决定，而是由各州执行。在标准本位教育政策下，各州对教科书的评定体现出高

---

[1] 姜俊和,孙启林.当代美国中小学教科书编选的合法性分析[J].外国教育研究,2012,39(12): 46-53.
[2] 刘莹.权力与市场再优化：教科书选用制度的美国实践及启示[J].现代中小学教育,2016,32(10): 109-113.

标准化和权威化的特点。以得州为例,州教育委员会奉行标准化理念,从教科书的编写、出版,到审定、选用等都拥有一套权威规定和执行标准。而得州教科书委员会制定的各学科的详细课程标准,出版商必须依据此标准编写的教材才有可能被采用。此外,州教育委员会对教科书招投标、选用人员任命、选用计划、审查程序、评鉴规准、选定时间、经费拨付等均有明确严格的要求。从结果来看,美国教科书评定的标准化和权威化既促进了高质量教科书的采用,也有效保障了教科书选用过程的公平公正。

三是社会主体操作的市场化和法制化。美国教科书的选用遵循市场化原则,鼓励公平竞争。同时对中小学教科书的编写和出版也采取自由开放的政策,多由民间编写和出版,并由出版商进行商业化的运作和市场营销。正因如此,教科书出版商面临着激烈的市场竞争。为在竞争中取胜,出版商必须密切关注州教育政策和标准,顺应教育发展的需要,不断提升教科书的编写质量。同时,为确保教科书市场竞争的公平性和有序性,美国各州制定了严格的法律法规来规约采买和出售双方的行为,将教科书选用纳入了法制轨道。美国教科书选用中市场与法制的结合诠释了自由与规范的高度统一,这既是教科书选用制度建设的特色经验,也集中反映了美国政府建设教材的权力主张。

四是教育主体参与的多元化和公开化。美国的中小学教科书选用可以说是一个全民参与的过程,这不仅反映在教科书选用委员会是由社会各界人士构成的,而且各州分区也会设立教科书展示中心,为社会大众了解教科书内容提供机会,借此提高公众对教科书的理解和认识。值得肯定的是,美国教科书委员会对于中小学教科书选用始终秉承公开透明的原则,在正式决定前,委员会会举办听证会来听取各方意见,并及时公布结果,最大限度地传达公众的声音。此外,美国教科书的选用也十分重视教师的参与,为此建立了以教师为主的采用评鉴组织和资讯交流机制,保障各州能在拥有充足资讯的情况下选择所需的教科书。

三、美国教材建设的权责机制

作为世界主要发达国家的美国,历经长期实践建构了属于自己的教材建设权责机制,表现为行政主体权力的显性支配和隐性支配,社会主体权力的依附与教育主体权力的衍生。

(一)结构性分权的权责运行机制

教材不仅仅是"事实"的"传输系统",它还是政治、经济、文化等相互作用的结果。教材建设实际上是权力和责任相互作用的过程,体现了一个国家或民族的权力结构和行权态度。美国把国家权力划分为立法、行政和司法三种权力,彼此分立,相互制衡,辅之以多党竞争、公开选举、司法独立等方式,从而达到建构资本主义宪政制度体系的目的。这是一种框架性制度结构,是一种结构性的权力运行方式,体现了政治制度的性质,同时也奠定了美国教材建设的基调。可见,美国教材建设是一种结构性的权责运行机制。具体而言:

一是由行政主体行使权力开发"基于学科内容标准"的教材建设标准。一方面,教材的更替与革新往往伴随着教育改革进行,美国最近一轮的教育改革也被称为"标准驱动(standards driven)"的教育改革,旨在制定明确的、可测量的课程内容目标。自20世纪80年代起至21世纪初,各州基本上完成了州立标准的制定。2009年伊始,美国开始制定共同核心州立标准(The Common Core State Standards,简称CCSS),开启了标准运动的一个新阶段。标准运动之后的美国教材建设明显体现出了基于标准、基于能力/素养以及基于研究的特点。另一方面,各州教材相关的法律法规与政策均在首要位置规定了教材的编写必须以各州所采纳的学科内容标准以及基于内容标准的课程框架为基础,以确保使用该教材的学生能够达到标准规定的水平。如加州教材采买政策及教材试用政策均在文件开头阐明教材内容必须符合加州教育部公布的学科内容标准;教材编写者、出版商、教材审查人员必须熟悉相关学科内容标准以及基于标准的课程框架。

二是社会主体权利依附于行政主体的授权进行教材生产。教材在一定程度上代表着人们对科学知识和合法性世界观的看法,是特殊的文化商品。这种特殊性决定了教材不像其他商品那样可以充分发挥市场资源配置的决定性作用,而是需要得到法律法规的授权和行政主体的委托才能进入市场。教材建设的社会主体主要是出版社,其在出版教材时兼顾其他主体利益的过程表现,鲜明地映现了社会主体的权力依附特征。美国大部分州实行教材选用制,出版社出于商业目的的考虑,会把出版业务扩展到实行教材选用制度的州。如在加州和得州,任何一本教材的销售量都可以占到总数的20%以上。正因如此,从教材的编写、编辑、出版到促销的市场定位和策略,都在围绕获得政府的认可资格而展开。[①]美国教材出版商在教材选用制下推行的教材生产,实质上是显性依附行政主体颁布的各项法律法规和隐性依附各州主导的话语与价值观念。

三是教育主体选用与使用教材是公共权力嵌入与让渡的过程。在美国实行教材选用制的大前提下,学校、教师等主体选用教材时需参考各州颁布的教材审查评价工具,而教材内容与标准的一致性(content alignment to standards)均被列为评价的主要标准。以加州教材(英语学科)采用的评价标准为例,教材学科内容的评价工具包括两个表格——"教材采用评价表"(California Department of Education, 2014b)和"学科内容标准表"(California Department of Education, 2014c)。其中,"教材采用评价表"分为五个大项(categories)[②],共计89个小项。"教材与内容标准的一致性"被放在第一项,所含小项数目(35)是各大项中占比最高的。在第二大项"教材的编排"中也包含了数条强调教材与标准一致性的评价小项,如教师用书包含该年级所需达到的所有内容标准的清单,并标出每条标准对应学生用书内容的页码;学生用书中的每个部分都明确指出所针对的内容标准;在单元或章节概述中使用内容标准中的术语。为切实保障教材内容覆盖所有的学科内容标准,加州教育部又使用了第二个表格——"学科内容标准表"。其做法是将标准逐条列出,出版商针对每一条标

[①] 阿普尔,史密斯.教科书政治学[M].侯定凯,译.上海:华东师范大学出版社,2005:39.
[②] 五大项评价标准分别为:category1 教材与内容标准的一致性,category2 教材的编排,category3 学习评价,category4 教材的无障碍/可及性,category5 教学设计与教师支持。

准列举出教材中相关的内容,以此证明所编制的教材覆盖了该条标准,由此该教材才会进入选用环节。可见,美国选用和使用教材的主要依据是各州政府颁布的标准。这种标准是行政主体公共权力嵌入教育的直接产物,而选用与采用是这种权力的让渡表现。

(二)功能性权力制衡的权责保障机制

教材是文化传承、意识形态传递的重要载体。为确保行政理性与效率,美国政府实行了分权治理模式,以平衡权力间的关系张力,其实质是功能性权力制衡,目的在于保障政府回应民众需求的能力和绩效。美国现行的教材建设机制是在国家意识形态引导机制下,地方分权与分类管理相结合的教材审用机制与教育主体权力的能动反馈机制合力构成的一种保障机制,在一定程度上铸牢了意识形态的防御屏障。

一是国家意识形态的引导机制。事实上,早在1976年,美国出版商协会(Association of American Publishers)就发布了《关于无偏见的教科书的声明》(Declaration on Bias-Free Textbooks),从内容、插图、语言等方面,提出了如何无偏见地编写公正教科书的基本原则。直到今天这一基本原则依然发挥着重要的作用。[1]这体现了联邦及州政府在中小学教科书编选中的权力地位与性质,这种主导性规约了其他主体如利益集团、教育精英等的权力行使过程和方式,也从根本上保障了教科书编选的国家意识形态不偏离。

二是行政主体的地方分权和教材分类管理相结合的教材审查机制。美国教材管理属于教育管理权范围,由各州分权管理。各州通过州宪法、教育条例及政策文书,对教材的定义、性质、作用,审查与选用制度等进行规定。尽管各州的法律法规文本格式与措辞有所不同,但规定内容大致相同。以教材选用与审查制度为例,该制度主要分为两大类:自由选定制(由学区或学校自由选定)与州级审定制度。目前采用自由选定制的州多达30个,但美国教材市场最大的三个州(加州、佛州、得州)均采用州级审定制度。即便是执行州级审定的地区,同样也允许学区或学校提出申请,经允许后可以自由选定教材。因而在

---

[1] 《基础教育教材建设丛书》编委会.世界主要国家教科书管理制度[M].北京:人民教育出版社,2005:5.

教材选用过程中,学区、学校,甚至部分教师均享有较大的自主决定权。美国教材建设行政主体的地方分权实现了教材审查与选定的多样化,同时也让教材的分类指导变得尤为重要。

美国教材的分类指导主要体现在不同年级与不同课程的教材选用政策上。部分州对不同年级的教材选用采用不同的制度,如加州规定K8年级的教材采用州级审定制度,9—12年级则是自由选定制度;部分州对核心课程(英语、数学、科学、社会等)的教材审查比较严格,采用州级审定制度,其他课程则可以自由选定。此外,分类指导还体现在选用政策与程序的细化分类。以路易斯安那州为例,该州允许学区自行决定选用州级审定的教材或自由选择教材。就前者而言,州教育部网站提供州级审定的教材列表、评价标准与完整的评价报告,并对审查结果进行分类。[①] 就后者而言,州教育部网站提供了详细的教材审查指南,包括审查委员会的构成、教材评价标准、家长与公众的参与、审查步骤的耗时与时间节点安排、教材的购买程序等。

三是教育主体权力的能动机制。美国的课程标准由美国社会的教育精英群体参与研制而成。因此,教育精英的权力在其中必须得到充分体现。课程标准的研制是受社会支配阶层典型代表——政府决策层的委托而进行的,在研制过程中必须体现政府决策层的意愿。作为"知识分子"与"文化主体"的教育精英,可以确保课程标准的专业性与科学性,进而对教材建设施加影响,保障教材编写的质量。不过教育精英群体是具有一定的独立人格与文化自主性的,他们会不断寻求表达自身文化价值的机缘,设法将自己的价值立场嵌入到课程标准之中,进而在教科书的编选中彰显自身的权力。当然,这种权力的获取并非畅通无阻,常常是在与政府决策层的较量中实现的,但这也体现了教育权力主体在教材建设过程中的能动性,保障了教材建设的专业性。

(三)制度性嵌入的权责联动机制

教材建设中的制度性嵌入是指对教材建设的行政授权进行顶层设计时,通过强制性制度安排,为教材建设提供制度支撑,从而指导权责主体之间的互

---

① 程晓.学科内容标准驱动的美国教材建设机制研究[J].教师教育研究,2017,29(5):115-121.

动关系,使其具有行为规范,并构成一个完整的联动机制的过程。教材建设从来不是单一权力主体所能完成的,在建设过程中科学合理地调动各权力主体,明晰其权责关系,是教材建设获得"合法性"身份的必经步骤。就美国教材建设而言,多方协作的教材管理机制与多方协同的教材监督机制,构成了权责一体运行的联动机制。

一是多方权力主体协商合作机制。美国教材建设的显著特点是多元主体相互协作、相互监督、协同联动,而保障协作与监督的关键则是信息的公开与透明。美国负责教材管理的是各州教育部下属的各级行政机构,有些州设立专门部门负责管理,如加州的课程框架与教学资源部(Curriculum Frameworks and Instructional Resources Division)、佛州的教材办公室(Instructional Materials Office);有些州则不设专门部门,直接由教育部统筹安排,如纽约州、路易斯安那州等。不过,无论何种形式的教材管理,其内容都包括制定教材选用政策与程序、公布教材招标信息、颁布教材评价标准与工具、组织选定教材审查委员会成员、主持或协助学区进行教材选用审查、公布教材采用结果报告,以及监督教材采买、发放、使用等;其人员涉及行政权力主体、社会权力主体和教育权力主体。需要注意的是,这些权力主体在教材建设过程中并不是割裂的,而是因教材建设走向了合作,同时这种协商互动也让美国的教材建设成为典型范式。

二是编写出版的权力主体嵌入机制。美国教材的编写与发行由市场主导,以私营的出版公司为责任主体。不过"无论在出版公司和市场之间,还是出版公司内部,经济和意识形态的成分都起了非常重要的作用"[1]。因此以教材出版公司为代表的社会权力主体在编写教科书时也会受到其他权力主体的价值嵌入影响。美国教育部对出版商资格没有具体规定,主要通过审查教材质量对出版商进行筛选。在此过程中,行政主体的权力嵌入表现往往是临时组建教材审查委员会,专门负责某一轮次的教材选用审查工作,构成人员包括学科领域专家(学者、教师、校长)、家长,以及其他相关利益团体成员。此外,美国教科书生产执行《教科书生产标准细则》(简称MSST),由美国"教科书标准

---

[1] 阿普尔,史密斯.教科书政治学[M].侯定凯,译.上海:华东师范大学出版社,2005:40.

顾问委员会"(简称 ACTS)编制。该组织虽为民间机构,但各州政府均规定出版商在投标时须提交教材生产标准自评表。教材审查程序结束后,州级审定的地区通常由州教育部公布入选教材清单,但真正决定教材选用的则是学区、学校乃至教师个人,凸显了教育行政主体的权力嵌入。

  三是协作与监督的公开透明机制。从美国多方协作的教材管理机制可以看出,美国教材建设与管理的整个过程涉及政府教育部门、地方学区、学校和教师、私营出版商、民间出版发行协会、学生家长及其他相关利益群体等团体或个人,各方相互支持、相互合作,同时也相互监督、相互制约。这种和谐关系的前提是信息的完全公开与透明。这种前提的确立首先由各州教育部门的法律法规进行规范。各州教材管理部门以邮件、发文、官网发布等方式公开招标信息,明示招标内容(包括学科、年级、主教材、辅助材料信息等)、招标程序(详细时间节点)与需要提交的材料(包括各类评审表格、教材样本、评审展示网站等)。这种做法使出版商能明确投标方的责任与投标的流程步骤。其次,各州教育部均在其网站明确公布了教材审查的程序、审查委员会的构成以及人员资质与责任、教材审查的评价工具、评价工具的使用指南、教材审查结果(包括入选教材清单以及详细的评价报告),同时可以在网站上查询当年及往年的文件与报告。确保出版商在教材编写前明晰目标,在一定程度上可以保障投标教材的质量,也可维护教材审查的顺利进行。这种常规化、制度化的做法能较好地保证教材审查的公平与公正。

  最后,美国各州的教材法律法规也极为强调公平性。一方面体现在教材审查人员构成的规定中。要求必须有能代表不同的学生群体,包括非英语文化背景、英语学习者、视力/听力障碍者、其他学习能力障碍者、天才/资优学习者、不同宗教信仰者等。另一方面体现在教材政策与法规中关于教材内容选择与教材形式的无障碍性/可及性的相关规定。如教材试用环节的对象选择强调遵循多元化与教育公平原则;教材的公众展示与公众听证会保证了不同群体表达意见的基本权利。总之,教材建设的权责联动机制为教材的编写、审查、出版、选用等环节的有序推进提供了保障。

第二节
日本行使权力建设教材的基本经验

一个政治系统若想保证大众的持久忠诚和意志服从，必须求助于合法化。合法化是国家合法性的保证。教科书是实现对公众文化领导并最终获得统治合法性的重要载体，因为其可以通过宣扬支配集团的主流意识形态来消解公众对自身的反叛和否定，由此确立公众对国家和权力的忠诚与服从。日本是高度发达的资本主义国家，是经济大国也是教育大国。日本如何在教材建设中行使国家权力来实现其国家意志的合法化，是一个值得关注的话题。

一、日本行使权力建设教材的基本逻辑

作为国民意志和民族未来的"计划书"，教材的思想性以"润物细无声"的方式生长于学生内心深处，具有强大的渗透性。教材特有的功能，使其成为世界各国关注的重点领域。从日本现行教材建设的过程来看，权责明确的教材管理主体、具有研究性质的教材保障协会、分学段研发教材的出版公司是确保日本教材建设权力主体稳定运行的关键力量。

（一）中央权力控制的教材建设

作为国家事权的重要组成部分，日本教材管理在经历申报制、审查制、国定制后，于1947年正式在小学、初中和高中采用教材审定制度，并延续至今。可以说，在日本的教材建设制度体系中，教材审定制是日本政府在教材建设中通过行使权力反映国家意志最浓墨重彩的一笔。

一是课程标准和学科用书审定是教科书编写的基础。现行教科书制度基本上采用民间教科书发行者著作编辑的方式。所有发行者须以课程标准和学科用书审定基准等为基础，制作富有创意的图书，然后申请审定。

二是编辑的图书需要经过行政主体的官方审定才能获得使用资格。发行

者申请审定时,该图书要接受文部科学省①内部教科书调查人员的调查,同时向作为文部科学省咨询机关的学科用书审定调查审议会(以下简称"审议会")提出咨询。审议会对此进行答审,文部大臣根据答审结果进行审定。对所申请审定的图书是否可以作为教科书的资格审查,要基于学科用书审定基准进行。

三是教科书选用、发行与供应需要向文部大臣等报告。审定完成的学科教科书通常有多种版本,需从其中选择适合学校使用的教科书。至于选用权限,公立学校在所管辖区域的教育委员会,国立和私立学校校长均拥有。选用的教科书数量需向文部大臣报告。文部大臣基于报告的教科书需求统计结果,向各发行者指示应发行的教科书种类及数量,最终向学校提供。

从日本的教科书制度可以洞察到,无论是教科书编写、发行还是使用,都离不开审议会。虽然自20世纪90年代以来,日本政府十分强调教育行政的地方分权化改革,但实际上还是由审议会来决定学校该选购什么样的教材。在这种情况下,出版商会因经济得失而去竭尽所能确保他们出版的教科书在合法目录上有一席之地。可以说,审议会决定出版什么样的教科书,也就决定了哪些知识是合法的。作为日本政府的代言人,审议会拥有"什么样的知识"和"谁的知识应当被采用"的决定权,这表明了日本政府建设教材的权力主张。

(二)审定制是教材建设的制度统领

围绕审定制建立起来的日本教科书制度,主要是由《教育基本法》《学校教育法》《学科用书审定规则》《小学、初中和高中课程标准》《义务教育各学校学科用书审定基准》《高中学科用书审定基准》等不同层次的法规文本作为构成基础的。《教育基本法》规定总的教育目的和方针;《学校教育法》规定学校目的和教育目标等,是学科用书审定的根本依据;《学科用书审定规则》规定了学科用书审定基准、审定程序等事项,是审定学科用书(不仅局限于教科书,也包括教科书以外的辅助性图书资料)的总的原则;《小学、初中和高中课程标准》规定课程的基本理念、内容及要求,是教科书编制与审定的重要依据。特别是各

---

① 注:文部省为文部科学省的前身,2001年由原文部科学省及科学技术厅合并组成新的文部科学省。

学科课程标准,是各学科教科书审定的直接依据;《学科用书审定基准》是依据《学科用书审定规则》而制定的各学科用书的具体审定规范,它全面、系统地规定了各学科用书审定的共同条件和各学科用书审定的固有条件。这些法规文本围绕审定制把教材选择与国家意志紧密地联系在一起,从而建构了一个规范化的权力运行体系。

(三)教材审定标准是教材建设的重要依据

教材审定标准是教材编写的重要依据之一,是国家意志嵌入教材建设的重要产物。日本义务教育教材审定标准经历了不断修改完善的过程,于2017年颁布了新的《义务教育教材审定标准》(以下简称《标准》),明确规定经过完善的《标准》适用于今后日本义务教育阶段教材的审定。日本现行的《标准》是由标准制定的总体原则、通用标准及各科标准三部分构成,具有明确的功能指向:一是在使用对象与范围上。《标准》规定,要基于《学校教育法》《学科用书审定规则》等法律法规对小学、初中前期课程以及特殊学校初级部所使用的教材进行审定。这种规定不仅是对使用对象与范围的明确,也是对教材建设各主体的权责确认。二是在教材功能上。《标准》强调,教材作为各个科目课程构成、组织排列起来的主要资料,不仅为老师讲课所用,更是学生学习的材料。因此必须调和"知识""道德""健康"三者之间的关系,养成以实现自身价值、独立的、能够尊重公共精神,并且能够自觉主动地参与国家和公众事业的国民为最终目标。[①]无论是作用对象与范围还是培育目标,教材审定标准集中凸显了日本政府的主导意志和权责特征。

二、日本教材建设的权责体系设计

政权的合法化是以社会公众对政权的认同和忠诚为思想根基的,而认同主要依赖于学校教育特别是教科书对特定思想的传递与固化来完成。正因为教科书是政权合法化的主流媒介,所以决策者会构建利于政权合法化的教材建设权责体系来选择、加工教科书内容,以此赢得公众的认同,谋求政权的合法化。

---

① 杨雪.中日义务教育教材审定制度比较研究[D].沈阳:东北师范大学,2019:39.

(一)以文部科学省为核心的权责主体

教科书是谋求政治权力合法化的手段或工具,选择教科书的内容就不可能是一个完全客观中立的过程。日本教材建设过程与其他国家一样,涉及多个权力主体,这些权力主体在教材建设过程中不可避免地会为宣扬支配集团的意识形态服务。

1.文部科学省及其下设部门

依据《学校教育法》等相关法律,文部科学省是作为义务教育教材审定的责任机构而存在的,文部科学省内的文部大臣具体负责教材审定工作过程中相关建议的受理,是教材审定的责任中心。文部科学省下设教材调查科和教材审定调查审议会,前者负责教材审定申请的相关工作,后者全权负责教材的审定工作,具体是承担教材审定调查分科会、教材分科会和教材价格分科会关于教材的审定工作。无论是教材调查科还是教材审定调查审议会,都需要将教材审定申请的相关情况及教材审定过程的相关情况与结果及时汇报给文部大臣,最终由文部大臣根据结果及相关建议进行议决。可见,文部科学省构建了层级分明的教材审定组织机构,是整个义务教育教材审定过程中的意见决策中心与责任中心,也是日本教材建设中最为核心的行政权力主体。

2.出版社

日本实行出版社登记制,个人、团体只要具备成立出版社的条件即可申请登记成立出版社,进而组织资金、人员进行教科书的编写、出版工作。日本教科书由民间教育出版社出版发行,但不是所有出版社都可以出版教科书。根据日本《无偿措施法》,日本中小学教科书出版者的资格由文部大臣审查。文部大臣对义务教育教科书出版资格的认定遵循以下几条原则:一是教科书资本额(出资额)或资产额超过1000万日元;二是至少有5人是专门从事教科书事务的编辑,并确认这些编辑能胜任工作;三是具有相当经验的图书出版人员;四是未曾在图书的出版方面有明显的不公正行为。日本文部科学省除了在教科书出版社成立之初对其进行资格审查外,每年都要求指定的出版者提供必要的报告,并对其进行调查,检查其是否符合上述标准。目前,在日本,编辑、出版小学、初中教科书的出版社共有26家,它们是重要的社会权力主体,但其权力的行使依赖于行政主体(文部科学省)的权力让渡。

3.都道府县和市町村的教育委员会

日本教科书的选用由都道府县政府教育委员会成立的教科书选定审议会作出选用决定后,呈同级教育委员会作最后决议;确定教科书版本后,再由市町村的教育委员会成立的教科书选用地区协议会办理教科书选用业务,最后发至各校使用。都道府县和市町村的教育委员会因此成为日本教材选用的行政权力主体。

(二)自上而下的科层制权责关系

教材建设作为一个完整而独立的系统,从学理上讲必须具有健全的体系结构。各权责主体是这个体系的秩序制定者,明晰彼此的权责关系可以使教材建设过程合法有序。这种关系表现在:

一是文部科学省通过教材审定对其余教材建设主体进行权力支配。首先,教科书审定制度包含国家权力(教育行政权力)能否(以及多大程度、哪些方面等)参与和干涉公共教育内容的实质性问题。文部科学省是义务教育教材审定的核心组织部门,在文部科学省的组织下,教材调查科及教材审定调查审议会共同承担起对教材的审定工作。教材调查科及教材审定调查审议会内部人员分工合理且责权分明,既能够促进义务教育教材审定工作的高效运行,也可以保障义务教育教材用书质量及教学质量。其次,日本从小学到高中的几十种教材,包括特殊教育教材,都是由民间出版社组织编写的。按照《教育基本法》和《学校教育法》的规定,为了确保民间编写教科书的质量及政治上的中立性,实行教科书审查制度。教科书审查由文部大臣授权的审查委员会根据有关法规和标准对教科书进行质量审查,通过审查的教科书方可投入生产和使用。最后,文部科学省制定的中小学校教育课程标准——《学习指导要领》[相当于我国的教学(课程)计划和教学大纲]和图书审查标准,是审查教科书的重要依据。教科书编成之后,出版社要向文部大臣提交申请,接受审查。为了使教科书审查公正有序,文部科学省制定了教科书审查的明确标准,其中包含对各科教科书的质量要求与编订条件。可见,日本教材的编写、出版、供应都离不开文部科学省的行政权力支配,其余权力主体只有在配合这种权力支配的前提下才能行使权力,并承担相应的责任。

二是出版社依附于文部科学省的行政权力并按时提供教科书出版契约。日本义务教育学校的教科书是由政府向出版社购买后免费发放给学生的,免费对象包括义务教育阶段所有国、公、私立学校的全体学生,也包括那些在海外生活和学习的日本公民的子女,范围包括所有的教科书。所以,一旦用户(即各市町村的教委和国、私立学校的校长)选定某种教科书样书后,须将需求数量报各都道府县的教委;各都道府县的教委负责将上报的各种教科书数量作出统计,在每年的8月31日之前上报给文部大臣,并将需求单送交出版社。文部大臣将各都道府县的需求量进行统计后,向各出版社发出应印发的种类和数量的指示。接到指示的出版社必须履行为各学校按时提供所需教科书的义务。一般地,为了发行工作的有效进行,各出版社会和一些书店签订契约,由书店作为出版社的发行所,负责教科书的发行业务。对所签协议拒不履行的出版社,三年内取消其出版教科书的资格。由此可以判定,出版社通过所拥有的社会资源(包括物质和精神方面等)进行教科书生产的行为,既属于社会权力的支配行为,同时又是文部科学省等行政主体对教科书委托生产与管理的权力产物。

二是都道府县和市町村的教育委员会属于日本地方层面的教材建设行政主体,在教材选用上严格按照"条块关系"逻辑进行中央和地方的权责关系衔接工作。日本各都道府县教委将所管辖的地区按市郡或与之相当区域,划分出教科书选用区,在听取都道府县教科书审议会意见的基础上,对各市町村教委的教科书选用提出指导性意见。各市町村教委在上级教委指导建议下,确定选用某一种教科书。如果教科书选用区内有两个以上市町村的话,应由各市町村教委协调,选择同一种教科书。按以上方式选用教科书,根据有关法律规定,在4年之内须选用同一种教科书。为了方便各地教委和学校选择教科书,每年6、7两个月,文部大臣要求各地教育委员会在本地区组织举办教科书展示会,届时各出版社都将自己的教科书样书交付参展,接受用户的挑选。在此过程中,都道府县和市町村的教育委员会与文部科学省存在着自上而下的权力支配关系和自下而上的权力依附关系。

(三)中央权力与地方权力合作型的教材建设权责特征

日本宪法第二十六条第二款明确规定,日本实施免费的义务教育;而在义务教育阶段,所有国、公、私立各级各类学校的教材都由国家文部科学省通过专项预算免费提供给每一位学生。义务教育阶段的教材免费供给制度是国家行使权力建设教材的重要举措,具有鲜明的权责运行特征。

一是市场竞争与政府调控相结合形成的开放型出版制度。日本出版发行实行开放制,对教科书出版机构没有所有制上的要求,这为形成出版机构多元并存格局创造了条件。在日本专门负责教科书出版的众多机构中,民间教育出版社占据主要位置。数量众多的教科书出版机构,加之日本相对成熟的市场经济体制,迫使这些教科书出版机构形成竞争格局。面对激烈的竞争,这些出版社在市场中普遍具有强烈的主体意识和危机意识,十分注重制度建设。它们在长期的竞争中积累了丰富的教科书出版经验,形成了独特的出版机制,成为具有雄厚实力和独特风格的教科书出版专业机构。此外,日本的教科书出版制度严格按照市场规律办事,遵守市场规则,注重市场在教科书出版活动中的作用,积极发挥民间企业的积极性,但需要政府对教科书的编审、出版和发行进行必要的约束和规范,如规定出版社必须符合一定的资格条件要求等。

二是严格清晰的教科书审查程序驱动教材建设的法制化。日本对教科书出版活动的管理主要通过立法来实现。日本有多项涉及教科书出版的法令、法规,这些法律规范为教科书出版制度的顺利实施提供了有力保障,如辅助教科书的政治属性、专业属性审查等。这样既可以避免滥编、滥印教科书现象的发生,也可以减轻家长不必要的经济负担,从而净化学校教科书的使用环境,提高其品质。将教科书出版制度进行法制化建设,是日本政府行权建设教材的一个突出贡献。因为从法律法规层面制定一系列措施来规范教科书出版和发行市场,既有力遏制了地方保护主义,堵住了不正常的发行渠道,同时也对社会主体和教育主体的权力进行了有效约束,维护了正当竞争的格局。

三是教科书的选用方式导致教科书修订的常态化。日本各出版社对已发行、使用的教科书不断进行修订,已然成为常态化工作。近年来,日本正在改善教科书制度。如在选用方式上,主张各地区成立教科书选用审议会,并吸收家长参加,为市町村的教委和国、私立学校校长选用教科书提供建议;同时各地区应配备一定数量的调查员,不断加强教科书的质量调查与效果评价;此外,要确保教科书的创意和多样化,防止出版商的不正当宣传。由此,日本的教科书选用吸纳了更多的权力主体参与其中,但这并不像日本政府所预期的那样——改变教材选用的复杂程序,其实质仅仅是实现了教科书修订的常态化。

三、日本教材建设的权责运行机制

日本教材建设通过国家层面的顶层设计制定相关标准,发布编写规范,审定教材内容质量,并在选用与发行过程中进行监督,确保把最能代表培养未来合格日本公民的优质教材,在开学前送至每一位学生手中。[1]这种严密与稳定的教材建设权责机制是确保日本教材建设有序、健康发展的必备条件。

(一)中央指导下的地方分权建设机制

在《学校教育法》的推动下,日本教材形成了一个集编辑、发行、审定、选用、供给于一体的管理体系,[2]同时也形成了中央指导下的地方分权建设教材的运行机制。

一是顶层设计机制,教材建设标准的制定与公布。日本小学、初中、高中90%以上的教材由民间教材发行公司出版。为确保教材质量,文部科学省制定了《教材规范与标准》。同时,小学、初中、高中每10年调整一次的《学习指导纲要》也发挥着作为教材编写指南的重要作用。此外,文部科学省还专门制定了《学科用书审定规则》,用以辅助各教材发行公司在教材编辑方面的具体事务。在文部科学省的统一领导下,实现了对教材建设权力的委托与分配。

---

[1] 李芒,孙立会,村上隆一.日本中小学教材建设管理体系及其发展趋势[J].比较教育研究,2021(8):30-39.

[2] 同上。

二是编写制作机制,教材发行公司编辑、定稿各种类型教材。教材发行公司是独立的、以营利为目的的法人公司。教材发行公司在前期制作环节需要投入大量成本,召集各领域专家完成教材的编订工作。待教材发行公司完成教材制作和创意性修改后,须向文部科学省提出审定申请。这个过程中蕴藏着社会权力主体的竞争与合作,同时又显示出行政主体对社会主体的权力支配。教材发行公司为确保编订的图书获得作为教科书的资格,必须服从这种官方权力的支配,这种服从体现了对行政主体的权力依附逻辑。

三是审定许可机制,经由文部科学省审定,获得作为官方教材的资格。在教材审定之前,文部科学省会提前一年向社会发布审定教材的项目和时间。[①]教材的合格与否由教材审议委员会根据专业性、学术性的调查结果来判定。教材审议委员一般从大学教授和小学、初中、高中教师中选出,文部科学省常任的教材调查官也会参与其中,以保证教材的科学性与专业性。在《学科用书审定规则》的指导下,教材审议委员会将对评审的教材作出合格、不合格或修改的决定,并及时通知教材发行公司。教材的审定一方面确保了其记述的客观性,另一方面也强化了教材的教育性。[②]出版社出版的图书若想作为官方教科书使用,必须获得"成为"教科书的合法资格,而这种资格的获取需要文部科学省的权力许可。

四是选用供给机制,公平公正地选用最佳教材。每年6月至7月,日本在各都道府县举办教材展览会,以供各教育委员会与学校了解并选用最佳教材。[③]公立学校的教材由各都道府县、市区街村的教育委员会选择,私立学校的教材由校长选择。为确保教材选择过程的公平公正,教材协会制定了《禁止垄断法》,即禁止虚假宣传,反对任何诽谤和以权谋私行为,对社会主体之间的权力占有竞争进行了约束。2019年3月,修订的《教材选用公平公正措施》指出,与教材发行公司存在私人关系的个体不得参与教材的选用工作。教材选

---

① 李芒,孙立会,村上隆一.日本中小学教材建设管理体系及其发展趋势[J].比较教育研究,2021(8):30-39.

② 文部科学省.教科書検定の方法[EB/OL].(2017-02-20)[2021-05-18].http://www.mext.go.jp/a_menu/shotou/kyoukasho/gaiyou/04060901/1235089.htm.

③ 文部科学省.都道府県が設置する教科書センター一覧[EB/OL].(2017-04-19)[2021-05-18].http://www.mext.go.jp/a_menu/shotou/kyoukasho/center.htm.

用完成后,由各教育委员会将确定的教材种类、数量提交给文部科学省,再由文部科学省统一向教材发行公司订购[①]。教材发行公司承担着在新学期开课前将教材发送到每一位学生手中,并通过建立教材供给实现教材流通的责任。这种教材选用机制受到行政主体权力自上而下的监督,也受到公开的民主舆论监督。

(二)社会监督与政府监督相结合的权责保障机制

日本政府通过顶层权力的严密部署,包括具有研究性质的教材保障协会在教材编写、选用与发行过程中的监督,确保把最能代表培养未来日本合格公民标准的优质教材送至每一位学生手中。

一是社会权力主体的监督贯穿在教材建设全过程。具有研究性质、以社团形式存在的教材相关协会是保障与推进日本教材建设有效发展的重要机构,如教材协会、教材供给协会、教材著作权协会等。教材协会的前身是1948年由22家教材发行公司组成的教材研讨会,后于1953年由71家教材发行公司正式组建而成。[②] 目前,教材协会所从事的活动主要包括:第一,开展调查研究并发布研究报告,主要关注学校教材质量是否得到实质性提升,发行、供应教材环节中存在的问题;第二,向社会、教材发行公司普及教材审定的意义;第三,以规章制度的形式规范教材发行公司,避免各教材发行公司之间的不正当竞争;第四,既以专业能力辅助文部科学省对教材的管理,又维护旗下各发行公司的权益。总之,此类协会不仅以组织化形式优化教材发行环节,还开展教材现状研究、教材发展对策研究等学术活动。由此成为凭借自身所占有的社会资源实现对教材建设实践行为产生重要影响的一种支配力量,协调与监督日本教材建设各权责主体之间行使权力和承担责任的科学性、合法性,使之覆盖教材建设全过程。

二是行政主体对教材审定的公开透明。日本的教科书由国家根据颁布的课程标准进行审定,申请审定的所有教科书及其审定意见都要向社会公开。

[①] 文部科学省.教科書が使用されるまで.[EB/OL](2017-05-21)[2021-05-18].https://www.mext.go.jp/a_menu/shotou/kyoukasho/main3_a2.htm.

[②] 唐磊.走近日本教科书制度[M].北京:人民教育出版社,2005:109-110.

为满足国民对教科书的关心,文部科学省自1991年起就在教科书审定完之后公开审定结果以接受公众的监督。1999年6—7月,文部科学省在全国开设8个公开会场,除了陈列申请审定的教科书,还公开了审定意见的概要和不合格教科书的理由书等。此外,文部科学省还广泛发放印有审定制度意义和审定结果概要的小册子,并在文部科学省网站主页上提供相关信息。同年,东京会场也设置了教科书常设展示厅。这种公开透明的教材审定程序促使日本教材建设形成了民主参评的监督机制。

三是出版社分学段开发教材。营利需求带来的竞争会造成不少中小型发行公司的生存危机,因而有针对性地分学段编制教材是稳定教材发行公司生存的有效手段。自2020年起,日本各学段《学习指导纲要》的变革给教材发行公司带来了新的挑战,同时也影响了教材的结构与内容。这意味着,教材发行公司将要变革原有的教材体系,不过这种变革并不是简单地增加或删减,而是从头探索、重新建构。可问题在于,教材发行公司积攒发行经验、人脉、资源需要长期的过程才能完成,而新领域开发的难度和旧有工作惯性会迫使教材发行公司倾向于选择开发相对固定学段的教材。比如,日本信州教育出版社只出版小学教材、山川出版社只出版高中教材等。教材的发行是一个投资巨大的过程,尤其是面临前期投入与后期收益不成正比的可能性,在收益不显著的情况下,教材发行公司为解决生存危机不得不缩小营业范围。通过对日本各发行公司的分析可以发现,除部分大型发行公司外,绝大多数发行公司不会盲目发行全部学段的教材。这种局面实质上是行政主体权力对教材出版的隐性支配,但也使得作为社会权力主体的出版社在教材出版方面的市场计划更加精准化与专业化,从而保障了教材建设的稳定发展。

(三)审查选用衔接的权责联动机制

日本的教材审定制可以说是国家行使权力建设教材的核心体现,也是日本进行官方知识筛选、培养维护其统治的合格公民的关键。将教材审定与选用相结合,是日本政府深化教材建设的重要举措,不仅联动了各权责主体,而且这种审查选用衔接的模式还构建起了稳定的权责联动机制。

第一，教材审定制使教材建设各权责主体获得了合法性认同。首先是教科书审查机构及人员构成。教科书审查的责任机构是文部科学省，主管负责人是文部大臣，下设教科书调查科，有专职调查官50人左右，一般聘用有大学教职经历的人担任，是文部科学省的专任职员，专门负责受理教科书审查的申请，并提交教科用图书审定调查审议会审查，根据审查结果向教科书申请人提出修改意见。其次，文部科学省还设有教科用图书审定调查审议会，有120名以内的委员和500名左右的调查员，主要由文部科学省的相关人员、大学教授和学校教师以及关心教育的社会贤达组成。教科用图书审定调查审议会作为文部大臣的咨询机构，主要负责教科书申请审查并向文部大臣提出建议。最后，教科书的审查标准。教科书的审查主要是在于认定该图书是否符合《教育基本法》和《学校教育法》的主要宗旨，是否适合作为教科书。在文部科学省颁布的《学科用书审定规则》中给出了较为具体的标准，主要包括二条基本条件和五条必要条件。通过教材审定制度，多元主体获得了参与教材建设的合法权；同时也确保了日本不同地区、种族、阶级、性别的学生能够按照同一水准接受教育，进而形成全国统一的教育标准，并保障教材的高质量建设。

第二，教材选用区域的划分促使教材建设各权责主体形成内外联动机制。日本教科书选用实行区域统一的方式，即在同一个教科书选用区域内的义务教育阶段的各公立学校，必须选用同一种教科书，国、私立学校不受限制。该选用方式的关键在于"教科书选用区"的划分。都道府县教育委员会依照市町村的行政划分，结合自然地理条件、学龄人口、文化教育状况，一个或多个行政区合并成一个教科书选用区[①]。日本教科书选用与教材审查有着严密的衔接关系，并需要严格遵循如下流程：(1)各教科书出版发行机构向文部科学省提出教科书书目；(2)文部科学省制定备选教科书目录，并把相关资料下发给都道府县、市町村教育委员会和各学校；(3)教科书出版发行者寄送教科书样本；(4)都道府县教育委员会教科书选用审议会按学科委托若干调查员调查研究，进行相关咨询；(5)都道府县教育委员会把审议会的结果形成资料，发给市町村教育委员会和各校校长；(6)都道府县教育委员会每年6—7月在教科书展

---

① 文部科学省.教科書採択の方法[EB/OL].(2009-04-15)[2023-05-17].https://www.mext.go.jp/a_menu/shotou/kyoukasho/gaiyou/04060901/1235091.htm.

示中心举办展示会;(7)市町村教育委员会委托调查员按照学科、年级选择教科书;(8)把所选择的教科书种类和所需数目,上报都道府县教育委员,并汇报给文部大臣,统一下订单。①这个选用流程串联起了日本教材建设的各个权责主体,这种联动机制是通过教材选用的方式将教育主体与文部科学省等行政主体关联,同时又在选用流程中与教科书出版发行者等社会主体进行沟通协商,由此实现各权力主体在教材建设中的有机嵌入,形成内外部联动的教材建设机制。

第三节 德国行使权力建设教材的基本经验

德国是世界上职业教育最为发达的国家,其在职业教育教材建设和管理领域已经建立起相对成熟的运作模式与作用机制。学习德国政府行权建设职业教育教材的有益经验,对我国开展职业教育教材建设具有重要的借鉴意义。

一、德国行使权力建设教材的基本逻辑

德国是联邦制国家,为避免教育集权,各州文化教育主权完全独立,所有的基础教育事务均由各州负责,联邦政府无权干涉,所以德国教科书的编写、出版、发行和选用由16个州自行管理。其中大多数州都制定了管理条例,没有制定管理条例的州也有相应的管理措施,其背后暗含国家意志以及国家权力的运行逻辑。

---

① 文部科学省.教科書採択の方法[EB/OL].(2009-04-15)[2023-05-17].https://www.mext.go.jp/a_menu/shotou/kyoukasho/gaiyou/04060901/1235091.htm.

(一)合作式的文化教育行政管理影响教材制度体系

德国是"国家管理教育"模式的代表,在基本框架上与我国的教育管理模式有许多共同点,但联邦制的政治体制决定了其行使权力建设教材的方式与我国存在根本性的差异。

一是德国文化教育行政管理的传统。19世纪70年代后,德国开始普及义务教育,国家化教育由此开始。在历史上,由于德国各邦独立,所谓的国家化教育,并非由中央政府统一管理,而是由各邦独立管理,其中普鲁士邦起到了示范作用。基础教育的普及发展使德国日益强大起来。德国的文化教育在这时形成了两个传统:一是联邦制的教育管理;二是各州的文化教育主权。1919年,德国进入魏玛共和国时期,《魏玛宪法》规定:全部教育事业处于国家监督之下。国家对学校教育的监督成为德国国家教育职能的一个重要体现。但是由于德国的教育传统,以及基督教区和天主教区的教派对立,这一时期德国的文化教育采用的仍是联邦制管理,各州文化主权独立。不过在魏玛共和国时期有一个突出的成就,即德国教育基本上实现了公立教育,直至今日,德国学校中的绝大部分仍是公立学校。1933年,德国进入纳粹统治时期。各州的文化教育主权由中央统一行使,教育的中央集权发展至顶峰,形成了法西斯独裁教育。第二次世界大战结束之后,德国被分为东、西两个部分。在西占区,英、法、美三国都不想再看到一个中央集权的、强大的德国,在此影响下,联邦制的联邦德国成立了。1949年,《联邦德国基本法》出台。它借鉴了《魏玛宪法》的内容,并规定:整个教育事业受联邦监督;联邦教育事宜由各州自行管理,教育立法权、行政管理权以及教育监督权属于各州,各州文化教育部是各州文化教育事务的最高权力机构。联邦德国秉承传统,恢复了各州文化教育主权的完全自主。这同时意味着在教材建设中,德国行政主体之间处于同层级的平等关系之中。

二是合作式的文化教育联邦制管理模式。由德国联邦制的政体形成的合作式文化教育联邦关联模式,一方面可以调动各州对教育事业的积极性,使各州政府能根据本州实际情况因地制宜地发展基础教育;另一方面可以通过教育管理协调机构协调各州意见,求同存异,并作出统一意见,颁布为各州所认可且能够作为各州制定本州基础教育政策指导文件需要参考的协议。但是,这种模式也有其不利的影响。由于德国教育是各州各自为政,整个德国缺乏统一的学校体制(比如当前有些州是多轨制、有些州是双轨制)和教育标准,而跨州的学校衔接又极易出现问题。另外,各州签署的协议往往是长期争论后妥协的结果,一则会错过最好的改革时机,二则由于没有法律上的约束力,各州在协议执行上缺乏彻底性。所以,联邦政府一直希望扩大自己在基础教育方面的权限,虽然与《联邦德国基本法》有矛盾,但从趋势上看,联邦政府必然会努力扩大基础教育的管理权限,以此促进联邦范围内基础教育的均衡发展,而这种扩大教育权限的意图也会影响教材建设的开展。

(二)基于各州文化自主权的教材多元化建设

德国是联邦制国家,各联邦州享有文化自治权,不过各联邦州会在《联邦德国基本法》的框架下制定本州的宪法和学校法。《联邦德国基本法》、各州宪法以及学校法中关于教育目标和原则的规定是德国出版社编写教材的法律准绳。例如,德国巴符州的《文教部关于教材的审定规章》,在教材审定的前提条件中指出,教材的编写必须与《联邦德国基本法》、州宪法以及州学校法所确定的教育目标保持一致。这些法律为教材编写确定了原则和依据,同时也明确了教育工作的相关规范和价值取向[①]。在德国,学校的任务是实现《联邦德国基本法》、州宪法和州学校法中规定的教育和教养任务。具体要求有:(1)学校有义务促进学生的基督教人文精神,开展人性与和平教育,培养学生热爱人民和国家、尊重他人的尊严和信念,开展社会感化教育,培养和发挥学生的个性和才能;(2)学校有义务开展识别自由民主与秩序的教育,培养学生的自由精神与责任意识;(3)学校有义务培养学生为履行宪法的公民权利和义务做准备,培养他们必要的判断和决策能力;(4)学校有义务为学生的日常生活、职业与工作世界的要求与发展做准备。因此,德国要求教科书的编写必须与这些教育与教养目标相符合。

可以看到,虽然德国各联邦州享有文化自治权,但教材建设在很大程度上受到政府这只强有力的"政治权力"之手的控制,教材编写必须与国家的教育目的、教育方针和教育目标相符。从某种意义上说,国家行使权力进行教材建

---

① 孙进,张蒙蕊.德国基础教育教材管理:编写・审定・选用[J].外国教育研究,2020,47(8):3-16.

设的过程,也就是不断进行与教材有关的教育立法过程,它所调整的对象是教材建设过程中最基本的又是全局性的问题,如通过规定教材的编写标准、目标方位、审核议程、质量标准等来落实国家意志。

(三)出台国家纲领引领各类教材建设

德国职业学校教材编写的具体依据是州文教部长联席会议建议的"框架教学计划"。各州文教部可以直接采用该"框架教学计划",也可在此基础上,结合本州实际,研制适用于本州职业学校的教育计划及大纲,这是职业学校开展教育教学的基本依据,也是教材编写的具体参照。德国的中等职业教育类型繁多,既有代表德国职业教育形象的"双元制"职业教育,也有各种形式的全日制职业学校教育,每种类型的职业教育都有自己的教育标准、教学计划及教学大纲。这里仅以"双元制"职业教育中学校的"框架教学计划"为例介绍其基本结构。"框架教学计划"的基本结构包括前言、职业学校的教育任务、教学法的基本原则、与职业相关的说明以及学习领域五个部分。这既明确了职业学校的教育任务、行动导向、教学原则、学习领域的学习目标及学习内容,也为职业学校教材的编写提供了具体的参照依据。[1]"双元制"职业教育中,企业的教材编写以联邦政府颁布的《职业培训规章》为依据。它既是设计与实施职业教育的根本标准,也是"双元制"职业教育中企业培训的基本准绳。企业的教学材料开发必须符合《职业培训规章》中的相关规定。根据联邦《职业教育法》,《职业培训规章》包括培训职业名称、培训时间、培训职业规格、培训框架计划和考试要求五个部分。[2]其中,培训职业规格、培训内容及考试要求为"双元制"职业教育中企业的教学材料编写提供了具体的参照依据。"框架教学计划"和《职业培训规章》分别是德国学校和企业教材编写的重要依据,这种规范出自教材建设行政主体,是依照公共权力要求所衍生的一种的新权力形态,它强有力地将教材这一特殊的文化商品的市场参与者、编辑者和其他权力主体的行为划定在一个合理范围之内。

---

[1] 徐涵.德国中等职业教育教材建设与管理及启示[J].比较教育研究,2018(4):101-107.
[2] 谢莉花.德国职业教育的"教育职业标准":职业教育条例的开发内容、路径与经验[J].外国教育研究,2016,43(8):28-40.

二、德国教材建设的权责体系设计

丹尼斯·朗(Dennis H.Wrong)指出:"权力无所不在……它是社会互动中固有的,这种社会互动包括相互行使权力或施加影响的互动者之间的替换。"[1]德国是联邦制国家,通常是各州自己制定有关教科书管理的条例,这种权力关系的明确实质上亦是其教材建设权责范围的划定。

(一)编选审分离的权责主体

教材的生产流程通常来说包括以下步骤:(1)决定出版教材并委托作者进行编写;(2)编写者根据教学大纲和教育标准的要求编写教材;(3)审查并得到政府主管部门的批准;(4)印刷和销售。德国教材建设的权责主体也嵌套在教材生产这一流程之中。

1.编写主体——出版社

德国教材编写的主体为出版社,各出版社依照联邦和各州的法律,以各州教学大纲为标准,按照市场经济机制出版教材。德国目前大约有70家教材出版商,其中大部分专门出版某一学校类型或某一教学科目的教科书。只有柯莱特出版集团(Klett)、康乃馨出版集团(Cornelsen)以及维斯特曼出版集团(Westermann)这三大出版社[2]出版几乎覆盖所有学校类型和教学科目的教材[3]。出版社通常是召集各州相关学科或教学领域的专业人士编写教材,各学科领域的负责人按照各州的教学大纲、课程计划或教育标准所规定的主题和能力要求进行教材内容的组织与设计。目前,整个德国教育界非常强调以能力和产出为导向的教学,课程计划中也逐渐减少对具体内容的规定。因此,教育媒介出版商有了更多的空间来制定自己的具体标准。需要注意的是,德国目前活跃的教科书作者中大多数是全职教师,而在过去,学科专家和教学法专家在

---

[1] 朗(Wrong D.H.).权力论[M].陆震纶,郑明哲,译.北京:中国社会科学出版社,2001:16.
[2] 在20世纪初期尚具有强大市场影响力的教材出版商已被这三家出版集团相继并购。因此,向学校提供教材的出版商的数量有所减少。
[3] Verena Brandenberg. Rechtliche und wirtschaftliche Aspekte des Verlegens von Schulbüchern –miteiner Fallstudie zum bayerischen Zulassungsverfahren. Buchwissenschaft[M]. Nürnberg: Universität Erlan-gen-Nürnberg,2006:12-16.

教材编写中发挥着核心作用。究其根源,在于出版商试图增加教材的教学实践性,不过这一偏重实践的做法也让有些人担心教材的学术水平是否会降低[1]。但这种争论,正如阿普尔对权力含义所阐述的那样,"一是在理论层面看合法知识与权力之间的关系;二是在实践层面看教科书如何客观地体现了这种关系"[2]。德国上述的三大出版社出版了几乎覆盖德国所有学校类型的教材,这意味着德国教科书出版的权力集中化已经非常明显。虽然存在竞争,但这样的竞争更多存在于大出版商之间,且这样的竞争也使出版商的冒险行为大为减少,所有德国教材出版商在向政府履行出版承诺时更加谨慎。

2.审定主体——州文教部

在州文教部作为审定主体的联邦州中,最有代表性的州是巴伐利亚州。《巴伐利亚州教育和教学体制法》在第五十一条明确规定了教材由州文教部进行审定——联邦州的负责部门可以通过法律条例依法确定批准和使用教材(包括视听媒体)的程序与前提条件[3]。《巴伐利亚州关于学校教材的审定规章》则对通过审定的前提条件作了详细规定:第一,教材内容不得与法律冲突;第二,教材须满足教学大纲的要求;第三,教材须满足教学方法和教学原则的要求,能够满足不同学校类型和不同年级的选择;第四,面向特定群体的宗教学教材应与其宗教信仰相一致;第五,教材不应包含任何与教学目的无关的广告[4]。州教育部门负责审定教材是否符合以上要求。这些审核标准不仅是教材编写的重要依据,更重要的是,其中赋予了州文教部作为教材建设行政主体行使权力的合法性。特别是关于"教材内容不得与法律冲突、面向特定群体的宗教学教材应与其宗教信仰相一致"的审定,明确体现了国家意志的要求与关切。

---

[1] Felicitas Macgilchrist. Bildungsmedienverlage:Zur Ökonomisierung in der Schulbuchproduktion[J]. Die Deutsche Schule,2015,(1):49-61.

[2] 时朋娜.意识形态、价值取向与大学英语教科书选材——一种教育社会学分析[D].上海:复旦大学,2013:30.

[3] Bayern. Bayerisches Gesetz über das Erziehungs-und Unterrichtswesen(BayEUG)in derFassung der Bekanntmachung vom 31. Mai 2000[EB/OL].(2019-07-24)[2022-09-10].https://www.gesetze-ba yern.de/Content/Document/BayEUG/true.

[4] Bayerische Staatsministerium für Unterricht und Kultus. Verordnung über die Zulassung von Le-rnmitteln[EB/OL].(2008-11-17)[2022-04-22]. http://www.gesetze-bayern.de/Content/Pdf/BayZLV? all=True.

3.教材选用的主体——学校

学校是教材选用的主体。除柏林、汉堡、石勒苏益格-荷尔斯泰因和萨尔州之外,通过各州审核程序的教材会被列入一个清单,供学校选择教材使用。因为获得批准的教材数量众多,所以,学校选择的余地也很大。以巴符州的小学德语教材为例,目前已有150余本教材获得许可。这说明,即使在有批准程序的联邦州,也存在多种选择的可能。各个学校可以按照规定合理选用教材。①

各联邦州的法律条文对学校教材的选用权进行了详细说明,学校作为教材选用的主体会通过相关组织作出选用教材的决定。如梅克伦堡-前波莫瑞州学校法第七十七条规定:教师会议专门就与教师密切相关的事项提供建议和作出决定。教师会议负责确定选用得到批准的教科书的原则以及有关教材选择和要求的原则。再如,石勒苏益格-荷尔斯泰因州学校法第六十六条也指出:专业会议就引进和购买新教材,特别是教科书提出建议。这种选用权实质上是官方行政主体的权力委托(授予),但同时也让教育主体权力嵌入到教材建设过程之中。

(二)联邦政府顶层设计与各州监督实施的权责关系

教材建设是一个非常复杂的过程,因为教科书不仅仅是"事实"的"传输系统",它还是政治、经济、文化活动、斗争及相互妥协的结果。②德国的教材建设在联邦政府与各州之间构造了独特的权责关系,具体表现为:

一是州文教部行使权力勾勒审定制框架。德国大部分的州都实行教材审定制,由文教部对选用的条件进行审定,以此规范出版社对教科书内容的生产,从而划定学校等主体在选用教科书时的主要范围。可见,这个环节是德国行使权力进行教材建设的关键一环,直接影响教材的编制、出版、发行供应等。虽然审定制不像国定制那样由国家严格控制教材建设的全过程,但德国实行的教材审定制并不意味着国家权力的缺位,反而是由州联邦作为国家权力的代言人,实行有限度的统一控制。例如,在石勒苏益格—荷尔斯泰因州,出版社在提出出版申请之前必须要把所要出版的教科书交由州立中小学理论与实

---

① 孙进,张蒙蕊.德国基础教育教材管理:编写·审定·选用[J].外国教育研究,2020,47(8):3-16.
② 阿普尔,史密斯.教科书政治学[M].侯定凯,译.上海:华东师范大学出版社,2005:2.

践研究所审查。在具备审查条件的前提下,石勒苏益格-荷尔斯泰因州州立中小学理论与实践研究所受文化教育部委托组织审查工作,把申请交由文化教育部为审查某学科而组建的教科书特别委员会审定,或交由研究所组建的委员会审定,或交由专家鉴定,或根据个别学校愿望进行试教。审查过程为:得出教科书是否适合应用的结论并写出书面论证;同时应把论证结果分发给州家长审议会;如涉及宗教问题,则还应分发给宗教事务局,征求意见。以专家审查为例,研究所须委托两位有学科专长的专家作出鉴定;若两位专家存在意见分歧,则须再请一位专家进行鉴定。当然,所审查的教科书内容必须不违背《联邦德国基本法》的一般原则和程序规定。

二是出版社在行使出版权力追求经济利益的同时也是送审教材的责任主体。这是因为,教材是特殊的文化商品,需要回应各个社会群体的需求。从教材生产到发行再到学校,背后蕴藏着复杂的逻辑关系,其中最为明晰的就是教材的审核。德国教材审核的基本程序是:送审前,出版社要根据州的教材审核条件进行自我审查,确保教科书满足审核的所有前提条件;送审时,出版社需要提交送审说明,包括送审教材属于适合哪种学校类型、哪种学校形式以及哪门课程的教材;送审教材是否符合相关的教育标准、教学计划的要求;如果送审的单卷本教科书只覆盖了教育标准的部分内容,出版社还要提交一份有约束力的计划,以确保后续课程使用的教科书能够覆盖其余的教育标准。此外,出版社还要在说明中明确教科书的印数、出版年份及价格,并提交2份存档样书。验收确认的发布以出版社的说明为基础,州学校发展研究所根据审核条件以抽样的方式进行审查。为了确保审核质量,州学校发展研究所为出版社和审核专家编写了《教科书审核——为出版社和审核专家提供的信息》指导书,包括三部分内容:教科书审核的法律基础、审核条件的具体标准以及验收及其可能的条件。还根据审核规章中的审核条件细化了的具体审核标准,为出版社的自我审核和鉴定专家的审核提供了具体依据。

三是学校将决定哪些教材可以进入课程。"事实上,教科书是面向未来传达的一种信息,也是关于未来的一个预言。作为课程的一部分,它介入课程的程度,绝不亚于有组织的社会知识体系。它参与决定社会上什么样的知识被认为是合法和真实的。"[1]虽然学校看似只是参与了德国教材建设的选用环节,但事实上学校在教材建设的权力与责任方面扮演了重要角色。学校的选用权影响了出版社对教科书内容的筛选,因为学校同样承担了将教科书内容与州或全国性教育考试联系起来的责任。

(三)文化联邦制下共同协作的权责特征

将德国教科书的审批和选用作为一种制度来理解,是因为德国的教科书制度不仅是教育制度的组成部分,更是法律制度的现实缩影。这种制度是德国国家权力作用于学校课程制度的实践产物,具有鲜明的权责特征。

一是州级教育行政主管部门是教材建设的权力基础和核心。德国是联邦制国家。根据《联邦德国基本法》的精神,形成一种集权和分权相结合的教育管理体制。其中,分权是各州相对于联邦国家而言的,具体是指各州在文化和教育领域直接代表国家来行使国家的职权,从而体现所谓的"国家文化主权"。而集权则是各州相对于地方教育行政管理部门和学校而言的,具体是指各州通过议会、文化教育部对地方教育行政管理部门或学校实行集权管理,从而实现国家的"学校主权"。而无论是分权还是集权,其落脚点始终是在各州。州文教部实际上控制着州内学校教科书的审批权。相对于学校和学生而言,这是一种绝对的权力,受到行政法规的保护。可以说,学校教科书审批制度是德国各州拥有的"学校主权"的典型表现。

二是联邦制下的各州之间在教材建设上并不是各自为政的,各州的相互协调是德国教材建设顺利实施的一个外部条件,而联邦制下教材建设有一个初始意义——维护其差别性和民主性。具体而言,在德国,中小学教育的立法权在各州,因此,联邦各州中小学使用的教科书是不统一的,甚至同一州内各学校使用的教科书也是不一样的。但是,在保持差别性的同时谋求合作与协调,也是行使国家权力建设教材的必由之路。具体到教科书制度,虽然各州的教科书制度会有一些细微的差别,但其基本精神则是相似的,在很多地方还充分考虑了与其他州的协调问题。如黑森州规定,对于各种外语教学使用的教科书,如果该教科书已被其他州许可并在学校中使用,便无须再审查。值得一

---

[1] 阿普尔,史密斯.教科书政治学[M].侯定凯,译.上海:华东师范大学出版社,2005:4.

提的是,在宗教课教科书的审查和选用上,各州都充分尊重各教会和宗教团体的意见,表现了国家与教会在教育活动中的协调合作关系。如此不仅保证了各州教科书之间的相互渗透性,而且也从根本上确保了学生的学习内容和质量。

三是学校及教师对教科书的选择权,一方面体现了德国教材建设的自由性和专业性,另一方面这种民主与专业又是在保证国家意志的原则下进行的。换言之,学校及教师对教科书的选择权是一种相对而有限的权力。说它相对,是因为国家在此方面具有绝对的权力;言其有限,是因为它只能在州教育行政主管部门公布的教科书目录中选择教科书。但它确实又是自由的,因为教师可以在州政府认可和审批的同一课程或教学科目的多种教科书版本中随意选择。从这个意义上来说,教师在一定范围内具备自由选择的权力,这也是审批制不同于统编制或自由制的表现所在。而让教师决定教科书选用,足以说明德国教科书制度对专业性的尊重,因为无论是在职业意义上还是在法律意义上,教师是学校真正的专业人员。

三、德国教材建设的权责机制

德国教材建设的权责机制遵循的主要是一种横向分权、上下互动、制度协调的立体模式,这与德国的教育行政管理体制有关,同时也是德国历史文化积淀与发展的产物。

(一)横向分权的权责运行机制

德国教材建设的权责运行机制受到德国联邦合作式的教育行政管理影响,呈现出联邦制下各州横向分权建设教材的特征。当然,这种横向分权机制也是在国家意志的引导下合法运行的。具体包含:以国家意志为引领的顶层设计机制、以州文教部为核心的审定机制、以出版社为枢纽的沟通协商机制、以学校选用为落点的运行机制,这四个机制共同构成了德国教材建设的权责运行机制。

一是以国家意志为引领的顶层设计机制。德国虽然是联邦制国家,各州享有较大的教育管理自主权,但国家层面制定的基本法、宪法,是德国教材建设最根本的法律依据;同时,各州学校法中关于教育目标的相关规定和教科书管理条例,是德国教材编写的具体依据。通常,各州教科书管理条例内容主要包括对教科书的要求,使用许可的审查、修改和学校对教科书选择等,一般不包括教科书的编写和出版。但探讨德国教材建设,是绕不开教材的编写与出版的。德国的教科书编写必须严格按照教学大纲进行,否则是不会被学校采用的,而德国的教学大纲一般由各州文化教育部自行组织学科小组(3至4名成员)制定。从国家层面的基本法、宪法到联邦各州的学校法和教学大纲,都是以国家意志为引领的教材建设顶层设计。

二是以州文教部为核心的审定机制。如前所述,德国实行的是教材审定制。这种制度从法律的角度来看,属于行政许可行为。这种许可不仅是州文教部作为德国政府代言人行使国家权力的具体表现,同时也是作为政府代言人应履行的保障教科书符合国家意志的基本责任。

三是以出版社为枢纽的沟通协商机制。出版社在教材建设中是极为关键的角色,除了因为出版社是教材的生产者之外,另一个重要的原因是德国实行的是教材审定制。所以,出于商业目的的考虑,出版社必须把出版业务的触角伸向联邦各州,即将所出版的图书列入到教科书目录之中,以此获取丰厚的利润。如此,出版社必须保证所出版的教科书"受欢迎",因为受学校和教师欢迎对教科书的销路至关重要,所以,出版社往往会邀请有影响力的学科教师和校长参加教科书编写。由此,出版社成为了沟通具有审定权力的州文教部和具有选用权力的学校或社会其他机构的信息枢纽。

四是以学校选用为落点的运行机制。在德国中小学教材选择过程中,各个学校的理念有所不同。但在形式上,各州的学校法为教材的选择提供了依据,而最终如何选择由学校的相关组织机构决定。在各联邦州,学校中负责教材选用的组织机构也不完全相同。大体来说,有九个联邦州是由专业会议决定教材的选用。专业会议的成员主要由具有学科(学科组、研究领域)教学资格的教师组成;会议主席由校长任命的教师担任。校长有权参加专业会议,两名家长代表以及七年级以上的学生代表可以与会发表意见。

通过审定的教材最终经由学校这个教育主体的选用而进入到学校课程教学之中。

(二)上下互动的权责保障机制

德国教材建设的权责保障机制主要体现在两个方面:一是自上而下的垂直保障机制;二是自下而上的民主保障机制。

德国是联邦制国家,各州享有文化主权,自主负责州内的文教事业。在每个联邦州内部,州政府和地方政府分工明确。州政府负责教育体制的结构规划(学校形式、学制等),确定全州统一的课程目标和内容(教学计划、课程表、教材、考试等),而地方政府会从州政府得到相应的资助,如教材资助。这种从国家到联邦再到地方的教材建设保障机制,不仅通过合理的程序设计确保了教材建设的合法有序,而且借助经费保障形成了一体化建设教材的现代化格局。

相较于自上而下保障机制的政治运作属性,自下而上的保障机制更多地体现出了一种民主性。首先,德国教材的选用主体是学校和教师,这在一定程度上保障了教材选用的自由性和专业性。其次,德国实行教材审定制,而这种审定须由出版社提出申请。具体而言,出版社须向州文化部提出书面申请,并附上5份送审教科书样本及其适用的学校类型、培养计划、教学年级、教学安排等说明材料。特别注意的是,申请材料中必须包括有关教科书印数、书名、销售价格、装帧类型及订购号码等详细内容。原则上,送审的教科书应当是已印刷好的教科书样本。只有在理由充足的特殊情况下,才可用光盘或复印件替代,以此保障教材与教育目标和教科书管理条例的要求相符合。最后,教科书质量的标准化保障。2013年,德国国际教科书研究所出版《教科书质量:教科书标准指南》。该书从作为整体的教材、作为学生用书的教科书、主题单元、教科书内容、教科书教学设计、教科书语言、教科书的电子成分及电子教科书7组43个维度构建了教科书的质量标准体系,进一步促进了德国教科书的规范建设。[1]

---

[1] 赵明辉,杨秀莲.德国教科书质量标准的框架及启示[J].外国中小学教育,2017(8):33-41.

(三)制度协调的权责联动机制

德国的教材建设主要是通过行政主体从制度上确认教材编写、审定、选用的依据,从而形成教材制度建设机制。而在整个教材制度体系中,依托有序的教材审定机制,又可从源头上确保德国教材建设权责主体的有机联动。

一是教材制度建设机制,从制度上确认了教材编写、审定、选用的依据。以德国基础教育阶段教材建设为例,在教材编写上,出版社是主体,而编写要依据法律和教学大纲的要求组织专业人员来完成。其中,教学大纲设定了以能力为导向的内容和目标要求,编写者可以自主选择实现这些要求的路径;在教材审定上,多数联邦州由各州文教部或其下属的教育研究机构按照专门的规章和标准进行。事实上,德国的教材审定标准是非常细致和具体的,也便于依规管理。细致且具体的教材审定标准既为教材编写提供了清晰的导向,也为教材的审定确定了规范化的标准。其中,对审核人员提出的中立性和精确性要求,还可以有效防止编审不分和审定的错漏。在教材选用上,德国学校具有选择权,不仅可以通过教师会议、专业会议、学校会议、教材管理委员会、学校会议等民主议事机构作出选用教材的决定,而且父母代表和学生代表也可参与教材的选用。

二是教材审定机制,从源头上确保教材建设权责主体的有序联动。德国虽是联邦制国家,但对教材建设的统权支配从未缺位。权力的运行会受到权力性质的影响。当权力主要体现为一种支配力、控制力时,它就需要通过自上而下的等级控制方式达到权力运作的效果;当权力主要体现为一种约束力时,它的作用在于互相牵制,防止垄断性权力的滥用侵害整个体系;当权力主要体现为一种影响力时,权力的运作具有超越等级控制的强大内驱力,形成多元主体间的共享和制约关系。德国政府行权建设教材的核心机制是审定制,其内嵌的权力主要表现为一种约束力,是联邦制下的各州对教材建设各个环节进行的权力约束。这种约束实际上是在决策层、执行层和最终接受层三者之间构造的权力运行关系中得以体现的,即权力通过自上而下的运行达到对国家和组织有序运行施以控制的目的。总之,以审定制为核心的教材建设,凸显了德国政府教材建设的权力结构,不仅实现了权责主体的有序联动,同时也强化了德意志的民族精神。

第四节
俄罗斯行使权力建设教材的基本经验

俄罗斯的教材建设经历了苏联时期、叶利钦时期以及普京时期。在苏联时期,中小学教科书基本上是一个大纲,一套教材,一家出版社,实行教科书国定制。在叶利钦时期,俄罗斯实行一个大纲,多套教科书,多家出版社,学校与教师可以自由选择教科书。在普京时期,强调国家主义旗帜下的自由与统一,强化对教科书编写、审查、出版、发行的管理,成立联邦教科书委员会。经过三个时期的改革与发展,俄罗斯形成了较为完备的现代教科书制度。不过由于历史的特殊性,俄罗斯在历史教科书上一直争议不断。普京政府高度重视历史教科书建设问题,从侧面再次强调了历史教科书作为国家权力产物的极端重要性。

一、俄罗斯行使权力建设教材的基本逻辑

20世纪90年代初期,伴随着国家政治和经济制度的改变,俄罗斯的教育领域随即也经历了一场重大的变革。

(一)强化中央权力对教材编写的审查

随着苏联的解体以及俄罗斯联邦的成立,俄罗斯的教科书制度也发生了深刻变化。从普京时期开始,联邦中央的权力得到不断加强,强化国家主义的政策开始制定与实施。教科书制度作为维护联邦统一的主要手段,在国家主义不断强化的同时也得到了相应的调整与改变。

2000年颁布的《俄罗斯联邦国家教育学说》(以下简称《教育学说》),充分肯定与赞扬了苏联时期的教育成果,并对20世纪90年代俄罗斯的教育进行了反思与总结。《教育学说》中提到,过去的十年,国家教育失去了许多已有的优良成果,90年代俄罗斯的教育是失去的10年。面对失去的十年,俄罗斯联邦要求改变国家现有的教育政策与指导方针,要求全社会加强教育与科学对国家

社会发展的决定性作用的认识。此外,俄罗斯还制定了到2015年的国家教育战略目标。

在教科书制度方面,从2001年起,重新调整了联邦教科书审定委员会的构成,开始由不同科目的委员轮流担任,改变了由特定委员担任相应科目教科书审定专家的做法。2002年6月,俄罗斯联邦教育法修正案颁布。在修正案中,明确规定了联邦拥有对教科书进行审定的权力,并承认教师有选择与使用教育部门认可的教科书的自由权利和义务。不过修正案第55条规定,单个教师没有选择教科书的权限,教科书选用由教育部门下辖的选择部门(教师委员会)决定,但必须尊重教师与专家的意见。而对于地方版教科书的审定,由联邦组织的审定委员会进行审定,中央不加干预。为了防止出现与联邦构成要素相抵触的内容的出现,修正案于2003年重新修正,其中明确规定中央可以对地方版教科书进行审定,有权撤销地方的决定。2004年3月,俄罗斯联邦国家教育标准正式颁布,标志着教科书的审定标准第一次以法律形式确定下来。同年6月,联邦教育部改编为联邦教育科学部,而与教科书管理相关的行政单位也作了相应调整。2004年12月,撤销联邦教科书审定委员会,成立联邦教科书委员会。2005年4月,全面实施新的教科书审定规程,并按照要求对教科书实行国家审查。

(二)构建全面反映国家意志的教材政策体系

俄罗斯非常重视本国的教材建设,或以法律法规、或以国家标准的形式对教材编写、审定、出版、选用加以制度化,从而形成了自己的教材制度。在全球化背景下,意识形态竞争愈发激烈。普京当局汲取戈尔巴乔夫和叶利钦时期的"历史虚无主义"的深刻教训,决定从历史教育和教材编写入手,先后采取了一系列具体措施。

2001年和2005年,俄罗斯政府先后颁布了《俄罗斯联邦2001—2005年公民爱国主义教育纲要》和《俄罗斯联邦2006—2010年公民爱国主义教育纲要》。2003年11月,教育部取消了占据中学课堂10年之久的一部"抹黑"俄罗斯历史的中学历史教材的使用资格,并规定中学教材必须经过教育部的"评审和推荐"。从2004年开始,俄罗斯教育部开始重新审定所有的历史教科书。之后,俄罗斯任命莫斯科大学安纳托利·福缅科（Анатóлий Тимофéевич Фомéнко）院士为历史教材评审委员会主任，开始在全国范围招标并评选优秀历史教材。2007年7月，俄国家杜马和联邦委员会分别通过了教育法修正案，规定了历史教材的审核批准制度，该修正案已于2007年9月1日生效。同时，教育科学部等出台了针对历史教学的国家标准，并建立了专门的历史教育网站。2014年1月，普京召见新版统一历史教科书编纂委员会成员，指令要在新的指导思想下尽快编写出统一的历史教科书；同时指出，编写当代俄罗斯的历史要延伸到2000年之后。2014年7月，普京召集并主持了民族关系委员会会议，强调了新版俄罗斯历史教科书对理顺民族关系、培养青少年的爱国主义和民族友爱意识的重要作用。[①]

综上可见，俄罗斯一直试图加强对教材建设的意识形态引领，不断明确教材建设各主体的权责关系，尤其是责任承担的方式。这种方式是对俄罗斯政府如何承担教材建设责任的描述和规定。俄罗斯政府连续颁布多项规约历史教科书建设的法规要求，看似是对教材建设主体的一种责任明确，实则是对权力范围的厘清。

（三）建立三级课程教材管理体系

1991年12月，苏联解体，俄罗斯成为联邦制国家。俄罗斯联邦由89个联邦主体组成，其中32个为多民族联邦主体。国家文化教育的统一性、民族区域性，以及不同学校文化教育的特殊性，构成了俄罗斯国家教育的基本底色。俄罗斯在充分考虑国情的基础上制定了国家教育标准，该标准包括联邦中央部分、地方部分（少数民族地区以及各区域）、学校部分三个不同层次。联邦中央部分是为了保证俄罗斯联邦文化与教育的统一而制定的全国通用的标准，规定了基本教育课程内容中必须完成的最低任务、学生学业负担的上限以及学生毕业时必须达到的学习水平。地方部分是在多民族国家的条件下，为保护和发展民族文化与地方文化传统，在联邦标准规定的教育内容与教育时间的前提下，由各联邦共和国、州等89个地方联邦政府制定的教育标准。学校部分

---

① 张树华.当今俄罗斯的历史教育与历史教材[J].俄罗斯学刊，2015,5(1):51-56.

是各学校为了形成自己的办学特色而采用的教育标准。俄罗斯教育标准的构成,决定了俄罗斯的教科书制度。与教育标准相契合的是俄罗斯的教科书审定机关,分为中央与地方两级。中央教科书审定机关主要负责审定教育标准规定的联邦中央部分要求的教育内容的教科书;地方教科书审定机关主要负责教育标准规定的地方部分以及学校部分要求的教育内容的教科书,如选修科目的教科书等。

二、俄罗斯教材建设的权责体系设计

随着叶利钦时期的结束,普京时期的开始,联邦中央的权利得到不断加强,一系列强化国家主义的政策得到制定与实施。教材建设的权责体系设计,作为形成联邦的统一教育空间的主要手段,得到空前的重视。

(一)部署以联邦教育科学部为核心的权责主体

由于俄罗斯历史演变的特殊性,教材建设的权责主体也在不断发生变化,但总的来看,包含以下主体:

1.俄罗斯联邦教育与科学部

2004年3月9日,俄罗斯联邦教育部改为俄罗斯联邦教育与科学部(简称"俄罗斯教育科学部")。2007年7月上旬,俄罗斯国家杜马和联邦委员会分别通过和批准了含有教科书鉴定和出版规定的俄罗斯教育法修正案。7月24日,该法案由普京总统签署并于9月1日起生效。原来的教育法只是对教材的鉴定和教材目录的编制予以规定,如强调国家有权"确定对被推荐或准许在拥有国家委托并实施普通教育教学大纲的教育机构的教学过程中使用的教材实施鉴定的方法,并在鉴定的基础上每年确定联邦教材书目"。修订后的教育法增加了有关教科书出版的严格规定,并认为国家有权"确定挑选出版被准许在拥有国家委托并实施普通教育教学大纲的教育机构的教学过程中使用的教学参考书机构的方法;确定这些机构的名单"。也就是说,根据新的教育法,今后的教科书,从鉴定到出版的整个过程都将由国家(通过教育部)来确定。[①]需要注

---

① 张盛发.俄罗斯历史教科书问题的缘起与发展:2003年至今[J].俄罗斯学刊,2012,2(3):6-21.

意的是，鉴定对象除了课本之外，还包括练习册、教学参考书、教师指导用书以及教学方法等出版物。

2. 出版社

截至20世纪90年代初期，俄罗斯仅由一家国营出版社出版全国的教科书。自1992年第一家民营教科书出版社成立到20世纪90年代末，不到十年时间，民营教科书出版社就达到了61家。随后，经过几次整顿与市场规范化建设，俄罗斯现有出版教科书及其相关书籍的出版社79家。其中，34家出版社主营教科书出版。很多学校开始选用新编的教科书取代之前的教科书，教科书市场的竞争逐步进入稳定有序的发展阶段。

3. 学校教师

20世纪90年代，俄罗斯所使用的教科书是由国家与地方政府审定的，而教科书的采用却是由各学校教师自主决定。当然，教师也可以不使用审定通过的教科书。但在实际操作中，教科书的选用权在中小学校，通常是学校教师会议集体讨论决定。2002年以后，根据规定，俄罗斯国内的所有中小学都必须使用审定通过的教科书。

(二)联邦授权下的多主体权责互动关系

俄罗斯的教材建设离不开各权责主体的相互作用及其构建的清晰权责关系，但这种关系作用的关键在于联邦的授权。

一是俄罗斯教育科学部行使教材审查权力。叶利钦时期，俄罗斯实行学校与教师自由选择教科书的制度。普京就任后，调整教科书审查制度。公立学校有权从俄罗斯联邦教育科学部推荐的联邦教科书名单中自主选择教科书及参考资料，这些教科书及参考资料需获得俄罗斯科学院或俄罗斯教育学院教学科目委员会的肯定评价。但是，教学科目委员会的审查主要囿于其内容是否符合联邦国家教育标准的要素要求，是否符合学生的心理特点，而不关注其传递的意识形态及语义。这使得各种势力编写的包含煽动反俄情绪、鼓动地方民族分裂主义思想的教科书可以堂而皇之地进入课堂。此外，教学参考资料不仅数量多(2012—2013学年有73版)，更重要的是涉及的政治立场广，从而使教师按照自己的政治立场及意识形态偏好组织教学成为可能。例如,自2010年以来,来自俄罗斯14个地区的150多名历史教师参加了获美国赞助商和修正主义派别资助的彼尔姆地区研究所的教师培训计划,该计划极力向历史教师传递将斯大林政权与纳粹主义相提并论,以及俄罗斯民族必须为几世纪的极权主义和种族恐怖政策忏悔的思想。[①]由此可见,俄罗斯与美国、日本、德国等国家最不同的就是在教材审查制度上的意识形态监督责任缺失。正因如此,俄罗斯历史教科书一直以来饱受争议,这也是普京为何要在新的指导思想下指令尽快编写出统一的历史教科书的动因所在。

二是出版社向政府履行出版承诺,在"一纲多本"的标准下进行多元化出版。2000年之后,"新思想"成为主流,俄罗斯彻底摒弃了90年代初的自由主义思想,承担起国家对教育的责任,加强中央集权的领导,构建国家统一空间。2003年,普京提出俄罗斯中学历史教科书的改革意见,并亲自主导历史教科书改革,多次开会,制定新制度,提倡尊重历史真实。如2013年2月提出编写俄罗斯历史统一教科书、2014年与国家历史教科书修改工作委员会成员会见讨论修改历史教科书等。但是目前俄罗斯实行的仍是"一纲多本"的教科书制度。这种"多元自由"的教科书编写与出版情况,不仅不利于达成共识,而且还极易造成社会群体的撕裂。

三是学校教师决定什么样的教材可以进入学校课程,同时承担保障选用的教科书符合育人要求的责任。俄罗斯实行的是审定制下的教材选用制,教材质量是教材建设的重要问题。而学校教师作为教材的使用主体之一,对教材质量的信息反馈是最为直接的。所以,所编制的教材以及所选用的教材既要满足学校教学需要,同时也要对学生价值取向产生积极影响。在这方面,学校教师有着鲜明的建议权与决定权。

(三)中央权力不断强化的权责体系特征

21世纪初,普京提出了包含"爱国主义""强国意识""国家观念""社会团结"在内的"俄罗斯新思想",重建国家意识形态。教材建设作为建构国家意识

---

① 刘金花.俄罗斯重编历史教科书:建构苏联记忆与实施国家认同教育的策略[J].比较教育研究,2019(3):17-23.

形态重要阵地的地位不断被强化,其中的权责体系也呈现出鲜明特征。

一是教育部加强对教材审查责任的履行。2019年2月,俄罗斯联邦基础教育部发布消息称,俄联邦基础教育部教科书科学和方法委员会将提交中小学教科书以供专家重新评审。根据评审结果,符合要求的教科书才能进入联邦教科书名单。该决定在教科书科学和方法委员会理事会会议上以多数票通过。在此决议下,2018年9月10日至11月10日期间被列入联邦教科书清单的490本中小学教科书都要接受进一步评审,其中包括156本低年级教科书、235本中年级教科书、99本高年级教科书。遗憾的是,尽管在2018年对上述教科书进行过两次审查,但使用这些教材的教育组织却给出了负面评价。俄联邦基础教育部部长奥莉加·尤里耶夫娜·瓦西里耶娃表示:"专家认证的程序不受联邦教育部干预,因此我们不支持或否认专家给出的建议。一旦联邦教育部收到反对意见,会对教材进一步评审。"[1]俄罗斯联邦基础教育科学部作为国家意志的代言人,对教材的评审不仅是国家权力的行使,同时也是责任的履行。较之1999年,俄教育部对教材的审查并非这般严格,只是在申报教材上分别加盖三种印章——"推荐使用""同意使用""准许使用"即可。随后,俄罗斯实行二阶段审定制,将教材的审定分为"认可"与"推荐"两个审定级别。审定后,没有获得"推荐"的教科书,学校一般不会选用;通过"认可"的教科书,还要到至少5个地区(各联邦)的部分中小学校试用,并接受教师培训机构测评,通过之后再申请进行教材"推荐"阶段的审定。2002年后,根据规定,俄罗斯国内的所有中小学都必须使用审定通过的教科书,由此推进教材选用的官方化。可见,俄罗斯教材审查更加严谨与规范。

二是"一纲多本"下的教材竞争机制促使出版社履行出版承诺时更加多元,行使出版权时更加谨慎。1997年,俄教育部通过媒体向社会宣布,启动教材竞争机制。竞争的目的是挖掘有新意的教材。因此,参加竞争的书稿必须既符合教学大纲的要求,又要有创新意识。到2000年,竞争已进行了三轮,共有62家出版社和各种创作集体的700多份稿件(按轮次算)参加了竞争。2000年下半年,俄教育部有关负责人着手举办第四轮竞争。这一轮竞争的特点是:

---

[1] 赵宏媚.俄罗斯重新评审490本中小学教科书[J].世界教育信息,2019(7):77.

申请者必须提供成套教材,它们包括教科书、教学法指导参考书、教学光盘或教学录像带等。增加这一做法的目的是让每位教师在选择教材时就明白,自己所选用的教材是根据哪一种教学法体系编排的,而不是在使用教材之后通过培训进修才明白。所以,出版社要使自己出版的教科书通过审核、获得学校教师的青睐,就需要在符合教育大纲的前提下做到优质。

三是学校教师要在"有限度自由"的前提下行使教材选择权,同时还要承担作为教材建设主体的相应责任。俄罗斯的教师不仅拥有教材的选择权,还会受邀参与教育部的教材审查过程,同时也可以向教育部表达对教材不满意的意见,促使教育部对该教材进行进一步的评审。对教材建设多个环节的参与使得俄罗斯学校教师的角色是多重的,也使得教师按照自己的理解选择教材、组织教学成为可能。正是由于学校教师在教材建设中的权力与责任重大,加之前述自2010年以来,来自俄罗斯14个地区的150多名历史教师参与彼尔姆地区研究所的教师培训计划出现的意识形态问题等事件,促使俄罗斯开始不断加强对学校教师的意识形态引导。比如,在2007年6月,普京出席全俄历史教师和历史教育会议并发表重要讲话,重塑学校教师的教材观和育人观。

三、俄罗斯教材建设的权责机制

苏联解体后,叶利钦政府无暇或无意重建国家层面的意识形态,这直接导致俄罗斯社会精神世界的分裂。[①]2000年普京赢得俄罗斯总统大选迄今,国家治理中最凸显的行为就是重塑国家意识形态,强化国家认同教育。教材是开展意识形态教育的重要载体,那么如何通过教材建设落实国家意志,俄罗斯政府对此极为关注。

(一)服务国家意识形态安全的权责运行机制

近年来,面对西方强大的思想压力和舆论攻势,普京领导俄罗斯一方面积极应对政治和外交上的压力,另一方面加紧凝聚社会共识,与西方展开历史与

---

① 刘金花.俄罗斯重编历史教科书:建构苏联记忆与实施国家认同教育的策略[J].比较教育研究,2019(3):17-23.

文化上的思想较量。因此,俄罗斯政府尤为重视教材建设权责运行机制的顶层设计,着意通过构建统一标准来坚守国家的意识形态阵地。

一是维护国家安全稳定的内在需求机制。俄罗斯当局认为,近期一些教科书任意歪曲历史,特别是二战史,以及美化法西斯,是对俄罗斯人民的侮辱。2012年12月12日,普京向俄罗斯联邦议会上下两院发表了年度国情咨文,认为,"单是在20世纪,俄罗斯就经历了两次世界大战、一场内战、若干革命,国家两度分崩离析……倘若国家失去了发展的方向和理想,无需外敌,俄罗斯将自掘坟墓,躲不过败亡的命运"[①]。2013年2月1日,俄罗斯隆重举行庆祝斯大林格勒战役胜利70周年活动,普京在讲话中坚决反对歪曲二战历史事件,反对出于政治目的重新审视这段历史,不允许抹杀那些使世界获得解放的人所建立的功勋。俄罗斯意识到谁有权解释历史,谁就有权阐述现在;谁掌握青年,谁就掌握未来。近年来,以普京为首的俄政界高层参与和关心历史教材建设不是偶然的,而是由于20世纪80年代末期以来,俄罗斯遭受历史虚无主义的影响,以及一些西化、自由化政治势力在西方支持下极力抵制俄官方修史的行为、反对普京在历史教科书等问题上的做法所引发的。在这种情况下,维护国家的安全稳定成为教材建设的内在需求。

二是国家意识形态引领机制。面对旧版历史教科书带来的诸多问题,普京基于"国家历史是国家认同的基础"的立场,多次重申"历史教科书应有统一的观点和对正在发生的事情的官方评价",并于2013年再次提出重编历史教科书。遵照普京的指令,作为"总统的主要政治资源"的统一俄罗斯党要求在"历史记忆"项目框架内开展历史教科书的编写及研究工作。[②]2013年2月,普京在民族关系委员会会议上强调了在"统一"的概念范围、俄罗斯历史连续性下编写统一历史教科书的必要性。此后,普京向政府、俄罗斯联邦教育科学部、俄罗斯历史协会及军事历史协会下达编写统一历史教科书的指令。根据这一指令,俄罗斯历史协会主席纳瑞什金(С.Е.Нарышкина)组织专家开展《俄罗斯历史统一教材新教学法总构想》(以下简称为《新构想》)的编写工作,其中,新《历

---

① 张树华.当今俄罗斯的历史教育与历史教材[J].俄罗斯学刊,2015(1):51-56.
② 刘金花.俄罗斯重编历史教科书:建构苏联记忆与实施国家认同教育的策略[J].比较教育研究,2019(3):17-23.

史——文化标准》是该构想的核心内容。就价值指向而言,《新构想》及其《历史——文化标准》构成了书写历史记忆、编写历史教科书的顶层设计依据。

三是价值内化运行机制。在《新构想》制定之前,俄罗斯普通教育的联邦国家教育标准及示范性基础教育大纲并没有对历史教学内容作出明确规定,虽然出版社刊出的示范性工作大纲包含历史科目的章节及主题内容要求,但却因缺乏出版的统一规范而成为只是维护自家版本的非规范性文件,在编写历史教科书及教学方面并不具有普遍性的指导意义。《新构想》打破了这一局面,因为它是在国家层面上制定的维护国家利益的文件。《新构想》以创建俄罗斯联邦统一的"文化—历史"空间为出发点,不仅对历史教学所用的概念和术语、一般教学内容、历史叙事的方法论等进行了统筹规划,而且提出了"价值优先的框架",即预设了阐释和评价历史关键事件及人物时应遵循的价值准则。具体包括:第一,塑造爱国主义精神——要求历史教科书阐释的材料应有利于培养年轻一代的民族自豪感,帮助学生认识到俄罗斯在世界史中的作用(如卫国战争)等;第二,坚信国家主权的意义——重点强调"并入俄罗斯"和"始终是俄罗斯的一部分"对于俄罗斯人民来说具有重要意义;第三,培育公民的国家意识——历史课对历史事件及人物的评价应优先考虑公民社会的核心价值观,注重培养公民的国家认同意识。[1]相较于21世纪初期俄罗斯在历史教材意识形态引领方面的疲软,《新构想》的出台使俄罗斯国家权力的引领作用得到了充分发挥,"价值优先的框架"从源头上规约了教材建设的价值取向。

(二)内控外防的权责保障机制

由于历史政治原因,俄罗斯的教材建设有着独特的历史阶段性,加之西方国家与俄罗斯普遍存在的意识形态斗争,导致俄罗斯历史教科书问题频现,为此,普京政府不断通过加强权责保障机制来确保教材建设的国家属性。

一是在教材建设过程中发挥意识形态监督功能。21世纪初,普京提出了包含"爱国主义""强国意识""国家观念""社会团结"在内的"俄罗斯新思想",重建国家意识形态。但是,由于教科书审查制度中的意识形态监督功能不健

---

[1] 刘金花.俄罗斯重编历史教科书:建构苏联记忆与实施国家认同教育的策略[J].比较教育研究,2019(3):17-23.

全,导致各种反俄势力通过编写历史教科书来破坏国家主流价值观,"侵占"公民集体记忆构建及开展意识形态工作的前沿阵地,造成了历史虚无主义对国家意识形态的消解。普京责令编写统一历史教科书,因为历史教科书与重建和宣传国家意识形态、推行国家认同教育是紧密相关的。从编写统一历史教科书的指令下达到接受指令并设计历史书写新秩序、依据该秩序编写在全国范围内使用的教科书,再到教育部审批已编写完成的教科书,深刻体现了中央权力对历史文本的规范和管理。而对以往分散的历史关键事件及人物解释权的收回,目的是构建具有官方立场的苏联历史观和历史体系。

二是学校教师参与的能动反馈机制。如前所述,俄罗斯教师在教材建设中的角色是多重的。2013年,俄罗斯文化部长弗拉基米尔·梅金斯基(Vladimir Medinsky)在纪念斯大林格勒战役70周年国际学术会议上谈到编写统一教科书的必要性时表示,"需要大量吸收科学院的专家和鉴定者参与历史教科书的编写、编辑、评估和鉴定"。同年,梅金斯基在接受采访时阐述了文化部贯彻总统关于编写统一的历史教科书建议的具体措施,他透露,"可能需要建立一个制定新的历史教科书概念的学术工作小组。它将包括教育部代表、学者和历史学家、文化活动家。可能到秋季时这个工作小组就能拿出些东西了",并认为,在新的历史教科书里许多事件应当有一个统一的解释和评价。[①]学校教师对俄罗斯形成国家统一意志要求的历史教科书具有重要的推动作用,这种价值不仅体现在学校教师是历史教科书的使用主体之一,更在于其能够结合历史教科书实现教学内容的价值创造与统一,这对教材建设的权责运行具有能动的反馈作用。

(三)中央权力支配下的协同嵌入机制

基于维护国家意识形态安全的需要,俄罗斯政府不断加强教材建设中中央权力的集中性,并在这一主导权力的支配下促使各权责主体的协同嵌入,从而形成权责有序的联动机制。

[①] 张盛发.普京重任总统后再次治理俄罗斯历史教科书问题[J].俄罗斯东欧中亚研究,2013(6):1-12.

一是中央权力统摄下的支配与协商机制。俄罗斯教材建设的权责联动实质上是通过教材的审定实现的,各权责主体以教材审核通过为标志,从而获得教材编写、出版、发行、选用、供应的"合法"身份。当前,俄罗斯联邦的教科书审定机构有:(1)俄罗斯联邦教育科学部下属的各司,如基础教育司、学前教育司、特殊教育司、青少年儿童培养补充教育司等;(2)教科书审定中心(教科书审查部);(3)俄罗斯教科书审定委员会(领导小组与各学科委员会)。出版社向联邦教育科学部的负责司局提出教科书审查申请,各司局按照规定进行相应的事务审查后,将合格的申请转到教科书审定中心,由审定中心按照一定的程序与规定,进行必要的准备,最终送交俄罗斯联邦教科书审定委员会,并交由相关学科组开展审定工作。由此可见,在中央权力统筹建设教材的格局下,各权责主体之间同样存在着权力再支配的关系。即便如此,俄罗斯的教材建设仍有协商共建的基本共识。因为作为最终审定机构的俄罗斯联邦教科书审定委员会,其领导小组成员由联邦教育科学部、俄罗斯科学院、俄罗斯教育科学院、联邦议会(两院)、教科书出版联合会、教师教育教学法联合会、联邦国民教育科学教员协会等联邦教育相关单位、组织、团体的代表构成,委员会主任由联邦教育科学部部长与俄罗斯教育科学院院长担任。这从侧面反映了俄罗斯联邦行使权力建设教材的智慧,一定程度上遏制了权力垄断与责任泛化。

二是权责主体之间的联动机制。学校教师、俄罗斯联邦教育科学部和出版社在教材建设过程中都是主要的权力主体,贯穿教材标准制定、编写、审定、出版、选用全过程,而三者间的联动是通过权责关系的嵌入实现的。教科书在一定程度上决定了教育内容、教育对象和教育方法,是与社会现实关系协调的一个中介。"在一定的范围内,教科书通过揭示性别、阶级、种族和其他的不公平问题,参与到对社会现实问题的干预中。即使教科书忽视了这些问题,它仍然代表了一种政治姿态——教科书保持沉默的那些问题,和教科书公然宣称为'真理'的那些问题,一样体现出它鲜明的政治性。"[1]事实上,这种政治性在教材建设权责主体之间的关系表现中得到了不断强化——教师参与教材的编

---

[1] 阿普尔,史密斯.教科书政治学[M].侯定凯,译.上海:华东师范大学出版社,2005:350-351.

写、评审和选用,但这须在俄罗斯联邦教育科学部颁布的一系列关于教科书的法律文件下进行;而出版社在追求出版利润的同时,又须在俄罗斯"一纲多本"的前提条件下使自己出版的图书得到俄罗斯联邦教育科学部与学校教师的认可。总之,俄罗斯教材建设权责主体间的关系嵌入实现了教材审核、出版、使用等环节的权责统一,而这种联动又在一定程度上促成了国家权力的高度统一。

主要参考文献

一、著作类

[1]陈步伟.中国特色社会主义实践的生成逻辑研究[M].2版.秦皇岛:燕山大学出版社,2022.

[2]丁钢.文化的内核与张力[M].镇江:江苏大学出版社,2015.

[3]方成智.教科书生态学[M].广州:广东教育出版社,2019.

[4]费孝通.文化与文化自觉[M].北京:群言出版社,2010.

[5]风笑天,陈万柏.社会学[M].武汉:华中师范大学出版社,1994.

[6]缑文学.理论自觉与中国社会学的本土化[M].北京:知识产权出版社,2016.

[7]黄显华,霍秉坤.寻找课程论和教科书设计的理论基础[M].北京:人民教育出版社,2002.

[8]黄韬.中央与地方事权分配机制:历史、现状及法治化路径[M].上海:格致出版社,2015.

[9]金炳华.哲学大辞典:分类修订本[M].上海:上海辞书出版社,2007.

[10]课程教材研究所.教材制度沿革篇[M].北京:人民教育出版社,2004.

[11]兰小欢.置身事内:中国政府与经济发展[M].上海:上海人民出版社,2021.

[12]李秉德.教学论[M].北京:人民教育出版社,1991.

[13]李德顺.价值论[M].2版.北京:中国人民大学出版社,2007.

[14]李国钧,王炳照.中国教育制度通史 第8卷[M].济南:山东教育出版社,2000.

[15]李国强.中央苏区教育史[M].2版.南昌:江西教育出版社,2001.

[16]李晓燕.教育法学[M].武汉:武汉工业大学出版社,1992.

[17]廖哲勋.课程学[M].武汉:华中师范大学出版社,1991.

[18]廖哲勋,田慧生.课程新论[M].北京:教育科学出版社,2003.

[19]刘国军.社会主义历史观[M].长春:吉林文史出版社,2016.

[20]刘敏,姚苇依,周政.法国基础教育教材建设[M].上海:上海教育出版社,2020.

[21]卢中原.财政转移支付和政府间事权财权关系研究[M].北京:中国财政经济出版社,2007.

[22]石鸥.教科书概论[M].广州:广东教育出版社,2019.

[23]孙林,黄日涵.政治学核心概念与理论[M].天津:天津人民出版社,2017.

[24]孙绵涛.教育政策分析:理论与实务[M].重庆:重庆大学出版社,2011.

[25]谭建立.中央与地方财权事权关系研究[M].北京:中国财政经济出版社,2010.

[26]汤一介.新轴心时代与中国文化的建构[M].南昌:江西人民出版社,2007.

[27]文政.中央与地方事权划分[M].北京:中国经济出版社,2008.

[28]习近平.习近平谈治国理政[M].北京:外文出版社,2014.

[29]《习近平总书记教育重要论述讲义》编写组.习近平总书记教育重要论述讲义[M].北京:高等教育出版社,2020.

[30]谢军.责任论[M].上海:上海人民出版社,2007.

[31]徐大同.西方政治思想史[M].天津:天津教育出版社,2002.

[32]杨仁寿.法学方法论[M].2版.北京:中国政法大学出版社,2013.

[33]杨文圣,焦存朝.社会形态嬗变与人的发展进程研究[M].北京:首都经济贸易大学出版社,2011.

[34]俞可平.治理与善治[M].北京:社会科学文献出版社,2000.

[35]曾波,胡新范.权力不自由[M].北京:中国社会出版社,2005.

[36]曾天山.教材论[M].南昌:江西教育出版社,1997.

[37]赵家祥.马克思主义的社会形态理论简论[M].北京:北京大学出版社,1985.

[38]赵汀阳.论可能生活:一种关于幸福和公正的理论[M].北京:中国人民大学出版社,2004.

[39]郑成良.法治政府建设的理念与路径[M].上海:上海人民出版社,2017.

[40]周士林,李嘉瑶.教材建设浅论[M].北京:北京航空学院出版社,1986.

二、期刊类

[1]白景明,朱长才,叶翠青,等.建立事权与支出责任相适应财税制度操作层面研究[J].经济研究参考,2015(43):3-91.

[2]班红娟.国家意识建构与地域文化传承——河南乡土教材的文化意义阐释[J].河南大学学报(社会科学版),2011,51(4):130-136.

[3]蔡放波.论政府责任体系的构建[J].中国行政管理,2004(4):48-51.

[4]陈阿江.从熟悉社会到透明世界——监视视角下的社会类型演变[J].江海学刊,2022(2):100-107.

[5]陈发俊.论老子的环境伦理思想及其当代价值[J].安徽大学学报(哲学社会科学版),2019(5):10-17.

[6]陈明凡.人民民主专政理论的哲学基础、历史演进和现实意义[J].北京联合大学学报(人文社会科学版),2022,20(2):69-75.

[7]陈淑清.新时代教材治理现代化的十年探索:基本逻辑、实践路径和未来走向[J].课程·教材·教法,2023,43(1):20-28.

[8]陈泽辉.国家权力与宪法诉讼的关系——论我国宪法诉讼的可能性[J].吉首大学学报(社会科学版),2008,29(4):85-89.

[9]戴兆国,陆在春.论人性能力与文化自觉[J].江汉论坛,2017(6):47-53.

[10]董小玉,刘晓荷.新时代中华优秀传统文化进教材的理性审思[J].教师教育学报,2022,9(2):77-84.

[11]杜芳.中华优秀传统文化与文化自信[J].探索,2017(2):163-168.

[12]杜飞进.试论法律责任的若干问题[J].中国法学,1990(6):46-51.

[13]杜胜臣.行动与约束机制:未预后果的社会学研究进路[J].大学,2021(33):89-91.

[14]费孝通.文化自觉的思想来源与现实意义[J].文史哲,2003(3):15-16.

[15]冯刚.立德树人与时代新人培育的内在逻辑[J].四川师范大学学报(社会科学版),2021,48(5):13-19.

[16]傅维利.家庭教育资本的本质属性及投资风险管控[J].教育学报,2021,17(6):134-145.

[17]高梅.试论人的主体性确立的机制[J].郑州大学学报(哲学社会科学版),1998,31(1):36-39.

[18]高伟.自我的寻求:中国教育哲学的自我认同[J].教育研究,2020(5):27-38.

[19]葛荃.行政权力主体与行政关系主体析论——基于行政哲学的视角[J].中国行政管理,2009(11):83-86.

[20]关保英.论行政责任的法律基础[J].社会科学家,2007(3):9-15.

[21]郭锐,王彩霞.推动构建人类命运共同体的中国担当[J].中国特色社会主义研究,2017(5):49-57.

[22]郭晓明.论中国课程知识供应制度的调整[J].华东师范大学学报(教育科学版),2005,23(2):10-19.

[23]韩春梅,赵康睿,李侠.信息技术时代社会治安治理路径探究——基于全景敞视主义的视角[J].公安学研究,2022,5(3):66-84.

[24]郝志军.教材建设作为国家事权的政策意蕴[J].教育研究,2020(3):22-25.

[25]郝志军,王鑫.加快形成中国特色高质量教材体系——习近平总书记关于教育的重要论述学习研究之三[J].教育研究,2022(3):4-14.

[26]贺来,武姗姗.论马克思社会形态理论的"哲学维度"[J].学习与探索,2022(4):1-7.

[27]洪光东.论中国特色社会主义的历史方位——以马克思社会形态理论为视角[J].当代世界与社会主义,2010(4):79-82.

[28]胡万钟.从马斯洛的需求理论谈人的价值和自我价值[J].南京社会科学,2000(6):25-29.

[29]胡税根,翁列恩.构建政府权力规制的公共治理模式[J].中国社会科学,2017(11):99-117.

[30]黄文正.论马克思的实践主体性的确立[J].贵州社会科学,2006(5):13-15.

[31]江国华.中国宪法中的权力秩序[J].东方法学,2010(4):50-68.

[32]江宏,江楠,刘理衡.启智增慧铸魂:新时代教材建设的价值恪守[J].当代教育论坛,2022(3):73-80.

[33]姜美玲.教育公共治理:内涵、特征与模式[J].全球教育展望,2009(5):39-46.

[34]金苗.媒介霸权论:理论溯源、权力构成与现实向度[J].当代传播,2010(5):21-24.

[35]靳玉乐.努力建设中国特色高质量教育体系[J].教师教育学报,2021,8(2):9-14.

[36]况志华,叶浩生.西方学界关于责任起源的三种构想及其比较[J].教育研究与实验,2007(4):53-58.

[37]劳凯声.教师职业的专业性和教师的专业权力[J].教育研究,2008(2):7-14.

[38]李化侠.从教材建设作为国家事权的高度推进三科统编教材使用[J].课程·教材·教法,2021,41(6):73-74.

[39]李金齐.文化理想、文化批判、文化创造与文化自觉[J].思想战线,2009,35(1):87-91.

[40]李龙.中国特色社会主义法治体系的理论基础、指导思想和基本构成[J].中国法学,2015(5):14-28.

[41]李怡,肖昭彬."以人民为中心的发展思想"的理论创新与现实意蕴[J].马克思主义研究,2017(7):26-33.

[42]林涛,潘多灵.绘本教学的价值、问题与优化[J].当代教育科学,2018(10):12-16.

[43]林小英.教育政策文本的模糊性和策略性解读——以民办高校学历文凭考试相关政策为例[J].教育发展研究,2010(2):23-29.

[44]刘剑文,侯卓.事权划分法治化的中国路径[J].中国社会科学,2017(2):102-122.

[45]刘泾.试论习近平权责统一观的基本内涵与实践要求[J].新疆社会科学,2021(4):19-26.

[46]刘培峰.事权、财权和地方政府市政建设债券的发行——城市化进程中一种可行的融资渠道[J].学海,2002(6):86-88.

[47]刘伟.规范和引导社会主义市场经济资本健康发展[J].经济学动态,2022(8):3-12.

[48]刘旭.价值是主客体关系与主体间关系的总和——基于马克思主义价值哲学视野中的劳动二重性[J].湖北社会科学,2017(5):17-23.

[49]刘召峰.马克思社会形态理论:逻辑探究与争论评析[J].教学与研究,2022(5):44-52.

[50]刘志洪.资本权力的运作逻辑——在马克思的视野中[J].现代哲学,2022(3):50-55.

[51]刘作翔.权利平等的观念、制度与实现[J].中国社会科学,2015(7):81-94.

[52]鲁敏.变迁与失衡:转型期地方政府的权责配置研究[J].云南社会科学,2012(1):64-68.

[53]吕德文.治理技术如何适配国家机器——技术治理的运用场景及其限度[J].探索与争鸣,2019(6):59-67.

[54]罗生全.论教材建设作为国家事权[J].课程·教材·教法,2019,39(8):4-11.

[55]罗生全,随国栋.教材建设现代化的政府治理逻辑与实践进路[J].中国远程教育,2023(8):35-41.

[56]罗生全,杨柳.论教材建设国家事权的法理逻辑[J].湖南师范大学教育科学学报,2021,20(5):35-43.

[57]罗生全,张玉.教材建设国家事权的基本思想及品格特征[J].教育研究与实验,2023(4):61-72.

[58]骆意中.法律面前人人平等:谁的面前?何种平等?[J].浙江社会科学,2023(2):46-55.

[59]马健生,刘云华.教育中的资本扩张:危害与治理[J].清华大学教育研究,2021,42(4):50-61.

[60]满忠坤.教育高质量发展问题研究的"三重意识"与逻辑进路审思[J].中国教育科学(中英文),2023,6(1):3-15.

[61]梅景辉.马克思主义社会形态理论视域下"卡夫丁峡谷"的跨越[J].社会科学家,2020(11):7-12.

[62]孟昭武,李文静.论政治制度设计的价值取向[J].山东社会科学,2012(2):32-36.

[63]倪红日.应该更新"事权与财权统一"的理念[J].涉外税务,2006(5):5-8.

[64]欧阳英.责任的误读与责任理性的恢复[J].哲学动态,2005(3):18-24.

[65]齐卫平.习近平以人民为中心思想的五个话语创新[J].理论探讨,2019(1):115-121.

[66]邱耕田,王丹.美好生活的哲学审视[J].北京大学学报(哲学社会科学版),2019,56(1):20-27.

[67]邱源泉,粟迎春.论主流意识形态凝聚力和引领力的生成逻辑[J].新疆社会科学,2020(5):11-20.

[68]渠敬东,周飞舟,应星.从总体支配到技术治理——基于中国30年改革经验的社会学分析[J].中国社会科学,2009(6):104-127.

[69]宋宏福.论教师专业自主权[J].中小学教师培训,2004(3):3-5.

[70]宋晔.责任生成的道德内涵及其实现机制[J].南京师大学报(社会科学版),2003(4):89-95.

[71]孙柏瑛,李卓青.政策网络治理:公共治理的新途径[J].中国行政管理,2008(5):106-109.

[72]唐智松,唐一山,杨婕.教育学教材体例的反思与重构——基于"学习"的视角[J].教师教育学报,2021,8(5):43-48.

[73]涂端午.中国高等教育政策制定的宏观图景——基于1979~1998年高等教育政策文本的定量分析[J].北京大学教育评论,2007,5(4):53-65.

[74]万资姿.文化创造:一种人类符号能力的实现与被规定[J].探索,2009(1):113-117.

[75]王德峰.简论中国文化精神及其在当代复兴的可能性[J].哲学研究,2005(5):101-109.

[76]王德峰.社会权力的性质与起源——一个历史唯物主义的分析[J].哲学研究,2008(7):18-23.

[77]王峰明.马克思社会形态理论的内在逻辑和方法论基础——基于《资本论》及其手稿的辨析[J].哲学研究,2021(2):5-17.

[78]王峰明."本体论"释义:人的生存根据问题[J].教学与研究,2001(3):23-30.

[79]王宏维.经济转型与社会价值规范调适[J].中国社会科学,1994(3):25-34.

[80]王桦宇.论财税体制改革的"两个积极性"——以财政事权与支出责任划分的政制经验为例[J].法学,2017(11):26-38.

[81]王慧,陈晴晴.小学语文教材建设70年:历程、成就、经验[J].课程·教材·教法,2019,39(11):45-52.

[82]王南湜,侯振武.文化自觉、文化自信、文化自强何以可能[J].毛泽东邓小平理论研究,2011(8):13-17.

[83]王淑芹,刘畅.德治与法治:何种关系[J].伦理学研究,2014(5):64-68.

[84]王淑芹,王娟.法治与德治相结合的意蕴与适度性[J].新疆师范大学学报(哲学社会科学版),2018,39(5):77-81.

[85]王四正.文化自觉与文化认知[J].商丘师范学院学报,2010,26(11):32-34.

[86]王伟光.坚持人民民主专政,并不输理[J].红旗文稿,2014(18):4-8.

[87]王文兵.文化自觉:一个满含实践意向的理论概念[J].思想战线,2008,34(4):60-66.

[88]王运慧.中国共产党法治与德治思想的探索历程及启示[J].中州学刊,2022(12):26-31.

[89]温从雷,王晓瑜.构建全民教育质量评估体系的蓝图——《2005全球全民教育监测报告》述评[J].开放教育研究,2006,12(3):93-96.

[90]吴小鸥,李想.中小学教材建设对中华优秀传统文化的创造性转化[J].教育研究,2019(8):51-58.

[91]吴晓蓉,张晓文.构建教育学话语体系的本土化省思[J].广西社会科学,2018(10):203-209.

[92]肖振远.经济转型时期的责任意识[J].吉林大学社会科学学报,1995(4):9-14.

[93]徐靖.论法律视域下社会公权力的内涵、构成及价值[J].中国法学,2014(1):79-101.

[94]薛二勇,李健.教材治理体系和能力现代化的政策分析[J].中国电化教育,2022(7):16-22.

[95]颜军.马克思恩格斯共享发展思想及其当代价值——以《共产党宣言》为研究中心[J].理论学刊,2020(1):132-140.

[96]姚姿如,杨兆山."以人为本"教育理念的意蕴[J].教育研究,2011(3):17-20.

[97]杨彬彬.人民性思想表达的话语演进与现实意义[J].思想教育研究,2019(4):31-36.

[98]杨柳,罗生全.论教材建设的文化逻辑[J].教育学报,2021,17(5):87-98.

[99]杨柳,罗生全.教材建设国家事权:内涵、性质与价值[J].全球教育展望,2023(3):113-128.

[100]杨龙,吴涵博.条块结构视角下国家治理单元的选择与运用[J].华南师范大学学报(社会科学版),2022(4):20-32.

[101]杨秋菊.行政权力扩张的原则界限及其约束机制[J].行政论坛,2005(4):5-7.

[102]杨小微,游韵.教育现代化的中国视角[J].教育研究,2021(3):135-148.

[103]叶浩生.责任内涵的跨文化比较及其整合[J].南京师大学报(社会科学版),2009(6):99-104.

[104]于春海,杨昊.中华优秀传统文化教育的主要内容与体系构建[J].重庆社会科学,2014(10):67-75

[105]余宏亮.建设教材强国:时代使命、主要标志与基本路径[J].课程·教材·教法,2020,40(3):95-103.

[106]余宏亮.通向根脉与面向未来:建构教材学的基础、逻辑与方略[J].华东师范大学学报(教育科学版),2021,39(2):30-39.

[107]余宏亮.中国共产党教材思想的百年演进与基本经验[J].课程·教材·教法,2021,41(9):44-54.

[108]臧雷振,任婧楠.从实质性政策工具到程序性政策工具:国家治理的工具选择[J].行政论坛,2023(2):85-93.

[109]曾天山.我国教材建设的实践历程和发展经验[J].课程·教材·教法,2017,37(12):17-23.

[110]张成福.责任政府论[J].中国人民大学学报,2000(2):75-82.

[111]张恒山.中国共产党的领导与执政辨析[J].中国社会科学,2004(1):4-17.

[112]张奂奂,张增田.中小学教材审定制度研究:国际经验与中国路径[J].课程·教材·教法,2021(10):51-58.

[113]张金荣,彭萧."创熟":激活社区治理共同体的有效模式——"结构—行动"框架下F市T社区的实践分析[J].学术研究,2023(5):69-75.

[114]张茂聪,尹光奇,杜文静."双减"背景下社会组织参与校外培训机构治理的机制研究[J].天津师范大学学报(社会科学版),2022(2):31-37.

[115]张贤明.政治责任与法律责任的比较分析[J].政治学研究,2000(1):13-21.

[116]张文显.法律责任论纲[J].吉林大学社会科学学报,1991(1):1-8.

[117]张雪霖.多层级核心政治体制与"统分结合"双层治理[J].教学与研究,2020(6):74-83.

[118]张振,刘学智.教材制度建设的困境与超越:国家治理视角[J].中国教育学刊,2020(10):53-57.

[119]赵佳丽,罗生全.教材建设国家事权的学校落点、向度与发展愿景[J].中国教育学刊,2023(5):77-82

[120]赵文静.试论责任和责任教育[J].山东教育科研,2000(10):15-17.

[121]赵宇峰.政府改革与国家治理:周期性政府机构改革的中国逻辑——基于对八次国务院机构改革方案的考察分析[J].复旦学报(社会科学版),2020(2):121-130.

[122]郑富芝.尺寸教材 悠悠国事——全面落实教材建设国家事权[J].人民教育,2020(Z1):6-9.

[123]郑杭生,黄家亮."中国故事"期待学术话语支撑——以中国社会学为例[J].人民论坛,2012(8):59-61.

[124]郑杭生."理论自觉"与中国风格社会科学——以中国社会学为例[J].江苏社会科学,2012(6):1-5.

[125]郑星媛,柳海民.基础教育高质量发展:理论认知与实践推进[J].天津师范大学学报(基础教育版),2022,23(3):19-23.

[126]中共中央办公厅 国务院办公厅印发《关于实施中华优秀传统文化传承发展工程的意见》[J].中华人民共和国国务院公报,2017(6):18-23.

[127]庄西真.学校自主性与学校能力[J].中国教育学刊,2007(1):38-42.

[128]周怡.社会结构:由"形构"到"解构"——结构功能主义、结构主义和后结构主义理论之走向[J].社会学研究,2000(3):55-66.

[129]周振超.打破职责同构:条块关系变革的路径选择[J].中国行政管理,2005(9):103-106.

三、译著类

[1]阿普尔,史密斯.教科书政治学[M].侯定凯,译.上海:华东师范大学出版社,2005.

[2]艾萨克.政治学:范围与方法[M].郑永年,胡淳,唐亮,译.杭州:浙江人民出版社,1987.

[3]布迪厄,华康德.实践与反思:反思社会学导引[M].李猛,李康,译.北京:中央编译出版社,1998.

[4]杜威.民主主义与教育[M].王承绪,译.北京:人民教育出版社,1990.

[5]杜威.确定性的寻求:关于知行关系的研究[M].傅统先,译.上海:上海人民出版社,2005.

[6]费·瓦·康斯坦丁诺夫.马克思列宁主义哲学原理教科书[M].北京:人民出版社,1985.

[7]海德格尔.海德格尔选集[M].上海:生活·读书·新知上海三联书店,1996.

[8]赫舍尔.人是谁[M].隗仁莲,译.贵阳:贵州人民出版社,1994.

[9]黑格尔.法哲学原理[M].范扬,张企泰,译.北京:商务印书馆,1961.

[10]卡尔·雅斯贝斯.历史的起源与目标[M].魏楚雄,俞新天,译.北京:华夏出版社,1989.

[11]里奇拉克.发现自由意志与个人责任[M].许泽民,罗选民,译.2版.贵阳:贵州人民出版社,2019.

[12]帕森斯.现代社会的结构与过程[M].梁向阳,译.北京:光明日报出版社,1988.

[13]斯科特.制度与组织——思想观念与物质利益(第3版)[M].姚伟,王黎芳,译.北京:中国人民大学出版社,2010.

[14]中共中央马克思恩格斯列宁斯大林著作编译局.马克思恩格斯全集第四十二卷[M].北京:人民出版社,1979.

[15]中共中央马克思恩格斯列宁斯大林著作编译局.马克思恩格斯选集第一卷[M].2版.北京:人民出版社,1995.

四、外文类

[1] Kimberly A. Neuendorf. The Content Analysis Guidebook [M]. Thousand Oaks, Calif..Sage Publications, 2002:1.

[2] W. I. Jenkins. Policy Analysis: A Political and Organizational Perspective [M]. London.Martin Robertson, 1978:107.

[3] Fuchs E, Bock A. The Palgrave Handbook of Textbook Studies[M]. New York: Palgrave Macmillan, 2018:1.

[4] Lucien Febvre, Henri-Jean Martin. The Coming of the Book [M]. London: New Left Books, 1976: 54.

[5] Carr-saunders, A. M. the Profession [M]. Oxford: Clarendon Press, 1933: 3-4.

[6] Altbach P G .Textbooks in American Society[J].Educational Policy, 1989 (2):91-94.

[7] Verena Brandenberg. Rechtliche und wirtschaftliche Aspekte des Verlegens von Schulbüchern -miteiner Fallstudie zum bayerischen Zulassungsverfahren. Buchwissenschaft[M]. Nürnberg:Universität Erlan-gen-Nürnberg, 2006:12-16.

[8] Verband Bildungsmedien e. V.. Bildungsmedien und Bildungsmedienhersteller in Deutschland[M]. Frankfurt a.M.: Verband Bildungsmedien, 2014:8.

[9] Felicitas Macgilchrist. Bildungsmedienverlage: Zur Ökonomisierung in der Schulbuchproduktion[J]. Die Deutsche Schule, 2015, (1):49-61.

五、电子公告类

[1]新华网.习近平:高举中国特色社会主义伟大旗帜 为全面建设社会主义现代化国家而团结奋斗——在中国共产党第二十次全国代表大会上的报告[EB/OL].(2022-10-25)[2023-01-05].http://www.news.cn/politics/cpc20/2022-10/25/c_1129079429.htm.

[2]中华人民共和国教育部.教育部关于印发《中小学教材管理办法》《职业院校教材管理办法》和《普通高等学校教材管理办法》的通知[EB/OL].(2019-12-16)[2023-06-18].http://www.moe.gov.cn/srcsite/A26/moe_714/202001/t20200107_414578.html.

[3]中华人民共和国中央人民政府.国务院办公厅关于成立国家教材委员会的通知[EB/OL].(2022-07-03)[2022-10-05].https://www.gov.cn/zhengce/zhengceku/2017-07/06/content_5208390.htm.

六、报纸类

[1]北京市习近平新时代中国特色社会主义思想研究中心.法治与德治相结合的现代意蕴[N].光明日报,2019-10-11(6).

[2]黄强.培根铸魂 启智增慧(思想纵横)[N].人民日报,2021-02-19(9).

[3]刘博智.擦亮"中国底色"的统编三科教材[N].中国教育报,2018-01-13(4).

[4]米博华,王梓.国家事权视域下的教材建设[N].光明日报,2021-11-19(11).

[5]人民日报评论员.永葆本色的法制根基——一论中国特色社会主义法律体系形成的重大意义[N].人民日报,2011-02-21(1).

[6]石中英.破除"唯分数论",切实立德树人[N].光明日报,2022-03-26(10).

[7]习近平.高举中国特色社会主义伟大旗帜 为全面建设社会主义现代化国家而团结奋斗——在中国共产党第二十次全国代表大会上的报告[N].人民日报,2022-10-26(1).

[8]习近平.共同构建人类命运共同体——在联合国日内瓦总部的演讲[N].人民日报,2017-01-20(2).

[9]习近平.坚持依法治国和以德治国相结合推进国家治理体系和治理能力现代化[N].人民日报,2016-12-11(1).

[10]习近平.决胜全面建成小康社会 夺取新时代中国特色社会主义伟大胜利——在中国共产党第十九次全国代表大会上的报告[N].人民日报,2017-10-28(1).

[11]习近平.在哲学社会科学工作座谈会上的讲话[N].人民日报,2016-05-19(2).

[12]张洋,鞠鹏.习近平在全国宣传思想工作会议上强调 举旗帜聚民心育新人兴文化展形象 更好完成新形势下宣传思想工作使命任务[N].人民日报,2018-08-23(1).

[13]中央和国家机关工委理论学习中心组.毫不动摇坚持和加强党的全面领导[N].人民日报,2021-08-24(10).